BACH-JAHRBUCH

Im Auftrag der Neuen Bachgesellschaft
herausgegeben von
Peter Wollny

110. Jahrgang 2024

EVANGELISCHE VERLAGSANSTALT
LEIPZIG

VERÖFFENTLICHUNG DER NEUEN BACHGESELLSCHAFT
Internationale Vereinigung, Sitz Leipzig
VEREINSJAHR 2024

Wissenschaftliches Gremium
Pieter Dirksen (Culemborg, NL), Stephen Roe (London),
Christoph Wolff (Cambridge, Mass.), Jean-Claude Zehnder (Basel)

Die redaktionelle Arbeit wurde unterstützt
durch das Bach-Archiv Leipzig – Stiftung bürgerlichen Rechts.
Die Neue Bachgesellschaft e.V. wird gefördert durch die Stadt Leipzig, Kulturamt.

Das Bach-Jahrbuch ist urheberrechtlich geschützt.
Der Verlag behält sich die Verwertung des urheberrechtlich geschützten Inhalts dieses
Werkes für Zwecke des Text- und Data-Minings nach § 44b UrhG ausdrücklich vor.
Jegliche unbefugte Nutzung ist hiermit ausgeschlossen.

Geschäftsstelle der Neuen Bachgesellschaft: Burgstraße 1–5, 04109 Leipzig
Anschrift für Briefsendungen: PF 10 07 27, 04007 Leipzig

Anschrift des Herausgebers:
Prof. Dr. Dr. h.c. Peter Wollny, Bach-Archiv Leipzig, Thomaskirchhof 16, 04109 Leipzig
Anschrift für Briefsendungen: PF 10 13 49, 04013 Leipzig
Redaktionsschluss: 1. Juli 2024

Evangelische Verlagsanstalt GmbH, Blumenstraße 76, 04155 Leipzig, 2025
Printed in Germany
Bei Fragen zur Produktsicherheit wenden Sie sich bitte an info@eva-leipzig.de

Notensatz: Frank Litterscheid, Hehlen
Gesamtherstellung: DZA Druckerei zu Altenburg GmbH, Altenburg
ISSN 0084-7682
ISBN 978-3-374-07779-3   eISBN (PDF) 978-3-374-07780-9

INHALT

Christoph Wolff (Cambridge, MA), Was wissen wir über die Sopranistin Anna Magdalena Bach? 11

Klaus Hoffmann (Göttingen), Überlegungen zu Bachs sechstem Brandenburgischen Konzert 31

Matthias Lassen (Hamfelde), Johann Polycarp Büchner und Gerhard Rudolph Albrecht Sievers – zwei Kieler Schloßorganisten in Leipzig 61

Peter Wollny (Leipzig), Nachbemerkungen zum Beitrag von Matthias Lassen: Johann Polycarp Büchner als Schreiber für Johann Sebastian Bach 77

Peter Wollny (Leipzig), Neues zur Bach-Überlieferung in Dresden 81

Albrecht Lobenstein (Erfurt), Johann Sebastian Bach in Orgelfragen – Fährten der Stilentwicklung 103

Tatjana Schabalina (St. Petersburg), Abschriften von Werken J. S. Bachs aus dem Nachlaß von Philipp Spitta – Eine Wiederentdeckung in Moskau 145

Juliane Riepe (Halle), Johann Christian Bachs Bücher. Ein Zufallsfund 159

Kleine Beiträge

Hans-Joachim Schulze (Leipzig), Kleine Bach-Studien (I) 177

Markus Rathey (New Haven/CT), „Gottes Zeit ist die allerbeste Zeit" – Anmerkungen zu einer unbeachteten Quelle für den Eingangschor von Bachs Actus tragicus 183

Peter Wollny (Leipzig), Johann Sebastian Bach und der „Französische Jahrgang" von Georg Philipp Telemann 193

Eberhard Spree (Leipzig), Zeit- und familiengeschichtliche Überlegungen zu Anna Magdalena Bach und ihren Clavier-Büchlein 201

Andreas Glöckner (Leipzig), „... bis auf Wiederruffen eingestellet ... wornach Er sich seines Orts zu achten hatte" – Neue Dokumente zur Landestrauer 1727/28 211

Sophie Weber (Leipzig), Ein neuer Fund zu Sterbedatum und -ort von Hans Bach [54] 219

Bo-Yuan Wang (Leipzig), Wilhelm Friedemann und Carl Philipp Emanuel Bachs Bewerbungen um die Anwartschaft auf die Organistenstelle am Merseburger Dom 223

Phillip Schmidt (Leipzig), Biographische Nachträge zu den namentlich bekannten Musikern des Markgrafen Christian Ludwig von Brandenburg 233

Ulrich Prinz (Esslingen), Anmerkungen zum Beitrag von Andrew Talle, *Viola pomposa und Violoncello piccolo im Schaffen von J. S. Bach* (BJ 2023, S. 11–48) 243

Besprechung

Meinolf Brüser, *Wenn Bach trauert. Die Motetten Johann Sebastian Bachs neu verstanden,* Bärenreiter-Verlag Kassel/Basel 2023, 267 Seiten; Abbildungen und Notenbeispiele (*Markus Zepf,* Leipzig) 247

Neue Bach-Gesellschaft e.V. Leipzig
Mitglieder der leitenden Gremien 254

ABKÜRZUNGEN

1. Allgemein

Bach-Symposium Marburg	= *Bachforschung und Bachinterpretation heute. Wissenschaftler und Praktiker im Dialog. Bericht über das Bachfest-Symposium 1978 der Philipps-Universität Marburg*, hrsg. von Reinhold Brinkmann, Kassel 1981
BC	= Hans-Joachim Schulze und Christoph Wolff, *Bach Compendium. Analytisch-bibliographisches Repertorium der Werke Johann Sebastian Bachs*, Bd. I/1–4, Leipzig 1986 bis 1989
Beißwenger	= Kirsten Beißwenger, *Johann Sebastian Bachs Notenbibliothek*, Kassel 1992 (Catalogus Musicus. 13.)
BG	= *J. S. Bachs Werke. Gesamtausgabe der Bachgesellschaft*, Leipzig 1851–1899
BJ	= *Bach-Jahrbuch*, 1904 ff.
BWV	= Wolfgang Schmieder, *Thematisch-systematisches Verzeichnis der musikalischen Werke von Johann Sebastian Bach. Bach-Werke-Verzeichnis*, Leipzig 1950
BWV^2	= *Bach-Werke-Verzeichnis* (wie oben); *2. überarbeitete und erweiterte Ausgabe*, Wiesbaden 1990
BWV^{2a}	= *Bach-Werke-Verzeichnis. Kleine Ausgabe nach der von Wolfgang Schmieder vorgelegten 2. Ausgabe*, hrsg. von Alfred Dürr und Yoshitake Kobayashi unter Mitarbeit von Kirsten Beißwenger, Wiesbaden 1998
BWV^3	= *Bach-Werke-Verzeichnis* (wie oben); *Dritte, erweiterte Neuausgabe (BWV^3)*, bearbeitet von Christine Blanken, Christoph Wolff und Peter Wollny, Wiesbaden 2022
BzBF	= *Beiträge zur Bach-Forschung*, Leipzig 1982–1991
CBH	= *Cöthener Bach-Hefte. Veröffentlichungen der Bach-Gedenkstätte Schloß Köthen*, Köthen 1981 ff.
CPEB:CW	= *Carl Philipp Emanuel Bach: The Complete Works*, Los Altos 2005 ff.
Dok I–IX	= *Bach-Dokumente, herausgegeben vom Bach-Archiv Leipzig. Supplement zu Johann Sebastian Bach. Neue Ausgabe sämtlicher Werke.*

	Band I: *Schriftstücke von der Hand Johann Sebastian Bachs*, vorgelegt und erläutert von Werner Neumann und Hans-Joachim Schulze, Leipzig und Kassel 1963
	Band II: *Fremdschriftliche und gedruckte Dokumente zur Lebensgeschichte Johann Sebastian Bachs 1685–1750*, vorgelegt und erläutert von Werner Neumann und Hans-Joachim Schulze, Leipzig und Kassel 1969
	Band III: *Dokumente zum Nachwirken Johann Sebastian Bachs 1750–1800*, vorgelegt und erläutert von Hans-Joachim Schulze, Leipzig und Kassel 1972
	Band V: *Dokumente zu Leben, Werk und Nachwirken Johann Sebastian Bachs 1685–1800. Neue Dokumente. Nachträge und Berichtigungen zu Band I–III*, vorgelegt und erläutert von Hans-Joachim Schulze unter Mitarbeit von Andreas Glöckner, Kassel 2007
	Band VII: *Johann Nikolaus Forkel. Ueber Johann Sebastian Bachs Leben, Kunst und Kunstwerke (Leipzig 1802). Editionen. Quellen. Materialien*, vorgelegt und erläutert von Christoph Wolff unter Mitarbeit von Michael Maul, Kassel 2008
	Band IX: Christoph Wolff, *Bach. Eine Lebensgeschichte in Bildern*, Kassel 2017
Dürr St 2	= Alfred Dürr, *Studien über die frühen Kantaten Johann Sebastian Bachs. Verbesserte und erweiterte Fassung der im Jahr 1951 erschienenen Dissertation*, Wiesbaden 1977
Erler I–III	= Georg Erler, *Die jüngere Matrikel der Universität Leipzig 1559–1809 als Personen- und Ortsregister bearbeitet und durch Nachträge aus den Promotionslisten ergänzt*, 3 Bde., Leipzig 1909
	Band III: *Die Immatrikulationen vom Wintersemester 1709 bis zum Sommersemester 1809*
Fk	= *Verzeichnis der Werke Wilhelm Friedemann Bachs*, in: Martin Falck, *Wilhelm Friedemann Bach. Sein Leben und seine Werke*, Leipzig 1913, ²1919 (Reprint Lindau/B. 1956)
HoWV	= Uwe Wolf, *Gottfried August Homilius (1714–1785). Thematisches Verzeichnis der musikalischen Werke (HoWV)*, Stuttgart 2014 (Gottfried August Homilius. Ausgewählte Werke, Reihe 5: Supplement, Bd. 2)
Jahrbuch SIM	= *Jahrbuch des Staatlichen Instituts für Musikforschung Preußischer Kulturbesitz Berlin*, 1969 ff.

JAMS	= *Journal of the American Musicological Society*, 1948 ff.
Kobayashi Chr	= Yoshitake Kobayashi, *Zur Chronologie der Spätwerke Johann Sebastian Bachs. Kompositions- und Aufführungstätigkeit von 1736 bis 1750*, in: Bach-Jahrbuch 1988, S. 7–72
LBB	= *Leipziger Beiträge zur Bach-Forschung*, hrsg. vom Bach-Archiv Leipzig Band 3: Evelin Odrich und Peter Wollny, *Die Briefkonzepte des Johann Elias Bach*, Hildesheim 2000; zweite, erweiterte Auflage 2005
Mattheson E	= Johann Mattheson, *Grundlage einer Ehren-Pforte, Hamburg 1740. Vollständiger, originalgetreuer Nachdruck mit gelegentlichen bibliographischen Nachweisen und Matthesons Nachträgen hrsg. von Max Schneider*, Berlin 1910, Reprint Kassel 1969.
Mf	= *Die Musikforschung*, Kassel 1948 ff.
MGG	= *Die Musik in Geschichte und Gegenwart. Allgemeine Enzyklopädie der Musik*, hrsg. von Friedrich Blume, Kassel 1949–1979
NBA	= *Neue Bach-Ausgabe. Johann Sebastian Bach. Neue Ausgabe sämtlicher Werke. Herausgegeben vom Johann-Sebastian-Bach-Institut Göttingen und vom Bach-Archiv Leipzig*, Leipzig, Kassel 1954–2007
NV	= *Verzeichniß des musikalischen Nachlasses des verstorbenen Capellmeisters Carl Philipp Emanuel Bach*, Hamburg 1790. – Faksimileausgaben: 1. *The Catalogue of Carl Philipp Emanuel Bach's Estate*, hrsg. von R. Wade, New York und London 1981; 2. *C. P. E. Bach. Autobiography. Verzeichniß des musikalischen Nachlasses*, Buren 1991 (Facsimiles of Early Biographies. 4.)
RISM A/I	= *Répertoire International des Sources Musicales. Internationales Quellenlexikon der Musik*, Serie A/I: *Einzeldrucke vor 1800*, Kassel 1971 ff.
RISM A/II	= *Répertoire International des Sources Musicales. Internationales Quellenlexikon der Musik*, Serie A/II: *Musikhandschriften nach 1600* (http://opac.rism.info/)
RV	= Peter Ryom, *Verzeichnis der Werke Antonio Vivaldis. Kleine Ausgabe*, 2., verbesserte und erweiterte Auflage, Leipzig 1979

Schulze Bach-Facetten	= Hans-Joachim Schulze, *Bach-Facetten. Essays – Studien – Miszellen. Mit einem Geleitwort von Peter Wollny*, Leipzig 2017
Schulze Bach-Überlieferung	= Hans-Joachim Schulze, *Studien zur Bach-Überlieferung im 18. Jahrhundert*, Leipzig und Dresden 1984
Spitta I, II	= Philipp Spitta, *Johann Sebastian Bach*, 2 Bde., Leipzig 1873, 1880
TBSt	= *Tübinger Bach-Studien*, herausgegeben von Walter Gerstenberg. Heft 1: Georg von Dadelsen, *Bemerkungen zur Handschrift Johann Sebastian Bachs, seiner Familie und seines Kreises*, Trossingen 1957 Heft 2/3: Paul Kast, *Die Bach-Handschriften der Berliner Staatsbibliothek*, Trossingen 1958
TVWV	= Werner Menke, *Thematisches Verzeichnis der Vokalwerke von Georg Philipp Telemann*, 2 Bde., Frankfurt am Main 1981, 1983
TWV	= Martin Ruhnke, *Georg Philipp Telemann: Thematisch-Systematisches Verzeichnis seiner Werke*, Bd. 1–3: Instrumentalwerke, Kassel 1984–1999
Walther L	= Johann Gottfried Walther, *Musicalisches Lexicon oder Musicalische Bibliothec*, Leipzig 1732 (Reprint Kassel 1953)
Warb	= Ernest Warburton, *The Collected Works of J. C. Bach*, Bd. 48/1: *Thematic Catalogue*, New York 1999
Wq	= Alfred Wotquenne, *Thematisches Verzeichnis der Werke von Carl Philipp Emanuel Bach*, Leipzig 1905, Reprint Wiesbaden 1968
Zedler	= Johann Heinrich Zedler, *Grosses vollständiges Universal Lexikon aller Wissenschaften und Künste* […], Halle und Leipzig 1732–1754 (Reprint Graz 1999)

2. Bibliotheken

D-B	= Staatsbibliothek zu Berlin – Preußischer Kulturbesitz, Musikabteilung mit Mendelssohn-Archiv. Als Abkürzung für die Signaturen der Bach-Handschriften (*Mus. ms. Bach P* bzw. *St*) dienen *P* und *St*
D-Bga	= Berlin, Geheimes Staatsarchiv, Stiftung Preußischer Kulturbesitz
D-Dl	= Dresden, Sächsische Landesbibliothek – Staats- und Universitätsbibliothek, Musikabteilung
D-Dla	= Dresden, Sächsisches Staatsarchiv, Hauptstaatsarchiv
D-Dsta	= Dresden, Stadtarchiv
D-Gb	= Göttingen, Johann-Sebastian-Bach-Institut
D-GOl	= Gotha, Forschungs- und Landesbibliothek
D-HAu	= Halle/Saale, Martin-Luther-Universität, Universitäts- und Landesbibliothek
D-Hs	= Hamburg, Staats- und Universitätsbibliothek Carl von Ossietzky
D-LEb	= Leipzig, Bach-Archiv
D-LEka	= Leipzig, Kirchliches Archiv (Ephoralarchiv)
D-LEsa	= Leipzig, Stadtarchiv
D-Mbs	= München, Bayerische Staatsbibliothek
D-OHR	= Ohrdruf, Kirchenbibliothek St. Michaelis
D-POTblh	= Potsdam, Brandenburgisches Landeshauptarchiv
D-ROu	= Rostock, Universitätsbibliothek, Fachgebiet Musik
DK-Kk	= København, Det Kongelige Bibliotek
F-Sn	= Strasbourg, Bibliothèque nationale et universitaire
I-Bc	= Bologna, Civico Museo Bibliografico Musicale
US-Wc	= Washington, DC, Library of Congress, Music Division

Was wissen wir über die Sopranistin Anna Magdalena Bach?

Von Christoph Wolff (Cambridge, MA)

Hans-Joachim Schulze zum 90. Geburtstag
in dankbarem Rückblick auf 60 Jahre Freundschaft

Die einfache Antwort auf die Titelfrage lautet: Wenig. Doch es gibt neben einigen konkreten Belegen, die bislang nicht hinreichend ausgewertet wurden, eine Vielzahl von Anhaltspunkten und Hinweisen, denen nachzugehen sich lohnt. In Carl Philipp Emanuel Bachs Hamburger Musikzimmer, dessen Wände seinerzeit zahlreiche Musikerbildnisse aus seiner großen Sammlung zierten, hingen nicht nur prominent gerahmt sein Großvater, sein Vater und seine Brüder, sondern auch ein Ölporträt seiner Stiefmutter mit der Beschriftung „Bach, (Anna Magd.) Sopranistin".[1] Neben diesem heute verschollenen Bildnis, das die Sängerin vermutlich im Alter von etwa 30 Jahren zeigte,[2] fanden sich unter den zahlreichen gerahmten Porträts kleineren Formats verstreut noch weitere Sängerinnen, darunter europäische Berühmtheiten wie Faustina Bordoni Hasse, Maria Felicitas Benda, Françoise Journet, Caterina Regina Mingotti und Marie Sophie Niklas. Dieser Zusammenhang betont – nicht nur aus dem Blickwinkel des Bach-Sohns – uneingeschränkt die Eigenständigkeit und wohl auch das Selbstverständnis der Sopranistin Anna Magdalena Bach. Die nachfolgenden Überlegungen zielen darauf, ihre in Köthen beginnende und in Leipzig fortgesetzte berufliche Tätigkeit in wesentlichen Grundzügen nachzuzeichnen. Dabei gilt als Prämisse, daß die wenigen, doch zum Teil exponierten solistischen Auftritte, die für die Leipziger Zeit dokumentiert sind, eine kontinuierliche Gesangspraxis voraussetzen, wie es für die Fortsetzung und Bewahrung eines professionellen Niveaus notwendig ist.

---

[1] Der Eintrag im NV (*Bildniß-Sammlung*, S. 95) lautet: „Bach, (Anna Magd.) Sopranistin, J. S. zweyte Frau. In Oel gemahlt von Cristofori. 2 Fuß, 1 Zoll hoch, 23 Zoll breit [63,5 × 58,5 cm]. In goldenen Rahmen." Zum Vergleich die Maße des Porträts von J. S. Bach (heute Bach-Archiv Leipzig): 76,5 × 62,5 cm.

[2] Michael Maul identifizierte den Maler als den Cammer-Musicus, Cellisten und Maler Antonio Christofori (1701–1737) am Hof zu Eisenach und vermutete, daß die Entstehung des Bildes mit der 1732 über Eisenach führenden Reise des Ehepaars Bach nach Kassel zusammenhängt; siehe M. Maul, *„von Cristofori" – Zum Maler des verschollenen Porträts Anna Magdalena Bachs*, BJ 2011, S. 231–254.

I. Hintergrund

Anna Magdalena Wilcke[3] wird als Sängerin 1720/21 erstmals dokumentarisch greifbar, und zwar im Zusammenhang eines gemeinsamen Auftretens mit ihrem Vater, dem Weißenfelser Hoftrompeter Johann Caspar Wilcke (um 1660/65–1731), am Hof des Fürsten Johann August von Anhalt-Zerbst. Dort hatte ihr älterer Bruder Johann Caspar 1717 eine Anstellung als Hoftrompeter gefunden. Der Beleg in den Hofkammer-Rechnungen Zerbst ohne genaues Datum und weitere Einzelheiten lautet schlicht: „6 Thaler dem Trompeter Wilke von Weißenfels so sich allhier hören lassen, 12 Thaler dessen Tochter so in der Capelle einige Male mitgesungen zur Discretion."[4] Der Eintrag ist jedoch insofern bemerkenswert, als er einerseits in paternalistischer Manier die Tochter dem Vater hintanstellt, andererseits jedoch deren weitaus bessere Vergütung nicht verschweigt. Denn seinerzeit wurden Sänger grundsätzlich besser bezahlt als Instrumentalisten, zudem besagt das doppelte Honorar für Anna Magdalena, daß die damals 19jährige als fertige professionelle Musikerin betrachtet und eingestuft wurde.

Wann und wo ihre Ausbildung zur Sängerin erfolgte, ist nicht überliefert, doch gibt es gute Gründe für die Annahme, daß sie ihre Schulung unter der seinerzeit berühmten Cantatrice Christiane Pauline Kellner (1664–1745) erhielt.[5] Der musikalisch ambitionierte Herzog Christian von Sachsen-Weißenfels, zu dessen Geburtstag 1713 Bach die Jagdkantate BWV 208 aufführte, hatte sie 1717 – nach Stationen in Ansbach, Braunschweig-Wolfenbüttel, Stuttgart, Berlin und Kassel sowie zahlreichen Gastspielen andernorts – an seinen Hof geholt. Sie wirkte in Weißenfels bis zum Tod Herzog Christians (1736) für das stattliche Jahresgehalt von 400 Talern (das dem Verdienst Bachs als Köthener Kapellmeister entsprach) und erhielt danach bis an ihr Lebensende (1745) eine üppige Pension. 1718 wechselte auch Johann Caspar Wilcke d. Ä. von Zeitz nach Weißenfels. Somit hätte Anna Magdalena, die in diesem Jahr am 9. September 17 Jahre alt wurde, bis zu ihrer Einladung nach Zerbst gut zwei Jahre lang den Unterricht der berühmten Sängerin genießen können. Doch dürfte sie mit ihrer musikalischen Ausbildung einschließlich dem Clavier-Studium zeitüblich früher begonnen haben. Und die Möglichkeit, bereits ab 1717 bei Pauline Kellner Unterricht zu nehmen, bot sich schon allein darum an, weil

---

[3] Zum biographischen Hintergrund: M. Hübner, *Anna Magdalena Bach: Ein Leben in Dokumenten und Bildern*, Leipzig 2004; dies., *Frauen der Bach-Familie*, Altenburg 2021 (darin: Kapitel 6); E. Spree, *Die verwitwete Frau Capellmeisterin Bach. Studie über die Verteilung des Nachlasses von Johann Sebastian Bach*, Altenburg 2019.

[4] C. Schubart, *Anna Magdalena Bach. Neue Beiträge zu ihrer Herkunft und ihren Jugendjahren*, BJ 1953, S. 48.

[5] H.-J. Schulze, *Anna Magdalena Wilcke – Gesangsschülerin der Paulina?* BJ 2013, S. 279–295.

ihre beiden älteren Schwestern Anna Catharina und Johanna Christina in Weißenfels wohnten, da sie ab 1710 bzw. 1716 mit den dortigen Hoftrompetern Georg Christian Meißner und Johann Andreas Krebs verheiratet waren.[6] Was Anna Magdalena im Frühjahr 1721 nach Köthen brachte, entzieht sich unserer Kenntnis. War es auf Empfehlung Pauline Kellners geschehen oder hatten Bachs Verbindungen zur Weißenfelser Hofmusik eine Rolle gespielt? Wie dem auch sei, sie mag spätestens bei ihrem Auftritt in Zerbst erfahren haben, daß am benachbarten Askanier-Hof in Köthen seit dem Weggang Catharina Elisabeth Strickers, der Frau von Bachs Amtsvorgänger Augustin Reinhard Stricker, die Position einer Kammersängerin vakant war.[7] Auch führte der Weg von Weißenfels nach Zerbst über Köthen, so daß sie bereits auf dem Hinweg dort Station gemacht haben könnte. In Köthen aktenkundig wird Anna Magdalena Wilcke aber erst am 15. Juni 1721, und zwar nicht in den höfischen Unterlagen, sondern im Kommunikanten-Register der St.-Agnus-Kirche als Mitglied der lutherischen Gemeinde. Dieses Datum besagt allerdings nicht, wann sie sich in Köthen niederließ, sondern nur, daß sie als Ortsansässige zur Gemeinde gehörte. Ihr offizieller Status als „fürstliche Sängerin" bzw. „Cammer-Musicantin" wird erst ein Vierteljahr später im Taufregister von St. Agnus anläßlich der Übernahme zweier Patenschaften am 25. und 29. September 1721 bestätigt.[8] Die erste Patenschaft übernahm die nunmehr 20jährige gemeinsam mit Johann Sebastian Bach – ein Zeichen dafür, daß die beiden gleichsam verlobt waren. Ihre Trauung fand denn auch wenig später am 3. Dezember statt, knapp anderthalb Jahre nach dem Tod Maria Barbara Bachs.

Anna Magdalenas offizielle Einstellung am Köthener Hof muß vor September 1721 erfolgt sein und für 1722 wird dann erstmals ihr Jahresgehalt mit 200 Talern ausgewiesen, der dritthöchsten Stufe nach dem Kapellmeister und dem Konzertmeister. Bis zu ihrem Wegzug nach Leipzig im Mai 1723 verblieben damit nicht einmal zwei Jahre zur Erfüllung ihrer beruflichen Pflichten als fürstliche Hofsängerin. Danach jedoch nahm ihre berufliche Karriere ein abruptes Ende, und was die junge Ehefrau und Musikerin mit dieser Veränderung der Verhältnisse zu verschmerzen hatte, bleibt schwer zu ermessen. Bereits mit der Eheschließung hatten stiefmütterliche Pflichten mit der Betreuung der drei heranwachsenden Söhne eingesetzt und Anfang 1723 traten mütterliche Aufgaben hinzu mit der erstgeborenen Tochter Christiana Sophia Henrietta, deren Geburtsdatum nicht verzeichnet ist.[9] Von Haushaltsverpflichtun-

---

[6] Hübner, *Frauen der Bach-Familie*, Kap. 13 und 14.
[7] 1720–1721 vertraten die beiden Töchter des Köthener Pagenmeisters Jean-Francois Monjou als „Singe-Jungfern" die Stelle; siehe C. Wolff, *Johann Sebastian Bach* (Frankfurt/M. 2000), S. 194.
[8] Dok II, Nr. 108.
[9] Sie wurde dreijährig am 1. Juli 1726 in Leipzig begraben; Dok II, Nr. 207.

gen blieb sie offenbar weitgehend verschont, denn es standen in Leipzig die üblichen Magd-Dienste zur Verfügung und die Führung des Bachschen Haushalts lag seit Weimarer Zeiten in Händen von Maria Barbaras älterer Schwester Friedelena Bach, bis zu deren Tod im Jahr 1729. Auch konnten dreizehn Schwangerschaften Anna Magdalenas musikalische Arbeit offenbar nur geringfügig beeinträchtigen, am wenigsten im Blick auf ihr weiterhin gepflegtes Clavierspiel[10] oder ihre Tätigkeit als Notenkopistin,[11] die sich ab November 1724, sodann verstärkt nach 1730 belegen läßt. Selbst wenn sie damit zu einer unverzichtbaren Mitarbeiterin ihres Mannes wurde, konnte dies für die Sängerin keineswegs als adäquater Ersatz gelten, und darum gilt es, die Spuren ihrer in Leipzig fortgesetzten Aktivitäten als Sopranistin zu verfolgen. Denn Anna Magdalena verstand sich offenbar nach wie vor in erster Linie als Sängerin.

II. Köthen bis 1723

Als Ausgangspunkt der Spurensuche muß die kurze Köthener Zeit der fürstlichen Hofsängerin und Cammer-Musicantin von Sommer 1721 bis Frühjahr 1723 dienen. Neben den regelmäßigen, doch grundsätzlich nicht verzeichneten Kammermusiken gehörte zu den Hauptverpflichtungen der Hofkapelle die musikalische Ausrichtung zweier dicht aufeinander folgender Anlässe: der Geburtstag Fürst Leopolds am 10. Dezember und die Neujahrsfeier zu Ehren des Fürstenhauses. Zu beiden Ereignissen komponierte Bach regelmäßig besondere Festkantaten, von denen insgesamt neun textlich nachweisbar,[12] aber nur fünf vollständig oder teilweise musikalisch erhalten sind (BWV 66.1, 134.1, 173.1, 184.1 und 194.1). Davon fallen in Anna Magdalenas Dienstzeit nur „Durchlauchster Leopold" BWV 173.1 zum Fürstengeburtstag 1722 und möglicherweise „Höchsterwünschtes Freudenfest" BWV 194.1 (undatiert und ohne Bestimmung; evtl. zum Fürstengeburtstag 1721 oder als Festmusik zur Hochzeit Leopolds mit Friederica Henrietta von Anhalt-Bernburg am 11. Dezember 1721).[13]

---

[10] Bach widmete seiner Frau zuerst die sogenannten Französischen Suiten im ersten Clavier-Büchlein von 1722, sodann die (später gedruckten) Partiten im zweiten Clavier-Büchlein von 1725.
[11] NBA IX/3, S. 20–25. Y. Tomita, *Anna Magdalena as Bach's Copyist*, Bach Network UK: Understanding Bach 2 (2007), S. 59–76.
[12] BWV³, S. 10.
[13] Mit unbekanntem Text; falls mit gleicher oder ähnlicher Titelformulierung, vorzugsweise zum Fürstengeburtstag oder als Hochzeitsmusik geeignet. – Von der Köthener Originalfassung sind nur die (in Leipzig wiederbenutzten) Stimmen Oboe I–III überliefert, die keine genaue Datierung erlauben.

Als einzig erhaltenes Werk, an dem mit Sicherheit Anna Magdalena in Köthener Hofdiensten beteiligt war, darf die Abendmusik „Durchlauchtster Leopold" BWV 173.1 zum Fürstengeburtstag 1722 gelten. Eingerichtet für das übliche Solistenduo von Sopran und Baß mit 2 Traversflöten, Streichern und Basso continuo, beginnt die siebensätzige Kantate mit einer Sopran-Arie samt eröffnendem Rezitativ, gefolgt von je zwei weiteren Arien für Sopran bzw. Baß, einem Duo-Rezitativ und einer abschließenden Duett-Arie. Die Sopran-Partien haben einen Stimmumfang von *d'* bis *h"*, wobei davon auszugehen ist, daß Bach mit diesem Tonumfang die für seine Frau am besten geeignete Stimmlage nutzte. Da die Köthener Hofkapelle im tiefen Kammerton spielte (*a'* = 392 Hz), entspricht der Tonumfang der Sopranstimme dem später in Leipzig üblichen *c'* bis *a"*.[14]

Mit Leopolds 27. Geburtstag am 10. Dezember 1721 und seiner Hochzeit am Folgetag bot sich die erste Gelegenheit für ein Zusammenwirken der jungen Eheleute eine Woche nach ihrer Hochzeit, doch sind die betreffenden Werke ebensowenig wie die Neujahrsmusik 1722 nachweisbar. Somit liegt der offizielle musikalische Einstieg Anna Magdalenas als fürstliche Sängerin im Dunkel – es sei denn, die nicht überlieferte und undatierte Köthener Originalfassung der Kantate „Höchsterwünschtes Freudenfest" BWV 194.1 wäre hier einzubeziehen (Abschnitt V).

Vor Dezember 1721 lassen sich jedoch außerhalb der Köthener Hofmusik Wiederaufführungen zweier Sopran-Solokantaten nachweisen, für die kaum eine andere Sängerin als Anna Magdalena infrage kommt. Es handelt sich um die Weimarer Kantate „Mein Herze schwimmt im Blut" BWV 199.2 in einer d-Moll-Fassung mit obligater Viola da gamba (Sopran-Stimmumfang *cis'–a"*) und Francesco Contis Kantate „Languet anima mea" (Stimmumfang *d'–f"*), von der Bach 1716 eine Partiturabschrift anfertigte. Die Originalquellen beider Werke enthalten Spuren einer Aufführung um 1720, und da an dem betreffenden Aufführungsmaterial für BWV 199.2 der Agnus-Organist Christian Ernst Rolle als Schreiber beteiligt ist,[15] liegt eine Darbietung wohl beider Kantaten in der St.-Agnus-Kirche nahe. Die plausibelste Erklärung dafür wäre ein Gast- bzw. Probeauftritt Anna Magdalenas 1720/21 etwa anläßlich ihrer Bewerbung oder Vorstellung vor oder nach ihrem Zerbster Auftritt.

Zu Neujahr 1723 erklang als letzte Festmusik unter Beteiligung Anna Magdalenas die verschollene Glückwunschkantate BWV 1152, die auf dem erhaltenen Titelblatt des Textdrucks als *Musicalisches Drama* ausgewiesen ist. Ob Anna Magdalena im vorangehenden Sommer bei der in Zerbst aufgeführten

---

[14] Bach hat die Kantate 1724 mit dem geistlichen Text „Erhöhtes Fleisch und Blut" BWV 173.2 als Repertoirestück zum 2. Pfingsttag umgearbeitet und mehrfach wiederaufgeführt.

[15] Wollny, BJ 2020, S. 64 f.

Glückwunschkantate „O vergnügte Stunden" BWV 1154 zum Geburtstag des Fürsten Johann August am 29. Juli 1722 mitwirkte, muß offenbleiben. Aber auch zu diesem nur textlich überlieferten Werk sind die musikalischen Quellen verloren.

III. Köthen 1723–1729

Der Köthener Kapellmeisterposten wurde 1723 nach Bachs Übernahme des Leipziger Thomaskantorats nicht erneut besetzt, sondern der ehemalige Stelleninhaber blieb als „Kapellmeister von Haus aus" dem Köthener Hof bis zum Tod Fürst Leopolds 1728 bzw. dessen Begräbnis 1729 verbunden. Die fortgesetzte Beziehung deutet auf das ungetrübte Verhältnis, das Bach trotz seines Weggangs verband mit seinem „gnädigen und Music so wohl liebenden als kennenden Fürsten; bey welchem auch vermeinete meine Lebenszeit zu beschließen."[16] Welche diesbezüglichen Vereinbarungen mit dem Fürstenhof im Einzelnen getroffen wurden, ist nicht bekannt. Doch läßt sich aus der lückenhaften Dokumentation in den Köthener Hofrechnungen schließen, daß Bach sich zu jährlich zwei mehrtägigen Besuchen verpflichtet hatte (zum Fürstengeburtstag im Dezember sowie im Sommer), und daß ein Auftreten Anna Magdalenas offenbar mit einbezogen war.

Das erste von Leipzig aus erfolgte Köthener Gastspiel des Ehepaares ist für Juli 1724 durch einen Abrechnungs-Eintrag belegt: „Dem *Director Musices* Bachen und seiner Ehefrauen, so sich höhren laßen, zu ihrer abfertigung".[17] Weitere Einzelheiten sind leider nicht bekannt; auch fehlen die entsprechenden Belege für die Fürstengeburtstage im Dezember 1723 und 1724 sowie für den Sommer 1725. Der nächste Rechnungsbeleg für Dezember 1725 führt lediglich an: „Dem Leipziger *Cantori* Bachen und seiner Ehefrauen so sich allhier etzliche mahl höhren laßen".[18] Zu diesem Datum paßt offensichtlich die Aufführung der Glückwunschkantate „Steigt freudig in die Luft" BWV 36.2 („bey der Ersten Geburths-Feyer" der Fürstin Charlotte Friederica Amalia).[19] Die Angabe „etzliche mal" bezieht sich offenbar darauf, daß neben

---

[16] Brief an Georg Erdmann vom 28. Oktober 1730 (Dok I, Nr. 23).
[17] Dok II, Nr. 184.
[18] Dok II, Nr. 199. Bachs Abwesenheit von Leipzig am 6. Sonntag nach Trinitatis (16. Juli 1724) erklärt die – erst 1734 mit BWV 9 geschlossene – Lücke im Choralkantaten-Jahrgang für den betreffenden Sonntag und deutet zugleich auf einen mehrtägigen Aufenthalt in Köthen. – Zur Frage einer Köthener Aufführung einer dreisätzigen Konzertfassung der Kantate BWV 51 siehe unten, Fußnote 27 und 28.
[19] Die Angabe „1726" im Picanderschen Textdruck ist offenbar falsch, da der erste in Köthen gefeierte Geburtstag von Fürst Leopolds zweiter Gemahlin 1725 stattfand; siehe auch die folgende Anmerkung. Der Eintrag in BWV3, S. 67, zur Werk-

dem Fürstengeburtstag am 10. Dezember nachträglich der erste Geburtstag von Leopolds zweiter Gemahlin am 30. November mit einer eigenen Festmusik gefeiert wurde,[20] und zwar mit einer Zwischenfassung der Kantate, die Bach zuvor unter dem Titel „Schwingt freudig euch empor" BWV 36.1 für einen akademischen Geburtstag im Frühjahr 1725 komponiert hatte. Die musikalischen Quellen der von Picander neu textierten Fassung „Steigt freudig in die Luft" BWV 36.2 sind nicht erhalten, doch stimmen die Arien weitgehend mit der Fassung BWV 36.1 überein. Auch verlangen sie das für Köthen typische Solistenduo, wenn man die Tenorstimme der Sätze 2, 3 und 8 aus BWV 36.1 dem Sopran zuweist (Stimmumfang: $d'–a''$). Der Stimmumfang von Sopran-Rezitativ Nr. 6 und Arie Nr. 7 „Auch mit gedämpften schwachen Stimmen" beträgt $cis'–a''$ und entspricht damit dem Normalumfang der Partien Anna Magdalenas.

Für 1726 und 1727 fehlen jegliche Belege, doch darf Bachs Beteiligung zumindest an den Fürstengeburtstagen vorausgesetzt werden, zumal der 10. Dezember keinen Konflikt mit den Verpflichtungen des Thomaskantors bedeutet hätte. Einem der Termine 1726/27 wäre die ausgedehnte Sopran-Solokantate „Ich bin in mir vergnügt" BWV 204 (Stimmumfang $c'–b''$) zuzuordnen, da sie einen Text des von Fürst Leopold bevorzugten Dichters Christian Friedrich Hunold (Menantes) vertont, ohne daß sie inhaltlich einem bestimmten Datum oder Ereignis zugeordnet werden kann. Der aus zwei Menantes-Dichtungen („Der vergnügte Mensch" und „Von der Zufriedenheit") und zwei Strophenliedern unbekannter Herkunft (Satz 7–8) zusammengesetzte Text ist offenbar absichtlich so abgefaßt, daß er als Mehrzweck-Repertoirestück dienen konnte. Die Originalpartitur der Kantate mit dem Untertitel „Von der Vergnügsamkeit" datiert von 1726 oder 1727; das Aufführungsmaterial, das eine präzisere Datierung einer Köthener Erstaufführung sowie für sicherlich mehrere spätere Wiederaufführungen nähere Aufschlüsse bieten könnte, ist jedoch verschollen. Es existiert zusätzlich eine vor 1750 angefertigte Partiturabschrift von Bachs Schwiegersohn Johann Christoph Altnickols, die vielleicht im Zusammenhang mit einer Wiederaufführung der Kantate anläßlich dessen Hochzeit mit Elisabeth Juliana Friederica Bach am 20. Januar 1749 entstand[21] und damit Anna Magdalena die Gelegenheit eines Auftritts mit ihrem vermutlichen „Paradestück" zu Ehren ihrer ältesten Tochter gegeben hätte.

---

geschichte ist entsprechend zu korrigieren: Erstaufführung zwischen 3. und 10. Dezember 1725.

[20] Der eigentliche Geburtstagstermin 1725 und 1726 fiel auf den Freitag bzw. Samstag vor dem 1. Advent, an dem Bach in Leipzig gebunden war.

[21] So die Vermutung Werner Neumanns; siehe NBA I/40 Krit. Bericht, S. 87.

Für das Folgejahr ist ein weiteres Gastspiel (ohne Anna Magdalena) mit einem Rechnungseintrag vom 5. Januar 1728 dokumentiert. Dieser bezieht sich wahrscheinlich rückwirkend auf den Fürstengeburtstag vom 10. Dezember 1727; er könnte aber auch eine Neujahrsmusik betreffen, die Bach ausnahmsweise bestreiten konnte, da in Leipzig wie im übrigen Sachsen nach dem Tod der Kurfürstin Christiane Eberhardine bis zum 6. Januar 1728 Landestrauer herrschte. Des weiteren ist für den 11. August 1728 Bachs Anwesenheit in Köthen bei der Taufe eines Sohnes des Konzertmeisters Joseph Spieß nachgewiesen mit dem pfarramtlichen Eintrag „Herr Johann Sebastian Bach, fürstlicher Kapellmeister allhier" (unter Nichterwähnung von dessen Leipziger Haupttätigkeit). Die Teilnahme an der Taufe war wohl wiederum verbunden mit einem sommerlichen Köthener Gastspiel, wie es für 1724 belegt ist, und bot zugleich die letzte Gelegenheit einer Begegnung mit Fürst Leopold, der am 19. November 1728 starb.

Den letzten Ehrendienst als Köthener Titularkapellmeister erwies Bach seinem Fürsten bei dessen zweitägigen Bestattungsfeierlichkeiten am 24. und 25. März 1729.[22] Bei der Aufführung der vierteiligen Trauermusik „Klagt, Kinder, klagt es aller Welt" BWV 1143 in der Kathedrale zu Köthen waren auch Anna Magdalena und Carl Philipp Emanuel Bach beteiligt.[23] Die musikalischen Quellen des Werkes sind nicht erhalten, doch da es sich hier weitgehend um Parodien nach der Trauerode und der Matthäus-Passion handelt, lassen sich die drei von Anna Magdalena gesungenen Arien genau benennen:

Trauermusik BWV 198	Matthäus-Passion BWV 244
5. Aria „Zage nur du treues Land"	8. „Blute nur, du liebes Herz" (e'–g'')
12. Aria „Mit Freuden sey die Welt verlassen"	49. „Aus Liebe will mein Heiland sterben" (e'–g'')
22. Aria „Hemme Dein gequältes Kräncken"	13. „Ich will dir mein Herze schenken" (d'–g'')

IV. Weißenfels 1729–1736

Mit dem Tod Fürst Leopolds erlosch Bachs Köthener Hoftitel – eine Situation, die Herzog Christian von Sachsen-Weißenfels rasch nutzte, um Bach an seinen nahegelegenen Weißenfelser Hof zu binden. Der Komponist war für ihn kein Unbekannter, denn bereits 1713 hatte er bei dem damaligen Weimarer Hoforganisten zu seinem Geburtstag die Jagdkantate BWV 208 bestellt. Zwölf

---

[22] Dok II, Nr. 259.
[23] P. Wollny, *Überlegungen zu einigen Köthener Vokalwerken Bachs*, BJ 2020, S. 91.

Jahre später – über zwischenzeitliche Kontakte ist nichts bekannt – äußerte er erneut den Wunsch nach einer Geburtstagsmusik, den Bach mit Picanders Dramma per musica „Entfliehet, verschwindet, entweichet, ihr Sorgen" BWV 249.1 zum 23. Februar 1725 einlöste. Sein Weißenfelser Besuch ist durch den Textdruck, jedoch anderweitig nicht belegt. So bleibt ungewiss, ob Anna Magdalena ihn begleitete – nicht zuletzt auch um ihre dortige Familie zu besuchen. Sie war damals schwanger mit ihrem Sohn Christian Gottlieb (geb. 14. April 1725). Falls sie mitgereist war, hätte sich die Möglichkeit eines gemeinsamen Auftritts mit ihrer vermutlichen ehemaligen Lehrerin Pauline Kellner geboten. In diesem Falle wäre Anna Magdalena wohl die hohe Lage der Melpomene (*cis"–a"*) zugefallen und die inzwischen 60jährige Paulina hätte die tiefere Lage der Minerva (*a–e"*) übernommen.

Anläßlich des Besuchs von Herzog Christian bei der Leipziger Neujahrsmesse 1729 erfolgte offenbar die formale Überreichung der Ernennungsurkunde zum Weißenfelser Titularkapellmeister und Bach führte zu Ehren des Herzoges am 12. Januar die Huldigungskantate „O angenehme Melodei" BWV 210.1 auf.[24] Die zehnsätzige Solokantate für Sopran (Tonumfang *cis'–cis'''*), Streicher und Continuo war Anna Magdalena auf den Leib geschrieben. Selbst das nur einmal in Satz 2 auftretende exponierte *cis'''* hatte der Komponist durch textbezogene virtuose Koloraturen gesangstechnisch so elegant eingeführt, daß der Ton für die hohe Sopranstimme der Solistin mühelos erreichbar war:

Notenbeispiel 1

stär - - - - - - - - - - - - ket und er - holt

Anna Magdalena schrieb die Solostimme dieses Werkes eigens für sich aus.[25] Geringfügige autographe Textänderungen in ihrer Stimme deuten auf mehrere Wiederaufführungen bis 1740/41, die sie wohl ebenfalls gesungen haben wird. Eine der Aufführungen galt nachweislich dem Leipziger Stadtkommandanten, Joachim Friedrich Reichsgraf von Flemming;[26] hingegen können die anderen lediglich als „werte Gönner" bezeichneten Honoratioren nicht benannt werden.

Neben BWV 249.1 und BWV 204 rückt für Weißenfels vor allem die um 1730 entstandene Sopran-Solokantate „Jauchzet Gott in allen Landen" BWV

---

[24] Originaltextdruck vom 12.1.1729: Dok V, Nr. B 253a.
[25] BWV3, S.265.
[26] Krit. Bericht NBA I/39 (W. Neumann, 1975), S.99f. Flemming hatte Bach 1726 das Dramma per Musica „Verjaget, zerstreuet, zerrüttet, ihr Sterne" BWV 249.2 zugedacht und 1731 die Glückwunschkantate „So kämpfet nur, ihr muntern Töne" BWV 1160.

51 ins Licht.[27] Der Originaltitel „Dominica 15 post Trinitatis et In ogni Tempo" weist die Doppelbestimmung der Kantate aus, doch ist die Zuordnung zum 15. Sonntag nach Trinitatis nachgetragen.[28] Die ursprüngliche Bestimmung dürfte einem nicht-liturgischen Anlaß außerhalb des Kirchenjahres und vermutlich auch außerhalb Leipzigs gelten. Hinzu tritt die ungewöhnlich exponierte solistische Besetzung mit Sopran und Trompete, die ein Zusammenwirken Anna Magdalena Bachs mit einem der virtuosen Weißenfelser Hoftrompeter, darunter ihre beiden Schwäger, geradezu zwangsläufig nahelegt.[29] Die spätere Umdichtung einzelner Textpartien, die sich auf eine nicht weiter bestimmbare „Herrschaft" beziehen,[30] deutet auf eine weitere Aufführung, vermutlich anläßlich einer (auswärtigen?) Huldigung. Der Umfang der

---

[27] K. Hofmann, *Johann Sebastian Bachs Kantate „Jauchzet Gott in allen Landen" BWV 51: Überlegungen zu Entstehung und ursprünglicher Bestimmung*, BJ 1989, S. 43–54, erwägt die Bestimmung der Kantate zum Gottesdienst am Geburtstag des Weißenfelser Herzogs zwischen 1727 und 1731 – ohne Bezugnahme auf Anna Magdalena Bach, jedoch unter Verweis auf den in Weißenfels besonders geschätzten Besetzungstypus Sopran, Trompete, Streicher und Basso continuo. U. Wolf, *Johann Sebastian Bach und der Weißenfelser Hof – Überlegungen anhand eines Quellenfundes*, BJ 1997, S. 145–149, widerlegt Hofmanns Hypothese einer gottesdienstlichen Geburtstagsmusik unter Hinweis auf das Fehlen von BWV 51 in den Weißenfelser Aufführungsjournalen der solennen Geburtstagsmusiken und den im Text fehlenden, gleichsam obligatorischen Bezug auf die Person des Herzogs. Es kommt darum für BWV 51 nur eine konzertante Aufführung außerhalb des Geburtstagsgottesdienstes in Frage.

[28] Die liturgische Erstaufführung der Kantate zum 15. Sonntag nach Trinitatis fiel wahrscheinlich auf den 17. September 1730, vermutlich mit einem Falsettisten aus Bachs Collegium Musicum als Solisten. – Die Sopran-Solostimme ist unüblicherweise von Bach selbst geschrieben. Da in der autographen Partitur nur Satz 4 als Kompositionsniederschrift ausgewiesen ist, die Sätze 1–3 hingegen Reinschriftcharakter tragen, mag der Kantate eine dreisätzige Fassung mit dem Gigue-Finale „Höchster, mache deine Güte" vorausgegangen sein, die in Bachs Zeit als Köthener Kapellmeister von Haus aus fiel und für eine konzertante Aufführung mit Anna Magdalenas Bruder Johann Caspar Wilcke (Hoftrompeter im benachbarten Anhalt-Zerbst) gedacht war.
Die Originalpartitur von BWV 51 (und mit ihr wohl auch das zugehörige Stimmenmaterial) wurde in Bachs Bibliothek nicht mit den Kantaten des III. Jahrgangs, sondern offenbar separat davon aufbewahrt. Nur so erklärt sich die im Zusammenhang mit der Erbteilung 1750 auf dem Umschlag vermerkte Notiz „Carl" als Hinweis auf den Zuschlag dieser Kantate an den Sohn Carl Philipp Emanuel; siehe NBA I/22 Krit. Bericht (M. Wendt, 1988), S. 67, sowie NBA I/15 Krit. Bericht (A. Dürr, 1968), S. 205.

[29] Ihr Vater, der 1731 starb, kommt wohl nicht in Frage.

[30] Textvarianten übernommen im Notentext von Satz 1 und 3 in NBA I/22 (M. Wendt, 1987).

Sopranstimme von BWV 51 beträgt $c'–c'''$, und wenn Anna Magdalena das cis''' in BWV 210.1 erreichen konnte, war für sie das in den beiden Ecksätzen von BWV 51 je einmal erscheinende und atem- wie gesangstechnisch wiederum gut vorbereitete c''' wohl unschwer ausführbar:

Notenbeispiele 2 a–b

Die Baß-Solokantate „Ich habe genung" BWV 82.1 von 1727 existiert auch in einer um 1731 entstandenen Zweitfassung in e-Moll für Sopran-Solo mit Flauto traverso als Obligatinstrument, von der sich zwei Originalstimmen erhalten haben. Ob diese Fassung (Stimmumfang $h–g''$) wie die Originalfassung ebenfalls zum Fest Mariae Reinigung bestimmt war, ist unklar. Näher liegt die Annahme, daß die Sopran-Fassung BWV 82.2 keine Alternative für eine liturgische Marienfest-Aufführung bot (an Bassisten mangelte es Bach nie), sondern für den Konzertvortrag Anna Magdalenas eingerichtet war (Abschnitt VI).[31] Auch muß bezweifelt werden, ob es zu der e-Moll-Fassung neben den erhaltenen Stimmen für Sopran und Flauto traverso überhaupt jemals vollständiges Orchestermaterial gegeben hat.[32] Denn bei einem Vortrag als Sopran-Solokantate mit obligater Flöte könnte der Komponist den Streichersatz transponiert aus der Partitur als Clavier- beziehungsweise Orgelauszug gespielt haben. Diese Möglichkeit einer reduzierten Besetzung wird nicht zuletzt nahegelegt durch die von Anna Magdalena eingerichtete Fassung der Arie „Schlummert ein, ihr matten Augen" für Sopran mit Clavier-Begleitung (Abschnitt VI). Als Darbietungsort für BWV 82.2 bietet sich wiederum Weißenfels an, doch kommen auch Gastspiele andernorts in Frage, darunter die Konzertreise nach Kassel 1732 (Abschnitt V).

---

[31] Neben der Sopran-Fassung existiert noch eine weitere Fassung BWV 82.3 für Mezzo-Sopran in c-Moll und Oboe als Obligatinstrument, die in Anbetracht der für Anna Magdalena zu tiefen Lage (Stimmumfang $g–es''$) nicht infrage kommt.
[32] NBA I/28.1 (M. Wendt, 1994), S. 155–186, bietet die vollständige Rekonstruktion einer e-Moll-Fassung.

V. Weitere Gastspiele außerhalb Leipzigs

Einen ungewöhnlichen Sonderfall bildet die bereits oben (Abschnitt II) erwähnte, nicht erhaltene Köthener Originalfassung der Kantate „Höchsterwünschtes Freudenfest" BWV 194. In umgearbeiteter Form erklang sie laut Ausweis des gedruckten Librettos bei dem öffentlichen Gottesdienst zur Einweihung der neuen Orgel in der Dorfkirche zu Störmthal, die laut Kirchenrechnung am Dienstag, dem 2. November 1723 stattfand.[33] Offenbar hatte der Reichsritter und kurfürstliche Kammerherr Statz Hilmar von Fullen, zu dessen Domäne Störmthal gehörte, in Verbindung mit der Orgelprüfung eine festliche Kantatenaufführung mit Bach vereinbart, über deren finanzielle Bedingungen und sonstige Einzelheiten sonst nichts weiter bekannt ist.[34] Kaum denkbar erscheint jedoch, daß Bach die erste Kantorei der Thomasschule an einem gewöhnlichen Wochentag für eine derartige Privatunternehmung vom Schulunterricht und den übrigen Aufgaben befreien lassen konnte. Denn Hin- und Rückreise, Orgelprüfung, Anspielprobe und nachmittäglicher Gottesdienst mit Kantate nahmen insgesamt einen vollen Tag in Anspruch. Gleichermaßen problematisch ist die Vermutung, die Störmthaler Orgelweihe habe bereits am Sonntag, dem 31. Oktober stattgefunden und das auf dem Kantatentextdruck vermerkte Datum 2. November bezöge sich lediglich auf die Orgelprüfung.[35] Denn dann hätten sich Bach und die Thomaner am 23. Sonntag nach Trinitatis und zugleich Reformationstag ihren Leipziger Verpflichtungen entzogen, zu denen am Reformationsfest zusätzlich der Universitätsgottesdienst gehörte.[36] Außerdem war es bei den damaligen Verhältnissen unmöglich, Störmthal von Leipzig aus rechtzeitig zum regulären Sonntagvormittags-Gottesdienst mit vorheriger Anspielprobe zu erreichen; auch hätte Bach

---

[33] P. Wollny, *Neue Bach-Funde*, BJ 1997, S. 22–25 (mit Faksimile des Textdruckes); Dok II, Nr. 163; Dok V, Nr. B 164.

[34] Die Abrechung der Orgel-Prüfung vom 2. November 1723 (Dok II, Nr. 163) mit „dem Orgelmacher, Herrn Zacharias Hildebrandt" und „dem berühmten Fürstlich Anhaltischen-Cöthenischen Capellmeister und Directore Music: auch Cantore zu Leipzig, Herrn Johann Sebastian Bachen" enthält keine Angaben zu einer Kantatenaufführung.

[35] Wollny, *Neue Bach-Funde* (wie Fußnote 33), S. 21.

[36] Gegen eine Aufführung von BWV 194 am 31.10.1723 spricht die eindeutige Angabe in der autographen Partitur „Bey Einweihung der Orgel in Störm Thal"; Angaben zu einer Doppelbestimmung als Reformations- und Orgelweihkantate fehlen (vgl. BWV 51, Abschnitt IV). Für die Reformationstage 1723 und 1724 sind bislang keine Leipziger Werke Bachs nachweisbar. Bachs erste Reformationskantate ist „Gott der Herr ist Sonn und Schild" BWV 79. – Die Aufführung von BWV 194.3 durch die erste Kantorei (mit Umwidmung der Kantate zum Trinitatisfest) erfolgte wohl am 4. Juni 1724.

dann bis zur Orgelprüfung zurückbleiben und zweimal übernachten müssen – und damit zwei Tage verloren. Plausibler dürfte die Erklärung sein, daß Bach für diese auswärtige Privatverpflichtung ein für die kleine Dorfkirche geeignetes, einfachbesetztes Ensemble zusammenstellte, und zwar mit Leipziger Musikern, die sich zu einer wochentäglichen Sonderveranstaltung freimachen konnten. Somit stand auch für Anna Magdalena nichts im Wege, sich als Sopranistin an dem erforderlichen Vokalquartett zu beteiligen; angesichts des knappen Raumes könnte Bach selbst die Baßpartie übernommen haben. Möglicherweise spielte bei der Wahl der Parodievorlage für BWV 194.2 zusätzlich eine Rolle, daß Anna Magdalena damals mit ihrem Sohn Gottfried Heinrich (geb. 27. Februar 1724) schwanger war und Johann Sebastian ihr den Auftritt in Störmthal erleichtern wollte, da sie vermutlich ihre Partie bereits aus Köthen kannte (Abschnitt II). Unter Voraussetzung dieser Hypothese wäre die nicht überlieferte und undatierte Köthener Originalfassung BWV 194.1 zum Fürstengeburtstag oder Hochzeitstag 1721 oder zum Neujahrsfest 1722 entstanden.

Eine andere Orgelprüfung führte Bach vom 30. Mai bis zum 6. Juni 1725 nach Gera – auf Einladung des Landesherrn, Graf Heinrich XVIII. von Reuß, der auf Schloß Osterstein residierte.[37] Die Weihe der Orgel Johann Georg Finkes in der Johanniskirche fand am 4. Juni statt, Bach spielte jedoch auch die Finke-Orgel in der Geraer Salvatorkirche. Da bei Abrechnung der Verpflegungskosten „3. Persohnen" angegeben sind, wurde Bach wahrscheinlich von seiner Frau und seinem ältesten Sohn begleitet. Die Dauer der Reise, die Gesamthöhe der Kosten und die vermutete Anwesenheit Anna Magdalenas mögen auf ein zusätzliches gemeinsames Konzert des Ehepaars deuten.

Im September 1732 reiste Bach zur Abnahme der von Nicolaus Becker gebauten großen Orgel in der Kirche St. Martini zu Kassel, deren Einweihung am 28. September stattfand.[38] Die Zehrungs- und Logiekosten für „Hn. Bach et uxori" ab 21. September belegen die Mitreise Anna Magdalenas. Und der ausdrückliche Hinweis darauf, daß die Orgel „mit einer Musicalischen harmonie inauguriret" wurde, deutet auf das Erklingen eines nicht näher bezeichneten Figuralstückes, bei dem Anna Magdalena mitgewirkt haben dürfte.

Gegen Ende Juli 1733 weilte das Ehepaar Bach mit den älteren Söhnen für mehrere Tage in Dresden zur formellen Überreichung der Missa h-Moll (Kyrie und Gloria) an den kurfürstlichen Hof in der Form eines kompletten Stimmensatzes und mit einem Widmungsschreiben an Kurfürst Friedrich August II., datiert 27. Juli 1733.[39] Es besteht die Wahrscheinlichkeit, daß in diesem Zu-

---

[37] Dok II, Nr. 183, 183a; Dok V, B 189e; M. Maul, *Johann Sebastian Bachs Besuche in der Residenzstadt Gera*, BJ 2004, S. 101–119.
[38] Dok II, Nr. 315–318.
[39] Dok I, Nr. 27; siehe dazu H.-J. Schulzes Kommentar in *Johann Sebastian Bach.*

sammenhang auch eine Aufführung der Missa erfolgte, die vermutlich in der Sophienkirche stattfand, deren Organistenstelle Wilhelm Friedemann kurz zuvor übertragen worden war. In diesem Fall hätte es sich um eine Aufführung von „Bach & Friends" gehandelt, das heißt: unter Mitwirkung der mit Bach befreundeten Stadt- und Hofmusiker sowie aller anwesenden Mitglieder der Familie. Und auch der Mitwirkung Anna Magdalenas hätte nichts im Wege gestanden, da es sich um eine Privataufführung handelte und zur höfischen Kirchenmusik in Dresden ohnehin die Frauenstimmen der Oper hinzugezogen wurden.

VI. Bürgerliche Privatveranstaltungen in Leipzig

War die Vokalbesetzung der Leipziger Kirchenmusik bis weit ins 19. Jahrhundert hinein den Thomanern vorbehalten und damit die solistische Mitwirkung von Sängerinnen ausgeschlossen, so erfordert die Besetzungsfrage außerhalb des kirchenmusikalischen bzw. liturgischen Rahmens eine differenzierte Beantwortung. Dabei bleibt zu berücksichtigen, daß zu vielen Punkten die Fakten unbekannt sind. Von besonderem Interesse ist etwa die Zulassung bzw. das Verbot des Besuchs von Frauen in den Leipziger Kaffeehäusern.[40] Hier widersprechen sich die vorhandenen zeitgenössischen Vorschriften und Angaben, wobei vor allem unklar bleibt, inwieweit zwischen dem individuellen Besuch der Kaffeestuben auf der einen Seite und der Teilnahme von „Cavaliers und Dames" an eigenständigen dortigen Veranstaltungen auf der anderen Seite unterschieden werden muss. Deutet beispielsweise das prominente Titelbild der Liedersammlung *Die Singende Muse an der Pleiße* (Leipzig 1726) mit Frauen und Männern an Tischen sitzend und umherwandelnd, mit Karten spielenden Männern und einer am Clavichord sitzenden Frau, etwa auf unterschiedliche Regelungen für Gartencafés und den Cafébetrieb in geschlossenen Räumen? Das würde bedeuten, daß für die winterlichen Konzerte in Zimmermanns Kaffeehaus andere Teilnahmebedingungen galten als für die sommerlichen Veranstaltungen in Zimmermanns Kaffeegarten – eine schwer vorstellbare Diskrepanz. Und bei dem 1743 einsetzenden Großen Concert in der Nachfolge des Bachischen Collegium Musicum ist zumindest ab 1750 der Besuch von Frauen dokumentiert.[41] Außer Frage steht hingegen

---

Missa H-Moll BWV 232ᴵ. Faksimile nach dem Originalstimmensatz der Sächsischen Landesbibliothek Dresden, Leipzig 1983.

[40] Siehe dazu die zusammenfassende Darstellung aufgrund der vorhandenen Belege bei M. Hübner, *Die Kaffeehäuser von Gottfried Zimmermann und Enoch Richter in Leipzig*, BJ 2018, S. 43–67.

[41] M. Bärwald, *Italienische Oper in Leipzig (1744–1756)*, 2 Bde., Beeskow 2016, S. 299.

die Anwesenheit von Frauen bei öffentlichen Darbietungen wie etwa Gratulationsmusiken des Collegium Musicum zu Ehren der königlich-kurfürstlichen Familie auf dem Marktplatz vor Apels Haus, dem Logis des Königs.

Die aktive Mitwirkung weiblicher Musiker bei den Veranstaltungen des Collegium Musicum bleibt von der Frage der bloßen Besuchsmöglichkeit unberührt. Mit hoher Wahrscheinlichkeit galt bei den studentischen Collegia Musica bis in die 1740er Jahre ein generelles Auftrittsverbot für weibliche Musiker, so daß etwa Sopran- und Alt-Partien von männlichen Stimmen ausgeführt wurden. Jedenfalls sind keinerlei Ausnahmeregelungen für die unter Bachs Leitung stehenden Aufführungen nachweisbar. Doch während die „Tabula musicorum" des Großen Concerts von 1746–1748[42] noch jeweils zwei Diskantisten und einen Altisten ausweist, beginnt 1747 mit dem Auftreten der italienischen Sängerin Giacinta Forcellini das Aufweichen herkömmlicher Traditionen.[43] In diesem Zusammenhang gilt es, die Gesamtsituation einer gewissen Aufbruchszeit in Leipzig in Betracht zu ziehen, da hier die Keimzelle eines „Aufklärungsfeminismus" entstand.[44]

Schon bald nach Bachs Amtsantritt erschien 1725 in Leipzig unter dem Titel *Die vernünftigen Tadlerinnen* die erste deutsche Frauenzeitschrift. Als moralische Erbauungs-Wochenschrift richtete sie sich in erster Linie an eine weibliche Leserschaft und zu den anonym wirkenden Mitherausgebern zählte Johann Christoph Gottsched, zu den Autorinnen Christiana Mariana von Ziegler[45] – beide Mitglieder der Kirchengemeinde St. Thomae, zu denen auch Bach gute Beziehungen unterhielt. Obgleich Gottsched seine führende Rolle erst 1735 enthüllte, hatte er sich als Aufklärer die Bildung der Frau zum Ziel gesetzt und betrieb dies mit besonderem Nachdruck, insbesondere nach der Heirat mit Luise Adelgunde Kulmus. Seine Frau, nebenbei eine aktive Clavier- und Lautenspielerin,[46] wurde seine wichtigste Mitarbeiterin. Denn, obgleich es an beruflichen Möglichkeiten weitgehend fehlte, „erprobte man an Töchtern, Ehefrauen und Müttern, wie sich die neue Weltweisheit mit einer neuen Lebenshaltung verbinden" ließ.[47]

---

[42] Dok IX, S. 385.
[43] Bärwald (wie Fußnote 41), S. 288.
[44] Begriff eingeführt in dem Sammelband *Feministische Aufklärung in Europa/The Feminist Enlightenment Across Europe*, hrsg. von I. Karremann und G. Stiening, Hamburg 2020.
[45] A. Dröse, *Aufklärungsfeminismus und weibliche Poetik: Christiane Mariana von Zieglers Dichtung im Kontext*, in: Feministische Aufklärung in Europa (wie Fußnote 44), S. 123–143.
[46] C. Wolff, *Bachs musikalisches Universum*, Kassel 2022, S. 162.
[47] S. Martus, *Aufklärung: Das deutsche 18. Jahrhundert – ein Epochenbild*, Berlin 2015, S. 376.

Gottsched lieferte Bach im November 1725 den Text für die Hochzeitskantate „Auf, süß-entzückende Gewalt" BWV 1163; später vertonte er zwei weitere Gottsched-Texte. Bei Frau von Ziegler bestellte Bach im Frühjahr desselben Jahres eine Serie von neun Kantatentexten – ein durchaus ungewöhnliches Unterfangen, nicht nur weil es sich bei dem Auftragsnehmer erstmals um eine Frau handelte, sondern auch, weil sie als Dichterin bis dahin noch keineswegs ausgewiesen war und Bach damit offensichtlich ein Risiko einging. Allerdings wurde der Zieglerin 1734 auf Betreiben Gottscheds von der Universität Wittenberg als erster Frau der kaiserliche Ehrentitel einer „poetria laureata" verliehen – eine Begebenheit, die weithin Aufsehen und in konservativen Kreisen nicht weniger Anstoß erregte; zugleich eine Auszeichnung, die keinem anderen Textdichter Bachs zuteilwurde.[48]

Ohne Anna Magdalena Bach in Richtung Aufklärungsfeministin stilisieren zu wollen, bot das gesellschaftliche Milieu, in dem sich der Kantor und Kapellmeister Bach in der Stadt Leipzig bewegte, der Sopranistin nicht wenige Gelegenheiten für musikalische Auftritte. Die Frage ihrer aktiven Teilnahme an den Veranstaltungen des Collegium musicum sei im Blick auf die ungewisse Faktenlage ausgeklammert. Doch gibt es darüber hinaus eine Vielzahl verschiedener bürgerlicher Privatveranstaltungen wie Hochzeiten, Trauerfeiern, sonstige Festlichkeiten und besondere Anlässe kleineren wie größeren Formates. Diese finden sich jedoch nur in Ausnahmefällen dokumentiert oder sind durch zufällig erhaltene Textdrucke belegt, in denen die Ausführenden nicht namentlich genannt werden. Denn im Unterschied zu Bachs höfischen Engagements, die sich oftmals in den offiziellen Rechnungsbüchern niederschlugen, wurden Privatveranstaltungen eben auch privat abgerechnet. Darum kann in den folgenden Abschnitten nur von Möglichkeiten für solistische Auftritte Anna Magdalena Bachs die Rede sein, auch wenn in den hier erörterten Fällen die Wahrscheinlichkeit ihrer Mitwirkung hoch ist.

Aufwendige Hochzeitsfeiern fanden üblicherweise in den prominenten Gasthöfen Leipzigs statt und boten Gelegenheiten für den Vortrag weltlicher Kantaten, zu denen die Thomaner im Blick auf ihre schulischen Belastungen nicht herangezogen werden konnten. Unter den für Anna Magdalenas Mitwirkung in Frage kommenden Möglichkeiten findet sich beispielsweise die Aufführung der Kantate „Vergnügte Pleißenstadt" BWV 216.1 zur Hochzeit des Leipziger Kaufmanns Johann Heinrich Wolff mit Susanna Regina Hempel am 5. Februar 1728, die laut gedrucktem Libretto „im Schellhaferschen Hause" nahe der Thomaskirche gefeiert wurde. Schellhafers Haus (nachmals Hôtel de Saxe) in der Klostergasse diente auch als Spielstätte von Johann Gottlieb Görners Collegium Musicum und besaß im Festsaal einen „Musicanten-

---

[48] C. Wolff, *Zwei Gedenk-Medaillen aus dem Personenkreis um Johann Sebastian Bach*, BJ 2023, S. 237–243.

Chor".[49] Von der fragmentarisch überlieferten Dialogkantate „Die Pleiße und Neiße" Picanders sind nur die beiden Solostimmen erhalten: Sopran (= Neiße, den Herkunftsort Zittau der Braut symbolisierend) und Alt (= Pleiße, für den Heimatort des Bräutigams stehend), wohl von einem aus weiblicher und männlicher Stimme gebildeten Duett dargestellt.

Ähnliches gilt für die Serenata „Auf, süß-entzückende Gewalt" BWV 1163 anläßlich der Hochzeit von Peter Hohmann d. J. mit Christiana Sybilla Mencke am 27. November 1725 „in dem Hohmannischen Hause am Marckte" (laut Textdruck). Die Musik der Kantate ist nicht erhalten, die Arie „Unschuld, Kleinod reiner Seelen" jedoch als Parodie im Himmelfahrts-Oratorium BWV 11/8 („Jesu, deine Gnadenblicke") überliefert; ebenda für Sopran, zwei Flauti traversi, Oboe und Streicher ohne Bass. Die Hochzeitskantate „Weichet nur, betrübte Schatten" BWV 202 (Textdichter unbekannt) für Solosopran und Oboe als Obligatinstrument ist vollständig überliefert, allerdings nur in einer Partiturabschrift von 1730; jegliche Originalquellen fehlen. Auch wenn Informationen zu Anlass, Datum und Aufführungsort fehlen, gelten für diese Sopran-Solokantate die gleichen Bedingungen wie für BWV 216 und BWV 1163.

Daß Anna Magdalena gemeinsam mit anderen Berufssängern unter Umständen (je nach Verfügbarkeit der Thomaner) auch die außerkirchliche Aufführung geistlicher Trauungskantaten bestreiten konnte, gilt als weitere Möglichkeit. Denn nur vergleichsweise wenige Trauungen wurden nach der Ordnung einer Brautmesse in den beiden Hauptkirchen der Stadt gefeiert, und in diesen Fällen blieb die Vokalbesetzung der entsprechenden Trauungskantaten den Thomanern vorbehalten. Belege für Haus- bzw. Gasthof-Trauungen bieten drei Kantaten-Textdrucke und eine Erwähnung:

(1) „Sein Segen fließt daher wie ein Strom" BWV 1144 anläßlich der Hochzeit Lösner/Scherling[50] am 12. Februar 1725 „in D. Phillips Gasthoff 1 Treppe hoch";

(2) „Der Herr ist freundlich dem, der auf ihn harret" BWV 1145 bei der Hochzeit Höckner/Bartholomäus[51] am 18. Januar 1729 „in Schellhafers Haus in der Klostergasse"[52];

(3) „Vergnügende Flammen, verdoppelt die Macht" BWV 1146 bei der Hochzeit Winckler/Jöcher[53] am 26. Juli 1729 wiederum im Haus des Weinhändlers Schellhafer;

---

[49] Hübner, *Die Kaffeehäuser* (wie Fußnote 40), S. 51–58.
[50] Dok II, Nr. 186.
[51] Dok V, B 253b.
[52] Hübner, *Die Kaffeehäuser* (wie Fußnote 40), S. 55.
[53] Dok V, B 262c.

(4) Nennung einer „submissen Music" bei der Trauung Dietzel/Böttger[54] am 4. Dezember 1725 im „Apelischen Hause am Marckt".

Keine der vier Kantaten ist musikalisch erhalten. Die Texte lassen jedoch – zumeist ohne jegliche Änderungen – eine mehrfache Wiederverwendung bei weiteren Trauungen zu. Hinzu tritt mutatis mutandis die Möglichkeit, daß Leipziger Trauungskantaten wie BWV 34.1, 120.2, 195 und 197 neben ihrer Bestimmung für Brautmessen ebenfalls für festliche Haustrauungen in Frage kamen.

Mit einiger Sicherheit gehört zu Anna Magdalenas Kasualien-Repertoire auch die Einrichtung der Arie „Schlummert ein, ihr matten Augen" mit vorausgehendem Rezitativ, die der Solokantate „Ich habe genug" BWV 82 entnommen sind, deren e-Moll-Fassung für Solosopran BWV 82.2 (Abschnitt IV) sie vor 1733/34 eigenhändig in ihr Clavier-Büchlein von 1725 eintrug.[55] Es handelt sich dabei um eine gekürzte Fassung für Sopran mit Basso continuo, unter Weglassung der Streicherbegleitung und der Streicher-Ritornelle (T. 1–9 und T. 28–36). Die Bestimmung der wohl von der Sängerin selbst stammenden Einrichtung bleibt ungenannt, doch steht sie in unmittelbarem Zusammenhang mit den liedhaften Arien „Warum betrübst du dich" BWV 516, „Wie wohl ist mir, o Freund der Seelen" BWV 517 und „Gedenke doch, mein Geist, zurücke" BWV 509 – allesamt mit tröstenden Texten, die zu einer Trauersituation passen. Die eigenen familiären Verhältnisse Anna Magdalenas, die sieben ihrer insgesamt 13 Kinder kurz nach der Geburt oder im Kindesalter verlor, mögen Anlaß für solche Gesänge geboten haben. Doch besteht kein Grund, die Gesänge im Clavier-Büchlein von 1725 auf Bachsche Hausmusik zu reduzieren. Die Lieder dürften ihr auch zu professionellen Zwecken gedient haben, wenn sie zu privatem Gesang in ein bürgerliches Trauerhaus gebeten wurde. Vermutlich handelt es sich hier zumindest teilweise um die Zusammenstellung eines Kasualien-Repertoires, das zu verschiedenen Ereignissen persönlicher Bedeutung wie Geburtstagen oder anderen Wendepunkten des Lebens paßt. Dazu gehören etwa „Schaffs mit mir Gott nach deinem Willen" BWV 514 und „Gib dich zufrieden und sei stille" BWV 511 – Generalbass-Lieder, wie sie Bach für das von Georg Christian Schemelli herausgegebene *Musicalische Gesang-Buch* (Leipzig 1736) schuf und damit zugleich Anna Magdalenas Repertoire für den häuslichen Privatvortrag erweiterte.

*

---

[54] NBA I/33 Krit. Bericht (F. Hudson, 1958), S. 13.

[55] *P 225*; siehe NBA V/4 Krit. Bericht (G. von Dadelsen, 1957), S. 106; BWV³, S. 639. Das umfangreiche Clavier-Büchlein von 1725 enthält Einträge bis in die 1740er Jahre – zumeist von Anna Magdalena Bach, aber auch von Johann Sebastian sowie den Kindern der Familie.

Als Ausgangspunkt der Überlegungen zu Anna Magdalena Bachs professionellem Engagement nach dem Ende ihrer früh abgebrochenen beruflichen Laufbahn als „fürstliche Sängerin" dienten einige Dokumente, die ihr solistisches Auftreten bei offenbar regelmäßigen Köthener Gastspielen von 1724 bis 1729 belegen. Hinzu treten die Originalquellen der Weißenfelser Huldigungskantate BWV 210 sowie Einträge in ihrem Clavier-Büchlein von 1725. Diese Unterlagen reichen aus für den Nachweis, daß Anna Magdalena auch in der Leipziger Zeit neben ihren mütterlichen und hausfraulichen Aufgaben stetig, wenn auch in begrenztem Umfang ihre solistische Tätigkeit als Sängerin fortsetzte. Sie tat dies – soweit es die angeführten Beispiele anzudeuten vermögen – in partnerschaftlichem Verhältnis zu ihrem Ehemann, doch wohl auch in selbständiger Verantwortung und in Engagements unter anderen Dirigenten wie etwa Johann Gottlieb Görner, wobei sich insgesamt nur ein fragmentarisches Bild der Fortsetzung ihrer sängerischen Karriere abzeichnet.

Doch selbst das fragmentarische Bild erlaubt den Blick auf eine musikalische Persönlichkeit von hohen Graden, nicht nur auf eine außerordentlich fähige, virtuose Sängerin. Daß sie zudem weit mehr als die Anfänge des Clavierspiels beherrschte oder beherrschen wollte, belegen die anspruchsvollen Suiten und Partiten, die Bach in ihre beiden Clavier-Büchlein eintrug, insbesondere die von ihr selbst in das zweite Büchlein von 1725 eingetragene revidierte Fassung der Suite in c-Moll BWV 813. Dasselbe Büchlein bezeugt auch die Fähigkeit, etwa ihren zweitjüngsten Sohn beim Generalbass-Studium beraten zu können (BWV 1133–1134). Zum Bild der Musikerin Anna Magdalena gehört schließlich die geschickte Notenschreiberin, auf der der Komponist beim Erstellen der Aufführungsmaterialien seiner Werke oder auch beim Anfertigen von Verkaufskopien schwerlich verzichten konnte. Offenbar hielt sie auch die Bestände seiner Notenbibliothek beisammen, worauf die von ihrer Hand stammende Notiz („zur groß Bassion")[56] auf einer offenbar zeitweise verlegten oder verlorenen Continuo-Stimme der Matthäus-Passion hindeutet. Vermutlich unterstützte sie zusätzlich als „coach" auch die immer wieder wechselnden und anfänglich unerfahrenen Concertisten der ersten Kantorei des Thomanerchores beim Einstudieren ihrer anspruchsvollen solistischen Partien. Wie sonst hätte Bach zumal in den Anfangsjahren des Thomaskantorats mit den vom Amtsvorgänger übernommenen Präfekten das sängerische Niveau seiner Concertisten so drastisch anheben können? Kurzum, Anna Magdalena erfüllte ihre Rolle als vielseitige und wichtigste Stütze des überaus geschäftigen und ehrgeizigen Berufsmusiker-Haushalts am Thomaskirchhof – und nicht zuletzt eben auch ihre Berufung als Sopranistin.

---

[56] NBA II/5 Krit. Bericht (A. Dürr, 1974), S.61.

Überlegungen zu Bachs sechstem Brandenburgischen Konzert

Von Klaus Hofmann (Göttingen)

I

Das Schlußstück der *Six Concerts avec plusieurs instruments* ist ein Außenseiter. In der Reihe der sechs Konzerte fällt das Werk äußerlich durch seine ungewöhnliche Besetzung aus dem Rahmen; denn Bach verzichtet hier auf den von Violinen angeführten Streicherapparat und setzt an dessen Stelle eine Formation von vier Instrumenten tieferer Lage, bestehend aus zwei konzertierenden Bratschen und zwei begleitenden Gamben. Die Konzertsammlung schließt mit einem kammermusikalisch angelegten, klanglich zurückgenommenen Werk, einer „stillen Musik".[1]

Der verhaltene Ausklang stimmt nachdenklich, würden wir doch am Ende der Konzertreihe eher ein Werk in der Art der vorangegangenen fünf, vielleicht gar ein diese übertreffendes „krönendes" Schlußstück erwarten. Auch für Bachs Zeitgenossen dürften solche Erwartungen nicht fernliegen haben. Warum Bach sie unerfüllt läßt, ist eine offene Frage.

Die nüchternste und zugleich plausibelste Antwort darauf hat Martin Geck in einem Aufsatz von 1970 gegeben.[2] Er betrachtet die Brandenburgischen Konzerte als eine von Bach aus seinem damaligen Werkbestand zusammengestellte Sammlung. Bachs Vorrat an Konzerten habe dafür allerdings nur knapp ausgereicht. Für das Schlußstück der wie üblich sechs Werke umfassenden Reihe habe er deshalb mehr oder weniger notgedrungen auf ein älteres Kammermusikwerk, mutmaßlich eine Triosonate, zurückgegriffen und dieses für die Konzertsammlung eingerichtet.

Das ungewöhnliche klangliche Erscheinungsbild des Schlußstücks ist nicht das einzige Rätsel. Besonderheiten der Aufzeichnung in Bachs Autograph geben zusammen mit musikalischen Befunden Anlaß zu der Vermutung, daß der langsame Mittelsatz nicht ursprünglich zu den Ecksätzen gehört hat und bei der Aufnahme in das Konzert erheblich umgestaltet worden ist. Doch auch die Ecksätze müssen nicht von Anfang an zusammengehört haben.[3]

---

[1] Zum Begriff „stille Musik" siehe A. Rolf, *J. S. Bach: Das sechste Brandenburgische Konzert. Besetzung, Analyse, Entstehung*, Dortmund 2002 (Dortmunder Bach-Forschungen. 4.), S. 80 ff. (dort bezogen auf den 2. Satz).

[2] M. Geck, *Gattungstraditionen und Altersschichten in den Brandenburgischen Konzerten*, in: Mf 23 (1970), S. 139–152; zum 6. Konzert S. 147 f.

[3] Grundlegend zur Werkgenese: Rolf 2002 (wie Fußnote 1); ergänzend: ders., *Der Mittelsatz des sechsten Brandenburgischen Konzerts. Gedanken zu seiner Entstehungs-*

Die Vermutung, daß es entstehungsgeschichtlich ein gutes Stück vor die Niederschrift in Bachs Widmungsautograph für den Markgrafen Christian Ludwig von Brandenburg-Schwedt aus dem Jahre 1721 zurückreicht, verbindet das sechste Konzert mit einigen seiner Schwesterwerke. Seit Martin Geck in dem erwähnten Aufsatz die bis dahin favorisierte These der Köthener Entstehung aller sechs Konzerte bestritten hat, kommen wenigstens für einen Teil von ihnen auch Bachs Weimarer Jahre in Betracht. Eine offene Frage ist, wie weit vor 1717 der damit zur Diskussion stehende Zeitraum zurückreicht.

Vieles deutet auf das Jahr 1713: Im Juli 1713 kehrt Prinz Johann Ernst von Sachsen-Weimar von einer ausgedehnten Bildungs- und Studienreise zurück und bringt aus Holland große Mengen Musikalien mit, darunter offenbar auch neueste italienische Konzertmusik. Die Hofkapelle wird alsbald vieles davon musiziert haben. Zugleich beginnt Bach, wohl im Auftrag des Prinzen,[4] Instrumentalkonzerte für Orgel und Cembalo zu bearbeiten.[5] Es sind überwiegend Werke italienischer Komponisten, unter ihnen Vivaldi, Alessandro und Benedetto Marcello, daneben aber auch solche Telemanns und des Prinzen Johann Ernst von Sachsen-Weimar, der, ein begeisterter Geiger, sich unter Anleitung Johann Gottfried Walthers der Komposition von Konzerten widmete. Walther selbst war ebenfalls mit der Orgelübertragung von Konzerten befaßt (darunter Werke von Torelli, Albinoni, Vivaldi und Telemann).

Die Ereignisse von 1713 dürften Bach zu einer intensiven kompositorischen Auseinandersetzung mit der Gattung Konzert veranlaßt haben. Neu war die Gattung aber für ihn nicht. Das bezeugt eine von seiner Hand stammende einzelne Continuo-Stimme zu Albinonis *Concerto a cinque* e-Moll (op. 2/2) aus der Zeit um 1709/10[6] ebenso wie ein Bachscher Stimmensatz zu einem Konzert Telemanns für zwei Solovioline, Streicher und Generalbaß (TWV 52:G2) aus den Jahren „um 1709/12"[7]. Schon einige Zeit vor den Ereignissen des Sommers 1713 scheint Bach sich mit der Musik Giuseppe Torellis auseinandergesetzt zu haben. Jean-Claude Zehnder, der den Spuren dieser Auseinandersetzung in Bachs Tasten- und Vokalmusik jener Jahre nachgegangen ist,

---

 geschichte, in: Bachs Orchesterwerke. Bericht über das 1. Dortmunder Bach-Symposion 1996, Witten 1997, S. 223–233; ders., *Die Besetzung des sechsten Brandenburgischen Konzerts*, BJ 1998, S. 171–181.
[4] Schulze Bach-Überlieferung, S. 161.
[5] BWV 592–596, 972–987.
[6] H.-J. Schulze, *Die Bach-Überlieferung. Plädoyer für ein notwendiges Buch*, in: Beiträge zur Musikwissenschaft 17 (1975), S. 55; nach Kobayashi „vor 1710 (?)" (NBA IX/2, S. 212).
[7] H.-J. Schulze, *Telemann – Pisendel – Bach. Zu einem unbekannten Bach-Autograph*, in: Die Bedeutung Georg Philipp Telemanns für die Entwicklung der europäischen Musikkultur im 18. Jahrhundert. Konferenzbericht Magdeburg 1981, Teil 2, Magdeburg 1983, S. 73–79; nach Kobayashi „um 1709 (?)" (NBA IX/2, S. 216).

spricht von einer regelrechten „Torelli-Phase".[8] Im übrigen ist im Blick auf das Repertoire der Weimarer Hofkapelle anzunehmen, daß man dort spätestens seit dem Venedig-Aufenthalt des Vizekapellmeisters Johann Wilhelm Drese 1702/03 italienische Konzertmusik besaß und pflegte und auch an der aktuellen Entwicklung weiter Anteil nahm.

Hinzu kam damals für Bach eine bedeutsame persönliche Verbindung: Von Ende 1708 bis Anfang 1712 war Georg Philipp Telemann als Konzert- und Kapellmeister an dem dynastisch mit Weimar verbundenen Eisenacher Hof tätig. Carl Philipp Emanuel Bach berichtet von seinem Vater über diese Zeit: „In seinen jungen Jahren war er oft mit Telemannen zusammen, welcher auch mich aus der Taufe gehoben hat".[9] Und Telemann vermerkt in seiner Autobiographie von 1718 über seine Eisenacher Jahre: „Alldieweil aber die Veränderung belustiget / so machte [ich] mich auch über *Concerte* her". Die Anfänge als Konzertkomponist seien ihm allerdings nicht leicht gefallen; die „meisten Concerten", die ihm „zu Gesichte kamen", hätten ihm so viel Anlaß zu Kritik gegeben, daß er „sie nicht lieben konnte / noch imitiren mochte".[10] Das Thema dürfte reichlich Diskussionsstoff abgegeben haben. Es ist kaum vorstellbar, daß sich der Austausch zwischen Telemann und Bach nicht auch auf die Komposition von Konzerten bezogen haben sollte.

Die Frage nach dem chronologischen Ort, den das sechste Brandenburgische Konzert in dem Weimar-Köthener Zeitfeld einnimmt, ist zugleich die Frage nach der Position des Werkes in der Geschichte der Gattung und in der Stilentwicklung Bachs. Eine Antwort darauf ist am ehesten von der Analyse des Kopfsatzes zu erwarten. Der nun freilich stellt sich nicht nur dem Klangbild nach, sondern auch in stilistischer Hinsicht als eine Art „Außenseiter" dar. Denn auch die Form des Satzes entspricht nicht dem, was man nach den vorangegangenen Konzerten erwarten könnte. Zwar wurde verschiedentlich in gründlicher Analyse der Formgrundriss nachgezeichnet und der Verlauf aufgegliedert in Ritornelle und Episoden, dabei auch eher beiläufig für den zweiten und dritten Abschnitt (T. 17–25) eine Analogie zur „klassischen" Themengliederung in Vordersatz, Fortspinnung und Epilog konstatiert.[11] Die Ergebnisse

---

[8] J.-C. Zehnder, *Giuseppe Torelli und Johann Sebastian Bach. Zu Bachs Weimarer Konzertform*, BJ 1991, S. 33–95; Stichwort „Torelli-Phase": S. 35, 95.
[9] Brief an J. N. Forkel vom 13. Januar 1775 (Dok III, Nr. 803, S. 289).
[10] Autobiographie in: J. Mattheson, *Grosse General-Baß-Schule*, Hamburg [1731], S. 176; als Faksimile-Abdruck auch in: *Georg Philipp Telemann. Autobiographien 1718, 1729, 1740*, Michaelstein o. J. (Studien zur Aufführungspraxis und Interpretation von Instrumentalmusik des 18. Jahrhunderts, Heft 3), dort S. 18.
[11] Kritisch dazu Rolf 2002 (wie Fußnote 1), S. 15 f. und 58 ff. – Rolf selbst bevorzugt für die Formteile die Bezeichnung „Segment", die nicht auf eine syntaktische Funktion festgelegt ist. Ähnlich neutral spricht P. Schleuning (wie Fußnote 13, S. 154 ff.) von „Anfangsmodell" (für T. 1–17) und „Motivquelle" (für T. 17–25).

sind aber letztlich unbefriedigend. Ein Grund scheint in der Erwartung zu liegen, daß Bachs Begegnung mit den Konzerten Vivaldis sein eigenes Konzertschaffen von Anfang an entscheidend geprägt habe, und in der Gewohnheit, die aus der Vivaldi-Rezeption vertrauten Formkategorien auf Konzerte Bachs zu projizieren. Die jüngere Forschung löst sich allerdings zunehmend von der Fokussierung auf Vivaldi und fragt vermehrt nach dem Einfluß der vorausgegangenen Komponistengeneration.[12] Das Bild, das sich für den chronologischen Ort des sechsten Brandenburgischen Konzerts und Bachs künstlerische Intentionen abzeichnet, bleibt indes unscharf.[13]

II

Die folgenden Ausführungen versuchen, mit einem veränderten Ansatz etwas zur chronologischen und stilistischen Einordnung des sechsten Brandenburgischen Konzerts beizutragen. Ausgangspunkt und ein Hauptgegenstand der Betrachtung ist das Eingangsritornell des Kopfsatzes (T. 1–17). Hier der Anfang (siehe S. 35).

Das auffälligste Merkmal des Ritornells ist, daß die beiden konzertierenden Bratschen kanonisch geführt sind. Es ist ein Kanon im Einklang im ungewöhnlich engen Einsatzabstand eines Achtels. Er verläuft in Abschnitten von jeweils mehreren Takten über wechselnden Orgelpunkten, die in Form von Achtelrepetitionen von der aus Violoncello, Violone und Cembalo bestehenden Continuogruppe dargestellt werden. Das Gambenpaar tritt, ebenfalls in pulsieren-

---

[12] Grundlegend zur Forschungsgeschichte und speziell zur Problematik der Vivaldi-Rezeption Bachs: K. Heller, *Zur Chronologie des Bachschen Konzertschaffens. Versuch einer Bestandsaufnahme*, in: „Die Zeit, die Tag und Jahre macht". Zur Chronologie des Schaffens von Johann Sebastian Bach. Bericht über das Internationale wissenschaftliche Colloquium Göttingen 1998, hrsg. von M. Staehelin (Abhandlungen der Akademie der Wissenschaften zu Göttingen, Philologisch-historische Klasse, 3. Folge, Nr. 240), Göttingen 2001, S. 185–208. Zu Bachs Rezeption italienischer Konzertmusik ausführlich S. Rampe und D. Sackmann, *Bachs Orchestermusik. Entstehung, Klangwelt, Interpretation. Ein Handbuch*, Kassel 2000, S. 65–79.

[13] Eine kritisch sichtende Würdigung der aktuellen Forschungsliteratur etwa bis zum Jahr 2000 bietet Rolf 2002 (wie Fußnote 1), S. 13–16 und 58 ff. – Ergänzend zu erwähnen sind folgende neueren Veröffentlichungen: P. Schleuning *Johann Sebastian Bach. Die Brandenburgischen Konzerte*, Kassel 2003; M. Geuting, *Konzert und Sonate bei Johann Sebastian Bach. Formale Disposition und Dialog der Gattungen*, Kassel 2006 (Bochumer Arbeiten zur Musikwissenschaft. 5.), S. 135–140 (Analyse von BWV 1051/1); S. Rampe, *Bachs Orchestermusik*, Laaber 2013 (Das Bach-Handbuch. 5/1.), S. 120–146 („Zur Entwicklung und Verbreitung des Concerto bis 1720") und S. 217–223 (zu BWV 1051).

Überlegungen zu Bachs sechstem Brandenburgischen Konzert 35

Beispiel 1: BWV 1051, Satz 1, Anfang

den Achteln, harmoniefüllend hinzu, ergänzt von den Generalbaßakkorden des Cembalos.
Die kanonische Eröffnung hat schon früh Aufmerksamkeit auf sich gezogen,[14] doch scheint die Forschung sie bisher als Sonderfall der Ritornellgestaltung hingenommen zu haben, ohne nach den chronologischen und stilistischen Implikationen zu fragen. Tatsächlich aber handelt es sich bei der Kanonführung der Oberstimmen um ein Formelement, das als Ergebnis fortschreitender Stilisierung eines überkommenen Satzmodells verstanden werden kann. Zu fragen bleibt nach diesem Modell und seiner Bedeutung für die Ritornellgestaltung. Den Schlüssel zum Verständnis der Zusammenhänge bietet die Feststellung, daß dem Eingangsritornell „der Satztypus der Perfidia als Kompositionsidee zugrunde liegt".
Diese von mir 1997 am Rande eines Aufsatzes, der sich eingehender mit dem Phänomen Perfidia befaßt, getroffene Feststellung[15] wurde zwar vereinzelt in

---

[14] Die ersten viereinhalb Takte des Kanons finden sich als Beispiel für einen zweistimmigen Kanon im doppelten Kontrapunkt der Oktave abgedruckt bei J. P. Kirnberger, *Die Kunst des reinen Satzes*, Teil II/2, Berlin, Königsberg 1777, S. 57 f.; vgl. Dok III, Nr. 767, S. 227.

[15] K. Hofmann, *Perfidia und Fanfare. Zur Echtheit der Bach-Kantate „Lobe den Herrn, meine Seele" BWV 143. Ein Nachtrag zu meiner Ausgabe im Carus-Verlag*, in: Cari amici. Festschrift 25 Jahre Carus-Verlag, Stuttgart 1997, S. 34–43, dort S. 40.

die Diskussion des sechsten Konzerts einbezogen,[16] aber in der Sache nicht weiterverfolgt. Dabei handelt es sich bei der Perfidia keineswegs um ein Ausnahmephänomen, weder bei Bach noch bei seinen Zeitgenossen. Das Verdienst, auf den Satztypus aufmerksam gemacht zu haben, gebührt Franz Giegling und seiner 1949 erschienenen Dissertation über Giuseppe Torelli.[17] In einem Aufsatz von 1974 wies Giegling außerdem als Erster auf die Bedeutung der Perfidia für Bach hin und demonstrierte dies an den Eingangschören der Kantaten „Tönet, ihr Pauken" BWV 214 und „Zerreißet, zersprenget, zertrümmert die Gruft" BWV 205.[18] Giegling bezieht sich in seinen grundsätzlichen Ausführungen[19] auf drei unter der Bezeichnung „Perfidia"[20] überlieferte, für zwei Violinen und Baß bestimmte Sätze – oder eher Satzabschnitte –, von denen zwei in autographer Partitur von der Hand Giuseppe Torellis im Archiv von San Petronio zu Bologna erhalten sind und einer ebendort in Kopistenstimmen vorliegt. Hier die Anfänge der drei Stücke (Notenbeispiel 2 a–c) (siehe S. 37 f.).[21] Es sind, wie auch Giegling betont, schlichte Gebilde: Zwei Soloviolinen imitieren einander über einem Orgelpunkt des Basses, teils in Dreiklangsbrechungen, überwiegend aber in kurzen, meist engräumigen Spielfiguren, die harmonisch zu dem Orgelpunkt passen. Die Figuren sind vielfach so gewählt, daß sie sich zur Parallelführung in Terzen eignen. Giegling vermerkt: „Das Prinzip ist derart anspruchslos, daß man ohne weiteres annehmen kann, die Perfidia sei oft improvisiert worden".[22] In der Tat handelt es sich offenbar ursprünglich um

---

[16] So von Rolf 2002 (wie Fußnote 1), S. 52 f., 116.
[17] F. Giegling, *Giuseppe Torelli. Ein Beitrag zur Entwicklungsgeschichte des italienischen Konzerts*, Kassel 1949 (beigelegt: Thematisches Verzeichnis).
[18] F. Giegling, *Die „Perfidia" – ein wenig beachteter Baustein barocker Gestaltung*, in: Schweizer Beiträge zur Musikwissenschaft, Bd. 2, Bern 1974, S. 47–49.
[19] Giegling, *Giuseppe Torelli* (wie Fußnote 17), S. 27 f. (dazu Thematisches Verzeichnis [TV], Nr. 65–67); vgl. auch Gieglings Artikel *Perfidia* in MGG 10 (1962), Sp. 1046 f., sowie Giegling, *Die „Perfidia"* (wie Fußnote 18).
[20] Zu Herkunft und Bedeutung des Begriffs sowie zu den verschiedenen Erscheinungsformen der Perfidia siehe K. Hofmann, *Perfidia-Techniken und -Figuren bei Bach*, in: Die Quellen Johann Sebastian Bachs – Bachs Musik im Gottesdienst. Bericht über das Symposium 4.–8. Oktober 1995 in der Internationalen Bachakademie Stuttgart, Heidelberg 1998, S. 282–299. – In den folgenden Ausführungen bezieht sich der Begriff „Perfidia" ausschließlich auf den von Torelli unter diesem Namen überlieferten imitatorischen Satztypus und dessen Weiterbildungen.
[21] Beispiel a (TV 65) nach F. Vatielli, *Arte e vita musicale a Bologna. Studi e saggi*, Bd. 1, Bologna 1927, S. 230 f.; Beispiel b (TV 66) nach Giegling, *Die „Perfidia"* (wie Fußnote 18), S. 48; Beispiel c (TV 67) nach Giegling 1962 (wie Fußnote 19).
[22] Giegling, *Die „Perfidia"* (wie Fußnote 18), S. 48; ähnlich Giegling, *Giuseppe Torelli* (wie Fußnote 17), S. 28.

Überlegungen zu Bachs sechstem Brandenburgischen Konzert 37

Beispiel 2: G. Torelli, Perfidie TV 65–67

a) TV 65

b) TV 66

c) TV 67

eine Improvisationsform.[23] Die drei separat überlieferten Beispiele sind also wohl für spezielle Zwecke fixierte fiktive Improvisationen, die nach Giegling mutmaßlich an bestimmten Stellen, etwa als Satzeröffnungen, in bereits vorhandene Kompositionen eingefügt werden sollten. Solche im Notentext ausgeführte Perfidien kommen nach Giegling „in Torellis Werken häufig vor; nicht nur als rhapsodische Einleitungen, gleichsam als Intonationen [...], sondern oft als spielerische Einschübe [...], mehr noch als stauende und vorbereitende Takte vor dem Schlußritornell".[24]
Eine Besonderheit der Perfidien bei Torelli ist, daß er den Orgelpunkt im Baß oft wegläßt, vermutlich, wie auch Giegling annimmt,[25] um des schärferen Klangkontrastes zum vollstimmigen Tutti willen. Ein Beispiel bietet der Beginn des ersten Satzes des Concerto a-Moll op. 8/2[26] (hier mit dem anschließenden Tutti-Abschnitt):

Ein Merkmal, das über die Darstellung Gieglings hinausgehend hervorgehoben zu werden verdient, ist, daß sich bei aller Schlichtheit der Stücke aus der wechselseitigen Imitation der beiden Violinen fast zwanglos oft kleine Kanonpartien ergeben. So ist es von den ersten drei Takten von Torellis Concerto op. 8/2 zu dem Oberstimmenkanon zu Beginn des sechsten Brandenburgi-

---

[23] Zum historischen Hintergrund Hofmann, *Perfidia-Techniken* (wie Fußnote 20), S. 283.
[24] Giegling, *Giuseppe Torelli* (wie Fußnote 17), S. 28.
[25] Ebenda.
[26] Neuausgabe von B. Paumgartner, Mainz 1956.

Beispiel 3: G. Torelli, Concerto a-Moll op. 8/2, Satz 1, T. 1–9

schen Konzerts gewissermaßen nur noch ein kleiner Schritt. Erst recht gilt das für Antonio Vivaldis Concerto d-Moll op. 3/11 (RV 565) aus der 1711 gedruckten Konzertsammlung *L'Estro armonico*, das zu den von Bach für Orgel eingerichteten Werken gehört (BWV 596). Es beginnt mit einer Perfidia der beiden Soloviolinen (siehe Beispiel 4, S. 40).
Die beiden Stimmen sind hier durchgehend im Kanon geführt, in den ersten fünf Takten im ungewöhnlich engen Einsatzabstand eines Viertels, von T. 6 an im Abstand eines Taktes. Dazu erklingt der Orgelpunkt d^1, erzeugt durch wechselndes Anspielen der leeren D-Saite.

Beispiel 4: A. Vivaldi, Concerto grosso d-Moll op. 3/11, Satz 1, T. 1–12

Mit der Perfidia in Form eines strengen Kanons betritt Vivaldi jedoch keineswegs Neuland. Schon zwei Jahrzehnte zuvor eröffnet Arcangelo Corelli das Schlußstück seines 1689 gedruckten Opus 3, die Triosonate A-Dur (Nr. 12),[27] mit zwei ausgedehnten Perfidia-Sätzen in Kanonform. Auch hier wechselt der Einsatzabstand der Kanonstimmen. Beim ersten Satz, einem von zwei Grave- und drei Adagio-Takten eingerahmten Allegro im Vierviertaltakt, verläuft der Kanon der beiden Violinen über dem 14 Takte lang ausgehaltenen Orgelpunkt A. Dabei beträgt der Einsatzabstand zunächst einen Doppeltakt, nimmt dann den Wert einer Halben an und schließlich den eines Viertels. Der zweite Satz, ebenfalls Allegro, aber nun mit Orgelpunkt e, umfaßt 41 Dreivierteltakte. Der Einsatzabstand beträgt hier anfangs fünf Takte, dann einen Takt; abschließend wird der Dreivierteltakt in den beiden Violinpartien umgedeutet in einen Sechsachteltakt. – Corellis Opus 3 war in zahlreichen Auflagen verbreitet. Es kann als sicher gelten, daß Vivaldi das Druckwerk gekannt hat, und Gleiches gilt mit hoher Wahrscheinlichkeit für Bach.[28]

---

[27] Einzelausgabe (zusammen mit Nr. 10 und 11) hrsg. von W. Woehl, Kassel [1935]; das vollständige Opus in: *Arcangelo Corelli. Historisch-kritische Gesamtausgabe der musikalischen Werke*, Bd. I, hrsg. von M. Lütolf, Laaber 1987.

[28] Bachs Orgelfuge h-Moll BWV 579 beruht auf dem Thema des zweiten Satzes von Corellis Sonate op. 3/4.

III

Der Bologneser Giuseppe Torelli (1658–1709) war in Deutschland kein Unbekannter. Von 1696 bis 1700 gehörte er der Ansbacher Hofkapelle an, reiste von dort auch nach Wien und Amsterdam. 1698 erschienen seine *Concerti musicali a quattro* op. 6 in Augsburg. 1709 stattete der junge Violinvirtuose und Torelli-Schüler Johann Georg Pisendel Bach einen Besuch in Weimar ab und hatte im Gepäck ein Violinkonzert Torellis, das er kurz darauf in Leipzig spielte.[29] Torelli wird also für Bach längst vor dem Sommer 1713 eine bekannte Größe gewesen sein. Belegen läßt sich dies allerdings nicht. Das gilt freilich genaugenommen auch für die Zeit nach dem Sommer 1713. Denn bei Bachs als Teil des damals entstandenen Werkkomplexes überlieferter Konzertbearbeitung für Cembalo BWV 979, die traditionell mit dem Namen Torellis verbunden ist, ist die Autorschaft des zugrundeliegenden Violinkonzerts zweifelhaft, da von den beiden handschriftlichen Quellen die eine zwar Torelli, die andere aber Vivaldi als Komponisten angibt.[30] Mit großer Sicherheit läßt sich jedoch sagen, daß Bach Torellis 1709 postum in Bologna gedruckte Sammlung von zwölf Instrumentalkonzerten Opus 8 gekannt hat. Da Walther zwei der Werke (Nr. 7 und 8) daraus transkribiert hat, muß sie spätestens 1713 in Weimar vorgelegen haben. Die Beschäftigung damit hat, wie Jean-Claude Zehnder in seiner Torelli-Studie im Bach-Jahrbuch 1991 gezeigt hat, in Bachs Schaffen deutliche Spuren hinterlassen.[31]

Zumindest von einem dieser Konzerte läßt sich eine direkte Linie zu Bach und speziell zum sechsten Brandenburgischen Konzert ziehen. Es ist Torellis bereits oben zitiertes Concerto a-Moll op. 8/2 für zwei Solo- und zwei Ripienvioline, Viola und Generalbaß.[32] Das Formprinzip des ersten Satzes läßt sich beschreiben als Wechsel von Perfidia-Partien der beiden Solovioline mit vollstimmigen Tutti-Abschnitten. Die ersteren umfassen bis zu 9 Takte, die Tutti-Abschnitte sind meist nur 4–5 Takte lang. Das Ganze hat Rahmenform (T. 1–9 = T. 46–54) und folgt einem einfachen Modulationsplan. Die Regel-

---

[29] Dok III, Nr. 735; J. A. Hiller, *Lebensbeschreibungen berühmter Musikgelehrten und Tonkünstler neuerer Zeit*, Teil I, Leipzig 1784 (Reprint Leipzig 1975), S. 184 ff.; Gerber ATL, Art. *Pisendel*, Sp. 15..

[30] Vgl. NBA V/11 Krit. Bericht (K. Heller, 1967), S. 90 ff. – Als Konzert Vivaldis verzeichnet unter RV Anh. 10 bzw. RV 813.

[31] Zehnder (wie Fußnote 8).

[32] Bereits Zehnder (ebenda) zieht dieses Konzert als mögliches Muster für Bach in Betracht (S. 89 ff.). Eine Formübersicht zum 1. Satz findet sich auch bei Rampe (wie Fußnote 13), S. 135. Rampe gesteht allerdings Torelli als Vorbild für Bach nur geringe Bedeutung zu: Der Einfluß Torellis habe sich „in der formalen Erweiterung von Ritornellen und Episoden, in der Begleitung von Episoden mit Continuo allein und in der Übertragung der Ritornellform auf langsame Sätze erschöpft" (ebenda).

mäßigkeit der Abfolge der Teile wird nur einmal unmittelbar vor der Wiederkehr des Anfangsteils durch einen freien Einschub (T. 37–46) durchbrochen. Hier eine Formübersicht:

Takt	Satzart	Tonart
1–6	Perfidia (2 Vl.)	a
6–9	Ritornell (Tutti)	a → e
9–17	Perfidia (2 Vl.)	e
17–23	Ritornell (Tutti)	e → a
23–32	Perfidia (2 Vl.)	a → d
32–37	Ritornell (Tutti)	d → e

Einschub (frei):

37–41	Tutti	e
41–42	2 Vl.	e → a
42–46	Tutti	a

Reprise:

46–51	Perfidia (2 Vl.)	a
51–56	Ritornell (Tutti)	a → e → a

Eine Besonderheit dieses Konzertsatzes ist, daß die Perfidia stets gleichlautend beginnt und dabei in den ersten Takten kanonisch verläuft; bemerkenswert auch, daß die mit der Perfidia verbundenen Tutti-Abschnitte durchweg auf einem einheitlichen Satzmodell beruhen, das nur geringfügig variiert wird, um zu einer neuen Tonartstufe zu modulieren.

Der gleichartige Beginn sämtlicher Perfidia-Abschnitte verleiht den Soloabschnitten ein neues formales Gewicht gegenüber den Tuttiteilen. Giegling vermerkt: „Das [...] Tutti [...] vermittelt modulierend zwischen den verschiedenen Tonarten des Satzes. Dieser baut sich aus vier Solo- und ebensovielen Tuttipartien auf. Ritornellbildend geben sich die Soli".[33] In der Tat sind die Soli nicht mehr oder weniger beliebig gestaltete Zwischenspiele, sondern thematisch geprägte Formglieder, die markant die jeweiligen Formteile des Satzes eröffnen.

Mit dieser Gestaltung rückt Torelli von den improvisatorischen Ursprüngen der Perfidia weiter ab. Anders als Giegling annimmt, geht es Torelli bei der Einschaltung von Perfidia-Abschnitten in den Satzverlauf aber um mehr als die Auflockerung und Abwechslung durch klanglichen Kontrast, nämlich um die Integration der Perfidia als formprägendes Element. Durch den Eintritt mit

---

[33] Giegling, *Giuseppe Torelli* (wie Fußnote 17), S. 64.

stets gleichem Anfang übernimmt die Perfidia im Satzverlauf Funktionen, die später im Konzertsatz Vivaldischer Prägung allein dem Tutti-Ritornell zukommen. Bei dem um eine Generation jüngeren Vivaldi lebt die Idee der Integration der Perfidia in den Konzertsatz in anderer Form fort. Neben der traditionellen Rolle des thematisch mit dem Übrigen unverbundenen Prologs, wie bei dem d-Moll-Konzert op. 3/11, tritt die Perfidia als charakteristische Satztechnik im Orchestersatz von Ritornellen in Erscheinung. So beispielsweise bei dem ebenfalls von Bach bearbeiteten Violin-Doppelkonzert a-Moll op. 3/8 (RV 522; BWV 593) im Ritornell des dritten Satzes. Es beginnt in der Art einer Perfidia, und zwar als strenger Kanon im Einsatzabstand von zwei Takten über einem virtuellen Orgelpunkt auf A. Dabei erfährt das traditionelle Satzmodell der Perfidia eine bedeutsame Erweiterung: Die ursprüngliche Zweistimmigkeit des Modells wird aufgefächert in die Vierstimmigkeit des Orchestersatzes. Auch in dem von Bach transkribierten Concerto D-Dur op. 7/11 („Grosso Mogul", RV 208a; BWV 594) ist die Perfidia in die Ritornellbildung eingegangen. Das Ritornell des ersten Satzes beginnt mit einem kurzen zweistimmigen Perfidia-Kanon im Halbtaktabstand über einem leicht figurierten Orgelpunkt des Basso continuo. Und ähnlich beginnt beim dritten Satz das einleitende Tutti mit einem zweistimmigen Kanon, nun im Einsatzabstand eines Taktes.

Die dargestellten Beispiele spiegeln kompositorische Tendenzen der italienischen Konzertmusik in den Jahren um 1700. Für folgende Maßnahmen könnten Kompositionsmuster in der Art der hier angeführten Beispiele Bach als Anregung gedient haben:

1. die Weiterentwicklung der imitatorischen Zweistimmigkeit der Perfidia zum strengen Kanon;
2. die Verwendung des Perfidia-Modells zur Ritornellbildung;
3. die Verwendung des Perfidia-Modells zur Eröffnung von Soloepisoden;
4. die Erweiterung des Perfidia-Modells auf mehr als zwei imitierende Stimmen.

IV

Mit dem rahmenbildenden Ritornell und seinen vier Teilzitaten prägt die Perfidia den Eingangssatz des sechsten Brandenburgischen Konzerts umfassend. Doch damit nicht genug, setzt Bach das Satzmodell in einer zweiten Erscheinungsform ein. Es tritt zum ersten Mal zu Beginn der ersten Episode auf und umfaßt hier vier Takte (T. 17–20) (siehe Beispiel 5, S. 44).

Beispiel 5: BWV 1051, Satz 1, T. 17–21

Wie beim Ritornell von einem Orgelpunkt in pulsierenden Achteln gestützt, entfaltet sich eine charakteristische thematische Wendung in einem Kanon mit halbtaktigem Einsatzabstand in die Fünfstimmigkeit. Am Imitationsgeschehen beteiligt sind alle Stimmen außer dem mit dem Orgelpunkt betrauten Basso continuo: Die beiden Bratschen bilden einen strengen Kanon; das Violoncello und die beiden Gamben sind freier behandelt. Auch dieser Satzabschnitt kehrt im Satzverlauf mehrfach wieder, teils transponiert und variiert, bisweilen mit reduzierter Stimmenzahl und veränderter Einsatzfolge, aber immer wieder auch zur Eröffnung der Episode im Anschluß an das Ritornell (T. 28, 53, 92, 102), ohne sich allerdings auf diese Funktion zu beschränken. Auch hier besteht eine gewisse Nähe zu Torellis Tendenz, die Soloepisoden wie im Eingangssatz seines Opus 8/2 aus einer Perfidia zu entwickeln und motivisch einheitlich zu eröffnen.

Unter dem Eindruck des formalen Gewichts, das die Perfidia in ihren beiden Erscheinungsformen hier annimmt, könnte man den Eingangssatz des sechsten Brandenburgischen Konzerts als ein Experiment deuten, mit dem Bach die kompositorischen Möglichkeiten dieses Satzmodells auslotet.

V

Das Satzmodell der Perfidia kehrt in dieser Dichte in keinem Bachschen Konzertsatz wieder. Vereinzelt begegnet es, weit weniger exponiert, im ersten Satz des vierten Brandenburgischen Konzerts in T. 235–240 (und nochmals in T. 251–256):

Beispiel 6: BWV 1049, Satz 1, T. 235–240

Und auch im dritten Satz des sechsten Brandenburgischen Konzerts gibt es eine entsprechende Passage in T. 46–47 (sowie, im Baß variiert, in T. 58–59) (siehe S. 46).

Beispiel 7: BWV 1051, Satz 3, T. 46–47

Das formale Gewicht dieser Stellen ist vergleichsweise gering. Die Perfidia erscheint hier als eher beiläufig eingesetzte Variante imitatorischer Satztechnik. Bei gezielter Suche ließen sich in Bachs instrumentaler Ensemblemusik vermutlich weitere Perfidia-Stellen dieser Art finden.

Entschieden größere Bedeutung kommt der Perfidia in Bachs Vokalmusik zu, und hier meist in einem über die Zweistimmigkeit hinaus entfalteten mehrstimmigen Satz. Franz Giegling hat, wie erwähnt, auf eindrucksvolle Beispiele in Bachs Leipziger Kantaten BWV 205 und 214 aufmerksam gemacht. Sie gehören einer Zeit an, in der die Perfidia längst zum selbstverständlichen satztechnischen Repertoire Bachs zählte. Die Anfänge aber reichen weit zurück.[34] Ein sehr frühes Beispiel bietet die vermutlich 1707 entstandene Kantate „Christ lag in Todes Banden" (BWV 4) in Satz 5, T. 30–32, bei dem Text „wie ein Tod den andern fraß":[35]

---

[34] Eine Frage, die gesonderter Untersuchung bedürfte, ist, ob Bach außer auf instrumentale Muster der Perfidia auch auf vokale Vorbilder zurückgreifen konnte.

[35] Die Stelle ähnelt sehr stark dem unten in Beispiel 13 aus BWV 182, Satz 2 zitierten Ausschnitt, könnte aber im vorliegenden Zusammenhang wohl auch noch ohne bewußte Orientierung am Satzmodell der Perfidia unmittelbar aus der Absicht Bachs hervorgegangen sein, die Textworte zu illustrieren.

Beispiel 8: BWV 4, Satz 5, T. 30–32

Eine weitere frühe, noch ein wenig unspezifisch anmutende Perfidia-Stelle findet sich in der Mühlhäuser Ratswahlkantate „Gott ist mein König" (BWV 71) aus dem Jahre 1708: In Satz 7 wird in T. 36–38 (und nochmals in T. 99–101) ein Koloraturmotiv im „stehenden" D-Dur-Dreiklang in Sopran, Tenor und Baß imitierend durchgeführt, während der Alt auf die Rolle einer Füllstimme beschränkt bleibt:

Beispiel 9: BWV 71, Satz 7, T. 36–38

Deutlicher faßbar wird Bachs Auseinandersetzung mit dem Satzmodell in den Kantaten der Weimarer Zeit. Als erste zu nennen ist hier die – allerdings in ihrer Echtheit umstrittene – Kantate „Lobe den Herrn, meine Seele" (BWV 143).

Ihre Echtheit vorausgesetzt, dürfte sie Bachs frühen Weimarer Jahren angehören. In ihrem Eingangschor ist die Perfidia in recht auffälliger Weise eingesetzt:[36] Die vier Singstimmen treten nacheinander in einem Kanon im Viertelabstand mit einem Koloraturmotiv auf das Wort „Lobe" ein, und das Orchester spielt dazu den Orgelpunkt *B* in pulsierenden Achtelrepetitionen. Nach drei Takten wiederholt sich das Geschehen über dem Orgelpunkt *F* mit vertauschten Rollen: Das Orchester übernimmt das kanonisch einsetzende Koloraturmotiv, und die Chorstimmen stellen dazu, ebenfalls auf das Wort „lobe", im Unisono und in Achtelrepetitionen rhythmisiert, den Orgelpunkt *F* dar:

Beispiel 10: BWV 143, Satz 1, T. 8–14

---

[36] Ausführlich dazu Hofmann, *Perfidia und Fanfare* (wie Fußnote 15).

Überlegungen zu Bachs sechstem Brandenburgischen Konzert 49

Die Baß-Arie „Der Herr ist König", Satz 5, kommt in anderer Weise auf das Perfidia-Modell zurück: Passend zum Text erklingt in den drei Hörnern ein als Herrschaftssymbol damals wohlbekanntes Signalmotiv,[37] in Perfidia-Manier im Kanon vorgetragen und gestützt von Pauke, Fagott und Continuo mit dem (von Pausen unterbrochenen) Orgelpunkt B (T. 8–9, ähnlich T. 30–31):

Beispiel 11: BWV 143, Satz 5, T. 8–9

[37] Siehe K. Hofmann, „Großer Herr, o starker König". Ein Fanfarenthema bei Johann

50 Klaus Hofmann

Chronologisch sicherer einzuordnen begegnet die Perfidia in Bachs „Jagdkantate" (BWV 208) zum Geburtstag des Herzogs Christian von Sachsen-Weißenfels im Februar 1713. Hier erscheint sie im Schlußchor in vierstimmigem Vokalsatz mit selbständig begleitendem Orchester in einer bereits hochentwickelten Ausprägung: In vier Viertaktperioden auf den Orgelpunkten c, G, d und A imitieren die Stimmen einander im Taktabstand jeweils in der Folge Sopran II – Sopran I – Tenor – Baß (T. 112–128; im Notenbeispiel verkürzt):

Beispiel 12: BWV 208, Satz 15, T. 112–121

Sebastian Bach, BJ 1995, S. 31–46; Ergänzungen dazu in BJ 1996, S. 147–150 (M. Boyd), und BJ 1997, S. 177–179 (K. Hofmann).

Überlegungen zu Bachs sechstem Brandenburgischen Konzert 51

In den vom Frühjahr 1714 an in regelmäßiger Folge entstandenen Kirchenkantaten Bachs tritt die Perfidia als ein fester Bestandteil seines satztechnischen Repertoires in Erscheinung. Gleich die erste, „Himmelskönig, sei willkommen" (BWV 182), aufgeführt am 25. März 1714, bietet dafür zwei markante Beispiele. Im Mittelteil des Eingangschors (Satz 2) erklingen die vier Singstimmen über dem Orgelpunkt des Continuo in einem kurzen Kanon im Viertelabstand (T. 28–30, ähnlich T. 35–37):

Beispiel 13: BWV 182, Satz 2, T. 28–30

Der Schlußchor, Satz 8, enthält eine besonders kunstvolle Ausformung des Satzmodells, bei der zwei Motive simultan gekoppelt erscheinen (T. 99–112, ähnlich T. 121–134; im Notenbeispiel ohne obligate Orchesterstimmen):

Beispiel 14: BWV 182, Satz 8, T. 99–112

Die Beispiele aus den Jahren 1713 und 1714 zeigen eine Souveränität im Umgang mit dem Satzmodell, die vermuten läßt, daß die Phase, in der Bach sich in der Auseinandersetzung mit fremden Vorbildern satztechnisches Neuland erschloß, schon längere Zeit zuvor zum Abschluß gelangt war. Für den Eingangssatz des sechsten Brandenburgischen Konzerts liegt es nahe, ihn den Jahren experimenteller Aneignung der neuen Satztechnik zuzuordnen und somit auch die Zeit vor 1713 in Betracht zu ziehen.

VI

In diesen frühen Jahren vor 1713 stand für Bach als Komponisten die Musik für Tasteninstrumente im Vordergrund. Inwieweit er sich daneben auch instrumentaler Ensemblemusik widmete, ist heute nicht mehr zu sagen. Ein bedeutender Einfluß könnte damals gerade auf diesem Gebiet von Georg Philipp Telemann ausgegangen sein, der von Dezember 1708 bis März 1712 am Eisenacher Hof als Konzert- und Kapellmeister wirkte und mit Bach in enger Verbindung stand. Telemann begann nach eigenem Bekunden damals mit der Komposition von Konzerten. Dabei experimentierte er offenbar sehr eigenständig vor allem auf der Formgrundlage der Ensemblesonate und der Dacapo-Arie sowie mit französischen Stilelementen.[38]

---

[38] Zu Telemanns frühem Konzertschaffen siehe W. Hirschmann, *Studien zum Konzertschaffen Georg Philipp Telemanns*, Kassel 1986, bes. S. 244–248, sowie ders., *Telemanns Frankfurter Konzertschaffen. Quellen- und stilkritische Bemerkungen zur Datierungsproblematik*, in: Telemann in Frankfurt. Bericht über das Symposium Frankfurt am Main, 26./27. April 1996 (Beiträge zur Mittelrheinischen Musikgeschichte. 35.), Mainz 2000, S. 208–239, bes. S. 209–212 und 235 f.; ferner ders.,

Als ein wertvolles Dokument jener freundschaftlich-kollegialen Beziehung hat sich ein Werk erhalten, das einen direkten Bezug zwischen den beiden Musikern herstellt.[39] Es handelt sich um Telemanns Konzert TWV 51:D6. Das Werk ist in einer Partiturabschrift Christoph Graupners überliefert, steht dort in D-Dur und ist für Oboe, Violine, Viola und Generalbaß bestimmt. Der unmittelbare Bezug zu Bach ergibt sich aus dem langsamen Mittelsatz. Er beginnt mit vier vollstimmigen Akkorden, die jeweils mit einer Fermate versehen sind und, erlesen harmonisiert, in der Oberstimme die Tonfolge $d^2 - cis^2 - e^2 - dis^2$ vortragen:

Beispiel 15: G. P. Telemann, Concerto D-Dur TWV 51:D6, Satz 2, T. 1–4

Es ist das wohlbekannte Namensmotiv B-A-C-H, entstellt offenbar durch nachträgliche Transposition von B- nach D-Dur. In der Originaltonart aber war dies offensichtlich eine Hommage an Johann Sebastian Bach. Die Gelegenheit, diese klingend vorzutragen, dürfte sich allein in Telemanns Eisenacher Jahren bei einer der Begegnungen mit Bach ergeben haben.

In die Originaltonart B-Dur zurücktransponiert, erweist das Werk sich als ein Doppelkonzert, dessen Obligatstimmen nach Lage und Umfang ursprünglich zwei Bratschen zugedacht waren und das auch darüber hinaus eine gewisse Ähnlichkeit mit Bachs sechstem Brandenburgischen Konzert besitzt: Noch deutlicher als bei diesem beruhen in Telemanns Konzert alle drei Sätze auf einer Triostruktur. Das Werk ist eigentlich eine konzertante Triosonate mit einer Füllstimme für Viola, deren Part (der ursprünglich für Viola da gamba bestimmt gewesen sein könnte) am thematischen Geschehen keinen Anteil hat. Ähnlich wie das Gambenpaar in Bachs Brandenburgischem Konzert ist die begleitende Viola III gewissermaßen Teil der Generalbaßgruppe, setzt auch stets mit dem Baß ein und pausiert mit diesem. Besonderes Interesse im Blick

---

Eklektischer Imitationsbegriff und konzertantes Gestalten bei Telemann und Bach, in: Bachs Orchesterwerke. Bericht über das 1. Dortmunder Bach-Symposion 1996, hrsg. von M. Geck in Verbindung mit W. Breig (Dortmunder Bach-Forschungen. 1.), Witten 1997, S. 305–319, bes. S. 311 ff.

[39] Im einzelnen dazu: K. Hofmann, *Ein B-A-C-H-Zitat bei Georg Philipp Telemann*, BJ 2016, S. 187–191. – Rekonstruktion: G. P. Telemann, *Concerto B-A-C-H* für 2 Solobratschen, Viola III (da braccio/da gamba) und Basso continuo, hrsg. von K. Hofmann (Herbipol.), Magdeburg (Edition Walhall) 2016.

auf Bachs Konzert aber verdient, daß in Telemanns erstem Satz die Soli in der Art der Torellischen Perfidia gebildet sind und alle drei Soloepisoden einheitlich mit derselben kanonischen Wendung eröffnet werden. – Das folgende Notenbeispiel zeigt die Anfangstakte des ersten Solos. Die Oberstimmen beginnen kanonisch bei pausierendem Baß, der aber gleichsam virtuell als Orgelpunkt F präsent bleibt, und entwickeln sich dann freier weiter über dem nun in pulsierenden Achteln real erklingenden Orgelpunkt:

Beispiel 16: G. P. Telemann, Concerto B-Dur, Satz 1, T. 13–16

Die Umstände der ungewöhnlichen Hommage sind nicht bekannt – und eine Herausforderung an die Phantasie: War die klingende Zueignung an Bach vielleicht ein Beitrag Telemanns zu einer aktuellen künstlerischen Diskussion – und womöglich sogar ein kreativer Impuls, der in Bachs eigenem Konzertschaffen weiterwirkte?

VII

Martin Gecks These von 1970, wonach das sechste Brandenburgische Konzert „ganz oder teilweise"[40] auf eine Triosonate zurückgehen dürfte, ist verschiedentlich diskutiert (und auch praktisch erprobt) worden. Spätestens seit Ares Rolfs grundlegender Monographie über das Konzert aus dem Jahre 2002

---
[40] Geck (wie Fußnote 2), S. 147.

und seiner Feststellung, daß die drei Sätze nicht von allem Anfang an zusammengehört haben müssen,[41] ist Gecks Vermutung für jeden Satz einzeln zu prüfen. Für den ersten Satz stellt sich die Frage angesichts der gewichtigen Rolle der Perfidia neu. Die spezielle Satzart steht, obwohl vor allem der Gattung Konzert verbunden, der Annahme einer originalen Triofassung nicht grundsätzlich im Wege, war sie doch auch in der Triosonate der Zeit gebräuchlich. Insofern ließe sich eine Triofassung ohne Gamben durchaus vorstellen: Wo Violoncello und Continuo pausieren, wie in T. 21–24, wären in einer hypothetischen Rekonstruktion die beiden Gambenpartien diesen zu übertragen oder auch zu einer gemeinsamen Basslinie zusammenzuziehen; die Rolle der akkordisch in Achtelrepetitionen begleitenden Gamben aber wäre vom Generalbaß-Cembalo wahrzunehmen. Mit einem gewissen Recht allerdings hat Hans-Werner Boresch zu Stellen wie T.17ff. eingewandt, daß hier ja die Gamben an einem fünfstimmigen Imitationsgeschehen beteiligt seien und deshalb eine Triofassung als Vorlage auszuschließen sei.[42] Freilich könnte man sich auch hier eine Triofassung ohne die beiden Gamben (die ja ohnehin freier behandelt sind) immerhin vorstellen.

Doch es gibt ein weiteres Argument gegen eine solche Vorlage: Das Ritornell kann schwerlich für eine Triosonate entworfen sein. Ohnehin eingeschränkt durch die Orgelpunktbindung, vor allem aber bedingt durch seine Kanonform und den extrem engen Einsatzabstand der beiden sich ständig überschneidenden Stimmen fällt der strukturbestimmende Triosatz aus Kanonstimmen und Bass harmonisch ungewöhnlich karg aus und bedarf dringend akkordischer Ausfüllung. Kirnberger, der die ersten Takte in seiner *Kunst des reinen Satzes* zitiert, vermerkt dazu, daß der Kanon bei zweistimmiger Ausführung „an verschiedenen Orten leer klingen" würde; doch sei er „aus einem sechsstimmigen Concert genommen, in welchem durch die noch hinzukommende Stimmen die Harmonie ergänzt wird".[43] Aus Kirnbergers Sicht sind also die harmoniefüllenden Gambenstimmen substantieller Bestandteil des Satzes. Es gibt somit gute Gründe anzunehmen, daß der erste Satz nicht ursprünglich als Trio, sondern von vornherein mit den beiden begleitenden Mittelstimmen zusammen konzipiert war.

Zum zweiten Satz liegt eine ausführliche Studie von Ares Rolf aus dem Jahre 1997 und weitgehend inhaltsgleich als Teil seiner Monographie von 2002 vor, in der er die maßgeblichen Forschungsbeiträge der vorangegangenen Jahr-

---

[41] Rolf 2002 (wie Fußnote 1) vermerkt in der Einleitung: „Die Indizien weisen auf eine Kompilation aus Sätzen unterschiedlicher Herkunft" (S.16).

[42] H.-W. Boresch, *Besetzung und Instrumentation. Studien zur kompositorischen Praxis Johann Sebastian Bachs*, Kassel 1993, S.128.

[43] Siehe oben, Fußnote 14.

zehnte zusammenführt.[44] Davon ausgehend läßt sich mit großer Wahrscheinlichkeit sagen, daß der zweite Satz auf einer Vorlage fußt, die mit den beiden übrigen Sätzen des Konzerts ursprünglich nicht zusammengehört hat. Bestimmte Eigentümlichkeiten in der Anlage der Partitur von 1721 deuten darauf, daß der Satz erst aufgrund einer Planänderung Bachs in das Konzert gelangt ist. Dazu paßt, daß er auch musikalisch aus dem Rahmen fällt: Anders als die langsamen Sätze der Schwesterwerke (vom Sonderfall des dritten Konzerts abgesehen) beginnt er nicht in der Mollparallele der Tonika, nicht also in g-Moll, sondern subdominantisch in Es-Dur und wendet sich erst in seinem letzten Drittel in dem vermutlich neu- oder umkomponierten Schlußteil der Zieltonart g-Moll zu. Die Triostruktur des Satzes tritt offen zutage; auffällig ist jedoch die Heterophonie der Baßstimmen: Während der Continuobaß von Violone und Cembalo in Ganzen und Halben voranschreitet, erklingt im Violoncello eine Figuration der Baßlinie in Viertelnoten. Rolf möchte darin bevorzugt ein Merkmal der Originalvorlage erkennen,[45] zieht aber daneben – aus unserer Sicht sehr plausibel – als Möglichkeit in Erwägung, daß es sich um eine satztechnische Modifikation handelt, die von Bach erst bei der Einbeziehung des Satzes in das Konzert mit dem Ziel vorgenommen wurde, das Violoncello mit einer über die bloße Generalbaßfunktion hinausgehenden Rolle als konzertierendes Instrument zu charakterisieren.[46] In demselben Sinne könnten auch die Violoncello-Soli in T. 54/55 und T. 59/60 verstanden werden.

Nach alledem ein wenig überraschend, vertritt Rolf die Ansicht, daß „die Triosonaten-These […] für den Mittelsatz nicht greift".[47] Seine Bedenken beziehen sich auf die Heterophonie der Baßstimmen, die er, ungeachtet der von ihm erwogenen Alternative, als ein genuines – aber der Triosonate fremdes – Merkmal des Satzes betrachtet. Allerdings handelt es sich dabei um eine sekundäre Schicht des eindeutig dreistimmig konzipierten Satzes. Nichts spricht wirklich dagegen, daß die Originalvorlage Teil einer Triosonate gewesen sein könnte.

Der dritte Satz bereitet, wie schon Geck vermerkt, der hypothetischen Rückführung auf einen Triosonatensatz keinerlei Schwierigkeiten, da die Gambenpartien sich „ohne großen Zwang als Generalbaß-Aussetzung deuten" ließen.[48] In reduzierter Besetzung ohne Gamben – und dann wohl auch ohne Violone – könnte man sich das Ganze gut als konzertanten Triosonatensatz vorstellen. Hans-Werner Boresch hat allerdings zu bedenken gegeben, daß sich aus der

---

[44] Rolf 1997 (wie Fußnote 3); Rolf 2002 (wie Fußnote 1), Kap. 5, S. 72–92.
[45] Rolf 1997, S. 225 f. (wie Fußnote 3); Rolf 2002, S. 84 f. (wie Fußnote 1).
[46] Ebenda.
[47] Ebenda.
[48] Geck (wie Fußnote 2), S. 147.

Unisono-Führung der beiden Bratschen im Ritornell ein Satztypus ergibt, „der sich in seiner Betonung der Außenstimmen nicht aus einem Triosatz herleiten läßt"[49]. Auf der anderen Seite ist in der Triosonate der Zeit vieles möglich, und so auch das Unisono der beiden Oberstimmen; man betrachte etwa die Schlußsätze von Telemanns Triosonaten TWV 42:F6 und 42:g9. In Bachs Finalsatz ist das Unisono der beiden Solobratschen wohl in der Absicht eingesetzt, den Unterschied zwischen Ritornell- und Soloabschnitten deutlicher hervortreten zu lassen.

Etwas auffällig in einer Triofassung ohne Gamben und ohne Violone wäre allerdings der verbleibende, dann zugleich vom Cembalo zu spielende Violoncello-Part mit seinen ausgedehnten Sechzehntelpassagen in den primär episodischen Abschnitten T. 23–31 und 54–57. Er knüpft zwar im Bewegungsmuster und mit der Circolo-mezzo-Spielfigur an die Sechzehntelpassage der Viola II in T. 10 ff. an, führt die Baßlinien aber anders weiter. Die Vermutung liegt nahe, daß Bach hier einen in Vierteln und Achteln relativ einfach verlaufenden Basso continuo nachträglich sozusagen „diminuiert" hat, um das Violoncello durch virtuosere Führung tendenziell zum dritten konzertierenden Instrument aufzuwerten. Auf eine nachträgliche Maßnahme könnte deuten, daß das Violoncello nirgends thematisch in die Bratschensoli einbezogen ist.

Daß der dritte Satz des Konzerts eine übergeordnete Triostruktur besitzt und sich leicht in einen konzertanten Triosonatensatz verwandeln ließe, bedeutet, dass er auf ein Trio zurückgehen kann, aber freilich nicht, daß er auf ein solches zurückgehen muß.

VIII

Für die Genese des sechsten Brandenburgischen Konzerts lassen sich aus der Betrachtung der Sätze im Lichte der Triosonaten-These keine weitreichenden Schlüsse ziehen. Daß der zweite Satz mit den beiden übrigen ursprünglich nicht zusammengehört haben dürfte, liegt angesichts der Tonartverhältnisse auf der Hand.[50] Das aus einem konventionellen Themenmodell entwickelte Stück, das wahrscheinlich erheblich verändert worden ist, entzieht sich näherer chronologischer Bestimmung. Ob der erste und der dritte Satz schon zusammengehört haben, bevor sie mit dem überlieferten zweiten Satz verbunden wurden, muß offen bleiben.

---

[49] Boresch (wie Fußnote 42), S. 129.

[50] Anscheinend hatte Bach ursprünglich, wie die im Partiturautograph pausierend mitgeführten Gambensysteme andeuten, einen Satz mit Beteiligung der Gamben vorgesehen. – Ein weiteres Argument ergibt sich aus der unterschiedlichen Tiefenbegrenzung der Baßlinie im 2. und 3. Satz; dazu Rolf 1997 (wie Fußnote 3), S. 227; Rolf 2002 (wie Fußnote 1), S. 87.

Man wird Ares Rolf zustimmen können, wenn er im Schlußkapitel seiner Monographie auf Merkmale hinweist, die auf einen gewissen Altersunterschied zwischen den beiden Ecksätzen zu deuten scheinen, und zum ersten Satz einige retrospektive Züge hervorhebt,[51] zum dritten Satz aber vermerkt, er mache „den ‚modernsten' Eindruck".[52] Mit allem Vorbehalt nimmt Rolf für den dritten Satz die Jahre 1715–1717 an, für den ersten und zweiten Satz aber denkt er an den Zeitraum 1713–1715.[53]

Gegen den zweiten Datierungsvorschlag, bei dem Rolf offenbar die traditionelle Zeitgrenze Sommer 1713 im Auge hat, möchten wir allerdings im Blick auf den ersten Satz Bedenken anmelden. Sie richten sich zugleich gegen Rolfs Annahme, dass das sechste Konzert „die Begegnung mit dem Konzerttypus Antonio Vivaldis voraussetzt" und dies „insbesondere auf den ersten Satz mit seiner klaren Ritornell-Episoden-Gliederung" zutreffe.[54] Denn dabei handelt es sich um ein Merkmal, das im Satz mindestens ebenso eng mit dem von uns als Beispiel angeführten Kopfsatz aus Torellis Konzert op. 8/2 verbindet. Bachs Ritornell aber steht den markanten Konzertsatzthemen Vivaldis denkbar fern; die Anlage als kanonförmige Perfidia indes verbindet es umso enger mit der Stilwelt Torellis und seiner Generation. Nicht weniger aber gilt dies von der prägenden Rolle, die die Perfidia in der Gestaltung der Episoden einnimmt.

Wenn wir die von Zehnder postulierte „Torelli-Phase" in Betracht ziehen, an Bachs anhaltende Beschäftigung mit der Perfidia seit 1707/08 denken und seine Kontakte zu Telemann um 1708–1712 samt dessen Widmungskonzert in die Überlegungen einbeziehen, scheinen uns gewichtige Gründe dafür zu sprechen, daß die Entstehung des ersten Satzes vor das Jahr 1713 zurückreichen könnte.

Mehr kann in unserem Zusammenhang, soweit es den ersten Satz betrifft, zur Chronologie nicht gesagt werden. Eine konkrete Jahreszahl für die Entstehung der Urfassung, die wir nicht kennen und die in einem oder mehreren Bearbeitungsgängen womöglich tiefgreifend verändert worden ist, können wir nicht angeben. Dennoch glauben wir deutlich gemacht zu haben, wie sehr der erste Satz konzeptionell durch die Zugrundelegung des Satzmodells Perfidia eingebunden ist in die Kompositionspraktiken der Zeit um 1700, namentlich Torellis und seiner Generation. Angelehnt an Zehnders Stichwort „Torelli-Phase" wäre hier vielleicht von einer „Vor-Vivaldi-Phase" zu sprechen – nicht in dem Sinne, dass Bach damals Vivaldis Musik noch nicht begegnet wäre, wohl aber, dass er sich mit Vivaldis Neuerungen noch nicht auseinandergesetzt

---

[51] Rolf 2002 (wie Fußnote 1), S. 115 f.
[52] Ebenda, S. 117.
[53] Ebenda.
[54] Ebenda, S. 115.

hatte. Auch wenn die Entstehung des Satzes weiterhin nicht aufs Jahr genau bestimmt werden kann, bleibt nach unseren Erkenntnissen doch kein Spielraum für eine Interpretation, die Bachs Auseinandersetzung mit Vivaldi voraussetzt, geschweige denn für die von Michael Marissen seit den 1990er Jahren als These vertretene Deutung des Satzes als kritische Replik Bachs auf Vivaldis Konzertform.[55] Wenngleich die Triosonaten-These sich nicht in der Weise bestätigt hat, wie Martin Geck sich dies einst vorgestellt haben mag, so hat doch sein Grundgedanke Bestand, daß der Ausnahmecharakter des sechsten Konzerts darauf beruht, daß Bach hier auf einen älteren Werkbestand zurückgegriffen hat. Ermüdung gegen Ende der Arbeit, wie Geck mutmaßt, und die Absicht, „das Widmungsexemplar rasch abzuschließen",[56] verbunden mit dem Mangel an einem geeigneten Werk jüngeren Datums, mögen in der Tat Bach bewogen haben, diesen Kompromiß einzugehen. Doch anders als von Geck vermutet, scheint Bach bei der Bearbeitung nicht von Eile getrieben gewesen zu sein. Anzeichen von Flüchtigkeit sind nirgends zu finden. Das Notenbild im Widmungsautograph zeigt dieselbe Sorgfalt des Schriftbildes wie bei den vorangegangenen Konzerten, und die Zahl der Korrekturen hält sich in den gewohnten Grenzen. Man wird davon ausgehen können, daß Bach die Bearbeitungsmaßnahmen nicht ad hoc in der Widmungspartitur vorgenommen hat, sondern in einer heute verlorenen Zwischenquelle, die ihm dann als Vorlage für die Reinschrift diente. Denn Bachs Änderungen haben im Schriftbild so gut wie keine Spuren hinterlassen. Das Wenige aber, das sich bei analytischer Betrachtung als mutmaßlich nachträgliche Bearbeitungsmaßnahme erkennen läßt – die partielle Neukonzeption des zweiten Satzes und die über die Continuo-Funktion hinausgehende Ausgestaltung der Violoncello-Partie im zweiten und dritten Satz –, zeigt den Bearbeiter Bach mit der gleichen Sorgfalt am Werk wie den Komponisten. Die Aufnahme des Konzerts in die Reihe der *Six Concerts* mag eine Kompromißlösung gewesen sein; aber sie ist zugleich ein Zeichen der Wertschätzung.

---

[55] Zuletzt in: M. Marissen, *The Social and Religious Designs of J. S. Bach's Brandenburg Concertos*, Princeton, N. J., 1995, S. 35–62 (S. 35: „a sophisticated response to formal possibilities presented by Vivaldi's new concerto style").
[56] Geck (wie Fußnote 2), S. 119.

Johann Polycarp Büchner und Gerhard Rudolph Albrecht Sievers – zwei Kieler Schloßorganisten in Leipzig

Von Matthias Lassen (Hamfelde)

Der Weißenfelser Hofsänger Johann Polycarp Büchner ist der Forschung bereits seit mehr als hundert Jahren bekannt, während der Kieler Schloßorganist Gerhard Rudolph Albrecht Sievers erst 2019 als zufällige und glückliche Neuentdeckung porträtiert werden konnte.[1] Beide Musiker haben in Kiel und in Leipzig studiert, jedoch nicht zur selben Zeit. Beide haben die Arp-Schnitger-Orgel im Kieler Schloß gespielt, wenn auch in größerem zeitlichen Abstand. Und beide sind in Leipzig mit Johann Sebastian Bach bekannt geworden, doch auch hier ist keine Verbindung der beiden untereinander belegt. Aus dem letzten Punkt ergibt sich aber, daß beider Namen in demselben Briefentwurf des Johann Elias Bach genannt sind.[2] Die Verbindung ist also indirekt und eine persönliche Begegnung kaum anzunehmen, wie zu zeigen sein wird. Sie repräsentieren vielmehr auf unterschiedliche Weise eine Art „lebendige Achse" zwischen Nord und Süd, zwischen Kiel und Leipzig.

I. Johann Polycarp Büchner in Kiel und Weißenfels

Büchner hat während seiner Studentenzeit in Kiel nachweislich die Arp-Schnitger-Orgel der Kieler Schloßkapelle in Vertretung des eigentlichen Schloßorganisten Paul Bruhns[3] gespielt. Büchner und Bruhns studierten damals an der Universität Kiel, wie überhaupt die Schloßorgel immer nur von Kieler Studenten gespielt wurde. Büchner wurde am 14. März 1722 in die Universitätsmatrikel aufgenommen[4]; über die dort angegebene Herkunft ließ sich sein Taufeintrag im sächsischen Gorsleben finden, wo er am 20. März 1697 als Sohn des Johann Büchner getauft wurde.[5] In Kiel stellte Büchner am

---

[1] M. Lassen, *Der Kieler Hoforganist Gerhard Rudolph Albrecht Sievers – ein bislang unbekannter Schüler „des berühmten Herrn Capellmeister Bach"*, BJ 2019, S. 83–92.
[2] Briefentwurf vom 28. Januar 1741, LBB 3 (E. Odrich/P. Wollny, 2000), S. 152–153.
[3] *Das Album der Christian-Albrechts-Universität zu Kiel 1665–1865*, hrsg. von F. Gundlach, Kiel 1915, Nr. 3615 (3.7.1718, „Paulus Brun Holsato Husumensis"). Die Möglichkeit einer Verwandtschaft des Paul Bruhns mit Nicolaus Bruhns ist anzunehmen, soll hier aber nicht diskutiert werden.
[4] Ebenda, Nr. 3747 (14.3.1722, „Johann Polycarpus Büchner Gorslebiens. Saxo").
[5] Landeskirchenarchiv Magdeburg, Taufbuch St. Bonifacius Gorsleben, Kirchenkreis Sömmerda *Nr. 655-1*, Taufe 1697, Nr. 7.

10. Januar 1724 eine Rechnung für das achtmalige Spielen der Schloßorgel aus und unterzeichnete mit vollem Namen (Johann Polycarpus Büchner; siehe Abbildung 1). Die Zahlungsanweisung vom 11. Januar, in der erwähnt wird, daß der eigentlich zum Dienst bestellte Studiosus Bruhns verhindert gewesen sei, quittierte Büchner dann nochmals.[6] Damit ist belegt, daß er sich mindestens bis zum 11. Januar 1724 in Kiel aufhielt. Weitere Belege – etwa in den Taufbüchern der Stadt – waren für den Zeitraum seines Aufenthalts nicht zu ermitteln.[7]

Büchners anschließende Tätigkeit als Sänger in Weißenfels ist in der Literatur schon länger bekannt; er wird in den einschlägigen Akten nicht nur als Sänger (Bassist) für die Jahre 1727–1736, sondern auch als Sekretär geführt.[8] 1737 wurde ihm ein Empfehlungsschreiben für die vakante Kantorenstelle an der Zeitzer Michaeliskirche ausgestellt,[9] doch kam er nicht in die engere Wahl.[10] Wegen dieser Bewerbung scheint auch die irrtümliche Vermutung einer Tätigkeit in Zeitz in die Literatur geraten zu sein.[11]

In Kiel wurden am 30. April 1731 einige Dukaten an einen Sänger aus Weißenfels bezahlt, dessen Spur hier verfolgt sei: „an den Sachsen Weisenfelsischen vocalisten haben I. K. H. gdst geschenket, l: ordre et q. 12 Species Ducaten", heißt es in den Ausgabelisten zur Schatullkassen-Rechnung.[12] Man kann nun

---

[6] Landesarchiv Schleswig-Holstein in Schleswig (LASH), Abt. 8.2, Nr.1486 II (*Beilagen zur Kammerrechnung 1723*), Besoldungen, Quittung Nr.88.

[7] Kirchenkreisarchiv Altholstein, Taufbuch Kiel St. Nikolai 1711–1746, fol.61v (Jahr 1722) bis fol.74 (Beginn des Jahres 1724), Büchner erscheint in diesem Zeitraum weder als Taufvater noch als Pate.

[8] E.-M. Ranft, *Zum Personalbestand der Weißenfelser Hofkapelle*, in: BzBF 6 (1988), S.10; dies., *Zur Weißenfelser Hofkapelle im Hinblick auf die Bach-Forschung*, in: Weißenfels als Ort literarischer und künstlerischer Kultur im Barockzeitalter, Amsterdam 1994 (Chloe. Beihefte zum Daphnis. 18.), S.101f.; T.Fuchs, *Studien zur Musikpflege in der Stadt Weißenfels und am Hofe der Herzöge von Sachsen-Weißenfels*, Lucca 1997 (Quaderni di Musica/Realtà. 36.), S.160f.; A. Werner, *Städtische und fürstliche Musikpflege in Weißenfels bis zum Ende des 18. Jahrhunderts*, Leipzig 1911, S.68 und 71; A. Schmiedeke, *Zur Geschichte der Weißenfelser Hofkapelle*, in: Mf 14 (1961), S.417.

[9] Werner (wie Fußnote 8), S.71.

[10] A. Werner, *Städtische und fürstliche Musikpflege in Zeitz bis zum Anfang des 19. Jahrhunderts*, Bückeburg und Leipzig 1922, S.7.

[11] G. J. Buelow, *The late Baroque Era*, Bd.4: *From the 1680s to 1740*, London 1993, S.243, schreibt irrtümlicherweise: „One of the principal figures in the musical life of Zeitz was Johann Polykarp Büchner, formerly a bass singer at the Weissenfels court, who went to the Michaeliskirche in Zeitz as Kantor after the Weissenfels court Kapelle was disbanded in 1736.".

[12] LASH, *Abt. 8.2, Nr.1739* (Beilagen zur Schatullkassen-Rechnung 1728–1730, Cammerausgabelisten, 1731), ohne Quittung.

versuchen, diesen Sänger entweder als Johann Polykarp Büchner oder aber als Andreas Elias Erhardt zu identifizieren, beide tauchen in Kieler Zusammenhängen auf. Andreas Elias Erhardt (* 1704 in Erfurt, † 1761 in Moskau oder St. Petersburg) war laut Jürgen Neubacher in den Jahren 1723–1726 Hofsänger in Weißenfels und somit Büchners Kollege. Ab Juni 1730 ist er als Operist in Hamburg und im April 1731 in Wolfenbüttel nachweisbar, später in Eutin, Riga, St. Petersburg und Moskau.[13] Bei dem Wolfenbüttler Nachweis handelt es sich um die Gehaltsquittierung von Weihnachten 1730 bis Ostern 1731.[14] Möglicherweise war Erhardts Anstellung nur von kurzer Dauer[15]; anschließend könnte er von Wolfenbüttel aus Richtung Norden gereist sein, vielleicht über Plön, da die dort residierende fürstliche Familie direkt mit dem Wolfenbüttler Herrscherhaus verwandt war. Es wäre also denkbar, daß er Ende April 1731 in Kiel sein Honorar erhielt. Im Februar 1737 war Erhardt wiederum in Kiel und bewarb sich erfolglos um eine dauerhafte Anstellung; eine in diesem Zusammenhang stehende Zahlung quittierte er im März 1737.[16] Daß Erhardt mit dem Sänger „Mr Erard" identisch ist, der 1736 in London sang und von Händel im Autograph zum Alexanderfest genannt wird,[17] bestätigt das von ihm in lateinischer Sprache verfaßte Kieler Gesuch: „Cum igitur ex Anglia nuperrime redux factus, ubi per annum elapsum sumptibus meis degi, ut musica cultiori et moderna canendi methodo acquisita magnorum Principum gratia".[18] Erhardt paßt mithin perfekt in den zeitlichen Ablauf (das heißt: zur Kieler Zahlung von 1731), während Büchner nahezu sicher auszuschließen ist, da er 1731 als Pate in Weißenfels nachgewiesen ist. Der betreffende Nachweis datiert zwar erst vom 24. Juli 1731, damit ist aber zumindest eine ausgedehntere Reise in den Norden auszuschließen.[19] Der

---

[13] Alle Angaben dazu bei J. Neubacher, *Georg Philipp Telemanns Hamburger Kirchenmusik und ihre Aufführungsbedingungen (1721–1767)*, Hildesheim 2012 (Magdeburger Telemann-Studien. XX.), S. 419.

[14] Niedersächsisches Landesarchiv Wolfenbüttel (NLA WO), *1 Alt 25 Nr. 301*.

[15] In der Liste der dimittierten Kapellmitglieder 1735 bei Auflösung der Wolfenbüttler Kapelle wird Erhardt nicht genannt, vgl. NLA WO, *4 Alt 19, Nr. 4590*.

[16] Kieler Bewerbung in: LASH, *Abt. 8.2, Nr. 1745* (Schatullkassen-Rechnungen 1737), Umschlag März (dort Gesuch, Ordre und Quittung. Das Gesuch ist auf den Februar datiert, das Tagesdatum ist nicht lesbar.

[17] Zum Aufenthalt Erhardts in London vgl. H. J. Marx, *Händel und seine Zeitgenossen – eine biographische Enzyklopädie*, Teilband 1, Laaber 2008, S. 391 f.

[18] Wie Fußnote 16.

[19] Landeskirchenarchiv Magdeburg, Stadtkirche Weißenfels St. Marien, Taufbuch 1728–1737, S. 217, Taufe am 24. Juli 1731 („den 22 Juli ist HE Joh. Andreas Kirchhoffen dem Stadt-Musico ein Sohn gebohren und den 24 ejusd getauft [...] HE George Paul Helmich, Stadt-Richter und Gastwirth in Schaaffstädt, deßen Stelle vertrat der fürstl. Hoff Bassiste HE. Büchner").

Vollständigkeit halber sei ein dritter im Zeitraum um 1731 aktiver Weißenfelser Sänger erwähnt, Johann Franciscus Lehmann, zu dem es aber in der Aktenüberlieferung des Kieler Hofes keinerlei Hinweise gibt; er ist offenbar nie in den holsteinischen Norden gekommen.[20]

II. Büchner in Leipzig und ab 1740 wieder im Norden

Wie schon lange bekannt ist, wurde Büchner 1739 an der Universität Leipzig immatrikuliert.[21] In den späten 1730er Jahren scheint er Mitglied des Bachschen Collegium musicum gewesen zu sein, wie bei Christoph Wolff zu lesen ist: „Johann Polykarp Büchner, Bassist der Weißenfelser Hofkapelle, war offenbar in den späten 1730er Jahren Mitglied des Collegiums – ein weiteres Beispiel für die von Berufsmusikern gespielte Schlüsselrolle."[22] Wolff verweist auf den im Briefentwurf des Johann Elias Bach vom 28. Januar 1741 genannten Büchner, der die Stimmen einer Solo-Kantate ausgeliehen hatte, und vermutet, daß es sich bei diesen Noten um den Originalstimmensatz der Baß-Solokantate „Ich habe genung" BWV 82 handelte.[23] Im Wortlaut heißt es in diesem Briefentwurf:

wollte mit allem Fleiß nicht antworten, weil ich weder das verlangte *Basso Solo*, noch auch das *collegium* Russian[um] mitschicken konnte, […] meinem Herrn Vetter kan ich es auch nicht verdencken, indem er die ausgeschriebenen Stimmen einem *Bassisten*, Nahmens *Büchner* geliehen, der sie ihm noch nicht zurücke geschickt, die *partitur* aber will er nicht aus den Händen geben, weil er auf solche Art schon um viele Sachen gekommen ist[24]

Dieses Dokument ist bereits früh mitgeteilt worden,[25] Büchners spätere Biographie blieb aber bislang im Dunkeln.
Allerdings läßt sich über neue Quellenfunde rekonstruieren, wo sich Büchner zum Zeitpunkt der Erwähnung aufgehalten hat, denn seine Anwesenheit in Schleswig-Holstein in den Jahren 1740 und 1741 kann nun belegt werden: Eine Akte zu Streitigkeiten zwischen Büchner und dem Rendsburger Magistrat, die vor dem Statthalter der Herzogtümer, Markgraf Friedrich Ernst zu

---

[20] E.-M. Ranft, *Zum Personalbestand der Weißenfelser Hofkapelle* (wie Fußnote 8), S. 25. Der Aktenbestand des Kieler Hofs (LASH, *Abt. 8.1* und *8.2*) wurde gründlich durchgearbeitet (Kammer- und Schatullkasserechnungen, Findbücher usw.).
[21] Erler III, S. 45: „Buchner, Ioh. Polycarp., Weißenfels. i S 1739".
[22] C. Wolff, *Johann Sebastian Bach*, Frankfurt/Main 2000, S. 384.
[23] Ebenda, S. 547 (Anmerkung 45).
[24] Dok II, Nr. 484; LBB 3 (E. Odrich/P. Wollny, 2000), S. 152.
[25] K. Pottgießer, *Die Briefentwürfe des Johann Elias Bach*, in: Die Musik 12 (1912/13), Heft 7, S. 16.

Brandenburg-Kulmbach,[26] ausgetragen wurden, liefert hierzu einige kennenswerte Aufschlüsse.[27] In einer Supplik, datiert Schleswig, den 31. März 1740, legte Büchner dar, daß er sich auf das Kantorenamt in Rendsburg Hoffnung gemacht hatte, und auch meinte, auf Vermittlung des Kieler Bürgermeisters Jacob Noodt vom Rendsburger Magistrat die Übernahme der Reisekosten zugesichert bekommen zu haben. Er sei dann in den Norden gereist und hätte dort das Kantorat schon besetzt gefunden. Entgegen der Zusage verweigere man ihm nun die Rückerstattung der vollen Reisekosten von Leipzig nach Rendsburg.[28] In der Reisekostenaufstellung, datiert Schleswig, den 9. April 1740, nennt Büchner sich: „Johann Polycarpus Büchner | Hochfürstl Cammer Musicus | aus Weisenfels anitzo aber | in Leipzig" (siehe Abbildung 2).[29] Ein ausführlicher Bericht des Rendsburger Magistrats vom 20. April 1740[30] bestreitet diesen Vorwurf allerdings: Man habe zwar gewußt, daß Büchner aus dem fernen Leipzig anreisen wolle, dieser habe mit der Reise aber auch andere Ziele verfolgt; so sei

Supplicant, wie er nicht abzuleugnen vermag, schon den 1sten *Februarii* in *Kiel* gewesen, auch bey *Ihr: Hochfürstl: Durchlauchtigkeit* dem Herrn Bischoff zu *Eutin* sich zu *engagiren* gesuchet, mithin, als ein *Virtuosus*, auf das hiesige | Cantorat gar keine reflexion gemachet, besondern nur in Kiel (als woselbst Er wegen einer Erbschaffts-Sache doch zu reisen *necessitir*et gewesen) die Zeitung, daß die Wahl bereits geschehen, abgewartet hat [...] daß alle Ümbstände ergeben, daß *Supplicant*, als ein Virtuosus, vielleicht niemahlen das hiesige *Cantorat* zu *ambiren*, noch dem *tentamini* bey dem Herrn *General-Superintendenten* sich zu unterwerffen gewilliget gewesen, besondern nur, da Er überdem wegen einer Erbschafts-Sache nach *Kiel* reisen müßen, daß *Offertum* zum *Cantorat* (umb nur | *au depense d'autrui* und zwar *in hoc casu* auf der Kirchen-Rechnung reisen, in der *Music* in *Hamburg*, *Kiel* p. sich hören lassen und seine Reise-Kosten erheben zu können) angenommen, zu solcher Reise gantze 3 Monathen angewandt, und ungeachtet Er 4 Wochen in *Kiel* gewesen, dennoch weder geschrieben noch weniger sich hieselbst sistiret hat; [...].[31]

Die äußerst unübersichtlich geführten Kammerrechnungen des Eutiner Hofes liefern für das Jahr 1740 keine Informationen zu Büchner und etwaigen Musikdarbietungen bei dem Fürstbischof und späteren schwedischen König Adolf

---

[26] Markgraf Friedrich Ernst von Brandenburg-Kulmbach (1703–1762), Statthalter der Herzogtümer ab 1730, Schwager des dänischen Königs Christian VI.
[27] LASH, *Abt. 10, Nr. 708*; eine entsprechende Magistrats-Überlieferung dazu im Stadtarchiv Rendsburg war nicht zu finden.
[28] Ebenda, Schreiben an den Markgrafen.
[29] Ebenda.
[30] Ebenda.
[31] Ebenda.

Friedrich von Holstein-Gottorf.³² Allerdings war Adolf Friedrich ein großer Opernfreund und hat daher doch sehr wahrscheinlich dem versierten Bassisten Büchner Gehör geschenkt, und natürlich kann die Begegnung auch in Kiel stattgefunden haben, denn Adolf Friedrich hatte nach dem Tod von Herzog Carl Friedrich († 18. Juni 1739) gerade die Regierungsgewalt als Administrator übernommen und hielt sich wohl häufiger in Kiel als in Eutin auf.

In Anbetracht von Büchners nachweislichem Aufenthalt im Norden im Jahr 1740 läßt sich mit hoher Wahrscheinlichkeit eine weitere Spur auf ihn beziehen: Am 1. Oktober 1741 heiratete in der Kirche von Hohenaspe, also in der dem Schloß Friedrichsruh-Drage zugehörigen Pfarrkirche, ein früherer russischer Kammermusikus namens Johann Michael Frederich „in Gegenwart derer beyden Gezeugen als S.T.HE. Büchners und HE. Bährwaldten beyde Cammer-Musici auf Drage".³³ Bei dem zweiten Zeugen handelt es sich um Johann Friedrich Berwald (1711–1789), einen Sproß der bekannten Musikerfamilie Berwald, der nicht nur lange Zeit bei dem Markgrafen von Brandenburg-Kulmbach als Hofmusiker angestellt, sondern ab 1740 parallel auch als Schleswiger Stadtmusiker tätig war.³⁴ Da die Abkürzung „S.T." wohl als „Studiosus Theologiae" aufzulösen ist, wird es sich bei dem ersten Trauzeugen mit ziemlicher Sicherheit um Johann Polycarp Büchner gehandelt haben, der demnach auch auf Schloß Friedrichsruh-Drage als Kammermusikus wirkte.³⁵ Für Büchner lassen sich also für Januar bis März 1740, für 1741, sowie dann durchgehend von 1743 bis – wie im folgenden belegt wird – zu seinem Tod 1749 Aufenthalte im Norden nachweisen.

Büchners letzte Lebensjahre lassen sich durch einen zufälligen Fund aufhellen: Im dänischen Hof- und Staats-Kalender 1744 findet sich die Angabe, daß ein Johann Polycarpus Büchner Kirchspielschreiber in Wöhrden in

---

[32] Es existiert nur ein Abrechnungsbuch für mehrere Jahrgänge, keine eigentliche Kammerrechnung: LASH, *Abt. 260, Nr.1413 (Abrechnungsbuch pro 1738–1746)*; Kammerrechnungen folgen dann erst wieder ab 1741.

[33] Kirchenkreisarchiv Rantzau-Münsterdorf, Gemeinde Hohenaspe, Mischbuch 1731 bis 1762, S.430.

[34] Vgl. H. W. Schwab, *Johann Friedrich Berwald sen.*, in: Beiträge zur Schleswiger Stadtgeschichte 14 (1969), S.53ff., sowie: M. Lassen, *Fürstliche Hofmusik in Schleswig-Holstein im 18. Jahrhundert*, in: Nordelbingen – Beiträge zur Geschichte der Kunst und Kultur, Literatur und Musik in Schleswig-Holstein, Bd.89, Kiel 2023, S.56–58, DOI: 10.38072/2941-3362/p3.

[35] Zum Hofstaat in Friedrichsruh-Drage ist eine rudimentäre Aktenüberlieferung im dänischen Reichsarchiv in Apenrade erhalten, die aber für den hier in Frage kommenden Zeitraum eine Lücke aufweist: Rigsarkivet Aabenraa, Den Kgl. Statholder i Hertugdømmerne Slesvig og Holsten, 1731–1841 Tillæg.

Dithmarschen sei.³⁶ Die Identität mit dem Musiker Büchner ist durch die Vornamen wohl zweifelsfrei anzunehmen. Zusammen mit Akten des Landesarchivs Schleswig-Holstein sowie den Wöhrdener Kirchenbüchern ergeben sich folgende Anhaltspunkte: Erstmals in Wöhrden nachweisbar ist Büchner als Taufpate am 13. Oktober 1743; hier wird er als Kirchspielschreiber bezeichnet, in späteren Taufen lautet sein Titel „königlicher Cammer Assessor und Kirchspielschreiber".³⁷ Am 5. März 1744³⁸ heiratete er unter Nennung ebendieser Titel die Witwe seines Amtsvorgängers Hermann Anthon Kock, der am 4. Mai 1743 gestorben war.³⁹ Büchner selbst starb bereits am 24. Januar 1749, „vom Schlage gerührt".⁴⁰ Ein Datum für seine Bestallung ließ sich aus den Akten im Landesarchiv nicht ermitteln, sie ist also nur ungefähr auf den Zeitraum zwischen Mai und Oktober 1743 zu datieren. Die Tätigkeit als Kirchspielschreiber war kein musikalisches Amt, es ging um die Ausfertigung von Verträgen und sonstigen Schriftverkehr der Kirchspielbewohner. Ob Büchner parallel zu seiner Wöhrdener Anstellung musikalisch tätig gewesen ist, ist mithin fraglich beziehungsweise nicht zu belegen. Am ehesten wäre vielleicht eine Tätigkeit beim Markgrafen von Brandenburg-Kulmbach denkbar. Die Residenz des Markgrafen, Schloß Friedrichsruh-Drage, war von Wöhrden aus zumindest erreichbar, ebenso wie Schloß Gottorf, der Amtssitz des Markgrafen.⁴¹ Dieser könnte – da er nach obiger Betrachtung zumindest im Jahr 1741 Büchners Brotgeber war – als Statthalter die treibende Kraft bei der Vermittlung dieser Anstellung im königlichen Teil Dithmarschens gewesen sein.

---

36 Königlich-Dänischer Hof- und Staats-Calender auf das 1744. Jahr Christi, Altona [1744, ohne Paginierung].
37 Kirchenkreisarchiv Dithmarschen, Wöhrden, Taufbuch 1732–1791: Taufen am 13.10.1743, 26.12.1744 (hier seine älteste Tochter als Patin), 28.1.1746, 2.1.1747 (hier die Frau als Patin und die Tochter als deren Vertretung), sowie am 23.10.1748.
38 Kirchenkreisarchiv Dithmarschen, Wöhrden, Traubuch 1732–1758, S. 648.
39 Kirchenkreisarchiv Dithmarschen, Wöhrden, Sterbebuch 1732–1795, S. 54 (Majus, Nr. 13, hier nur der Tag der Beerdigung am 13.5.1743 angegeben); Sterbetag in LASH, Abt. 102 (Süderdithmarschen), Nr. 152 Süderwöhrden, Kirchspielsvogt und Kirchspielschreiber 1714–1826, Schreiben vom Mai 1743.
40 Kirchenkreisarchiv Dithmarschen, Wöhrden, Sterbebuch 1732–1795, S. 85. Sowie: LASH, Abt. 102 (Süderdithmarschen), Nr. 152, Schreiben eines Herrn Eggers in Meldorf vom 25. Januar 1749 an den Kirchspielvogt Dreesen: „[...] daß der Herr Cammer-Assessor und Kirchspielscheiber Büchner am gestrigen Abend um 7 Uhr mit Tode abgegangen sey, nachdem er vorhero um 3 Uhr vom Schlage an der rechten Seite gerühret worden [...] woferne von des defuncti Kindern erster Ehe einige abwesend oder noch unmündig sind, wie ich glaube".
41 Heutige Fahrstrecke von Friedrichsruh-Drage bis Wöhrden über Landstraße ca. 50 km; heutige Fahrstrecke von Gottorf bis Wöhrden über Landstraße ca. 65 km.

Um auf den Briefentwurf des Johann Elias Bach zurückzukommen: Die vorstehend mitgeteilten Daten legen die Vermutung nahe, daß Büchner die von Bach entliehenen Noten nicht zurückgegeben hat, weil er aus dem Norden nicht mehr nach Leipzig beziehungsweise Sachsen zurückkehrte.

III. Gerhard Rudolph Albrecht Sievers

Zu Gerhard (Gerd) Rudolph Albrecht Sievers, dem nachweislichen Schüler J. S. Bachs in den Jahren 1739/40, können kleinere Neufunde das biographische Bild abrunden. Leider bleibt weiterhin unbekannt, wo Sievers nach dem im BJ 2019 geschilderten Eklat im Jahr 1746 in St. Petersburg geblieben ist[42] und ob er in der nachfolgenden Zeit musikalisch tätig war oder – wie Büchner – eine musikferne Tätigkeit annahm und deshalb für Musikforscher nicht mehr auffindbar ist. Zur familiären Situation kann ergänzt werden, daß sein jüngerer Bruder Johann Georg Wilhelm Sievers (getauft 20.9.1711 Schleswig-Friedrichsberg) bereits 1728 als immatrikulierter Student in Leipzig zu finden ist – elf Jahre vor seinem zwei Jahre älteren Bruder.[43] Dieser jüngere Sievers scheint mit dem späteren Hamburger Kaufmann Johann Georg Sievers identisch zu sein, der am 8. Januar 1740 das Hamburger Bürgerrecht erwarb,[44] im Februar 1743 in St. Jacobi von Erdmann Neumeister getraut wurde[45] und bereits im April 1750 verstarb.[46] Dieser Bruder könnte also mit Kontakten in Leipzig geholfen haben, auch wenn für ihn weder in Leipzig noch in Hamburg musikalische Ambitionen oder Kontakte zu ermitteln sind.[47]

---

[42] M. Lassen, *Der Kieler Hoforganist Gerhard Rudolph Albrecht Sievers* (wie Fußnote 1), S. 91 f.

[43] Erler III, S. 394: „Sieverts, Ioh. Geo., Slesvicen. S. i 1. V. 1728". Vgl. Kirchenkreisarchiv Schleswig-Flensburg, Taufbuch Schleswig-Friedrichsberg 1667–1759 [unpagiert]; sowie T. O. Achelis, *Matrikel der schleswigschen Studenten 1517–1864*, Kopenhagen 1966, Bd. 1, S. 277.

[44] Staatsarchiv Hamburg, *Bürgerbuch* 1733–1755, Signatur *332-7 A I a 8*, S. 134.

[45] Staatsarchiv Hamburg, *Proklamationsregister* St. Jakobikirche (1721–1748), Signatur *512-5 A VII b 4*; sowie *Hochzeiten Buch de Anno 1741* (Wedde): Signatur *332-1 I 29*, Bd. 13, S. 386.

[46] E. Amburger, *Die Familie Brandt: Hamburg – Archangel – St. Petersburg – London*, Groitzsch 1937, S. 109. Die Beisetzung erfolgte am 14. April 1750.

[47] Nachgewiesen werden konnten sowohl die Taufen der Geschwister in Schleswig als auch die Heirat der Eltern im damals gottorfischen Satrup in Angeln; vgl. Kirchenkreisarchiv Schleswig-Flensburg, Kirchengemeinde Satrup, Mischbuch 1642–1763, S. 13.

Zu G. R. A. Sievers' musikalischen Tätigkeiten kann ergänzt werden, daß dieser in der Zeit vor seinem Leipziger Studienaufenthalt in den Schatullkassen-Rechnungen des Kieler Hofes erscheint. Hier sind Zahlungen über die reguläre Orgelvergütung hinaus nachgewiesen, so im Jahr 1732, wo er in Kiel vier Quittungen ausstellte (29. Februar, 9. Mai, 1. Oktober und 31. Dezember), meist in direkter zeitlicher Nachbarschaft zu Zahlungen an den Hofsänger Johann Friedrich Sack (30. Mai, 5. Oktober, 31. Dezember).[48] Sievers wird also musikalisch noch über den Orgeldienst hinaus tätig gewesen sein, eventuell zusammen mit dem Sänger Johann Friedrich Sack, wie die parallelen Zahlungen nahelegen. Am 13. April 1735 schenkte Herzog Carl Friedrich „dem Hoff organisten Sievers 10 Rthl. dem violinist Semler 10 Rthl. und denen übrigen von unserer Hochfürstlichen Musicanten 20 Rthl.".[49] Sievers wird also wie der Hofkapellmeister Johann Ernst Semler bezahlt. Der Anlaß der Sondergratifikation wird hier allerdings nicht genannt.

Für die Zeit vor dem Leipziger Aufenthalt 1739/40 können Sievers' allgemeine wie seine organologische Gelehrtheit betreffend zwei weitere Details ergänzt werden: Seine umfassende Bildung belegt ein Gedicht, das er 1738 auf Friederike Caroline Neuber geschrieben hat, die sich als berühmte Theaterprinzipalin eine Weile in Kiel aufhielt. In diesem Gedicht erwähnt der 29jährige Sievers eine große Zahl französischer Autoren und macht insgesamt einen überaus belesenen Eindruck.[50] Ein Schulbesuch in Lübeck vor 1729, wie ihn Wollny angenommen hat,[51] kann leider in Ermangelung derart früher Schülerverzeichnisse des Lübecker Katharineums nicht nachgewiesen werden.

Sievers' Kenntnisse in organologischen Fragen dokumentiert ein Gutachten aus dem Jahr 1733, das er gemeinsam mit dem Kieler Orgelbauer Nicolaus (Claus) Puck zur Kieler Schloßorgel, einem der letzten Werke Arp Schnitgers, abgegeben hat. Das betreffende Aktenstück findet sich etwas versteckt in den Kieler Schatullkassen-Rechnungen und ist wohl als Neufund zu bezeichnen. Es enthält eine Beschreibung des Zustands der Orgel, gefolgt von der Rechnung des Orgelbauers Puck und einer dazugehörigen Quittung vom 13. Januar 1734.[52] Hier das vollständige Gutachten:

---

[48] LASH, *Abt. 8.2, Nr. 1741* (Beilagen Schatulkassen-Rechnung 1732), Belege No. 74, 140, 168, 200 (Sievers), No. 145, 169, 206 (Sack).

[49] LASH, *Abt. 8.2, Nr. 1743* (Beilagen Schatulkassen-Rechnung 1735), Beleg No. 60 (ordre „Carlsprenge d 13ten April 1735, Carolus Frid."), dazu Quittung No. 54 (Kiel, 19.7.1735).

[50] R. Daunicht, *Die Neuberin – Materialien zur Theatergeschichte des 18. Jahrhunderts*, Heidenau 1956, S. 82–84.

[51] P. Wollny, *Nachbemerkungen zum Beitrag von Matthias Lassen*, BJ 2021, S. 94.

[52] LASH, *Abt. 8.2, Nr. 1742* (Belege Schatulkassen-Rechnung 1734), Umschlag „Beylagen bey der Chatoul Cassa Außgaben pro Januar: 1734, No. 7": Orgelgut-

No. 7.
Nachdem ich auf Befehl des Hochfürstlichen Schloß-Haupt-Manns HE. von Bergholtzens Excellentz, von dem Organisten an der hiesigen Schloß-Capelle, zur Besichtigung der baufälligen Schloß-Orgel vorgefodert worden, als habe ich nach genauer Untersuchung befunden.

Erstlich, so bald ich die Hände und Arme auf beide Clavieren geleget, so haben alle beide stark geheulet, obgleich kein eintziges Register angezogen gewesen.

Zweitens. Stechen etliche Claves durch, daß Zwey zugleich ansprechen.

Drittens Die Schrauben-Mütterchens laßen die Clavieren immerfort niederfallen, und obwie gleich die schadhaften aufgeschroben, sind sie doch, so bald etliche Griffe auf dem Claviere geschehen, wieder niedergesunken.

Vierdtens klemmen verschiedene Claves sich, daß ihrer Zwey zugleich niederfallen.

Hiernechst sind wir Stimme vor Stimme durchgegangen
und haben wie folgt vermerckt.
Unter-Werck
Gedackt. 8 Fuß.

C. D. G. A. sprechen nicht an, die übrigen, geben schweren Thon.

Holtz-Flöte. 8 Fs.

C. D. E. F. G. H. c. cis. g. b g' c''' sprechen gantz sachte an

Wald-Flöte 2 Fs.

F. gis. dis fis b. dis' sind stumm.

Quinte 1 ½. Fs.

B. g. a. h d'. gis'. dis''. e'' sind sehr schlecht.

Sesquialtera

D. E. F. gis. f dis h fis'. über alle Maßen schlecht.

Crumhorn. 8 Fs:

Spricht nicht wie ein Crumhorn sondern Regal an, und ist des allzu verdrießlichen Schnarrens wegen unleidlich.

Ober-Werck
Gedackt 8 Fs.

D. E. H. f. a f' e'' f'' schlecht.

Principal 4 Fs.

a. e. fis'' schlecht |

Octava 2 Fs.

A. dis. h. dis' f' fis'' a' b'' gis'' e''' theils stumm, theils schwer angebend.

Sifliet 1 ½ Fs.

C. H. c. e. fis. dis. gis. dis' e' h'. c''. dis''. fis'' g'' b'' theils stumm theils schwach.

Mixtur.

Uberhaupt verstimmt.

Gleichfalls ist in dem Oberwerck der Mangel einer Trommette ein großer Fehler.

---

achten von Puck und Sievers, Rechnung von Puck vom 23. 12. 1733, sowie Quittung von Puck vom 13. 1. 1734.

Es ist demnach folgendes zu repariren nöthig

Erstlich müßen beide Windladen heraus genommen, und von neuen visitiret und verbeßert werden.

Alle Pfeiffen herausgenommen, die löchrichte verbeßert, und hiernechst von neuen intoniret werden.

Das Crumhorn im Unter-Werck seiner obenerwehnten Fehler halber gantz geändert werden.

Eine Trommette 8 Fs: in Oberwerke geleget, und ein neu Register dazu gemacht werden.

Eine Kuppelung.

Neue Schrauben=Mütterchens, so weit dasselbe nöthig.

Diese Reparation beläuft sich 160 [Mark]

Weil auch vorne in der Kirchen eine Stimme als Principal 8 Fs: stehet, die keinen Thon giebt, so könnte diese bey ohnedem Reparation sprechend gemacht, und zum Pedal folgende Stimmen kommen.

Octava, 4 Fs. Dulcian 16 Fs. Mixtur 4fach,

Nebst eine neue Windlade und Regierung 100 C: [Mark Courant]

Daß obige Fehler würcklich also sich verhalten
solches bezeuge ich
G. R. A. Sievers
und befinde es
C: Puck Orgelbauer

Demnach hatte die Orgel im Unterwerk sechs Register (Gedackt 8', Holzflöte 8', Waldflöte 8', Quinte 1½, Sesquialtera, Krummhorn 8'), und im Oberwerk fünf (Gedackt 8', Prinzipal 4', Oktave 2', Sifflöte 1½, Mixtur). Neu geplant wurden eine Trompete 8' im Oberwerk sowie das Pedal (Prinzipal 8' – Pfeifen waren bereits vorhanden –, Oktave 4', Dulcian 16', Mixtur 4fach), allerdings ist nicht ganz klar ersichtlich, ob dann wirklich alles so umgebaut wurde. Die Geschichte der Schloßorgel ist insgesamt nicht allzu lang und noch dazu tragisch, denn das späte Werk Schnitgers fiel im März 1838 einem großen Schloßbrand zum Opfer. Das Schloß wurde renoviert, die Orgel aber war zerstört und verloren.[53] Schon Carl Seebach hatte in seiner Beschreibung des Schlosses aus einem Inventar des Amtsschreibers Peter Koess aus dem Jahr 1706 folgende Informationen zu dem Instrument zitiert:

Über eine zweite Veränderung berichtet Peter Koess in seinem Inventar: *Allhie [auf der Galerie] ist in der Mauer, eine Neue und gantz fertige Orgel mit 2 Clavier und 9 Auszüge ohne Pedal unten mit einer doppelten Bloßbolge daran ein Fußtritt, vornher mit pannehlwerck von Eichenholtz, so oben ümbher mit Schnitzwerck gezieret, ohne Farben eingefasset. Die vorderste Reihe der Orgelpfeiffen sind stark verzinnet.* Den Forschungen von Dr. Rubardt und Dr. Fock ist es zu verdanken, daß der Orgelbauer

---

[53] C.-H. Seebach, *Das Kieler Schloß*, Neumünster 1965, S. 142.

dieser kleinen Orgel bekannt wurde. In den leider während des Krieges verschollenen Aufzeichnungen von Arp Schnitger d. J. wird für die Zeit zwischen 1702 und 1712 berichtet: *ein kleines Werk in der Hofkapelle zu Kiel gebaut.* Die Grundrißzeichnung der Kapelle von Richter von 1774 gibt auf der Galerie einen für Schnitgers kleine Orgeln typischen Riß an. Wiedergegeben auch in den rekonstruierten Grundrissen aus der Zeit um 1706.[54]

Die Zahl der Register entspricht also nicht genau den Angaben im Gutachten; vielleicht waren in den inzwischen vergangenen rund drei Jahrzehnten Veränderungen vorgenommen worden. Zu den Petersburger Gegebenheiten wäre – auch wenn Sievers' Verbleib ungeklärt bleibt – zu ergänzen, daß in der Stadt bereits ein Bach-Schüler lebte: „Nachweislich einer der ersten, der Bachsche Werke in Rußland spielte und gewiß über Autographe beziehungsweise Kopien verfügte, war Bachs Schüler Friedrich Gottlieb Wild (1700–1762), der von 1735 bis 1762 als Organist an der St. Petrikirche in St. Petersburg tätig war."[55] Ein wechselseitiger Austausch wäre für den Petersburger Aufenthalt von Sievers denkbar. Damit beschließen wir die Sammlung von Bruchstücken zur Biographie Gerhard Rudolph Albrecht Sievers sowie zur Orgel im Kieler Schloß, bleiben aber noch bei gottorfischen Anmerkungen.

V Exkurs zu Gottorfer Musikern in Hamburg

Bernd Koska hat im BJ 2021 in verschiedene Richtungen gehende Vermutungen angestellt, wie und wann Johann Mattheson in Hamburg bestimmte Werke Bachs kennengelernt haben könnte, etwa die Violinsoli BWV 1003 und 1005, die er 1737 und 1739 zitiert hat.[56] Koska bringt dazu hypothetisch auch den Namen Sievers ins Spiel.[57] Es könnte sich lohnen, aus dieser Perspektive kurz zurückzuschauen auf den bei Koska geschilderten Hamburger Aufenthalt Bachs im Herbst 1720.[58] Ein Zusammentreffen Bachs mit dem gottorfischen Herzog Carl Friedrich ist zwar auszuschließen, da Carl Friedrich sich nach seiner Übersiedlung aus Schweden im Jahr 1719 nur wenige Monate in Hamburg aufhielt; es sei aber daran erinnert, daß Bachs Bruder Johann Jacob Bach

---

[54] Ebenda, S. 67 (mit Quellenangabe für das Inventar 1706: *LAS 7 (AXX) 2873a*).
[55] U. Troschitz, *Zur Bach-Pflege in Rußland*, in: Arolser Beiträge zur Musikforschung 9, Sinzig 2002, S. 240; siehe auch B. Koska, *Bachs Privatschüler*, BJ 2019, S. 30f. (A 14) und H.-J. Schulze, *Bachs Privatschüler – eine Nachlese*, BJ 2020, S. 52 und S. 59f.
[56] Dok II, Nr. 408 und 465; siehe auch B. Koska, *Bach und Hamburg: Ein Szenario zur Entstehung der Englischen Suiten*, BJ 2021, S. 36, mit Fußnote 108.
[57] Koska, S. 37.
[58] Ebenda, S. 23.

in Stockholm Mitglied der Hofkapelle und dem jungen musikbegeisterten Prinzen, der dort 1700 geboren und in der Folge aufgewachsen ist, möglicherweise bekannt war. Dies muß natürlich für den Hamburger Zusammenhang nichts Konkretes bedeuten, ist aber doch erwähnenswert. Herzog Carl Friedrich hatte im Mai und Juni 1719 in Hamburg ein größeres und ein kleineres Haus am Gänsemarkt anmieten lassen,[59] war aber Ende des Jahres nach Wien und schließlich nach St. Petersburg weitergereist. Mattheson führte im Hamburger Exilhof des Herzogs am 8. Oktober 1719 die Serenade „Der verlohrne und wiedergefundene Amor" und am 30. Oktober des Jahres die Serenade „Die vergnügte Nacht" auf, die beide als Partitur erhalten sind.[60] Er bemerkt hierzu: „Den 8. October aber hielt er, auf Befehl, eine starcke Abendmusik bei Hofe, und den 30. noch eine andere".[61] Beide Stücke werden mithin in dem genannten größeren Haus am Gänsemarkt musiziert worden sein und der Herzog wird Mattheson wohl auch dort den Titel eines Gottorfischen Kapellmeisters verliehen haben.[62] Das Haus war auch 1720 noch angemietet,[63] und es finden sich mehrere Bedientenlisten[64] sowie in Hamburg quittierte Zahlungen, unter anderem am 27. April und am 13. Juni 1720[65] an die beiden

---

[59] LASH, *Abt. 8.2, Nr. 1474* (Kammerrechnungen 1719), S. 65; *LASH, Abt. 8.2, Nr. 1475* (Beilagen), *Gemengte Ausgaben*, No. 20 (Mietvertrag mit Hauseigentümer Jacob Schmidt über ein „großes Haus, ohne dem kleinen", Hamburg, 20. 5. 1719) und No. 21 (dito über das „kleine Haus", Hamburg 17. 6. 1719).

[60] Neubacher (wie Fußnote 13), S. 409 f.; siehe auch S. Voss, *Johann Matthesons Hochzeitsmusiken*, in: Beiträge zur Musikgeschichte Hamburgs vom Mittelalter bis in die Neuzeit, hrsg. von H. J. Marx, Frankfurt 2001 (Hamburger Jahrbuch für Musikwissenschaft. 18.), S. 233–256.

[61] Zitiert nach: Voss (wie Fußnote 59), S. 249.

[62] H. W. Schwab, *Schleswig-Holstein-Gottorfs Herzöge und die Musik*, in: Die Gottorfer auf dem Weg zum Zarenthron: russisch-gottorfische Verbindungen im 18. Jahrhundert. Eine russisch-schleswig-holsteinische Archivausstellung im Landesarchiv Schleswig-Holstein, hrsg. von M. Lukitschev und R. Witt, Schleswig 1997, S. 149.

[63] LASH, *Abt. 8.2, Nr. 1476* (Kammerrechnung 1720), S. 78 (No. 14–16).

[64] LASH, *Abt. 8.2, Nr. 1477* (Beilagen zur Kammerrechnung 1720), Besoldungen, No. 79–82.

[65] Ebenda, No. 51 und No. 52. Vgl. *Tagebuch des Kammerjunkers v. Bergholz*, in: Magazin für die neuere Historie und Geographie, hrsg. von A. F. Büsching, 19. Teil (Halle 1785), S. 21 f.; 20. Teil (Halle 1786), S. 527; sowie 21. Teil (Halle 1787), S. 257 und 266; außerdem K.-P. Koch, *Die Hamburger Gänsemarktoper und ihre Beziehungen nach Rußland – Reinhard Keiser, Johann Mattheson, Georg Philipp Telemann*, in: Phänomene und Wege musikkulturellen Austausches – Deutschland und Rußland im 18. Jahrhundert, hrsg. von F. Brusniak und K.-P. Koch, Sinzig 2000 (Arolser Beiträge zur Musikforschung. 8.), S. 55; sowie Voss (wie Fußnote 59), S. 251 (Voss erwähnt die beiden Waldhornisten – ohne Nennung der Namen – als mögliche Mitwirkende bei den Aufführungen der genannten Werke Matthesons).

später in St. Petersburg vielgelobten Waldhornisten Johann Melchior Rummel und Joannes Josephus Leitenberger (oder Litohorsky) sowie bis in den Dezember 1720 an den Hofmusiker Peter Ytterstedt.[66] Allerdings muß offenbleiben, wie das besagte Haus in Abwesenheit des Herzogs konkret genutzt wurde und ob Bach bei seinem Besuch der Stadt im Jahr 1720 eventuell auch dort aufgetreten sein könnte. Letzteres läge durchaus im Bereich des Möglichen, zumal Matthesons Angaben die Vermutung nahelegen, daß dort Konzerte stattfanden. Andererseits waren die erwähnten gottorfischen Musiker in Hamburg ohne konkrete Beschäftigung und befanden sich sozusagen in Wartestellung, bis die existenziellen politischen Belange des Herzogs in Wien geklärt waren; daher waren sie vielleicht offen für musikalische Kontakte in die Stadt. All dies könnte den Hintergrund zu der wichtigen und lohnenden Feststellung bilden, daß Mattheson auch nach 1719 mit den gottorfischen Verhältnissen vertraut blieb und zu den dortigen Amtsträgern in ständigem Kontakt stand, wie Koska deutlich macht. Auch Matthesons Anmerkungen zur *Ehrenpforte* mit der „Fortsetzung des Matthesonischen Lebenslaufs" enthalten für die Zeit ab 1741 zahlreiche Mitteilungen über Gottorf.[67] Leider ist für die Zeit nach Rückkehr Herzog Carl Friedrichs aus St. Petersburg nach Kiel im Jahr 1727 kein weiterer Aufenthalt Matthesons an dessen Hof nachweisbar; überhaupt ist zu Kontakten nach 1727 nichts weiter bekannt.[68] Herzog Carl Friedrich starb bereits 1739, woraufhin sein Eutiner Verwandter Adolf Friedrich Administrator des Gottorfer Herzogtums wurde. Auch Adolf Friedrich pflegte gute Kontakte nach Hamburg und fädelte zum Beispiel im Jahr 1742 die Aufführung einer Serenade von Telemann in Kiel mit der Sängerin Margaretha Susanna Kayser ein.[69] Zusammen mit den Ausführungen von Koska wird jedenfalls deutlich, daß der Gottorfer (Kieler) Hof bei Untersuchungen zur Hamburger Musikszene einzubeziehen ist.

---

[66] LASH, *Abt. 8.2, Nr. 1476* (Kammerrechnung 1720), S. 55; LASH, *Abt. 8.2, Nr. 1477* (Beilagen 1720), Besoldungen, No. 64 (Quittungsbogen von Peter Ytterstedt, signiert Hamburg 14.3., 12.4., 18.6., 12.8. und 23.12.1720).
[67] Mattheson E, Anhang, S. 18–33.
[68] Auch der in Mattheson E enthaltene autobiographische Hauptartikel liefert mit Ausnahme der knappen Meldung zum Tod des Herzogs (1739) für den Zeitraum 1720–1740 keine weiteren holsteinischen Hinweise.
[69] M. Lassen, *Telemanns bisher unbekannte Serenata „Das neu belebte Rußland" (1742) für den Kieler Hof*, in: Mitteilungsblatt Nr. 33, Dezember 2019, hrsg. von der Internationalen Telemann-Gesellschaft e.V., Magdeburg, S. 34–52.

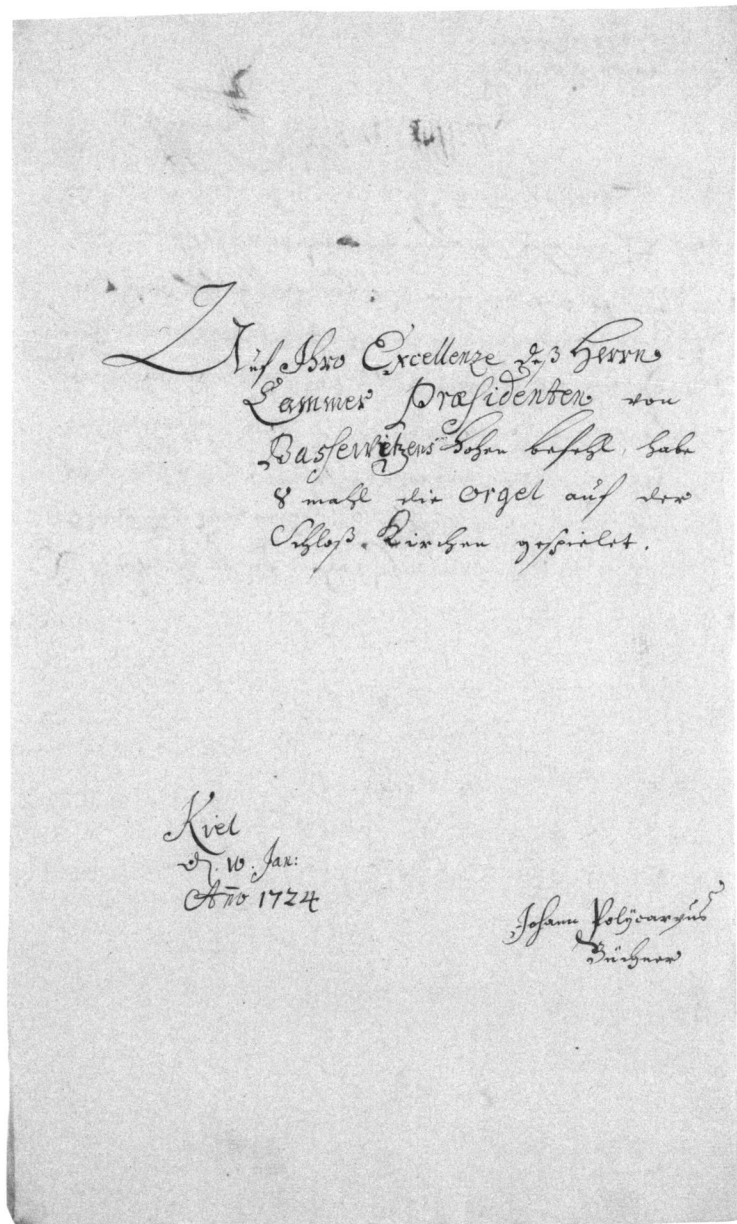

Abbildung 1
Landesarchiv Schleswig-Holstein in Schleswig, *Abt. 8.2, Nr. 1486 II*
(*Beilagen zur Kammerrechnung 1723*), Besoldungen, Quittung Nr. 88.

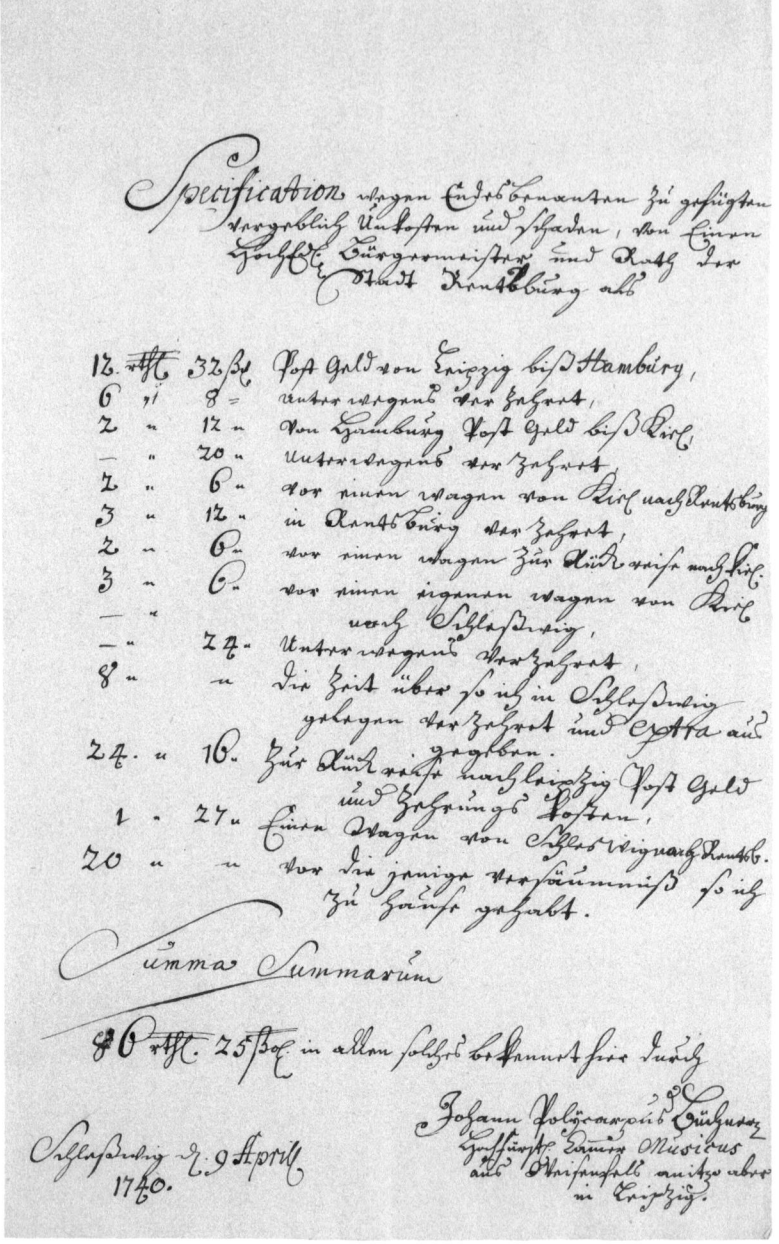

Abbildung 2
Landesarchiv Schleswig-Holstein in Schleswig, *Abt. 10, Nr. 708.*

Nachbemerkung zum Beitrag von Matthias Lassen: Johann Polykarp Büchner als Schreiber für Johann Sebastian Bach

Peter Wollny (Leipzig)

Die von Matthias Lassen zusammengetragenen Daten und Dokumente verleihen dem Profil des Weißenfelser Hofmusikers Johann Polykarp Büchner erstmals deutlichere Konturen, die zu weiteren Erkundungen anregen. Ergiebig erscheinen insbesondere die neu ermittelten Proben von Büchners Handschrift, denn die in den beiden Exemplaren der „Specification" seiner Reisekosten von Leipzig nach Rendsburg beobachteten Schriftformen stimmen mit denen des singulären Nebenschreibers [189]Anonymus L 95 im Originalstimmensatz der Huldigungsmusik „Preise dein Glücke, gesegnetes Sachsen" BWV 215 überein (*St* 77).[1] Besonders aussagekräftig sind in der deutschen Schrift die Buchstaben „H", „B"/„b" (mit dem charakteristischen von oben kommenden Anstrich), „Z"/„z", das lange „s" sowie die Ligatur „St". In der lateinischen Schrift sind die Buchstaben „A", „B", „S" und „p" zu nennen. Bach schuf seine großbesetzte Kantate mit ihrem doppelchörig angelegten Eingangssatz für einen außerordentlich prunkvollen Huldigungsakt, der am 5. Oktober 1734 anläßlich des Jahrestages der Wahl von Kurfürst Friedrich August II. zum König von Polen stattfand.[2] Ob die Vorbereitung der Aufführung – einschließlich der Bereitstellung der von dem Leipziger Studenten Johann Christoph Clauder verfaßten anspruchsvollen Dichtung, der Anfertigung der Partitur, des Ausschreibens des umfangreichen Stimmenmaterials, des Einstudierens der technisch schwierigen Partien und des Drucks von 700 Exemplaren des Texthefts – tatsächlich in nur drei Tagen vonstatten ging, sei hier nicht näher diskutiert. Daß das Aufführungsmaterial in großer Eile entstand,[3] steht jedenfalls außer Frage. In die Arbeit teilten sich einige der erfahrenen Thomaner: Johann Gottlob Haupt schrieb die Singstimmen aus, Johann Ludwig Dietel, Rudolph Straube und Friedrich Christian Samuel Mohrheim waren für die Instrumentalstimmen verantwortlich. Gleichsam in letzter Minute wurden weitere Schreiber herangezogen: Neben Bach selbst wurden Samuel Kittler, Bachs Neffe Christoph Friedrich Meißner, ein noch nicht identifizierter singulärer Kopist ([190]Anon. L 96) und – wie sich jetzt fest-

---

[1] Vgl. NBA IX/3 (Y. Kobayashi/K. Beißwenger, 2007), Textband, S. 154, sowie Abbildungsband, S. 292.

[2] Zu Einzelheiten siehe Dok II, Nr. 352 und 353. Die Hintergründe sind präzise geschildert bei Schulze K, S. 679–684.

[3] NBA I/37 Krit. Bericht (W. Neumann, 1961), S. 59 und 66.

stellen läßt – der Weißenfelser Bassist Johann Polykarp Büchner mit meist kleineren Aufgaben betraut. Es ist anzunehmen, daß Büchner auch als Sänger an der Darbietung der Kantate mitwirkte. Da Bach in dieser Zeit den Studenten Johann Christoph Hoffmann als Bassisten engagiert hatte und dieser in seiner wenige Wochen nach der Aufführung verfaßten Bewerbung um die Kollaboratorenstelle in Plauen seine Mitwirkung „vor Ihro Königlichen *Majestät* in Pohlen [...] *cum approbatione* Deroselben" hervorhob,[4] ist wohl davon auszugehen, daß Hoffmann die mit Solopartien ausgestattete Partie des Basso I sang und Büchner die des Basso II.

Der Nachweis von Büchners Aufenthalt in Leipzig im Oktober 1734 und seiner Mitwirkung an der Huldigungsmusik von Friedrich August II. führt zu der Frage nach seinem Dienstverhältnis und den damit verbundenen Verpflichtungen am Hof zu Weißenfels. Einer freundlichen Auskunft von Joachim Säckl verdanke ich den Hinweis, daß Herzog Christian – trotz seiner schlechten Gesundheit – zwischen dem 11. September und dem 13. Oktober 1734 an dem alljährlich stattfindenden Jagdhoflager auf Schloß Neuenburg bei Freyburg teilnahm. Es ist somit denkbar, daß es den wenigen verbliebenen Weißenfelser Hofmusikern in dieser Zeit gestattet war, auswärtige Engagements anzunehmen, zumal infolge der angespannten wirtschaftlichen Lage des Hofes die Gehaltszahlungen für die Musiker nur noch unregelmäßig erfolgten.[5] Da Büchner noch am 3. September 1734 in Weißenfels nachgewiesen ist – an diesem Tag wurde eines seiner Kinder getauft –,[6] kann er erst nach diesem Datum Richtung Leipzig aufgebrochen sein. Im übrigen wäre zu erwägen, ob Bach die Partien des zweiten Chores – ganz oder teilweise – mit Hofsängern aus Weißenfels besetzt hat.[7]

---

[4] Dok II, Nr. 356.
[5] vgl. E.-M. Ranft, *Zum Personalbestand der Weißenfelser Hofkapelle*, in: BzBF 6 (1988), S. 5–36, speziell S. 10 und 34.
[6] Ebenda, S. 10.
[7] Neben Büchner (Baß) kommen in Frage: Pauline Kellner (Sopran), Johann Gottfried Geißler (Alt), Johann Franciscus Lehmann (Tenor); vgl. Ranft (wie Fußnote 73), S. 34.

Abbildung 1
J. S. Bach, „Preise dein Glücke, gesegnetes Sachsen"
BWV 215, Stimme Canto 2, S. 3 (*St* 77)

Neues zur Bach-Überlieferung in Dresden

Von Peter Wollny (Leipzig)

Für Johann Sebastian Bach war die kursächsische Residenzstadt Dresden ein Ort von großer Anziehungskraft. Besuche sind von 1717 bis in die 1740er Jahre belegt, außerdem gab es offenbar briefliche Kontakte. Johann Adolph Scheibe erinnerte sich noch 1773, daß man über das höfische Musikleben „durch die Verbindung, in welcher der seel. Kapellmeister Bach und andere Freunde der Musik in Leipzig mit den Virtuosen der Königlichen Kapelle in Dresden standen, fast alle Tage sichere und gründliche Nachrichten erhalten konnte".[1] Bachs langjährige Nähe zum kursächsischen Hof wurde im November 1736 schließlich mit der Verleihung des Prädikats eines Königlichen Hof-Compositeurs honoriert.[2]

Aufgrund der verhältnismäßig guten Dokumentenlage kam das Thema „Bach und Dresden" in der einschlägigen Forschungsliteratur bereits wiederholt zur Sprache. Ausführlich diskutiert wurden die Geschichten um das Rencontre mit dem französischen Organisten Louis Marchand im Jahre 1717,[3] die Konzerte an den Silbermann-Orgeln der Sophienkirche und der Frauenkirche in den Jahren 1725, 1731 und 1736,[4] die gemeinsam mit Wilhelm Friedemann Bach unternommenen Besuche von Opernaufführungen,[5] die Überreichung der Originalstimmen der Missa von 1733 an Friedrich August II.,[6] die an dieses Ereignis anknüpfenden Eingaben an den Kurfürsten mit der wiederholten – 1736 schließlich von Erfolg gekrönten – Bitte um die Verleihung „eines *Prædicats* von Dero Hoff-*Capelle*"[7] und die für die Zeit um 1740 belegten Besuche bei dem russischen Gesandten Hermann Carl Graf von Keyserlingk (samt der anekdotisch mit diesem Kontakt verbundenen Entstehung der Goldberg-Variationen).[8]

Angesichts dieser viele Jahre umspannenden regen Kontakte stellt sich die Frage, ob Bachs häufige Präsenz in der sächsischen Residenz auch die dortige Rezeption seiner Werke begünstigt haben könnte. Sollten sich entsprechende

---

[1] Dok III, Nr. 773.
[2] Dok II, Nr. 388.
[3] Siehe zusammenfassend BJ 1998, S. 7–18 (W. Breig).
[4] Dok II, Nr. 193, Nr. 294/294a und Nr. 389.
[5] Dok VII, S. 60.
[6] Dok I, Nr. 27.
[7] Ebenda und Dok I, Nr. 36.
[8] Dok II, Nr. 501 und Nr. 502; Dok VII, S. 64.

Quellen identifizieren lassen, wäre nach weiteren Erkenntnissen bezüglich personeller Kontakte zu forschen. Die Suche nach Belegen für eine Dresdner Bach-Überlieferung gestaltet sich zunächst schwierig, da der Kernbestand der Dresdner Landes- und Universitätsbibliothek nur wenige Bach-Handschriften aus dem 18. Jahrhundert enthält. Es gilt also, den Blick zu weiten und einerseits nach abgewanderten Quellen Ausschau zu halten, andererseits nach Spuren in den Originalhandschriften zu fahnden, die auf eine Verbindung mit der sächsischen Residenzstadt deuten. Die Forschungsarbeiten zur Dresdner Musikgeschichte des 18. Jahrhunderts konzentrierten sich bisher weitgehend auf den kurfürstlichen Hof, während die ausgesprochen komplexe städtische Musikpflege eher vernachlässigt wurde. Ich habe daher meine Aufmerksamkeit primär auf Letztere gerichtet, da insbesondere auf diesem Terrain Neuerkenntnisse zu erwarten waren.

I.

Die Fantasie in c-Moll BWV 562 hat auf den ersten Blick nichts mit Dresden zu tun und ist bisher anscheinend auch noch nicht mit der dortigen Musikpflege in Verbindung gebracht worden. Das Stück ist in einer eigenhändigen Niederschrift des Komponisten überliefert (*P 490*), die gemeinhin der späten Lebenszeit Bachs zugeordnet wird; bisher wurde angenommen, daß das Autograph in der ersten Hälfte der 1740er Jahre entstand.[9] In der Quelle schließt sich der Fantasie eine nicht vollendete fünfstimmige Fuge an, die am Fuß der vierten Seite kurz nach der ersten Exposition abbricht. Diese Fuge wird sogar einer noch späteren Zeit zugeordnet: Yoshitake Kobayashi datiert das Fragment auf etwa 1747/48, siedelt es also in zeitlicher Nähe zu Bachs zweiter Arbeitsphase an der Kunst der Fuge an. Während die chronologische Einordnung des Fugenfragments in der Tat kaum anzuzweifeln ist,[10] bedarf die Datierung der Fantasie der erneuten Prüfung, zumal Kobayashi seine Evaluierung des Schriftbefunds offenbar bewußt vage formulierte.[11] Wie Kobayashi selbst bereits konstatiert hat, ist bei den abwärts kaudierten Halbenoten – typisch für Bachs Altersschrift – der Hals an der Mitte des Notenkopfes angesetzt. Insge-

---

[9] Vgl. Kobayashi Chr, S. 59. Dietrich Kilian datiert die Niederschrift der Fantasie in NBA IV/5–6 Krit. Bericht (1978), S. 28, hingegen tentativ auf die 1720er oder 1730er Jahre.

[10] Die Datierung der Fuge auf die Zeit um 1747/48 wird insbesondere durch das „Schriftmerkmal m" („intakte, aber etwas klobigere Schrift, besonders Achtelfähnchen und Notenhälse dick") gestützt; siehe Kobayashi Chr, S. 35.

[11] Ebenda, S. 59: „Die [dem Fugenfragment] vorangehende Fantasie BWV 562/1 zeigt ein früheres Schriftstadium (Schriftmerkmale: c, d, e, g, l), läßt jedoch keine eindeutige zeitliche Bestimmung zu (vielleicht 1743/45?)".

samt aber fehlt dem Schriftbild der für späte Autographe typische schwerfällige, oft klobige Duktus. Stattdessen überwiegen langgestreckte schlanke Zeichen von ausgesprochener Eleganz, wie sie für Bachs frühe Leipziger Zeit charakteristisch sind. Tatsächlich läßt sich zweifelsfrei belegen, daß Bach auch in dieser Phase seine abwärts kaudierten Halbenoten eine Zeitlang so notiert hat. Es ist sogar möglich, eine recht genaue chronologische Einordnung vorzunehmen: Die in *P 490* anzutreffende Form der Halbenoten (mit relativ kleinen Notenköpfen, schlankem Duktus und einer Kauda aus der Mitte des Notenkopfes) ist in mehreren zwischen Ende 1724 und Herbst 1725 entstandenen Kantatenautographen zu finden.[12] Wir haben es hier also offenbar mit einem Schriftstadium zu tun, das Ende 1724 auftaucht und etwa ein Jahr später wieder verschwindet. Damit läßt sich das Autograph der c-Moll-Fantasie BWV 562 einem der überaus arbeitsreichen Jahre zu Beginn von Bachs Amtszeit als Thomaskantor zuordnen – einer Periode also, in der es von der Schaffenschronologie her wie ein Fremdkörper wirkt.

Wir sind somit aufgefordert, nach einem schlüssigen biographischen Kontext für dieses ungewöhnliche Werk zu suchen. Die Spur führt weg vom Kantorendienst und den Leipziger Hauptkirchen und hin zu Bachs denkwürdigem Aufenthalt in Dresden im September 1725, über den der *Hamburger Relations-Courier* in seiner Ausgabe vom 27. des Monats wie folgt berichtet:

> Nachdem neulich der Capell-Director aus Leipzig Mr. Bach anhero kommen, so ist selbiger von hiesigen Hoff- und Stadt-Virtuosen sehr wohl empfangen worden, welcher um seiner Geschicklichkeit und Kunst in der Music von ihnen allerseits sehr admiriret wird, wie er denn gestern und vorgestern [gemeint sind der 19. und 20. September] in derselben Gegenwart auff dem neuen Orgel-Werck in der St. Sophien-Kirche in Praeludiis und diversen Concerten mit unterlauffender Doucen Instrumental-Music in allen Tonis über eine Stunde lang sich hören lassen.[13]

Betrachten wir nun das Stück selbst, speziell seine kompositorische Faktur. Wegen ihrer ungewöhnlich engen Anlehnung an den französischen Orgelstil gilt die Fantasie BWV 562/1 seit jeher als ein in Bachs Schaffen singuläres Stück. Der durchgängig imitativ gearbeitete dichte fünfstimmige Satz weist auf ähnliche Strukturen in Nicolas de Grignys *Livre d'Orgue* (1699), das Bach sich in seiner frühen Weimarer Zeit eigenhändig abgeschrieben hatte. Diese bereits in der älteren Literatur geschilderte Affinität deutet auf eine ent-

---

[12] Zu nennen sind hier *P 877* (BWV 62), *P 867* (BWV 121), *P 875* (BWV 123), *P 876* (BWV 124), *P 880* (BWV 111), *P 44, Fasz. 2* (BWV 6), *P 55* (BWV 42), *P 173* (BWV 205) und *P 121* (BWV 164). Die mittig gehalsten Halbenoten erscheinen mit unterschiedlicher Häufigkeit – zum Teil nur vereinzelt, manchmal aber auch einen ganzen Satz hindurch. Auch in autographen Stimmen ist diese Sonderform der Halbenoten zu finden; siehe beispielsweise D-LEb, *St. Thom 62* und *St. Thom 68*.
[13] Dok II, Nr. 193.

sprechend frühe Entstehung der Komposition.[14] Neben der satztechnischen Nachahmung des französischen Orgelstils fällt der ausgiebige Gebrauch von Ornamentzeichen auf; offensichtlich war Bach nicht nur die Anwendung eines bestimmten Kompositionsprinzips wichtig, sondern auch die angemessene Umsetzung dieses Stilideals. Die Wahl des französischen Kompositions- und Spielidioms für einen Auftritt in Dresden lag 1725 auch deshalb nahe, weil dieses in der Ära des Hofkapellmeisters Johann Christoph Schmidt (1664–1728) der bevorzugte Stil war. Das Gleiche gilt für den damals amtierenden Organisten der Sophienkirche Christian Pezold (1677–1733), aus dessen Feder mehrere große Cembalo-Suiten erhalten sind.[15]

Sollte die Indizienlage richtig gedeutet sein und Bach seine Fantasie BWV 562 mithin tatsächlich für die Konzerte in der Sophienkirche im September 1725 vorbereitet haben, stellt sich als Nächstes die Frage nach den übrigen in den beiden etwa einstündigen Auftritten präsentierten Werken. Die zitierte Zeitungsnotiz spricht etwas diffus und möglicherweise irreführend von „Praeludiis und diversen Concerten mit unterlauffender Doucen Instrumental-Music in allen Tonis". Zum Glück ist in der 1802 veröffentlichten Bach-Biographie von Johann Nikolaus Forkel eine recht detaillierte Schilderung von Bachs typischer Vorgehensweise bei seinen außergottesdienstlichen Auftritten als Organist überliefert; Forkel wiederum bezieht sich auf Mitteilungen der beiden ältesten Bach-Söhne:

Wenn Joh. Seb. Bach außer den gottesdienstlichen Versammlungen sich an die Orgel setzte, wozu er sehr oft durch Fremde aufgefordert wurde, so wählte er sich irgend ein Thema, und führte es in allen Formen von Orgelstücken so aus, daß es stets sein Stoff blieb, wenn er auch zwey oder mehrere Stunden ununterbrochen gespielt hätte. Zuerst gebrauchte er dieses Thema zu einem Vorspiel und einer Fuge mit vollem Werk. Sodann erschien seine Kunst des Registrirens für ein Trio, ein Quatuor etc. immer über dasselbe Thema. Ferner folgte ein Choral, um dessen Melodie wiederum das erste Thema in 3 oder 4 verschiedenen Stimmen auf die mannigfaltigste Art herum spielte. Endlich wurde der Beschluß mit dem vollen Werke durch eine Fuge gemacht, worin entweder nur eine andere Bearbeitung des erstern Thema herrschte, oder noch eines oder auch nach Beschaffenheit desselben zwey andere beygemischt wurden.[16]

Wir dürfen wohl annehmen, daß die beiden Dresdner Konzerte im September 1725 dem beschriebenen Schema in etwa entsprachen und ebenfalls größtenteils aus freien Improvisationen bestanden.

---

[14] Siehe die zusammenfassende Diskussion in NBA IV/5–6 Krit. Bericht (D. Kilian, 1978), S. 333 f.
[15] Siehe D-Dl, *Mus. 2354-T-3* und *Mus. 2477-F-10*. Auch Telemanns Sammlung *Der Getreue Music-Meister* (Hamburg 1728/29) enthält eine Suite von Pezold.
[16] Dok VII, S. 34.

Wie bereitet man sich als Spieler auf eine solche improvisatorische Tour de Force vor? Vermutlich durch das schriftliche Fixieren eines Werkbeginns, der dann die Grundlage für das Durchschreiten verschiedener anderer Gattungen bildet – in genau der Weise wie es bei Forkel beschrieben ist. Eine solche Skizze – in diesem Fall Notizen für die Improvisation einer groß angelegten Fuge – ist von Bachs ältestem Sohn Wilhelm Friedemann überliefert. Dieser hatte sich auf einem – glücklicherweise in den Akten erhalten gebliebenen – kleinen Zettel zur Vorbereitung eines Probespiels im Zusammenhang mit seiner Bewerbung auf die Organistenstelle an der Katharinenkirche in Braunschweig die erste Exposition eines ihm aufgegebenen Fugenthemas notiert. Das anschließende Probespiel beschrieb der Braunschweiger Kapellmeister Johann Gottfried Schwanberg in einem Gutachten wie folgt: „Er hat die Fuge gedoppelt, und mit der größten Fähigkeit und Gründlichkeit ausgeführt, und in allen Stücken sich seines erworbenen Ruhms würdig erwiesen".[17] Nimmt man an, daß J. S. Bach ähnlich vorging, dann hätte die Niederschrift der Fantasie BWV 562 ihm in den Dresdner Konzerten als Ausgangspunkt gedient. Ob das in der zweiten Hälfte der 1740er Jahre angehängte Fugenfragment einer späten Reminiszenz an das Dresdner Gastspiel geschuldet ist oder aber – was wohl wahrscheinlicher ist – die schriftliche Vorbereitung auf eine andere Gelegenheit zur Improvisation darstellt (etwa anläßlich der Prüfung der Naumburger Hildebrand-Orgel im Juli 1746), muß offenbleiben.

II.

Wie Johann Adam Hiller (1728–1804) mitteilt, soll der Dresdner Kreuzkantor Gottfried August Homilius (1714–1785) während seiner Leipziger Studienzeit den Unterricht Johann Sebastian Bachs genossen haben. Die einschlägigen biographischen Zeugnisse zu Homilius' Leipziger Zeit vermögen diese Behauptung allerdings nicht zu stützen.[18] Bezeichnend ist zudem, daß die Suche nach musikalischen Belegen für dieses vermutete Lehrer-Schüler-Verhältnis in der Vergangenheit nur wenige Ergebnisse gezeitigt hat und diese sich bei genauerer Prüfung als nicht stichhaltig erweisen. Georg von Dadelsen brachte

---

[17] Siehe die Darstellung bei M. Falck, *Wilhelm Friedemann Bach. Sein Leben und seine Werke*, Leipzig 1913, ²1919 (Reprint Lindau 1956), S. 44–49; W. Guericke, *Friedemann Bach in Wolfenbüttel und Braunschweig 1771–1774*, Braunschweig 1929. – Die hier genannten Dokumente finden sich in der Akte C III 3, Nr. 75 des Stadtarchivs Braunschweig.
[18] Siehe hierzu M. Maul, *Homilius: wirklich ein Schüler Bachs? Überlegungen zu seiner Leipziger Zeit*, in: „ohne Widerrede unser größter Kirchenkomponist". Annäherungen an Gottfried August Homilius, hrsg. von G. Poppe und U. Wolf, Beeskow 2017 (Forum Mitteldeutsche Barockmusik. 7.), S. 67–80.

die Berliner Handschrift *P 1076* ins Gespräch, da die hier beobachteten Schriftzüge auch in einigen mit Homilius' Namen versehenen Handschriften des Berliner Autographen-Bestands vorkamen.[19] In Paul Kasts Katalog der Berliner Bach-Handschriften wird Homilius fünfmal als Schreiber genannt (*P 368*, *P 1076*, *P 1090*, *P 1115*, *P 1184*).[20] Zwei dieser Zuweisungen wurden in der Folge allerdings beanstandet: *P 1115* enthält zwar eine Komposition von Homilius, wurde aber von zwei erst um 1800 tätigen Kopisten geschrieben.[21] Und die in *P 1184* beobachteten Schriftformen weichen ebenfalls so markant von denen des Dresdner Kreuzkantors ab, daß eine Übereinstimmung sicher ausgeschlossen werden kann.

Auch die drei verbleibenden Quellen – eine Teilabschrift des Wohltemperierten Klaviers II (*P 1076*), eine frühe Kopie von Präludium und Fuge in G-Dur BWV 550 (*P 1090*) und ein Band mit meist frühen Clavier-Sonaten der beiden ältesten Bach-Söhne (*P 368*) – vermögen die von Kast postulierte Identität des Schreibers nicht wirklich zu untermauern: *P 1076* basiert offenbar auf der 1744 in Leipzig entstandenen Abschrift von Johann Christoph Altnickol (*P 430*)[22]; da Homilius jedoch seit 1742 in Dresden lebte, erschiene seine Urheberschaft von *P 1076* ohnehin zweifelhaft. *P 1090* geht auf eine wohl Mitte der 1730er Jahre angefertigte Kopie von der Hand des in verschiedenen originalen Aufführungsmaterialien festgestellten Schreibers Anonymus Vl zurück, der mittlerweile als der Bach-Schüler Johann Georg Heinrich identifiziert werden konnte.[23] Homilius hätte somit auch hier keinen Zugang zu Bachs Originalquelle gehabt, sondern sich die Abschrift eines anderen Schülers kopieren müssen.

Grundlegende Zweifel an der Identität des Schreibers ergaben sich schließlich im Rahmen meiner Arbeiten an CPEB:CW I/8.2.[24] Die daraufhin vorgenommene Prüfung der vorgeblichen Schreiberzuweisung erfolgte anhand eines Vergleichs mit den einzigen gesicherten frühen Homilius-Autographen – den fünf Choralvorspielen, die der Leipziger Student im Juli 1741 seiner Bewerbung um die Organistenstelle an der Johanniskirche in Bautzen beilegte.[25]

---

[19] TBSt 1 (1957), S. 22.
[20] TBSt 2/3 (1958), S. 26, 60–62 und 67.
[21] Vgl. NBA IV/7 Krit. Bericht (D. Kilian, 1988), S. 53 f.
[22] NBA V/6.2 Krit. Bericht (A. Dürr, 1996), S. 88 f.
[23] NBA IV/5–6 Krit. Bericht (D. Kilian, 197), S. 89 und 92–94. Zur Identifizierung des Anon. Vl siehe BJ 2016, S. 81–83 (P. Wollny).
[24] Siehe CPEB:CW I/8.2 (P. Wollny, 2005), S. 158 f.
[25] Stadtarchiv Bautzen, *Rep. VIII.VII.A.h.2/2* (*Organist Bestallungs Acta*), fol. 5–16; enthalten sind hier die Choralvorspiele HoWV VIII.1–3 und X.1–2 (ich danke meinem ehemaligen Kollegen Uwe Wolf für die Überlassung von Fotokopien). Siehe auch H. Biehle, *Musikgeschichte von Bautzen bis zum Anfange des 19. Jahrhunderts*, Leipzig 1924, S. 26 f.

Trotz der auf den ersten Blick verblüffenden Ähnlichkeit der C-Schlüssel in den Bautzner Autographen und den drei genannten Berliner Bach-Quellen lassen sich doch auch gravierende Abweichungen ausmachen, die kaum als Varianten derselben Handschrift zu deuten sind. Zu nennen ist zunächst der völlig unterschiedlich gestaltete Baßschlüssel. Bei Homilius besteht dieser durchweg aus einem nach links geöffneten Halbkreis, der schwungvoll und meist in einem Zug mit zwei auf der rechten Seite platzierten senkrechten Strichen und zwei die zweite Linie markierenden Punkten verbunden ist. In den drei Berliner Quellen hingegen weist der Baßschlüssel einheitlich eine zusammengedrückte hakenförmige Gestalt auf, deren oberer Schenkel weit nach links ausgreift. Deutlich verschieden sind auch die Violinschlüssel. In den Bautzner Autographen bestehen sie aus einer einfachen, oft oberhalb des Systems endenden Schleife, in den Berliner Quellen findet sich durchweg eine Doppelschleife mit einem weit in das System zurücklaufenden Schlußstrich. Grundsätzlich verschieden ist auch die Schreibschrift in den Kopftiteln und verbalen Spielanweisungen. In den Bautzner Bewerbungsunterlagen überwiegt ein spitzer Duktus, in den Berliner Quellen dominieren weiche, abgerundete Formen. An dem autographen Charakter der Bautzner Schriftzeugnisse besteht kein Zweifel; ihre Formen (Noten und Buchstaben) kehren auch in gesicherten Autographen aus Homilius' späterer Dresdner Zeit wieder.[26] Bei den Schriftformen der drei Berliner Quellen kann es sich mithin weder um ein frühes noch um ein spätes Stadium von Homilius' Handschrift handeln; vielmehr ist hier nach einem anderen Schreiber zu suchen.

Die Kopiertätigkeit dieses Anonymus beschränkte sich offenbar nicht auf Werke der Bach-Familie, sondern war auch eng mit der Überlieferung von Homilius' Schaffen verknüpft. Bislang kann dieser Schreiber mit folgenden Quellen in Verbindung gebracht werden:

Signatur	Inhalt	Provenienz
P 368, Fasz. I–IV, X–XIII, XVIII	D. M. Gronau, Sonata in h-Moll; [G. C. Wagenseil], Sonaten- und Suitensätze; C. P. E. Bach, Sonaten Wq 65/16, /7, /10, /9; [C. P. E. Bach], Tanzsätze in G-Dur; W. F. Bach, Fuge in F-Dur Fk 33; C. P. E. Bach, Sonatensatz B-Dur Wq 65/20/i, Arioso in F-Dur Wq 118/4; W. F. Bach, Sonata in F-Dur Fk unsicher c; Sonata in D-Dur Fk 3	Schicht – Voß

---

[26] Vgl. die Notenschrift in den Faszikeln 1–5 des Konvoluts D-B, *Mus. ms. autogr. Homilius, G. A. 3 N* (enthaltend datierte Autographe aus den Jahren 1760 bis 1783) sowie die Eingabe an den Rat der Stadt Dresden vom 24. März 1764 in D-Dsta, *Ratsarchiv B.VIIa.55*, fol. 8, 9 und 14.

Signatur	Inhalt	Provenienz
P 1076	J. S. Bach, Wohltemperiertes Klavier I (Auswahl: BWV 870–874, 878, 881, 882, 886)	Schicht – Hauser
P 1090	J. S. Bach, Präludium und Fuge in G-Dur BWV 550	Schicht – Hauser
D-B, *Mus. ms.* *autogr. Krebs,* *J. L. 5 N*, Bll. 26 f., 29–38	G. A. Homilius, Choralvorspiele[27]: „Wir Christenleut" + „Sei Lob und Ehr dem höchsten Gut"; „Meine Hoffnung steht auf Gott" + „Herzlich lieb hab ich dich, o Herr"; „Meinen Jesum laß ich nicht" + „Christ lag in Todesbanden"; „Schmücke dich, o liebe Seele" + „Erbarm dich mein, o Herre Gott"; „Jesus, meine Zuversicht" + „Erschienen ist der herrliche Tag"; „Mache dich, mein Geist, bereit" + „Jesus, meine Zuversicht"; „Der am Kreuz ist meine Liebe" I + „Helft mir Gottes Güte preisen" „Mein Gott, das Herze bring ich dir" + „Ach Herr, mich armen Sünder"; „Nun komm der Heiden Heiland" + „Gelobet seist du, Jesu Christ"; „Wo soll ich fliehen hin" + „Dies sind die heilgen zehn Gebot"; „Der am Kreuz ist meine Liebe" II + „Wachet auf, ruft uns die Stimme"; „Wie soll ich dich empfangen"	Breitkopf (1764) – Voß
D-B, *Mus. ms.* *autogr. Homilius,* *G. A. 1 N*	G. A. Homilius (?), Kantate „Ihr esset oder trinket"	Poelchau
D-B, *Mus. ms.* *4220*	F. Couperin, *Pieces de clavecin ... premier livre* (Paris 1713) und *Second livre de pieces de clavecin* (Paris 1716/17)	Schicht – Voß

---

[27] Siehe HoWV, S. 586.

Signatur	Inhalt	Provenienz
D-Dl, *Mus. 2953-O-1* (Stimmen Cembalo, Violino 1 und 2, Viola)	C. H. Graun, Cembalokonzert in C-Dur	Breitkopf (1763)
F-Sn, *Ms. 2963*	J. S. Bach, Präludium und Fuge in a-Moll BWV 543	Schicht

Besonders aufschlußreich erscheint der Umstand, daß das Konvolut *Mus. ms. autogr. J. L. Krebs 5 N* neben zahlreichen Homilius-Abschriften aus der Feder unseres Kopisten auch Autographe eigener Werke des Komponisten enthält.[28] Diese Zusammenstellung ausschließlich Breitkopfscher Stammhandschriften wurde bereits 1764 in dessen nichtthematischem Katalog angezeigt.[29] Es erscheint naheliegend, für alle in der vorstehenden Tabelle genannten Handschriften eine gemeinsame Dresdner Herkunft anzunehmen. Dies unterstützt auch der Wasserzeichenbefund „Kursächsisches Wappen" in *P 368* und *P 1076*. Der Umstand, daß der Schreiber fast ausschließlich Orgel- und Klaviermusik kopierte und offenbar zum engeren Umfeld des Kreuzkantors gehörte, deutet auf die lokale Organistenszene. Eine Durchsicht der relevanten Ratsakten des Stadtarchivs Dresden bestätigt diese Vermutung: Bei dem unbekannten Kopisten handelt es sich um den langjährigen Kreuzorganisten Johann Friedlieb Zillig.

Die greifbaren biographischen Daten dieses Musikers sind bisher noch nicht mitgeteilt worden; dies sei im folgenden nachgeholt: Nach Ausweis der Wochenzettel der Kreuzkirche wurde Zillig am 17. Februar 1721 als Sohn des „Laqueyen" Johann Andreas Zillig getauft. Mit 14 Jahren wurde er am 25. April 1735 in die Sexta der Kreuzschule aufgenommen.[30] Über seine musikalische Ausbildung wissen wir lediglich, daß er zwischen 1735 und 1740 im Chor der „Currendaner" gesungen hat.[31] Ein Universitätsstudium kam offenbar nicht in Frage, und so wuchs Zillig nach dem Schulabgang allmählich in den Organistenberuf hinein. Ab etwa 1744 wirkte er zunächst an der Johanniskirche in der Dresdner Vorstadt. Dieses Gotteshaus wurde seit dem Ende des Dreißigjährigen Kriegs simultan von der böhmischen Exulantengemeinde

---

[28] Von Homilius' eigener Hand stammen die Blätter 22–25.
[29] Siehe *Verzeichniß Musicalischer Werke allein zur Praxis, sowohl zum Singen, als für alle Instrumente [...] Zweyte Ausgabe*, Leipzig 1764, S. 30.
[30] Vgl. W. Richter, *Die Matrikel der Kreuzschule. Gymnasium zum Heiligen Kreuz in Dresden, Zweiter Teil 1713–1801/2*, Neustadt a. d. Aisch 1971 (Genealogie und Landesgeschichte. 17.), S. 122.
[31] D-Dsta, *Ratsarchiv B.VIIa.55*, fol. 11 v.

genutzt, die einen eigenen Kantor beschäftigte. Auf Bitten des deutschen Kantors Martin Hof(f)mann unterstützte Zillig den „alten böhmischen Cantor" – gemeint ist der bereits seit 1716 an der Kirche wirkende Matthias Graf –, der neben seiner eigentlichen Tätigkeit auch die Orgel im deutschen Gottesdienst zu spielen hatte. Für diese unentgeltlich ausgeübte Tätigkeit wurde Zillig am 4. Februar 1747 vom Rat der Stadt Dresden offiziell die Exspektanz auf Grafs Nachfolge erteilt. Seine prekäre wirtschaftliche Lage versuchte er anfangs mit Privatunterricht, ab August 1747 durch die zusätzliche Tätigkeit als Informator an der Armenschule der Ramischen Gemeinde zu verbessern.[32] Am 18. April 1746 hatte er sich zudem auf die durch den Weggang Wilhelm Friedemann Bachs vakant gewordene Organistenstelle an der Sophienkirche beworben, unterlag jedoch – trotz einer Empfehlung der Familie von Brühl – seinem Mitbewerber Johann Christian Gössel.[33]
Eine spürbare Verbesserung seiner Verhältnisse trat im März 1749 ein, als Zillig zum hauptamtlichen Organisten der Johanniskirche berufen wurde. Um diese Zeit scheint er auch eine Familie gegründet zu haben: In die Matrikel der Kreuzschule wurden zwischen 1759 und 1761 drei Knaben mit dem Familiennamen Zillig eingetragen.[34] Die dort vermerkten Altersangaben erlauben Rückschlüsse auf die Geburtsjahre; demnach wurde August Friedlieb Zillig (Einschreibung im Mai 1759, Alter 9 ½ Jahre) Ende 1749 geboren, Johann Gottlieb (Einschreibung am 18. Mai 1761, Alter 9 Jahre) um 1751/52 und Christlieb Friedrich (Einschreibung am 18. Mai 1761, Alter 7 Jahre) um 1753/54. Im Juni 1755 wechselte Zillig auf das einträglichere Organistenamt an der Frauenkirche, nachdem er – wie er selbst rückblickend erwähnte – „vorhero sehr öffters den Dienst vor den […] damaligen Organisten verwaltet hatte"; gemeint ist hier niemand anderes als Gottfried August Homilius, der in dem Jahr als Kantor an die Kreuzkirche wechselte. An der Frauenkirche blieb Zillig indes nur kurz; schon im April 1757 bewarb er sich (nach dem Tod Gössels) zum zweiten Mal um den Dienst an der Sophienkirche, wobei er sein Ansuchen mit der Bitte verband, – wie auch Gössel es seit 1755 getan hatte[35] – gleichzeitig auch das Orgelspiel an der Johanniskirche versehen zu dürfen. Der Bitte wurde stattgegeben, da Zilligs „Geschicklichkeit" den Ratsleuten mittlerweile bekannt war.[36] Das mit dem erweiterten Tätigkeitsgebiet einher-

---

[32] Die vorstehenden Angaben nach D-Dsta, *Ratsarchiv B.VIII.36* (*Acta Die Wiederbesetzung derer vor denen Thoren vacant gewordenen Armen Schulen betref. 1740*), fol. 80 (Bewerbungsschreiben um die Lehrerstelle an der Armenschule) und fol. 81 (Abschrift des Exspektanzbriefs).
[33] D-Dsta, *Ratsarchiv D.XXXIV.17*, fol. 19.
[34] *Die Matrikel der Kreuzschule Gymnasium zum Heiligen Kreuz in Dresden. Zweiter Teil 1713–1801/2*, hrsg. von W. Richter, Neustadt a. d. Aisch 1971, S. 122.
[35] Siehe Gössels Eingabe vom 21. Juni 1755 in D-Dsta, *Ratsarchiv D.XXXIV.19*, fol. 9 f.
[36] Ebenda, fol. 33 (Bewerbungsschreiben) und 37 (Protokoll).

gehende deutlich höhere Einkommen scheint allerdings – wohl aufgrund der durch den Siebenjährigen Krieg bedingten Teuerungen – immer noch nicht ausgereicht zu haben: Auf ein am 17. Januar 1761 verfaßtes Bittschreiben hin wurde Zillig drei Monate später eine an seine Person gebundene Gehaltszulage von 20 Meißnischen Gulden bewilligt.[37] Anfang Januar 1769 schließlich bewarb Zillig sich als Nachfolger des Bach-Schülers Christian Heinrich Gräbner auf das Organistenamt der Kreuzkirche und wurde in dieser Funktion bereits am 14. Januar bestätigt. Eine Veränderung in seinem Tätigkeitsbereich war mit dieser Ernennung allerdings nicht verbunden, denn die Kreuzkirche war am 19. Juli 1760 bei der Bombardierung Dresdens durch die preußischen Truppen zerstört worden; ihr Nachfolgebau konnte erst nach mehr als dreißig Jahren eingeweiht werden. Die Gottesdienste der Kreuzgemeinde fanden in diesen Jahren teils in der Frauenkirche und teils in der Sophienkirche statt.[38] Zillig versah in den folgenden zwanzig Jahren also auch als Kreuzorganist seinen Dienst an den Instrumenten der Frauen- und der Sophienkirche. Er starb am 16. April 1789.[39]

Zu Zilligs pädagogischem und künstlerischem Wirken finden sich nur wenige Informationen. Zu seinen Schülern zählten der in seiner Zeit als Sänger und Pianist geschätzte Carl David Stegmann (1751–1826)[40] und der später in Glesien (Nordsachsen) tätige Kantor Johann Gottlob Conrad. Von Conrads Hand stammen zwei Hefte mit Generalbaß-Übungen (datiert 1783 und 1822) und ein „Præludien-Buch" von 1781,[41] in denen sich auch die einzigen greifbaren Relikte von Zilligs kompositorischer Tätigkeit finden: die Generalbaßstimme zu einer sechs Sätze umfassenden Kantate auf den zweiten Weihnachtstag[42] in dem Heft von 1783, ein kurzes „Praeludium ex G moll" in dem

---

[37] D-Dsta, *Ratsarchiv B.III.69*, fol. 76 und *B.III.111i*, fol. 1.
[38] H. John, *Der Dresdner Kreuzkantor und Bach-Schüler Gottfried August Homilius. Ein Beitrag zur Musikgeschichte Dresdens im 18. Jahrhundert*, Tutzing 1980, S. 61.
[39] D-Dsta, *Ratsarchiv D.XXXIV.15*, fol. 32–35, 39 und 43.
[40] Vgl. MGG 12, 1220 (H. P. Schilly).
[41] Die beiden Übungshefte sind heute Teil der Sammlung Arno Werner und befinden sich im Thüringischen Musikarchiv der Musikhochschule Franz Liszt zu Weimar; Signaturen: *AW B 1692* („General-Bass-Uibungen scrips: à Conrad. 1783") und *AW B 1691* („Generalbaßübungen pro Carolus Wilhelmanus Conradus, in Glesien, am 8ten. April. Anno 1822"), während das Präludien-Buch als Teil des Werner-Nachlasses in der Universitätsbibliothek Halle aufbewahrt wird: D-HAu, Werner I g 14 („Præludien-Buch Johann Gottlob Conrad 1781").
[42] Laut dem Kopftitel dieser Stimme begann das Werk mit den Worten „Schlaf, Sohn aus Davids Stamm"; demnach dürfte es sich um einen Auszug aus Gottlieb August Buschmanns Dichtung „Die Freude der Hirten über die Geburt Jesu" gehandelt haben, die Zillig von der Vertonung seines Kollegen Homilius (1777) her gekannt haben wird.

von Conrad für seinen Sohn angelegten Heft von 1822 und schließlich elf choralgebundene und freie Orgelwerke in dem Heft von 1781.
Zilligs jahrzehntelanges Wirken in unmittelbarer Nähe zu Homilius erklärt auch den oben dargestellten Überlieferungsbefund von Homilius' Orgelwerken.[43] Zugleich zeichnet sich ein Kontext für die Verwendung von Zilligs Bach-Abschriften ab – nicht geklärt ist bisher allerdings, wie er an seine Vorlagen gelangte.

III.

Die vorstehend diskutierte Richtigstellung einer irrigen Schreiberzuweisung (Zillig statt Homilius) lenkt zwar unsere Aufmerksamkeit auf eine bislang nicht näher beachtete Figur des Dresdner Musiklebens, trägt aber noch nicht direkt zur Erhellung der Dresdner Bach-Überlieferung bei. In Anbetracht seiner biographischen Daten und seiner über lange Zeit nur untergeordneten Stellung ist wenig wahrscheinlich, daß Zillig Bach bei dessen Besuchen und Auftritten in der sächsischen Residenzstadt näherkam, und auch ein – zumindest denkbarer – Kontakt in den späten 1740er Jahren erscheint kaum plausibel. So ist nach einer Person zu suchen, über die er Zugang zu den genannten Werken des Leipziger Thomaskantors und seiner beiden ältesten Söhne fand.

Erste Hinweise finden sich in dem Konvolut *P 368*. Der hier neben Zillig tätige zweite Kopist ist in dieser Quelle mit Abschriften von fünf Clavier-Sonaten C. P. E. Bachs aus den Jahren 1740–1744 (Wq 65/12, 65/13, 65/16, 62/5 und 62/6) und vier mutmaßlich aus derselben Zeit stammenden Sonaten von W. F. Bach (Fk 1, Fk 6, Fk unsicher a und c) vertreten. Bemerkenswert erscheint zudem, daß drei der Sonaten von C. P. E. Bach singuläre, offenkundig frühe Lesarten aufweisen.

Weitere Indizien liefert ein von demselben Schreiber zusammengestelltes Klavierbüchlein, das heute zum Bestand der Musikbibliothek der Stadt Leipzig gehört (D-LEm, *PM 175*).[44] Die prachtvoll in Leder mit Goldprägung eingebundene Handschrift (128 Bll., Querformat, 21,5 × 29,5 cm; Wasserzeichen:

---

[43] Das Auftauchen der Homilius-Abschriften von Zilligs Hand im Sortiment des Leipziger Musikalienhändlers Breitkopf mag auf Verkäufe in den Notjahren des Siebenjährigen Kriegs zurückgehen, zu denen in jener angespannten Zeit offenbar auch andere Musiker gezwungen waren, so zum Beispiel Wilhelm Friedemann Bach und Johann Ludwig Krebs.

[44] Ein detailliertes Inventar findet sich in RISM A/II (ID-Nr. 230007375). Die dort ebenfalls verzeichneten Nachträge aus dem 19. Jahrhundert auf ursprünglich leer gebliebenen Seiten werden hier nicht berücksichtigt. Ein auf der ersten Seite befindlicher Besitzvermerk („A. Enke, 1808.") ließ sich bislang nicht zuordnen. In die

Lilienschild mit angehängten Buchstaben IESV) enthält (größtenteils ohne Nennung von Komponisten) auf den Blättern 2r–37r kleine Tanzsätze und Lieder sowie – rückläufig und auf dem Kopf stehend beschriftet – auf den Blättern 120r–127v schlichte vierstimmig ausgesetzte Choräle. Es könnte sich hier um ein Übungsbuch für einen Schüler aus wohlhabender Familie handeln. Für die Datierung ist das Wasserzeichen hilfreich, das auf die Papiermühle Niederlungwitz bei Glauchau und deren zwischen 1742 und 1763 tätigen Besitzer Johann Eucharius Siegfried Vodel (1716–1763) deutet. Die Quelle enthält einige der Bach-Forschung bisher nicht bekannte Konkordanzen und gibt Anlaß, einige Überlieferungs- und Fassungsprobleme neu zu überdenken.

Auf Bll. 14v–15v des Klavierbüchleins finden sich die beiden Menuette aus Bachs zweiter Französischer Suite in c-Moll BWV 813, allerdings ohne einen Hinweis auf die Zusammengehörigkeit der beiden Stücke und ohne Da-capo-Vermerk nach dem zweiten Menuett. Nach einer Bourrée in C-Dur unbekannter Herkunft (Bl. 16r) folgt auf Bll. 16v–17r sodann die Courante aus BWV 813, und zwar in der 54 Takte zählenden „Fassung A".[45]

Die Lesarten der Courante lassen sich der Quellengruppe D[46] zuordnen, zu der als mutmaßlich älteste Quelle auch eine vielleicht um 1735 entstandene Abschrift von der Hand des Bach-Schülers und Thomasalumnen Christian Friedrich Samuel Mohrheim (1719–1780) gehört (P 274, Faszikel 6). Merkwürdigerweise gilt diese stemmatische Verwandtschaft aber nicht für die beiden Menuette: Das erste folgt in seinen Lesarten der „Fassung B" und hierzu paßt auch das Vorhandensein des – in Fassung A noch fehlenden – zweiten.[47] Allerdings weist das Menuett II in PM 175 singuläre Sonderlesarten auf, die vielleicht als Zeugen einer anderweitig nicht überlieferten früheren Fassung dieses Satzes zu interpretieren sind. Es ist nicht leicht, diese Vermischung unterschiedlicher Lesarten zu deuten. Entweder hatte der Schreiber Zugang zu mehreren Vorlagen oder aber er konnte auf eine in Bachs Besitz befindliche Handschrift zurückgreifen, die bald darauf durch Revisionen in die endgültige Fassung überführt wurde.

Neben diesen Sätzen enthält PM 175 weitere mit der Familie Bach in Verbindung stehende Stücke: Auf Bl. 10r findet sich eine offenbar frühere Fassung des zum Teil kanonisch gearbeiteten Menuetts in a-Moll BWV Anh. 120 aus

---

Stadtbibliothek Leipzig kam die Handschrift im Juni 1945 als ein Geschenk von Dr. Friedrich Göllner (Leipzig).

[45] Zur Fassungsproblematik der Französischen Suiten siehe NBA V/8 Krit. Bericht (A. Dürr, 1982), S. 72f.

[46] Siehe ebenda, S. 41–45 und 60–62.

[47] Eine solche Mischfassung findet sich sonst nur noch in der Abschrift von Johann Gottlieb Preller (D-LEb, Peters Ms. 8, Faszikel 6). Vgl. NBA V/8 Krit. Bericht, S. 44.

dem zweiten Klavierbüchlein für Anna Magdalena Bach (*P 225*). Der nachfolgende Marsch in Es-Dur (Bl. 10 v–11 r) reiht sich in die komplexe Entstehungsgeschichte des Marsches BWV Anh. 127 ein, bei dem es sich offenbar um eine mehrfach überarbeitete Komposition des jugendlichen C. P. E. Bach handelt, deren endgültige Fassung A. M. Bach um 1733/34 in *P 225* eintrug.[48] Das Menuett in C-Dur (Bl. 13 v) entspricht weitgehend dem Menuett I aus der in ihrer Echtheit umstrittenen, jedoch in einer Abschrift von der Hand des jungen C. P. E. Bach überlieferten und von diesem seinem Vater zugeschriebenen Flötensonate BWV 1033 (*St 460*). Auch hier liegt in *PM 175* eine frühere Fassung vor. Wie diese sich in die komplexe und noch nicht geklärte Entstehungs- und Bearbeitungsgeschichte von BWV 1033 einfügt, muß zwar vorerst offenbleiben, doch ergibt sich aus der Ermittlung dieser Konkordanz ein Anhaltspunkt für die Entstehungszeit der in *PM 175* erhaltenen Werkgestalt: Der Stimmensatz *St 460* kann anhand des Schrift- und Wasserzeichenbefunds auf um 1731 datiert werden; für die einfachere Fassung des Menuetts in *PM 175* ergibt sich somit ein gesicherter terminus ante quem.[49]

Sodann sind zwei Stücke zu nennen, die sich zumindest tentativ in den Bachschen Umkreis einordnen lassen: Ein auf Bl. 25r stehendes Menuett in g-Moll scheint in seinen ersten acht Takten mit dem in *P 225* enthaltenen anonymen Menuett in d-Moll BWV Anh. 132 verwandt zu sein, während das Präludium in D-Dur auf Bl. 5 r dem Präludium in C-Dur BWV 924 ähnelt, das auch den jungen Wilhelm Friedemann Bach zu einer Nachahmung anregte (BWV 924 a).[50]

Die vorstehend genannten Konkordanzen und Parallelen erlauben die Hypothese, daß der wohl in Dresden ansässige Schreiber und Kompilator von *PM*

---

[48] Siehe hierzu BJ 1993, S. 146–151 (U. Leisinger/P. Wollny).

[49] Da der Satz in einer umfangreicheren und zum Teil abweichenden Fassung als Variatio I eines Menuett-Komplexes in einem Concerto des Merseburger Konzertmeisters Christoph Förster auftaucht, darf dieser vielleicht auch als Komponist des Menuetts in *PM 175* sowie der von J. S. Bach bearbeiteten Vorlage von BWV 1033 angesehen werden; Försters Concerto ist in D-ROu, *Mus. Saec. XVIII-63.7* und *Mus. Saec. XVIII-66.29* sowie in D-B, *N. Mus. BP 201* (datiert 1743) überliefert. Zu Försters Concerto siehe auch J. Swack, *On the Origins of the „Sonate auf Concertenart"*, in: JAMS 46 (1993), S. 369–414, sowie die Diskussion von Barthold Kuijken in seiner Ausgabe von BWV 1033, Wiesbaden 2008; Kuijken argumentiert überzeugend, daß es sich bei dem dritten Satz (BWV 1033/3) um eine genuine Komposition Bachs handelt, während er für die übrigen drei Sätze ein Kammermusikwerk von Förster vermutet.

[50] Hier eine Auswahl weiterer Konkordanzen mit Stücken in *PM 175*:
– Bl. 2 v *Air* („O du allerliebstes Kind"): J. S. Scholze, *Singender Muse an der Pleiße erste Fortsetzung*, Leipzig 1742 (Nr. 44, „Angenehmer grüner Wald"); außerdem mit italienischem Text („L'occasion delle mie pene") in einer handschriftlichen Sammlung von „Arie Da Batello 1741", DK-Kk, *mu 7408.1940*

175 mit der Familie Bach in Leipzig in Verbindung stand und dort Zugang zu deren Repertoire an Spiel- und Übungsstücken aus den 1720er und frühen 1730er Jahren hatte, das er noch viele Jahre später in seinem eigenen Unterricht nutzte.

Das entscheidende Indiz zur Identifizierung dieses Schreibers liefert ein kurzer Eintrag im berühmten Lowell-Mason-Codex (US-NH, *Ma21.Y2 L8 [LM 5056]*). Dieser in der zweiten Hälfte der 1680er Jahre von dem Dresdner Organisten Emanuel Benisch d. Ä. (1649–1727) angelegte Sammelband ist eine der wichtigsten Quellen für die Tastenmusik von Dietrich Buxtehude, Johann Krieger, Johann Pachelbel, Alessandro Poglietti, Nikolaus Adam Strungk und anderen Meistern des späten 17. Jahrhunderts.[51] Auf S. 47 und 48 der Handschrift findet sich Benischs Abschrift eines Präludiums in G-Dur von Johann Kuhnau. Beim Kopieren hatte Benisch zunächst Takt 60 übersprungen, diese Auslassung dann aber nachträglich auf zwei leeren Systemen unten auf Seite 48 mit Bleistift ergänzt. Als die Korrektur zu einem späteren Zeitpunkt arg verblaßt war und zu verlöschen drohte, überschrieb der hier im Fokus stehende anonyme Kopist sie mit Tinte. Dank dieser Retusche darf er wohl als späterer Besitzer des Sammelbandes angesehen werden.

Für eine Identifizierung des gesuchten Schreibers lassen sich mithin folgende Anhaltspunkte benennen:
1) Er unterhielt Verbindungen zu Emanuel Benisch d. Ä., dem langjährigen Organisten der Dresdner Frauenkirche und später der Kreuzkirche, oder aber zu dessen Nachfolger und Erben Emanuel Benisch d. J.

– Bl. 3 r *Murcky*: J. S. Scholze, *Sperontes Singende Muse an der Pleisse*, Leipzig 1736 (²1741), Nr. 33 („Ihr Schönen, höret an"), sowie zahlreiche handschriftliche Quellen
– Bl. 7 v *Menuet*: G. P. Telemann, *Sieben mal Sieben und ein Menuet*, Hamburg 1728, Nr. 2
– Bl. 20 r *Air* („Lieben und nicht dürfen küssen"): Scholze, *Sperontes Singende Muse an der Pleisse*, Nr. 24
– Bl. 21 r *Gavotte di Hendel*: G. F. Händel, *Ottone* HWV 15, London 1722 (Ouvertüre, Satz 3), sowie zahlreiche handschriftliche Quellen
– Bl. 27 v–29 r *Courante* und *Allemande*: G. F. Händel, Suite in d-Moll HWV 448
– Bl. 32 v–35 r *Aria dell Opera Antigono* („Io non so se amor"): J. A. Hasse, *Antigono*, Dresden 1743, Akt I/5
– Bl. 35 v–37 r *Aria dell Opera Antigono* („Piango è ver"): Hasse, *Antigono*, Akt II/4.

[51] Siehe K. Snyder, *Dieterich Buxtehude. Organist in Lübeck*, New York 1987, S. 324–326 (erweiterte deutsche Fassung: *Dieterich Buxtehude. Leben. Werk. Aufführungspraxis*, übersetzt von H.-J. Schulze, Kassel 2007, S. 371–373); siehe auch M. Belotti, *Die freien Orgelwerke Dieterich Buxtehudes. Überlieferungsgeschichtliche und stilkritische Studien*, Frankfurt/Main ³2004 (Europäische Hochschulschriften. XXXVI/136.), S. 98–112.

2) Einige seiner Abschriften gelangten später in den Besitz von Johann Friedlieb Zillig, der viele Jahre später ebenfalls an den beiden genannten Kirchen als Organist wirkte.
3) Zudem verfügte er über offenbar gute und anhaltende Kontakte zu Johann Sebastian Bach in Leipzig und zu dessen beiden ältesten Söhnen.
4) Die erhaltenen Quellen von seiner Hand stammen aus den 1740er und 1750er Jahren, wobei ein Teil des kopierten Repertoires in die 1720er und frühen 1730er Jahre zurückreicht.

All diese Kriterien lassen sich mit einem Musiker in Verbindung bringen, dessen Name seit langem in Aufstellungen der Bach-Schüler geführt wird, der aber bisher noch nie mit der Überlieferung von konkreten musikalischen Quellen in Verbindung gebracht wurde: Christian Heinrich Gräbner. Signierte eigenhändige Schriftproben im Bestand des Stadtarchivs Dresden bestätigen diese Identifizierung auf unabhängigem Wege (siehe Abbildungen 1–3).[52]
Christian Heinrich Gräbner, der älteste Sohn des Dresdner Organisten und Orgelbauers Johann Heinrich Gräbner (1665–1739), wurde um 1705 geboren. Über seine Ausbildung berichtet der Vater in einem Brief vom 4. November 1727, er habe ihn „von Jugend auf in der *Music*, insonderheit auf dem *Clavier*, nicht allein selbst erzogen, sondern auch *expresse* so viel darauf gewendet, daß er 2. gantze Jahr über in Leipzig, bey dem berühmten Capell-Meister Bach, *Lection* bekommen".[53] Der Unterricht in Leipzig dürfte den Jahren 1724 bis 1726 stattgefunden haben, da Gräbner bereits ab 1726 vertretungsweise als Organist an der Sophienkirche in Dresden nachgewiesen ist.[54] Ab 1727 war er zudem Adjunkt seines Vaters an der Frauenkirche, außerdem wirkte er als Continuo-Spieler „bey der *Musiqve* in der Creuz Kirchen" mit, also bei den Kantatenaufführungen des dortigen Kantors Theodor Christlieb Reinhold.
Bei der Bewerbung um die mit dem Tod von Christian Pezold vakant gewordene Organistenstelle an der Sophienkirche kam Gräbner zwar nicht in die engere Wahl – nach einem Probespiel am 22. Juni 1733 erhielt sein Mitbewerber Wilhelm Friedemann Bach den Zuschlag –, doch wurde er wenige Wochen später zum Substituten seines Vaters an der Frauenkirche ernannt. Nach dessen Tod († 3.8.1739) wurde ihm die Stelle offiziell übertragen.[55] Im April 1742

---

[52] Herangezogen wurden die zahlreichen Gehaltsquittungen C. H. Gräbners aus den Jahren 1739–1742 in den Quittungsbänden der Frauenkirche (D-Dsta, Bestand Rechnungsarchiv).
[53] Dok II, Nr. 238; ähnlich auch Dok II, Nr. 319.
[54] Siehe BJ 2019, S. 32 (B. Koska).
[55] In seinen Huldigungsgedichten zur Einweihung der von Johann Gottfried Silbermann neuerbauten Orgeln in der Freiberger Petrikirche (31. Oktober 1735) und in der Dresdner Frauenkirche (25. November 1736) nennt Gräbner sich allerdings bereits „Organist bey der Kirchen zur Lieben Frauen in Dreßden", obwohl eigentlich

wechselte er nach dem Tod von Emanuel Benisch d. J. († 14.3.1742) – dessen Vater den Lowell-Mason-Codex kompiliert hatte – an die Kreuzkirche, wo er die letzten 27 Jahre seines Lebens verblieb. Christian Heinrich Gräbner starb Anfang Januar 1769; er wurde am 5. Januar des Jahres in Dresden beigesetzt.

Die Identifizierung der Handschrift von C. H. Gräbner erlaubt uns, einige bisher nicht erkannte Zusammenhänge der Dresdner Quellenüberlieferung aufzudecken, aus denen sich neue biographische Konstellationen erschließen lassen. Hierzu einige Beispiele:

– Gräbners Kopie von C. P. E. Bachs Cembalo-Sonate in h-Moll Wq 65/13 in *P 368* enthält einige Sonderlesarten,[56] die auch in den Abschriften seines jüngeren Bruders Johann Friedrich Gräbner (D-GOl, *Mus. 2° 1a/3, Fasz. 89–97*) und von Johann Gottfried Müthel (*P 275*) vorkommen.

– Die Sonaten Wq 65/7, Wq 65/9 und Wq 65/10 sind in textlich identischen Frühfassungen in Abschriften von Zillig (*P 368*) und Müthel (*P 275*) sowie in der Sammlung von Christoph Ernst Abraham Albrecht von Boyneburg überliefert (D-GOl, *Mus. 2° 1a/3, Fasz. X & XI* sowie *Fasz. LXVII*).

– Gräbners Abschrift der 1744 komponierten Sonate in E-Dur Wq 62/5 (*P 368, Fasz. 9*) enthält Lesarten, die offenbar vor den Erstdruck (1758/59) zurückreichen. Diese frühere Fassung findet sich lediglich in einer weiteren Quelle, der sicher in Dresden entstandenen Abschrift D-Mbs, *Mus. ms. 1794*.[57]

– Die in Dresden entstandene Cembalo-Sonate in C-Dur Fk 1B von Wilhelm Friedemann Bach ist in Abschriften von Christian Heinrich und Johann Friedrich Gräbner erhalten, die Sonate in F-Dur Fk 6B in Abschriften von J. F. Gräbner (*P 368*) und Müthel (*P 230*).

Diese und weitere Befunde lassen vermuten, daß die genannten Bach-Abschriften von Zillig, Müthel und J. F. Gräbner auf den Musikalienbesitz von C. H. Gräbner zurückgehen und daß dieser von den späten 1720er bis Ende der 1760er Jahre der Mittelpunkt der Dresdner Bach-Überlieferung und -Rezeption war. Die engmaschigen Verbindungen zwischen den genannten Musikern lassen sich folgendermaßen erklären: Johann Friedrich Gräbner († 1794)

---

sein Vater die Stelle noch innehatte. Siehe *Gepreißner Silbermann! Gereimtes und Ungereimtes zur Einweihung von Orgeln Gottfried Silbermanns*, hrsg. von C. Ahrens und K. Langrock, Altenburg 2003 (Köstritzer Schriften. 1.), S. 71–74 und S. 111–113.

[56] Siehe CPEB:CW, I/6.2 (M. Knoll, 2020), S. XVIII und S. 131.

[57] Die Dresdner Provenienz läßt sich anhand des kursächsischen Wasserzeichens (Schild mit Raute und gekreuzten Schwertern) bestimmen. Siehe die Angaben in RISM A/II, ID Nr. 450057040. Zur Abhängigkeit der Quellen siehe CPEB:CW I/5.1 (D. Berg, 2007), S. 122.

war von etwa 1734 bis 1744 Organist der Dresdner Garnisonkirche[58] und bekleidete – nach dreizehn Jahre währender Tätigkeit in Großenhain – von 1757 bis 1759 das Organistenamt der Frauenkirche, bevor er als Nachfolger von Johann Christoph Altnickol an die Wenzelskirche in Naumburg berufen wurde.[59] Auf enge familiäre Kontakte lassen J. F. Gräbners Hinweise auf den Vater und den Bruder in seinem Brief vom 17. März 1742 schließen, mit dem er sich – erfolglos – um die Organistenstelle an der Frauenkirche bewarb. Noch 1764 wies sein Sohn Carl Friedrich Gräbner anläßlich einer Bewerbung in Zeitz auf die Verdienste seines Großvaters und zweier Onkel um die Dresdner Kirchenmusik und den Orgelbau hin.[60] Die Musikaliensammlung seines Bruders Christian Heinrich dürfte Johann Friedrich vor allem in den Jahren vor 1759 zugänglich gewesen sein.

Johann Gottfried Müthel (1728–1788) hielt sich nach seiner kurzen Schülerschaft bei J. S. Bach in Leipzig (ab Mai 1750) und einem Studienjahr in Naumburg bei J. C. Altnickol vermutlich ab dem Sommer 1751 für einige Zeit in Dresden auf, wo er „die Kirchen, die Opern und die Concerte" besuchte und „mit Hasse, (dem er empfohlen war) wie auch mit Herrn Neruda, dem Sänger Signor Salimbene, und andern würdigen Männern, Bekanntschaft" machte.[61] Der Wasserzeichenbefund in Müthels Abschriften von Cembalo-Sonaten der beiden ältesten Bach-Söhne (Wasserzeichen: Lilienschild + KB; Papiermühle Kirchberg in Sachsen) weist auf deren Entstehung in Dresden; dies unterstützt auch seine auf dem gleichen Papier notierte Partiturkopie von Johann Adolph Hasses im Januar 1751 uraufgeführter Oper *Ciro riconosciuto* (D-B, *Mus. ms. 9556/1*). Eine Vorlage aus dem Besitz Gräbners ist darüber hinaus für Müthels Abschrift der singulär überlieferten frühen Fassung der Sonate

---

[58] D-Dsta, *Ratsarchiv D.XXXIV.14*, fol. 9 f.; auf fol. 9 v schreibt Gräbner, er sei „von Jugend auf die *Music* mit möglichsten Fleiße obgelegen" und „seither acht Jahren in der hiesigen *Guarnison* Kirche" als Organist tätig gewesen. Die alte Dresdner Garnisonkirche befand sich im zweiten Obergeschoß der Ende 1715 eröffneten Alten Hauptwache am Neumarkt; sie fiel 1760 dem „Preußischen Bombardement" zum Opfer.

[59] Vgl. R. Vollhardt, *Geschichte der Cantoren und Organisten von den Städten im Königreich Sachsen*, Berlin 1899 (Nachdruck, mit einem Nachwort hrsg. von H.-J. Schulze, Leipzig 1978), S. 76 und 14, sowie W. Haacke, *Die Organisten an St. Wenceslai zu Naumburg a. d. Saale im 17. und 18. Jahrhundert*, in: Kerygma und Melos. 11. August MCMLXX Christhard Mahrenholz 70 Jahre, Kassel 1970, S. 287–299, speziell S. 297–299; ferner Schulze Bach-Überlieferung, S. 88 f.

[60] Vgl. A. Werner, *Städtische und fürstliche Musikpflege in Zeitz bis zum Anfang des 19. Jahrhunderts*, Bückeburg und Leipzig 1922, S. 29. Mit den beiden Onkeln sind Christian Heinrich Gräbner und Johann Heinrich Gräbner d. J. (1705–1777) gemeint.

[61] Siehe *Carl Burney's der Musik Doctors Tagebuch seiner Musikalischen Reisen. Dritter Band*, Hamburg 1773, S. 270.

Wq 65/6 (A-Wgm, *VII 3872/A 454*) anzunehmen.[62] Der aus der Quellenfiliation erschlossene Kontakt zu dem Dresdner Kreuz-Organisten mag zudem erklären, wie der junge Müthel seinen Aufenthalt in der sächsischen Residenz über einen längeren Zeitraum auszudehnen vermochte. Vielleicht weilte er auf Vermittlung Altnickols als Gast in Gräbners Haus. Zillig wirkte mehrere Jahrzehnte in unmittelbarer Nähe zu Gräbner und trat 1769 dessen Nachfolge als Organist der Kreuzkirche an. Eine direkte Schülerschaft ist denkbar, auch wenn die greifbaren archivalischen Quellen hierzu nichts mitteilen. Demnach erscheint es plausibel, daß Zillig auf Gräbners Musikaliensammlung zurückgriff.

Der Freiherr von Boyneburg (1752–1840) schließlich lebte in den 1760er Jahren in Naumburg und dürfte hier Schüler des Wenzels-Organisten J. F. Gräbner gewesen sein. Da der jüngere Gräbner in Boyneburgs Notensammlung mit zahlreichen Abschriften vertreten ist, mag er seinem mutmaßlichen Schüler auch die Vorlagen der drei Sonaten Wq 65/7, Wq 65/9 und Wq 65/10 zugänglich gemacht haben.[63]

Den Grundstock für seine Musikaliensammlung wird Christian Heinrich Gräbner während seines Aufenthalts in Leipzig in den Jahren 1724–1726 gelegt haben. Dank seiner langjährigen persönlichen Verbindungen zur Familie Bach gelang es ihm offenbar auch später noch, seine Musikaliensammlung beständig zu erweitern. Zwar sind heute von Gräbners Hand nur noch wenige Abschriften von Werken der Bach-Familie erhalten, die in seinem familiären und kollegialen Umfeld überlieferten Quellen lassen aber die Umrisse seiner Bach-Sammlung erahnen. Diese umfaßte offenbar die repräsentativen Tastenwerke J. S. Bach,[64] die in Dresden entstandenen Kompositionen W. F. Bachs und die frühen Tastenwerke C. P. E. Bachs in ihren ursprünglichen, noch unrevidierten Versionen. Auch Zilligs Abschriften der ersten beiden Bücher der

---

[62] Auf Gräbners Sammlung könnten zudem weitere Bach-Abschriften von der Hand Müthels zurückgehen, darunter die Choralsätze im handschriftlichen Anhang von Müthels Exemplar der *Harmonischen Seelen Lust* von Georg Friedrich Kaufmann (D-B, *Mus. O. 12172 Rara*), Abschriften der Fantasien BWV 903 und BWV 906 in *P 275* und Kopien der Sonaten Wq 62/6 und /8 sowie Wq 65/16 von C. P. E. Bach in *P 367*.

[63] Siehe Schulze Bach-Überlieferung, S. 88f., sowie U. Leisinger, *Die Bach-Quellen der Forschungs- und Landesbibliothek Gotha*, Gotha 1993, speziell S. 13–16.

[64] Die von J. F. Gräbner geschriebene Quelle D-LEb, *Go.S. 7* enthält neben den zweistimmigen Inventionen Auszüge aus den Partiten BWV 825–830 sowie aus den Französischen und den Englischen Suiten. Siehe *Katalog der Sammlung Manfred Gorke. Bachiana und andere Handschriften und Drucke des 18. und frühen 19. Jahrhunderts*, bearbeitet von H.-J. Schulze, Leipzig 1977 (Bibliographische Veröffentlichungen der Musikbibliothek der Stadt Leipzig. 8.), S. 15 f., sowie NBA V/7 Krit. Bericht (A. Dürr, 1981), S. 46.

Pièces de clavecin von François Couperin könnten auf Vorlagen aus Gräbners Besitz zurückgehen, wobei zu überlegen wäre, ob Gräbner wiederum über seinen Lehrer J. S. Bach an diese in Mitteldeutschland wenig bekannten Werke gelangt war.[65] Mit der Identifizierung der in P 368 vertretenen Schreiber und der Aufdeckung ihres historischen Umfelds erscheint auch der Quellenwert der in diesem Konvolut überlieferten frühen Tastenmusik von C. P. E. Bach in neuem Licht. Da nunmehr davon auszugehen ist, daß die größtenteils von Zillig abgeschriebenen Stücke auf Vorlagen aus Gräbners Besitz beruhen, der diese seinerseits entweder direkt aus Leipzig oder aber von dem von 1733 bis 1746 in Dresden wirkenden W. F. Bach erhalten haben dürfte, beanspruchen die Kopien – ungeachtet mancher Fehler und Ungenauigkeiten – große Autorität. Ins Blickfeld geraten damit erneut die in Faszikel 11 (S. 121–136) enthaltenen vierzehn anonymen Tanzsätze in G-Dur und g-Moll. Ulrich Leisinger und ich haben diese Stücke erstmals 1993 näher betrachtet und sämtliche Sätze aufgrund von stilistischen Parallelen sowie einer andernorts unter C. P. E. Bachs Namen überlieferten Konkordanz als Frühwerke des zweitältesten Bach-Sohn anerkannt.[66] Als 2005 die Edition im Rahmen der Juvenilia-Gruppe in CPEB:CW I/8.2 anstand, führten Diskussionen im Kreis des Herausgeberteams allerdings dazu, nur einzelne Sätze der Serie zu veröffentlichen. Ausschlaggebend waren die damals noch ungesicherte Herkunft des Konvoluts sowie die auffällige Häufung gravierender satztechnischer Fehler in der Mehrzahl der Sätze. Nachdem die philologischen Vorbehalte nunmehr ausgeräumt sind, verdienen auch die satztechnischen Probleme eine erneute Betrachtung. Hierbei zeigt sich, daß die Stücke durchweg eine makellose Führung der Außenstimmen (Diskant und Baß) aufweisen und die Satzfehler sich auf die meist in Grundstellung eingefügten drei- und vierstimmigen Akkorde beschränken, die wohl der Vervollständigung der Harmonik dienten. Aus dieser ungeschickten Handhabung der Füllstimmen ergeben sich zahlreiche störende Quint- und Oktavparallelen. Da C. P. E. Bach in seinen vor-Berliner Tastenwerken den zweistimmigen Diskant-Solosatz favorisierte,[67] ist wohl anzunehmen, daß die Akkorde eine nicht autorisierte spätere Zutat darstellen, die vielleicht auf unbeholfene Weise eine in der Bach-Familie gepflegte Spielweise nachahmen sollte. Entkleidet man die Sätze dieser Textverderbnisse, wird deutlich, daß sie auf verblüffende Weise die Stilgesten von J. S. Bachs Partiten im ersten Teil der *Clavier-Übung* nachahmen. Dies betrifft insbesondere die beiden Sara-

---

[65] Zur Rezeption der Werke Couperins in der Bach-Familie siehe BJ 2022, S. 93 (P. Wollny).

[66] BJ 1993, S. 168–170 (U. Leisinger und P. Wollny).

[67] Siehe W. Horn, *Carl Philipp Emanuel Bach. Frühe Klaviersonaten. Eine Studie zur „Form" der ersten Sätze nebst einer kritischen Untersuchung der Quellen*, Hamburg 1988, S. 31 f., 93 und 107.

banden, die Fantasie und das zweite Menuett-Paar.[68] Insgesamt spricht also alles dafür, sämtliche Sätze in Faszikel 11 von *P 368* für den jungen C. P. E. Bach in Anspruch zu nehmen und sie als ein wichtiges Zeugnis seiner Rezeption jenes väterlichen Opus zu sehen, von dem noch Johann Nikolaus Forkel schwärmte, es hätte „in seiner Zeit in der musikalischen Welt großes Aufsehen" erregt und es seien „noch nie so vortreffliche Clavercompositionen gesehen und gehört" worden.[69] Diese Wertäußerungen mögen – wie viele andere Formulierungen in Forkels Bach-Biographie – direkt auf Mitteilungen von C. P. E. Bach zurückgehen. Sie wären dann gemeinsam mit dem ebenfalls von Forkel überlieferten Geständnis der beiden ältesten Bach-Söhne zu lesen, demzufolge die beiden Brüder sich beizeiten „nothwendig eine eigene Art von Styl [hätten] wählen müssen, weil sie ihren Vater in dem seinigen doch nie erreicht haben würden".[70]

Abbildung 1:
D-LEm, *PM 175*, Bl. 15 v: Menuett II aus der Suite in c-Moll BWV 813

---

[68] Die vollständige Gruppe der Tanzsätze wurde nachträglich im Supplementband CPEB:CW VIII/8 (P. Wollny, 2024) veröffentlicht.
[69] Dok VII, S. 63.
[70] Ebenda, S. 56.

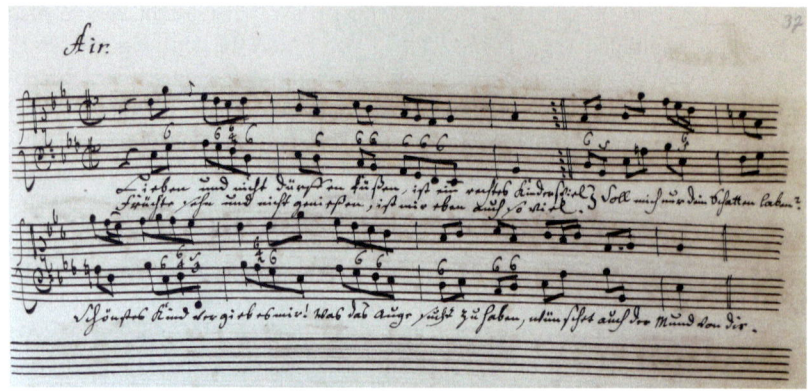

Abbildung 2:
D-LEm, *PM 175*, Bl. 20 r: „*Lieben und nicht dürfen küssen*"
aus *Sperontes Singende Muse an der Pleisse*, Nr. 24

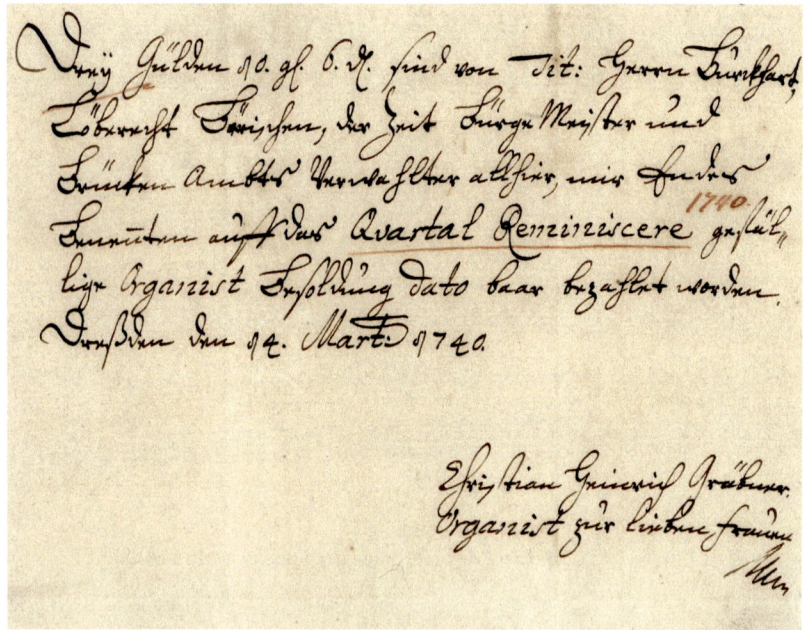

Abbildung 3:
C. H. Gräbner, Gehaltsquittung vom 14. März 1740.
D-Dsta, Rechnungsarchiv, *2.5 Jahresrechnung Frauenkirche 1739/40*, Bl. 38 r

Johann Sebastian Bach in Orgelfragen – Fährten der Stilentwicklung

Von Albrecht Lobenstein (Erfurt)

I. Die frühbarocke Orgel der Peter-und-Paul-Kirche in Weißensee

Die Westempore der Peter-und-Paul-Kirche in Weißensee präsentiert einen weiß gefaßten Orgelprospekt frühbarocken Stils. Ich messe eine Breite von 4,02 und – ohne den Verschlag der rückwärtigen Anlage – eine Tiefe von 1,23 Metern. Untergehäuse und Prospekt ragen insgesamt 6,20 Meter in die Höhe, wo der Mittelturm an die Kassettendecke stößt. Flachfelder und flankierende Spitztürme der siebenachsigen Fassade sind symmetrisch gruppiert und mit dem Stern an der Welle zum Glockenakkord, mit Kronen, Ohren und Schleiern aus vergoldetem Akanthuslaub, Früchten, Blüten, knorpeligen Gittern und in Schnecken endenden Bändern geschmückt. Von diesem konformen Gefüge hebt sich die am Kranzgesims angebrachte, augenscheinlich jüngere, „1737" datierte Kartusche deutlich ab.

In den Ringen des schmiedeeisernen Gestells, das an der Emporenbrüstung montiert ist, hingen einst die Pauken, die im Zusammenspiel mit Trompeten oder Hörnern meist improvisierend zur Orgel geschlagen wurden. Ihre Umfänge geben zu erkennen, daß der Pauker auf dem linkerhand plazierten Kessel den hohen und rechterhand den tiefen Ton erwirkte. Ausgedehnte Durchmesser von 57 und 59 Zentimetern sprechen für ein betagtes Alter.[1] Die Rudimente versichern uns wohl einer langen und reichen Musikgeschichte, von der wir noch fast nichts wissen.

---

[1] Vergleiche erlauben mir, Kessel dieser Größe in das 17. Jahrhundert zu datieren. Siehe meine Beiträge *Historische Pauken im mittleren Thüringer Becken. Ein Beitrag zur Erfassung des mobilen kirchenmusikalischen Instrumentariums*, in: Aus der Arbeit des Thüringischen Landesamtes für Denkmalpflege und Archäologie. Jahrgangsband 2007, Altenburg 2007, S. 62–70, 129 und 133; und *Zur Erfassung des mobilen kirchenmusikalischen Instrumentariums in Thüringen: Die Pauken der Adjuvanten*, in: Wissenschaftliche Symposien anlässlich des 250. Todestages des Orgelbauers Tobias Heinrich Gottfried Trost, Altenburg 2010 (Freiberger Studien zur Orgel. 11.), S. 103–118; diese Studien vermitteln einen auf die bestimmte Region beschränkten Eindruck meiner landesweiten Erfassung in den Kirchen Thüringens.

Der Chronist erwähnt schon im Zusammenhang mit der Einführung der Reformation nach 1539 die Anstellung eines Organisten.[2] Werner Braun gebührt das Verdienst, die Weißenseer Peter-und-Paul-Kirche ins Blickfeld der Bach-Forschung gerückt zu haben. Es war ihm aber nicht vergönnt, dem Hinweis, der Orgelbauer Conrad Wilhelm Schäffer hätte in Weißensee „ein großes neues Werk verfertiget, welches nachgehends von dem berühmten Componisten, herrn Bach in Leipzig examiniret, und mit einem großen Elogio justificiret worden" sei, den er im Zuge organologischer Recherchen in Laucha in einem Brief des Pfarrers Johann Christian Kuhn vom 9. Juni 1738 entdeckt hatte, selbst zu folgen.[3] Erst Gerd Schlegel konnte die Rechnung vom 22. Juni 1735 auffinden, in der Bachs Vergütung verbucht ist. Seine unveröffentlichte Dokumentation orgelgeschichtlicher Daten zur Kirche enthält die Auskunft, daß Schäffer bereits 1731 in Weißensee gebunden war.[4] Karl Schubert veröffentlichte gemeinsam mit Walter Börner neben einer Auswahl an Rechnungen der Jahre 1734 bis 1738 auch das von ihm aufgespürte, auf den 1. August 1738 datierte Attestat des Weißenseer Bürgermeisters und Rates, das Schäffers „OrgelWerk, so in 32 *Registern manualiter et pedaliter* zusammen bestehet" unter Berufung auf Bach, der „solches *examinir*et und deßen Arbeit daran vor gut und richtig erkandt und selbiges durchgängig *approbir*et hat", günstig beurteilt.[5] Zweifel an der bisherigen Zuschreibung des erhaltenen Gehäuseprospekts[6] sowie offene Fragen zur Entstehung und Gestalt des von Bach gelobten Werkes veranlaßten mich, die Quellenlage selbst zu prüfen.

In dem 1624 zwischen dem Orgelbauer Ezechiel Greutzscher und dem Stadtrat geschlossenen Vertrag sind ein fünffachsiges Haupt- und ein entsprechendes Rückpositivgehäuse und eine Disposition von 21 klingenden Stimmen vorgesehen, darunter sieben im Hauptwerk, zwei im Brustwerk, fünf im Pedalwerk

---

[2] F. B. von Hagke, *Urkundliche Nachrichten über die Städte, Dörfer und Güter des Kreises Weißensee*, Weißensee 1867, S. 18.

[3] W. Braun, *Ein unbekanntes Orgelbau-Attestat von Johann Sebastian Bach*, BJ 1999, S. 19–33, speziell S. 22.

[4] G. Schlegel, *Die Orgeln der Kirche St. Peter und Paul in Weißensee*, vervielfältigtes maschinenschriftliches Manuskript, undatiert und unpaginiert.

[5] W. Börner und K. H. Schubert, *Johann Sebastian Bachs Aufenthalt in Weißensee (Thüringen)*, BJ 2005, S. 287–289. Das abschriftlich überlieferte Attestat war zuvor schon als Exponat gezeigt und von Felix Friedrich dokumentiert worden; siehe dessen Beitrag *Der Orgelbau in Thüringen zur Bachzeit*, in: Der junge Bach – weil nicht aufzuhalten. Begleitbuch zur Thüringer Landesausstellung in der Erfurter Predigerkirche vom 23. Juni bis 3. Oktober 2000, hrsg. von R. Emans, S. 60–83, speziell S. 74.

[6] Braun (wie Fußnote 3), S. 33; sowie Börner/Schubert (wie Fußnote 5), S. 288, rechnen den Prospekt Schäffer zu.

Johann Sebastian Bach in Orgelfragen – Fährten der Stilentwicklung

und sieben im Rückpositiv, diese ins Pedal zu koppeln, dazu noch vier weitere Funktionen, Umfänge von C bis c^3 in den Manualen und im Pedal bis c^1.

1.	Principâl		8 fuß.
2.	grobgedacta		8 fuß.
3.	gedacta	Vonn	8 fuß, gar heimlich Vnnd lieblich.
4.	Octava		4 fuß.
5.	qvinta		3 fuß.
6.	Mixtûr		6 fach besezett.
7.	Zimbell		3 fach besezett.

Im Pedâl soll gesezet werdenn:

8.	Subbaß		16 fuß.
9.	Posaunen	Vonn	16 fuß.
10.	Hochkornetten		2 fuß.
11.	Zimbellbaß		2 fach.
12.	Flöthennbaß		1 fuß.
13.	Ein guldener Sternn.		
14.	Heertrummell.		
15.	Vogellgesanng.		
16.	Tremulannt in beede wergk.		

Inn der brust soll gesezet werden:

17. Regâl Vonn 8 fuß.
18. Sufflöth 1 fuß: od zwiefache Zimbell.

Im Rückpositiv soll gesezet werden:

19.	Principâl		2 fuß.
20.	Qvintatoena	Vonn	8 fuß.
21.	Kleingedacta		4 fuß.
22.	dulciânn		8 fuß.
23.	Zimbell zweyfach besezett.		
24.	Qvinta ½ fuß.		
25.	Octava Von 1 fuß.		
26.	Enndlichen eine Copula, das das Rückpositiv durch alle stimmen Pedâl mitgehen kann:[7]		

---

[7] Vertrag zwischen dem Stadtrat Weißensee und Ezechiel Greutzscher, Stadtarchiv Weißensee, *B 28 XV 24, lfd. Nr. 2410* (Akte zum Orgelbau), Bl. 3–8. Auf der letzten Seite des „am Freÿtage nach *Maria* geburth, Im Jahr nach Jesu Christi Vnnßers Herrnn Vnnd einigen erlösers trostseeligen geburth sechszehn hundertt Vier Vnndt zwannzigstenn" datierten Vertrags quittierte Greutzscher am 11. September 1624 für eine erste Zahlung. Die Quittung vom 1. Juli 1627, mit der er den Erhalt der Gesamt-

Das „am alten wergk hafftende eysen" und „Alle Pfeiffenn Vom alttenn orgelwerge" sollten Greutzscher überlassen und in seine Werkstatt nach Eisleben geliefert werden. Zudem wurden die bemalten Seitentüren offenbar aus einem alten Bestand übernommen. Weil der Orgelbauer am 1. Juli 1627 quittierte, die vereinbarte Summe von sechshundert Gulden empfangen zu haben, ist davon auszugehen, daß auch er sich an den Vertrag gehalten hat. Das barocke Prospektgehäuse geht gewiß auf diesen Neubau zurück. Es ist somit als singuläres Sachzeugnis eines erstaunlichen, in die Zeit des Dreißigjährigen Krieges gefallenen Lebenswerks einzustufen, das wir sicher noch nicht vollständig überblicken.[8] Um unser Bild zu schärfen, wenden wir uns einem weiteren Werk Greutzschers zu, das ebenfalls mit Bach in Beziehung steht.

II. Bach traf in Sangerhausen auf ein vergleichbares Instrument

Ulrich Dähnert hat uns am Rande seiner akribischen Studien zu Zacharias Hildebrandt (1688–1757) an der Vorgeschichte der Orgel seines Protagonisten in der Sangerhäuser Jakobskirche teilhaben lassen.[9] Wir verdanken ihm zwar zuverlässige Einblicke, greifen aber dennoch auf die Quellen zurück, um seine Schlüsse nachvollziehen und möglicherweise – vor dem Hintergrund unserer in Weißensee gewonnenen Erkenntnisse – die von ihm aufgeworfenen Fragen beantworten zu können. Vorrangig interessieren uns die instrumentalen Gegebenheiten, die der junge Johann Sebastian Bach hier vorfand, als er sich 1702 einem Bewerbungsverfahren stellte.[10]

---

summe bestätigt, befindet sich auf einer mit der „6" bezeichneten, aber zwischen Bl. 8 und 9 gehefteten Seite.

[8] A. Lobenstein, *Zur Provenienz organologischer Sachzeugnisse des 17. Jahrhunderts in Nordthüringen*, in: Ars Organi 67/2 (Juni 2019), S. 98–107, enthält auf S. 99 f. ein Werkverzeichnis.

[9] U. Dähnert, *Der Orgel- und Instrumentenbauer Zacharias Hildebrandt*, Leipzig [1962]. S. Müller, *Chronicka der uralten Berg-Stadt Sangerhaußen*, Leipzig und Frankfurt 1731, S. 20 und 23 f., sowie F. Schmidt, *Geschichte der Stadt Sangerhausen*, Sangerhausen 1906, S. 702 f., hatten schon Aspekte der Orgelgeschichte dieser Kirche angerissen. Schmidt trug auf den S. 688 f. und 722 ff. auch die Organisten zusammen.

[10] In seinem Brief vom 18. November 1736 an den Bürgermeister Johann Friedrich Klemm erinnert Bach daran, daß er sich „vor bey nahe 30 Jahren" beworben hatte (Dok I, Nr. 38). Umstände der Bewerbung beschreiben C. Wolff, *Johann Sebastian Bach*, Frankfurt/Main 2000, S. 73 f., und M. Maul, *Altbekanntes und Neuentdecktes zum Thema Bach in Sangerhausen*, in: Mitteilungen des Vereins für Geschichte von Sangerhausen und Umgebung 22/23 (2013/14), S. 35–46.

Beginnen wir mit dem organologisch relevanten Ausschnitt der 1603 im Vertrag mit Ezechiel Greutzscher festgehaltenen Pläne, wie

das Orgelwergk Inn berürter Kirchen von Neüen Außer dem geheüse Zue machen undt AufZurichten, obbenandten Ezechiel Graizschen vordinget, nachfolgender gestalt undt Also:
Das der Orgelmacher Neüe windtladen Ins Oberwergk, so wol Als Auch Ins Rück Positiff, undt zu den Brustpfeiffen undt Baßen uff beiden seiten Von gutem reinen Eichen holz, mit ledder gefüttert uffs sauberste undt Reinlichste Auch Neue *Ventiel*, dergestalt, das man darunter sehen undt dieselben Reinigen kan, desgleichen mit Staerkeren Welwergk Eysern Registern undt was mehr darzu gehörigk Alles neue. *Item* Neue *Clauier* Zum wergk undt Rück Positieff, dergleichen ein Neüe Pedall mit Allem Vleiße, Also das beide <u>*Manual*</u> vom untersten <u>großen C. herauff mit</u> Fis vndt Gis, biß oben hinnauß <u>Ins fünffte c̄</u> mit drey Strichen vndt <u>das Petal gleichs</u> fals vom vndersten großen <u>C. herauff mit</u> Fis. vndt Gis. biß Ins f̄ mit Eynem Strich vffn fall es Aber der raum so weit nicht leiden wolle, biß Ins d̄ mit Eynem Strich gesetzet werden sollen machen vndt legen
Deßgleichen die Blasebelge vndt Treth hölzer das sie etwas hoher Als Itzo Aufgehen, nicht Zu schweer Zu treten, vndt der windt desto stercker Ins wergk gehen möge, neue formiren legen vndt fertigen
Dann Auch am pfeiffwerg, darzu die Alten pfeiffen Alle, Außer dem Principal vmb geschmelzet vndt vmbgegoßen, vndt das Bley Auf Zehen pfundt, Zweypfundt Zinn Zugesatzt Auß den Itzigen Principal pfeiffen Aber das Principal Ins Rück Positiff gemacht vndt der vber fluß Zu den Andern pfeiffen gebraucht werden soll, Nachfolgende Stimmen mit Allem fleiße Zurichten vndt setzen,
Alß Im *Oberwergk*.
Ein grob Principal Zu Acht schuhen
Ein grob getacktes Zu vier Schuhen
Ein grobe *Octaua* Zu vier schuhen
Ein *Super Octava* Zu Zwey schuhen
Ein grobe *Quinta* Zu drey schuhen
Mixtur Acht fach von pfeiffen
Zimbeln dreyfach von pfeiffen
Eine schöne neue Stimme frembter Arth *Zincken* genandt Zu achtschuhendem Principal oben Ander Tieffe gleich
Ein grobe *Quintaden* dem *Sub Baß* gleich *Manualiter* vndt *petaliter* Zugebrauchen, mit Zweyen Vnterschiedenen Registern,
Ein grobe gedackten vnter Baß vff eine Schone Tieffe vndt Stercke gerichtet
Item Ann Stimmen Inn *die Brust* vberm *Clavier*.
Ein guet Regall
Ein Octaua
Rauschpfeiffen gedoppelt,
Vndt Auff beiden Seyten neben dem wergk
Ein groben Posaunen Baß dem *Sub* Baß gleichstimmich
Ein Corneten Baß
Ein flöten Baßgedeckt

Ein *Quinten* Baß.
Ins Rück Positieff
Ein Principal Zu Vier schuhen,
Ein *Quintaden* Baß dem groben gedeckten Im Oberwergk gleichstimmich Zu Vier schuhen
Höelflöten Zu Zwey schuhen
Eine kleine Octaua eins schuhs hoch
Eine kleine Quinta
Zimbeln gedoppelt
Eine Stimme *Dulcian* Arth
Vndt diese Stimmen Im Rück Positieff Also das man sie Alle Zum Pedall Im Obernwergke gebrauchen kann: Hierüber Auch Zu beyden wercken, Ein gueden Tremulandt Auff eine schone liebliche Arth Zue Allen Stimmen Zugebrauchen, Inner halben des wercks mit Allem Vleiß setzen vndt machen soll.[11]

Überdies sind die Materialwahl und -beschaffung, der Termin der Fertigstellung, die Probe, Gewähr, Vergütung, Trinkgeld und freie Wohnung geregelt. Der Passus, ihn aus Gera abzuholen, ermöglicht uns – wenn nicht noch ein anderes Werk Greutzschers in dieser Stadt nachgewiesen werden sollte – die Arbeit in der Kapelle des Schlosses Osterstein, die bisher in einem Zeitraum um 1610 vermutet worden war,[12] genauer um den Vertragsschluß (1603) in Sangerhausen vorzudatieren.

Das Abkommen band Greutzscher an die Übernahme eines vorhandenen Gehäuses, von dem wir nur wissen, daß es ein Instrument mit Rückpositiv umfing.[13] Einer deutlichen Absage an die kurze Octave stehen Zweifel gegenüber, ob der begrenzte Raum den Wunsch nach einem bis zum f^1 reichenden Pedalumfang vereiteln könnte. Weil aber kein Hinweis auf den Verzicht vorliegt, ist der Ambitus von C bis c^3 in den Manualen und bis f^1 im Pedal mit einer vollständigen, alle Halbtöne enthaltenden großen Octave, wie sie auch im Ent-

---

[11] Die von Dähnert (wie Fußnote 9), S. 219, als Depositum des Archivs der Superintendentur Sangerhausen nachgewiesene Quelle ließ sich auf Umwegen im Pfarrarchiv der Jakobskirche wiederfinden. Ihre Bereitstellung verdanke ich der Kirchenmusikerin Martina Pohl. Die Akte enthält Schriftstücke zu Vorgängen im 17. und 18. Jahrhundert, die zum Teil geheftet, jedoch nicht mit Blatt- oder Seitenzahlen versehen worden sind. Ich zitiere aus dem Vertrag mit Ezechiel Greutzscher vom 20. April 1603. Unter den Vertretern von Stadt und Kirche sind „Johan Müller Raths vorwandter Vndt Itzo Organist Allhier" und „Thoma Knöbloch Organisten Auffm hause Mansfeld" genannt.

[12] M. Maul, *Johann Sebastian Bachs Besuche in der Residenzstadt Gera*, BJ 2004, S. 101–119, speziell S. 108.

[13] Das ist aus der stilkritischen Bewertung des von Dähnert (wie Fußnote 9), S. 63 und 181, beschriebenen ehemaligen Rückpositivgehäuses zu folgern, das seinerzeit noch im Heilig-Geist-Stift vorhanden war, inzwischen aber verloren gegangen ist.

wurf für Weißensee beschrieben ist, anzunehmen.[14] Der Vergleich mit Weißensee legt nahe, daß der „grobe gedackten vnter Baß" im Oberwerk in der Achtfußlage klang, im Brustwerk ein achtfüßiges Regal, im Rückpositiv ein achtfüßiger Dulcian und im Pedal ein zweifüßiges Cornett sowie eine einfüßige Baßflöte besetzt waren – Schlüsse, die sich von Greutzschers Disposition in der Nordhäuser Nikolaikirche[15] sämtlich stützen lassen. Hingegen fehlt im Sangerhäuser Rückpositiv der labiale, gedeckte Achtfuß.[16] Die Quinte über dem Einfuß, also in 2/3'-Lage, ergäbe eine weitere Übereinstimmung mit Weißensee, wo das Rückpositiv indes auf dem zweifüßigen Principal basierte. Mutmaßungen zur Tonlage der Brustwerksstimmen sind vage. Gewiß hätte eine einfüßige Octave die mit dem Zweifuß und darüber liegender Quinte besetzte Rauschpfeife[17] bekrönen und die Pyramide im Oberwerk zuspitzen

---

[14] Aus der von Dähnert (wie Fußnote 9), auf S. 50 zitierten und mit einem Fragezeichen versehenen Passage des Vertrags mit Hildebrandt, in der die Übernahme des alten Subbasses „von Metall, außgenommen C und Dis [?] von Holtz" geregelt ist, geht nicht eindeutig hervor, ob der Orgelbauer die Fremdpfeifen aus Holz bereits vorgefunden hat oder einen Altbestand ergänzen wollte. Der Neubau von Pfeifen für C und Dis, sei er nun von Greutzscher vollzogen oder von Hildebrandt geplant worden, wäre in dem Fall nötig gewesen, wenn eine nur das Cis der großen Octave entbehrende Pfeifenreihe um einen Ganzton in Diskantrichtung gerückt würde. Unter dieser Voraussetzung ist der von Dähnert, S. 170, für die Greutzscher-Orgel angegebene „Tonumfang: Man.: C, D, E bis c'''; Ped.: C, D, E bis f' (oder d')" unbedingt um das Dis – weil es die Transmission betrifft – in beiden Werken zu erweitern. Weil wir nicht wissen, ob der Zweifel des Forschers der Zuverlässigkeit der Quelle oder einer Unsicherheit beim Übertragen galt, bleibt es fraglich, ob seine Darstellung den labialen Sechzehnfuß ohne das Cis bezeugen kann.

[15] J. Schäfer, *Nordhäuser Orgelchronik. Geschichte der Orgelwerke in der tausendjährigen Stadt Nordhausen am Harz*, Halle und Berlin 1939 (Beiträge zur Musikforschung. 5.), S. 3–5, 52, Abb. auf S. 97.

[16] Dähnert (wie Fußnote 9), S. 63, dokumentiert die Offerte Hildebrandts, für das Heilig-Geist-Stift unter Verwendung grundlegender Elemente des alten Rückpositivs eine Orgel mit nur sechs Stimmen, darunter zwei gedeckten Achtfüßen, herzustellen.

[17] M. Maul, *Scheidt-Dokumente aus der Lutherstadt Eisleben*, in: Samuel Scheidt (1587–1654) – Werk und Wirkung, Bericht über die Internationale wissenschaftliche Konferenz am 5. und 6. November 2004, Halle 2006, S. 193–213, besonders S. 210–213, gibt den Revisionsbericht von Samuel Scheidt zu Greutzschers Neubau in der Eislebener Andreaskirche wieder, wo zwar die Stimmung der Rauschpfeife angemahnt wird, aber nichts zur Struktur mitgeteilt ist. Laut C. Wolff und M. Zepf, *Die Orgeln J. S. Bachs*, Leipzig 2006, S. 32, ist in der Orgel der Arnstädter Barfüßerkirche, bei der zumindest grundlegende Elemente noch auf Greutzscher zurückgingen, 1708 eine Rauschpfeife vorhanden gewesen. Jakob Adlung teilt in seinem undatierten Befund zu dieser Rauschpfeife nur mit, daß sie zweifach besetzt war; siehe Adlung, *Musica Mechanica Organoedi*, 2 Bde., Berlin 1768 (im folgenden: Adlung M), Bd. 1, S. 198.

können. Die Transmission im Pedal ist im Oberwerk als Stimme mit ausgeprägtem drittem Teilton ausgewiesen. In Nordhausen finden wir eine Entsprechung.[18] Welche Lage der Quintbaß akustisch stärken sollte, erkenne ich hier nicht.[19] Gegen Ende des 17. Jahrhunderts stellte der Orgelbauer Heinrich Brunner in Rechnung, was er zur Ertüchtigung der Orgeln in der Ober- und Unterkirche geleistet hatte.[20] Sein Bericht, der „organist teuthorn" sei ihm „In der unter Kirch", also der Jakobskirche, „an hand gangen da dann an *Claffiren* und am Schnarwerck ein und anders mitgemacht worten, Nu habe ich Zeit hero Jedes mahl wann es von Nöhtn geweßen dem werck gehofffen absonderlich dem *Rück Posidiv* auch auf befehl H Gräffen Hains u. des Coral organisten",[21] muß in der Zeit entstanden sein, nachdem Gottfried Christoph Gräffenhayn dem 1696 verstorbenen Johann Sebastian Teuthorn ins Amt gefolgt war. Wahrscheinlich war dieses Schreiben dem Gesuch an den Bürgermeister und den Rat der Stadt vom 30. April 1697 vorausgegangen, in dem der junge Figuralorganist an seine Bitte erinnert und anhand seiner Expertise auf die Notwendigkeit einer baldigen Reparatur drängt. Gräfenhayns Diagnose weist ihn als einen Kenner der Materie aus.

1 Mangelts am winde, welches daher kömt, daß die 4 blaß bälge mit so vielen Falten gemachet, der wind allwege durch streichet, und nicht wieder Zu beledern seyn, sondern es müßen die 4 balge gantz von neüen gemachet werden. Die bälge lauffen so geschwind, daß der *Calcant* nicht damit kann Zu rechte komen, und d wind brauset, daß man es vor den Klang hin weg höret.
2 lauffen in gleichen die Wind *canäle* gewaltig aus, welchen mit verleimen und beledern Zu helffen seyn will
3 Ist das Werck so voller Staub und Koth, daß sich die abstracten, sonderlich im Rück Positiv nicht mehr Ziehen, dahero offt groß Geheül entstehet
4 Ist das Clavir beyderseits gantz klapperich un ganghafft und aus gegriffen, hängt offt Zu sammen, welches eben falß geheül und übel klang verursachet

---

[18] Schäfer (wie Fußnote 15), S. 3 f.
[19] F.-H. Gress, *Zur Orgel der Scheidt-Zeit,* in: Samuel Scheidt. Wirkungskreis, Persönlichkeit, Werk. Bericht über eine Konferenz am 17. und 18. Oktober 1987 im Händel-Haus Halle anläßlich des 400. Geburtstages von Samuel Scheidt, Halle 1989 (Schriften des Händel-Hauses in Halle. 5.), S. 69–77, stellt einen Orgeltyp vor, bei dem das Pedal fest mit dem Oberwerk verbunden war, und nennt als Beispiel die von Heinrich Compenius 1624/25 erbaute Orgel der Hallenser Moritzkirche, auf deren Gestalt Samuel Scheidt beratend Einfluß genommen hat. Unter dieser Voraussetzung wären auch Kombinationen mit den Stimmen aus dem Oberwerk möglich gewesen.
[20] „Memorial" überschriebenes, nur noch rudimentär, mit zahlreichen Fehlstellen erhaltenes, dem Konvolut der in Fußnote 11 nachgewiesenen Akte vorgeheftetes Blatt von der Hand Heinrich Brunners.
[21] Zitiert aus dem *Memorial* (wie die vorherige Fußnote).

5 Seynd die Schnarr werke gantz ungangbar da mangelt bald eine Zunge, bald das gantze Mundstücke, und dem Posaunen Baß muß durch gehends geholffen werden wenn er anders seine dienst thun soll
6 Muß das gantze werk, welches nun fast in hundert Jahren nicht *renovir*et worden, von unflat gereiniget, wieder recht *intonir*et und das Pfeiffwergk aus geputzet werden
7 Ob man Zwar die Wind laden nicht recht *recognos*ciren kan, weil die Vorschläge und die Spunde gantz ver rostet und Vest vermachet seyn, so hoffet man wohl keine haupt Mangel, kan aber doch bey der *renovation* alles ersetzet werden, daß man als denn Gott preisen, und die Andacht der Gemeinde erwecken, auch als denn viel lange Jahre bis auf die Nachkommen ein tüchtig Orgel werck erhalten kan.[22]

Seine Einschätzung, die Orgel sei „nun fast in hundert Jahren nicht *renovir*et worden", bedeutet auch, daß keine strukturellen Veränderungen erkennbar waren. Offenbar hatten sogar die Arbeiten an der Empore, die auf der Tafel im Mittelfeld der Brüstung auf das Jahr 1668 datiert sind, die Anlage unberührt gelassen. Der 1697 mit Brunner geschlossene Vertrag, der sich auf Ober-, Brust- und Pedalwerk sowie Rückpositiv bezieht (also den mit Greutzscher vereinbarten Aufbau), stützt diese Ansicht. Das von einer mangelhaften Windversorgung, gerissenen Kanälen, abgenutzten Klaviaturen, verzogenen Ventilen, verhärteten Belederungen, ausgespielten Tontrakturen und Verschmutzung gezeichnete Schadensbild erforderte die Reinigung und partielle Reparaturen, neue Manuale und die Angleichung des Tastendrucks. Besondere Aufmerksamkeit galt dem Umbau der Bälge. Der instrumentenkundlich bedeutsame Abschnitt lautet:

1) Soll Er in *genere* das ganze orgell Werck in besagter Jacobs Kirche alß das oberwerck, Rück-*positiv* und brust nebst dem *Pedal*, *repar*iren
2) In *specie* aber den Windt *rectific*iren da dann
3) die Vier Balge auff der ietzige *Manier* mit einer Falte, gegen Gewichten und blase *ventil*en, Zumachen sey.
4) die Wind*Can*äle Verleimen und beledern
5) die Schnarrwercke in der brust und Ruck-*positiv* wieder ergentzen und tüchtig *restitu*iren.
6) den Posaunen Baß in guten stand sezen daß Er wohl anspreche und durchaus klinge
7) Neüe *Clavir*, weil diese so sehr klappern Zu beyden *Manual*ien machen und solche mit Schraubgen anhängen
8) die Abstracten wieder richtig anhangen und den Staub und Koth aus denen Windläden Pfeiff und gantzen Wercke schaffen.
9) den Wind recht abwägen und das gantze Werck durchgehendts richtigstimmen und *intoni*ren

---

[22] Anschreiben, Visitationsbericht und Konzeption einer Reparatur von der Hand des Figuralorganisten Gottfried Christoph Gräffenhayn in der Orgelakte (wie Fußnote 11). Hier ist nur das Anschreiben signiert und datiert.

10 die Windläden alle sambt ausputzen und fegen und wo federn Zustarck oder schwach seyn solche *aeqval* machen Wie auch den *venti*len die etwas mangelhafft helffen.[23]

Demnach verfügte die Jakobskirche im Jahr 1702, als Bach sich in Sangerhausen um die Stelle des Figuralorganisten bewarb, über eine zweimanualige Orgel, die Anfang des 17. Jahrhunderts von Ezechiel Greutzscher in einem vorhandenen Prospektgehäuse neu gebaut und um die Jahrhundertwende von Heinrich Brunner repariert worden war. Fassen wir die Möglichkeiten, die sich dem Organisten geboten haben, zusammen:

Oberwerk, oberes Manual (C, Cis–c^3)

Principal	8'
Quintadena	(16')
Gedackt	(8')
Octave	4'
Gedackt	4'
Quinte	3'
Octave	2'
Mixtur	8fach
Zimbel	3fach
Zinck	8'

Brustwerk, oberes Manual (C, Cis–c^3)

Rauschpfeife	(2'+1 1/3')
Octave	(1')
Regal	(8')

Rückpositiv, unteres Manual (C, Cis–c^3)

Principal	4'
Quintadena	4'
Hohlflöte	2'
Octave	1'
Quinte	(2/3')
Zimbel	2fach
Dulcian	(8')

Pedalwerk (C, Cis–f^1)

Subbaß, Transmission	(16')
Quintenbaß	
Baßflöte	(1')
Posaunenbaß	(16')
Cornettbaß	(2')

RP-P-Koppel, Tremulant

Wie wir sehen, ergaben sich für den jungen Bach, sein mitgeführtes musikalisches Repertoire und seine Inspiration, mit denen er in Sangerhausen überzeugen konnte, bestimmte Konsequenzen. Von den strukturellen Faktoren ist vor allem das bis f^1 reichende Pedal hervorzuheben.

III. Bach prüft in Weißensee den Orgelbau des Conrad Wilhelm Schäffer

Kommen wir auf Weißensee zurück. Die von Schlegel mitgeteilten ältesten Rechnungen besagen, daß Mertten Kretschmar 1548 „die große Orgel" repa-

---

[23] Kontrakt zwischen dem Stadtrat Sangerhausen und Heinrich Brunner, datiert den 3. September 1697, in der Orgelakte (wie Fußnote 11).

riert und Adam Krueginger 1570 bis 1571 eine neue Orgel gebaut sowie die Bälge „am kleinen Werk" ausgebessert hatte.[24] Müßten wir nicht fragen, ob das Geschehen um 1735 das kleine Instrument betraf, von dem uns jegliche Vorstellung fehlt? Ein Orgelbauer wäre doch sicher nicht für einen Dienst, der sich als vergeblich erwiesen hätte, mit einer beachtlichen Summe Geldes belohnt, dann aber mit dem Abbruch und dem Neubau grundlegender Elemente beauftragt worden, den die von Braun veröffentlichte Buchung vom 28. November 1737 impliziert, wo von einer neuen „HauptLade" zu lesen ist.[25] Der vollständige Einblick in die Rechnungen, der uns ein Bild vom Umfang der Arbeit und vom zeitlichen Rahmen vermittelt, wird zeigen, daß die Sorge allein der auf der Westempore plazierten Anlage galt.[26]

---

[24] Schlegel (wie Fußnote 4).

[25] Braun (wie Fußnote 3), S. 25.

[26] Ich gebe die Rechnungen grundsätzlich in der Chronologie ihrer Datierungen wieder, muß aber in zwei Fällen an der Reihenfolge der Einträge festhalten, weil sie sich aufeinander beziehen. Im einzelnen wurden folgende Akten des Stadtarchivs Weißensee befragt (sämtliche Einträge stammen nicht aus den in den Titeln der Rechnungen angegebenen Zeiträumen, sondern aus dem jeweiligen Folgejahr):
A. *HAW Rep. A XIII.a.42* (*Rechnung über Einnahme und Außgabe beÿ der Kirche St. Petri et Pauli allhier zu Weißen See, von Michael 1731 biß dahin 1732. geführet von dem Kirchvater Johann Ernst Töpffern.*), Eintrag im Anhang (*Rechnung Uber Extraordinare Einnahme und Ausgabe der Kirchen S. Petri et Pauli alhier Zu WeißenSee beÿ der Kirch-Rechnung von Michael: 1731. bis dahin 1732. geführet von dem Kirchen Vorsteher, Gotthardt Wolfgang Rollen.*), Bl. 21 r. Die Quelle ist nur über das digitale Findbuch, *A.23.01, Nr. 2164*, zu ermitteln.
B. *HAW Rep. A XIII.a.43* (*Kirch Rechnung über Einnahme und Außgabe beÿ der Kirche St. Petri et Pauli allhier zu Weißen See, von Michaëlis 1732. biß dahin 1733. geführet von dem KirchVater Johann Ißrael Hoffmannen.*), Eintrag im Anhang (*Rechnung Uber Extraordinar-Einnahme und Ausgabe […]*), Bl. 21 r+v. Ebenfalls nur über das digitale Findbuch, *A.23.01, Nr. 2165*, zu ermitteln.
C. *HAW Rep. A XIII.a.44* (*Kirch-Rechnung über Einnahme und Ausgabe beÿ der Kirche St. Petri et Pauli allhier zu WeißenSee, von Michael 1733. biß dahin 1734. geführet von dem KirchVater Johann Christoph Thomaßen.*), Eintrag im Anhang (*Rechnung Uber Extraordinar-Einnahme und Ausgabe der Kirchen S. Petri et Pauli alhier Zu Weißensee bey der Kirch Rechnung Von Michael. 1733. bis dahin 1734. geführet Von dem Kirchen Vorsteher, Gotthardt Wolffgang Rollen.*), Bl. 22 v–23 r (Digitales Findbuch, *A.23.01, Nr. 2166*).
D. *HAW Rep. A XIII.a.45* (*Kirch Rechnung über Einnahme und Ausgabe beÿ der Kirche St. Petri et Pauli allhier zu Weisensee von Michael 1735. biß dahin 1736. geführet von dem KirchVatter Johann Caspar Fehren.*), Eintrag im Anhang (*Rechnung über Extraordinair-Einnahme und Ausgabe der Kirchen S. Petri et Pauli allhier Zu Weisensee beÿ der Kirch Rechnung von Michael 1735. biß dahin 1736. geführet von dem Kirchen Vorsteher, Gotthardt Wolffgang Rollen.*), ohne Blatt- und Seitenzählung (Digitales Findbuch, *A.23.01, Nr. 2167*).

[64 Gulden] dem Orgelmacher H: Conrad Wilhelm Schäffern in Abschlag vor die verdungene Reparatur der Orgel den 21. April bis 29. August 1733. bezahlt, 1. q. No. 6. (A)

[68 Gulden und 12 Groschen] dem Orgelmacher, H. Conrad Wilhelm Schäffern, in fernern Abschlag vor die *Rep*aratur der Orgel, von 5. Sept: 1733. bis 13. Jan: 1734. 1. q. No. 7. (B, Bl. 21 r)

[12 Groschen] Johann Georg Geberten vor ein Stück eichen Holtz an die HauptLade zu der Orgel, den 8. April: 1734. 1. q. No. 8. (B, Bl. 21 r)

[1 Gulden und 15 Groschen] dem Mahler, H. Preßlern vor 3. Taffeln am Singe Chor, wo das Ruck Positiv gestanden, nebst der Einfaßung zu mahlen, den 19. Maij 1734. 1. q. No. 9. (B, Bl. 21 r)

[4 Gulden] H. Baccalaurei Schröters d. Bettzinß vor den Orgelmacher und seine Gesellen, d. 16. Febr: z. 19. July 1734. 1. q. No. 11 et 12. (B, Bl. 21 v)

[3 Gulden und 17 Groschen] Johann Georg Gaberten dergleichen auf 5. Monathe, d 8. April. 1734. 1. q. No. 8. (B, Bl. 21 v)

[16 Groschen] H. Döringen und Michael Francken vor das Qvartier und Bettgeldt wegen H. Schäffern den 11. Dec: 1734. 1. q. No: 9. (C, Bl. 22 v)

E. *HAW Rep. A XIII.a.46* (*Rechnung über Einnahme und Ausgabe der Kirche St Petri et Pauli allhier zu Weisensee Von Michael. 1736. biß dahin 1737. geführet Von dem Kirch Vater Johann Jacob Völckern.*), Eintrag im Anhang (*Rechnung über Extraordinair-Einnahme und Ausgabe der Kirchen St Petri et Pauli alhier zu Weisensee bey der Kirch Rechnung von Michael 1736. biß dahin 1737. geführet von dem Kirchen Vorsteher Gotthardt Wolffgang Rollen.*), Bl. 26 r (Digitales Findbuch, *A.23.01, Nr. 2168*). Diese Seite ist abgebildet bei Braun (wie Fußnote 3), S. 25.

F. *HAW Rep. A XIII.a.47* (*Rechnung über Einnahme und Ausgabe der Kirche St Petri et Pauli allhier zu Weisensee Von Michael. 1737. biß dahin 1738. geführet Von dem Kirch Vater Johann Nicolaus Krähmern.*), Eintrag im Anhang (*Rechnung über Extraordinair-Einnahme und Ausgabe der Kirchen St Petri et Pauli alhier zu Weisensee bey der Kirch Rechnung von Michael 1737. biß dahin 1738. geführet von dem Kirchen Vorsteher Gotthardt Wolffgang Rollen.*), Bl. 26 v (Digitales Findbuch, *A.23.01, Nr. 2169*).

G. *HAW Rep. A XIII.a.48* (*Rechnung über Einnahme und Ausgabe der Kirche St Petri et Pauli allhier zu Weisensee Von Michael. 1738. biß dahin 1739. geführet Von dem Kirch Vater Johann Jacob Danieln.*), Eintrag im Anhang (*Rechnung über Extraordinar-Einnahme und Ausgabe der Kirchen St Petri et Pauli alhier zu Weißensee bey der Kirch Rechnung von Michael 1738. biß dahin 1739. geführet von dem Kirchen Vorsteher Gotthardt Wolffgang Rollen.*), Bl. 24 v (Digitales Findbuch, *A.23.01, Nr. 2170*).

Johann Sebastian Bach in Orgelfragen – Fährten der Stilentwicklung   115

[1 Gulden und 12 Groschen] Michael Francken vor das Balgetretten bey Stimmung der Orgel den 16. Mart: 1735. l. q. No: 10. (C, Bl. 22 v)

[1 Gulden und 11 Groschen] dem Orgelmacher Gesellen, H. Fischern zur *Discretion* den 10. April 1735. l. q. No: 11. (C, Bl. 22 v)

[11 Gulden und 9 Groschen] dem H. *Capell* Meister, Johann Sebastian Bachen von Leipzig zur Discre*t*ion vor die *Examination* der *rep*arirten Orgel den 22. Junij. 1735. (C, Bl. 22 v)

[118 Gulden und 18 Groschen] H: Johann Conrad Schäffern zur bezahlung der verdungenen *Rep*aratur der Orgel und vor die 4. neuen *Register*. l. q. No: 4. (C, Bl. 22 r)[27]

[9 Gulden und 3 Groschen] dem Mahler H: Preßlern in Abschlag der 60. thlr: vor die verdungene Mahlerey an der Orgel den 2. Sept: 1735. l. q. No: 8. (C, Bl. 22 r)

[8 Groschen] Hanß Christoph Töpffern vor eine 2. Zollige Bohlen zum Gesimse und Stäben an die Orgel den 19. Sept: 1735. l. q. No: 7. (C, Bl. 22 r)

[1 Gulden und 13 Groschen] Heinrich Michael Francken Vor Qvartier und Bettgeld Wegen des Orgelmachers Von 20. Septbr: biß 21. Decbr: 1736. Laut qv. No: 27. (D)

[9 Gulden und 3 Groschen] dem Orgelmacher H. Schäffern in fernern abschlag Von *Reparatur* der Orgel Laut berechnung No: 6. (D)[28]

[5 Gulden und 20 Groschen] H. Preßlern ferner auf die Mahlerey an der Orgel den 17. Maij, 1737. L. qv. No: 8. (D)

[9 Gulden und 3 Groschen] demselben noch dergleichen den 13. Septbr. 1737. L. qv. No: 9. (D)

[22 Gulden und 18 Groschen] dem Orgelmacher H. Schäffern Zur Vollen bezahlung Vor die *Reparatur* der Orgel und Vor die neue *Regis*ter und Haupt Lade den 28. Novbr: 1737. L. qv. No. 11. (E)

[13 Gulden und 15 Groschen] demselben Verwilligte ZuLage und *Discretion* den 4. und 13. Decbr: 1737. L. qv. No. 12. (E)

[10 Groschen] gedachten Francken Bette und SchlaffGeld Von dem Orgelmacher, den 29. Novbr: 1737. L. qv. N° 16. (E)

---

[27] Ebenda, Bl. 22 r. Der auf diese Rechnung folgende Eintrag ist auf den 9. Juli 1735 datiert.
[28] Der folgende Eintrag ist auf den 13. März 1737 datiert.

[4 Groschen] Heinrich Michael Francken Von Bälgetreten bey Probierung der Orgel den 16. Decbr: 1737. L. qv. N° 14. (E)

[8 Groschen] Johann Christoph Eißfelden und Consorten Vor dergl. den 21. Julij, 1738. L. qv. No: 15. (E)

[6 Gulden und 18 Groschen] dem Mahler H. Preßlern ferner auf die Mahlerey an der Orgel den 22. Martij, 1738. L. qv. No: 13. (E)

[16 Groschen] dem Gast Wirthe Wangemannen Vor Speisung des Orgelmachers Schäfers bey letzterer Stimmung des reparirten Orgelwercks, den 9. April. 1739. L. qv. N°. 19. (F)

[9 Gulden und 3 Groschen] dem Orgelmacher Herr Fischern von einen Glocken *accord* und solchen in die Orgel. zu bringen den 17. Decbr. 1739. L. q. No 11. (G)

[2 Gulden und 12 Groschen] demselben vor Schrauben zum brust *Principal* vor eine neue Pfeiffe den 12. Jan: 1740. L. q. No 12. (G)

Wir lesen von Abschlägen für eine vertraglich verfügte Reparatur, vom Abbruch des Rückpositivs und der Gestaltung der Emporenbrüstung, von der Stimmung im März 1735, der „Examination der *reparir*ten Orgel" durch Johann Sebastian Bach im Juni 1735, einer zeitnahen Vergütung Schäffers für vereinbarte Leistungen und vier neue Register sowie dann im September von Arbeiten am Gehäuse und von seiner Ausmalung. Erst ein Jahr später bezog Schäffer erneut in Weißensee Quartier. Anfang 1737 war ein weiterer Abschlag fällig. Die Buchung des Restbetrags im November 1737 nennt neben der Reparatur ausdrücklich den Neubau weiterer Register und der Hauptwerkslade(n). Der Zuschlag vom Dezember kam wohl für eine über das ursprüngliche Abkommen hinausgehende Leistung oder das Trinkgeld auf. Die wenige Tage später honorierten Kalkantendienste „bey Probierung der Orgel" werden mit diesen Vorgängen im Zusammenhang gestanden haben, die die Leistungen zum Abschluß brachten, auf die sich das von Kuhn am 9. Juni 1738 bezeugte Lob Bachs bezog. Die Zahlung vom 21. Juli 1738 betraf vielleicht eine Absprache, die im Winter gelegte Stimmung bei ruhigerem Wetter noch zu verfeinern. Ansprüche, für die ein Orgelbauer in der Regel Gewähr leistete, mußten offenbar nicht geltend gemacht werden. Auf diesem Sachstand fußt das am 1. August 1738 ausgestellte Attestat. Ein Jahr darauf begegnen wir Schäffer erneut, als er vermutlich die Stimmhaltung prüfte. Sein Geselle übernahm die Nachbereitung, weil der Meister wahrscheinlich schon eng an Laucha gebunden war.

IV. Befunde in Weißensee

Abgesehen von Kuhns Brief, dem Attestat des Stadtrates und den Rechnungen liegen keine bauzeitlichen Urkunden vor.[29] Deshalb sind wir auf spätere Befunde angewiesen, von denen die ältere Situation abzuleiten ist. Aus den Einblicken, die der Orgelbauer Johann Andreas Damm 1780 genommen hat, erfahren wir, daß die Bälge „nahe in der Orgel bey den Bässen liegen".[30] Der Vertrag, der 1781 nicht mit Damm, sondern mit Georg Christoph Heidenreich auf der Grundlage von dessen Angebot geschlossen wurde,[31] formuliert die Vorgabe, die Bälge auf den Dachboden zu stellen, „eine gantz neüe Bass-Lade" zu bauen, den Subbaß um eine Quarte aufzurücken und „C. D. Dis–E. von guten reinen Holtze neu zu machen" sowie „die *Bässe* so weiter durch zu setzen, diese sämtlich zu verändern, und zur gehörigen *Intonatur* zu bringen". Wäre das *Cis* nicht bereits vorhanden gewesen, dann hätte der Neubau der Subbaßpfeife für den Ton *Fis* geregelt werden müssen. Schäffer hatte also die alten Pedalladen und den Subbaß, die das *Cis* enthielten, übernommen. Ferner versicherte Heidenreich, die Registertraktur zum Violonbaß zu reparieren, „das *Principal* 8. Fuß, welches zu hoch klingt, zu verändern, daß es fein *egal* und schneitender anspricht, wie auch alle Stimmen, in guten Stand zu setzen, und weil die Mixtur im Haupt Manual so nach der Anlage 6. fach seyn sollte, durch schlechte Orgel-Stimmer verdorben worden, daß mancher Ton nur 2. 3. 4. 5. selten aber 6. fach stehet, so verspreche dieses alles neu zu machen." Ist die Begründung, weil „die *Baesse* zu hoch stehen, so will selbige unten aufs *Chor* setzen, sie mit neuen Wellen-Bretern und neuen *Pedal*, nebst Stifften und Federn versehen", so auszulegen, daß das Hauptgehäuse von Pedaltürmen

---

[29] Die chronikalischen Nachrichten des Stadt- und Kirchenrates Christoph Töpfer, „1734 ist die Orgel vollendet worden" und „1736 ist die Orgel vergoldet worden", die ich einer fernmündlichen, aus der maschinenschriftlichen Abschrift ihres verstorbenen Mannes Hans-Joachim Töpfer zitierten Auskunft von Ursula Töpfer (Sömmerda) vom 23. November 2019 verdanke, wären noch auf ihren Quellenwert zu prüfen.

[30] Zitiert aus dem „Anschlag Wie daß Orgel Werck in der Kürche zu Weißenßee durch Göttliche Hülffe rebariret Werden kann", der „Weißenßee den 13. juni 1780. Johann Andreas Daṁ Orgelmacher" unterschrieben ist, Stadtarchiv Weißensee, HAW Rep. B XV.117 (Acta, eine nothwendige Reparatur der Orgel bey der hiesigen Kirche S. Petr. et Pauli betreffend), Bl. 3 (Digitales Findbuch, B.28, Nr. 2421).

[31] „Anmerkung über Orgel Reparatur zu Weißensee" überschriebenes und mit „G Ch. Heidenreich" unterzeichnetes undatiertes Angebot in der Akte zur Reparatur (wie die vorherige Fußnote), Bl. 4–6. Vertrag mit Georg Christoph Heidenreich, datiert den 24. April 1781, ebenda, Bl. 19–24 (Blattzählung unterbrochen).

flankiert wurde?³² Die Kritik an den Windladen, an der Plazierung und Schwäche der Bässe und an der Leere des Principals, der im Prospekt stand, galt den Elementen und Strukturen, die Schäffer schon vorgefunden hatte. Die auf eine neue Pedalkoppel bezogene Aussicht, „sich währenden Spielen ab- und anziehen" zu lassen, mag darauf anspielen, welchen Vorzug man bisher entbehrte. Darüber hinausgehende Eingriffe in die Disposition der klingenden Stimmen sind hier nicht verzeichnet. Das Vorhaben, die „Register-Züge mit Zinn wiederum zu belegen, und die fehlenden Nahmen der Register-Züge zu ergäntzen", gemahnt uns, daß die nachfolgenden Inventuren schon auf der Nomenklatur Heidenreichs fußen könnten.³³ Das von ihm offerierte Glockenspiel wird im Vertrag allerdings nicht erwähnt. Noch im selben Jahr bescheinigte der Orgelbauer, die für den Vollzug sämtlicher Abkommen beschlossene Summe erhalten zu haben.³⁴

1816 veranlaßte die Klage des seit 1812 in Weißensee wirkenden Organisten Adam Gottlieb Theile (1787–1848),³⁵ der als Orgelkomponist unter dem Pseudonym A. Theophilé bekannt ist, erneut nach Möglichkeiten der Abhilfe zu suchen. Der Orgel- und Instrumentenmacher Michael Andreas Krausse aus Querfurt beschrieb den Bestand, um ihn zu verbessern.³⁶ Der umfassendere der beiden Entwürfe, in dem zusätzlich neue Klaviaturen, ein verschließbares Kabinett um die Spielarmaturen und das Polieren der Prospektpfeifen genannt werden, gewährt weitreichende Einblicke.

Wären die Stim̃en auf folgende Art umzuarbeiten und zu vermehren, da dies Werck, obgleich der vielen klangbaren Stim̃en, doch so wenig Stärke und auch zum *Praeludie*- und *Melodie*- Vortrag keine der heuer auszeichneten Stim̃en hat.

---

[32] Vgl. mit der von Schäfer (wie Fußnote 15), auf S. 97 gezeigten historischen Abbildung des Gehäuseprospektes in der Nordhäuser Nikolaikirche, der ebenfalls auf Greutzscher zurückgehen dürfte.

[33] Zitiert aus dem in Fußnote 31 genannten Vertrag.

[34] Heidenreich quittierte am 13. September 1781 unter dem Vertrag (wie Fußnote 31) den Erhalt von 140 Talern.

[35] An die Kirchen-Inspektion gerichtetes Schreiben des Organisten Adam Gottlieb Theile vom 18. April 1816, Stadtarchiv Weißensee, HAW Rep. B. XV 153 (Reparatur der Kirchenorgel), ohne Blatt- und Seitenzählung (Digitales Findbuch, B.28, Nr. 2427).

[36] Zwei von „Michael Andreas Krausse. Orgel und Instrumentenmacher zu Querfurt" verfaßte und auf den 12. Juli 1816 datierte Anschläge in der in Fußnote 35 nachgewiesenen Akte. Im „Anschlag I" erwähnt Krausse, daß er „dies Geschäffte in Gegenwart des Herrn Organist Theile und des Herrn Cantor Götze unternom̃en" habe.

Johann Sebastian Bach in Orgelfragen – Fährten der Stilentwicklung   119

Auf dem Haupt *Manual* sind

1.) *Prestant* -   8. fuß.   Soll kräfftiger und *aegal intonirt* werden.
2.) *Quintathenens* 8f   Ein schönes *Register*, das aber erst sein sonst eigenthümliches Schöne soll erhalten.
3.) *Fugara*   8.f   Sprechen nur wenige im richtigen *Fundamental* Ton an, und erfodert viel Fleiß.
4.) *Viola di Gamb.* 8f   Ein sonst prächtiges, aber schwehr zu *intoni*rendes *Register*, verdient hier kaum des Nahmens zu entsprechen; Fleiß und Eigensiñ.
5.) *Pileata major* 8.f   Geth an und kan durch die höhere Stimmung geholfen werden.
6.) *Diapason*   4f   Ist zu schwach im Ton, müßen die Löcher verändert, die Pfeiffen mehr Raum und Wind bekomen.
7.) *Tibia angusta* 4fuß.   Kann ein *Salicional* oder *Spiz-Flöthe* daraus gemacht werden.
8.) *Sexquialter*   2fach   Ein unbestimtes Geschrey, das dem wercke dem Wind raubt und keine Krafft hergiebt, ist dahero beßer, eine in der *Disposition* fehlende *Quinten* Stime dafür einzusezen.
9.) *Disdiapason*   2fuß   Sind viele Pfeiffen zugetrückt und mus durch die höhere Stimmung seine gehörige Schärfe erhalten.
10.) *Miscella accuta* 4fach Giebt dem Wercke nicht die gewöhnliche Stärcke mus durch eine künstliche Versezung und *repetition* verbeßert werden.
11.) Hier liegt eine noch leere Schleiffe ohne Stöcke und Zug, kan dahero ein blind *Register* darzu benuzt, mit Stöcken versehn, und eine *Pikel Flöthe* darauf gesezt werden, welche vereint mit *Gedakt* 8fuß oder Neuer noch anzubringender *Flaute Traversa* 8fuß, eine artige Veränderung zum abwechseln der *Melodien* Vorspiel, abgiebt. Diese imitante
Fl: Trav.   würde ich so anzubringen suchen, daß solche die bequeme Stimmung nicht verhindere, von der 2ten oder kleinen *Octav* an offene Körper bekäme, worauf die Decken von birkbaum und die *Labia* Halbrund wären, wo der Wind wie bey einer natürlichen Flöthe von Oben hinein bläßt.
12.) *Mixtur Cymbel* 3fach.   Ist wie *Sexquialter*. Dafür will dahero eine der neuesten Stime *Cornetti* anbringen, welche zwar gewöhnlich nur vom mittelsten c anfängt. Alleine, da diese vortreffliche Stime nicht nur zum *melo*diehen Vortrag ganz geeignet; sondern auch zur Krafft und Stärcke des ganzen Wercks viel beyträgt; so will solche auch im *Bass* fortsezen, und zwar also, daß sie im *Bass* 3fach und zwar weiter *mensur* und im *Discant* 4fach und enger *mensur*, werde, wodurch der Spieler in dem Standte gesezt werde, diese Stime auf zweyerley Art zu gebrauchen, und die *Melodien* beliebig zur Ab-

120 Albrecht Lobenstein

wechselung bald mit der Rechten, bald mit der Lincken Hand vorzuspielen
13.) Ein aus 2. *Octaven* bestehendes GlockensPiel, welches mit Fleiß und durch Abdrehung eingestim̄t werden, und ebenfals zum *melo*diehen Vortrag manchmal zu gebrauchen ist.

Auf dem *Positiv Manual* sind.

1.)	*Regula secunda*.	4 Fuß	Muß als *Principal* Stim̄e mehr Gesang und Krafft bekom̄en.
2.)	*Dulcian*	8fuß	Ein erbärmliches gar nicht zu gebrauchendes Zungenwerck, soll heraus genom̄en, und will dafür Eine / zum *Melodien* Vorspiele / sehr schöne *Clarinett* aus 8fuß von c̲ bis c̿, hinein bringen.
3.)	*Quintatenens*	8fuß	Wird durch eine *aegale intonation* noch verbeßert werden.
{4.)	*Barrer*	8.f.	Geth an, doch müßen wegen der unbequemen Stim̄ung, auf diese beyde *Register* bewegliche Hüte gemacht werden.
{5.)	*Pileata minor*	4f.	
6.)	*Flageolet*	1.fuß	Fehlen mehrere Pfeiffen.
7.)	*Tibia angusta*	2f.	Gewin̄t durch die höhere Stim̄ung viel.
8.)	*Salicional*	4fuß	Ein artiges, doch *delicat* zu *intonirent*es *Register*, das seine eigentliche Schönheit erst erhalten soll.
9.)	*Sexquialter*	2 fach	Fehlen viele Pfeiffen, und ist übrigens Ein aus lauter kleinen Pfeiffgen bestehendes *Register*, das dem Wercke dem Wind raubt und solchen keine Krafft mittheilt, soll dahero durch mehrmalige *Repetition* und größere Pfeiffen verbeßert werden
10.)	*Mixtur*	3fach.	Ist wie *Sexquialter*, also auch eben so zu behandeln.
11.)	*Cymbel*.		Ist gar nicht mehr gangbar, wird dahero im Standte gesezt.

Auf dem *Pedal* sind

1.)	*Principal-Bass*	8fuß.	Geth noch an.
2.)	*Flautethon*	16fuß	Spricht wegen den zu engen Körpern gar nicht in dem richtigen *Fundamental*-Ton an, dahero will ich, da ohnedem noch 3. 16füßige Bass Stim̄en da sind Einem schönen 8füßigen *Chello-Bass* daraus machen.
3.)	*Pileata major.*	16fuß.	Sind mehrere Körper aufgerißen, und decken nicht gehörig, kön̄en also auch nicht gehörig ansprechen.
4.)	*Violon*	16fuß.	Mus einem schönern diesem *Instrument* ähnlichern Strich bekom̄en
5.)	*Possaunen-Bass*	16fuß	Ist zu *grand* und verstim̄t sich leichte soll dahero einem rundern vollen Ton und neue Krücken bekom̄en.
6.)	\multicolumn{3}{l	}{Noch ist auf dieser Windlade eine leere Stock, worauf ich zur artigen Veränderung Ein *Choral-Basset* 1. Fuß sezen, und einem Zug darzu anbringen will.}

[...]

Auch soll anstatt dem das ganze Werck erschütternden *Tremulant* Eine Englische *Schwebung* angebracht werden.[37]

Die Anzahl der Schleifen im Brustpositiv zeigt, daß Schäffer die alte Rückpositivlade nicht wiederverwendet hat. Der andere Anschlag, der nur auf das Nötigste zielt, erfaßt darüber hinaus die „Neben-*Register*" „*Ventil*", „*Copula*", „*Tremulant*" und „*Campana*" sowie ein „*Diapason* 2fuß" im Positiv. Das oben „*Cymbel*" genannte Register im Positiv ist hier aber als „*Cymbel*-Stern" bezeichnet. Zu der unbesetzten Position im Hauptwerk heißt es, „*Ranket* ist blind". Weil die Stöcke und die Registertraktur an dieser Stelle fehlten, ist der Zeugniswert freilich zu hinterfragen. Die Anmerkung, „Muß das sämtliche Pfeiffwerck ½ Ton abgestimt werden, da solches nicht mit denen neuern besondern zur *Music* gebräuchlichen *Instrumenten accor*dirt", deutet auf die Aufwärtsbewegung des Stimmtons.[38]

Aus Theiles Erinnerung von 1824 ist zu schließen, daß Krausse nicht zum Zuge gekommen war.[39] Im selben Jahr beschreiben die Orgelbauer Johann Heinrich Hartung (1769–1835) und Johann Christoph Damm (1786–1861) ihren Befund und bieten den Umbau an. Ich zitiere die für unsere gedankliche Rekonstruktion dienliche Passage.

Das jetzige Ober Clavier oder beßer das Hauptwerk muß zum zweyten oder neben Clavier gemacht werden, weil die Stimmen welche auf selbigen stehen, nicht männlich genug klingen, indem die Mensuren zu enge, auch zu wenig männliche Register darauf vorhanden sind, und durch das Alter von ihrer Schärfe viel verlohren haben; auf denselben stehen folgende Stimmen

1., Principal 8 f.
2., Quintatön 16. f.
3., Viol di Gamba 8. f. ⎫ beyde von Metall
4., flöthe Traverse 8. – ⎭ und sehr enge mensurirt
5. Music Gedackt 8. –

---

[37] „Anschlag II. Wie dies Orgelwerk verschönert, verbeßert und auch durch Vermehrung der Stimen vervollkomnet werden köne", enthalten in der Akte zur Reparatur (wie die vorige Fußnote).

[38] Man beachte die Verbesserungen, die Krausse bei Höherstimmung für die „Pileata major" und die „Tibia angusta" in Aussicht stellt. Die Annahme, der bauzeitliche Stimmton habe höher gelegen und das Vorhaben Krausses bezeuge, daß die Körperlängen durch häufiges Stimmen gekürzt worden seien, ist unwahrscheinlich, da er in diesem Fall das Aufrücken des Pfeifenwerks berechnet hätte. Dieser Sachverhalt wird sich im folgenden noch deutlicher herauskristallisieren.

[39] „An E. Wohllöbliche Kirchen-Inspektion zu Weißensee" gerichtetes Schreiben des Organisten A.G. Theile vom 4. Juli 1824, Pfarrarchiv Weißensee, Tit. D. Kassenakten. Sectio Ib. No 1. (Acta eine Hauptreparatur an der Orgel in der Kirche St. Peter & Pauli zu Weissensee betr.), Bl. 1–2.

6., Spitzflöte 4. –
7, Flöte 4. – durch die Zwey obern Octaven
8., Octava 4 –
9., Sesquialtra 2. fach
10. Octava 2 –
11., Mixtur 4 fach
12., Zimpel 3 fach
das jezige Unter oder Neben Clavier ist ganz unbrauchbar, folgende Stimmen von denselben sind wieder zu brauchen
1., Octava 4. f.
2., Music Gedackt 8 f.
3., Quintatön 8 f.
4., Octava 2 f.
[„5." getilgt] Mixtur 6 fach könnte aus Mixtur 4 fach Quinte 1 ½ f. Oct. 1. f. gebildet werden, jedoch müßen auch viel Pfeifen durch neue ersezt werden, wenn das richtige Verhältniß einer 6 fachen Mixtur erreicht werden soll.
Bäße sind folgende
1., Posaune Baß 16. f.
2., Violon – 16 –
3., Gamben – 16 –
4., Octav – 8 –
5., Subbaß 16 f.
auch ist auf der Baß Windlade noch ein leerer Raum zu einen Prinzipalbaß 16. f.
Bälge sind 3. jeder 10 Fuß lang 5 fuß breit.
Der Ton Umfang gehet von C D. bis $\overline{\overline{c}}$. im Manuale und von C D bis $\overline{c}$ im Pedale.
Die Tonart soll Chorton seyn aber die Orgel stehet ½ Ton tiefer.[40]

Obwohl flankierende Schriftstücke den Wunsch erkennen lassen, die Kosten zu reduzieren, wurde der Anschlag von 1824 am 29. Juni 1829 doch noch aktualisiert und in den erst am 11. April 1832 geschlossenen Vertrag übernommen. Dem von Carl Christian Kegel (1770–1843) am 18. Oktober 1833 verfaßten Prüfbericht schloß sich ein längeres Verfahren an,[41] das wir hier nicht weiter verfolgen.

Die Befunde von 1816 und 1824 stimmen, soweit sie in dem jüngeren Verzeichnis als verwertbare Bestände überhaupt genannt sind, weitgehend miteinander überein. Hervorzuheben ist die von Hartung und Damm beschriebene,

---

[40] Von Hartung und Damm unterschriebener und auf den 9. September 1824 datierter „Anschlag zur Reparatur der Orgel in der Kirche zu Weißensee, auf Veranlaßung der Kirchen Inspection daselbst", in der Akte zur Hauptreparatur (wie Fußnote 39), Bl. 9–14. Befunde und Pläne sind auch in dem 1824–1832 geführten Schriftverkehr hinterlegt, der sich in der Akte des Stadtarchivs Weißensee, B 28 XV 24, lfd. Nr. 2410, befindet.

[41] Diese Vorgänge sind in den in den Fußnoten 39 und 40 nachgewiesenen Akten dokumentiert.

noch auf Greutzscher zurückgehende Zuordnung der Manuale, bei der das Hauptwerk mit der oberen Klaviatur verbunden ist. Die über zwei Oktaven ausgebaute Vierfußflöte stand inzwischen gewiß auf der freien Schleife des Hauptwerks. Der 1824 vermerkte sechzehnfüßige Quintatön, den Schäffer auch für Laucha vorgeschlagen hatte,[42] war von Krausse indes als achtfüßig beschrieben worden, vielleicht der Körperlänge der gedeckten Pfeifen entsprechend. Unter den von Krausse als *Flautethon*-, von Damm und Hartung als *Gamben*- und in Schäffers Offerte für Laucha als *Traversenbass* bezeichneten engen Streichern ist sicher die gleiche Stimme zu verstehen. Die von Krausse an der Fugara bemängelte Neigung zum Überblasen spricht dafür, daß diese mit der von Damm und Hartung aufgenommenen Traverse identisch war. Wie wir uns eine zeitgemäße Querflöte auszumalen haben, hat er in seiner Offerte deutlich gemacht. Einige nominale Einklänge von 1624 und 1824, wie „Subbaß", „Gedackt", „Octava", „Mixtur", „Zimpel" und „Posaunen" sowie die von Krausse „Ranket" und „Dulcian" genannten altertümlichen Zungen legen nahe, mehrere Übernahmen aus dem Altbestand von Greutzscher zu vermuten, von denen allerdings das Ranket schon zu einem unbestimmten Zeitpunkt entfernt worden war. Auch die Prospektpfeifen des achtfüßigen Hauptwerkprincipals wurden anscheinend übernommen. Aus dem Angebot von 1824, „eine ganz neue Claviatur mit einen Coppel, welches während dem Spielen ab und an gezogen werden kann" herzustellen, schließen wir, daß die Manualkoppel als Schiebekoppel eingerichtet war, deren Benutzung beide Hände band.

Das von Heidenreich vorgefundene fünfstimmige Pedal ergibt zusammen mit den von Krausse, Hartung und Damm gezählten zwölf Hauptwerks- und elf Positivschleifen eine Summe von 28 klingenden Registern, die der von Schäffer hinterlassenen Situation entsprochen haben wird. Das Weißenseer Zeugnis für ein „OrgelWerk, so in 32 *Registern manualiter et pedaliter* zusammen bestehet", bezieht sich also nicht nur auf die 28 Stöcke und Schleifen, sondern auf die Anzahl von Zügen, mit denen auch weitere Funktionen geschaltet worden sind. Ein Sperrventil, den Tremulanten und die Pedalkoppel kennen wir bereits. War die Traktur für den Stern schon vorhanden? Der Ursprung des von Krausse notierten Glockenspiels dürfte hingegen nicht aus der Zeit vor dem diesbezüglichen Angebot Heidenreichs stammen.

In den Weißenseer Befunden fehlt die in barocken, über Positivgröße hinausgehenden Dispositionen eigentlich als unverzichtbar geltende Hauptwerksquinte.[43] Krausse hat deren Fehlen entschieden bemängelt. Jakob Adlung (1699–1762) beschreibt ein in der Erfurter Augustinerkirche befindliches

---

[42] Nach dem bei Braun (wie Fußnote 3), S. 24, abgebildeten Entwurf.
[43] Bach hat in seiner Disposition für die Mühlhäuser Divi-Blasii-Kirche für eine Quintflöte anstatt der prinzipalischen Quinte im Hauptwerk geworben.

Hauptwerk ohne diese Stimme.⁴⁴ Bevor wir diesen Fall als Beleg für Weißensee oder gar für Bachs Einflußnahme ansehen, ist es ratsam, den Vergleichswert zu prüfen, und gegebenenfalls danach zu fragen, ob sich nicht auch an diesem Bach-Ort doch noch zuverlässigere Erkenntnisse einstellen könnten.

V. Die Orgel der Erfurter Augustinerkirche zur Bach-Zeit

Wie ein Chronist berichtet, hatte der Vorstand der Augustinerkirche 1636 beschlossen, Ludwig Compenius aus Naumburg mit dem Bau eines Instruments für 130 Gulden zu beauftragen, die von dem Barfüßerorganisten Johann Effler d. Ä. († 1667) und von Michael Rommel geprüft worden ist. Eine andere Hand trug nach: „Von ao 1713 biß 1716 ist die jetzige neue Orgel mit 3 Claviren gebaut worden."⁴⁵ Das Attestat vom 1. September 1716 – in dem sich die Gemeindevertreter auf die Prüfung von Johann Sebastian Bach und Johann Anton Weise berufen, die ihr schriftliches Votum am 31. Juli 1716 ausgestellt hatten⁴⁶ – nimmt Bezug auf eine dreimanualige Orgel mit sechs Bälgen und 37 klingenden Registern auf sechs Windladen.

Der Evangelischen Kirchen zum Augustinern Attestatum.
WIr saembtliche Geistliche *Inspectores*, Eltesten und Altaristen der Evangelischen Kirchen zum Augustinern, Krafft dieses uhrkunden und auf Begehren Herrn Johann Georg Schroeters, Buergers und Orgelmachers dahier zu Erffurth, *attesti*ren hiermit, daß wohlgedachter Herr Schroeter dieses von ihme bey wohlbenambter unser Kirchen bedungene neue Orgelwerck in allen dem *Contractui* gemaeß, wohl und aechtig [tüchtig⁴⁷] gemachet und verfertiget, also, daß in selbigen die vorhandene sechs Stuecke Windladen, sechs Baelge, sieben und dreyßig klingende Register, ohne die *extraordinairen*, alles Pfeiffenwerck, drey Clavier, keinen Defect gehabt, auch die von uns hierzu erbethene Herrn *Examinatores*, nahmentlich der *Concert*-Meister und Hof-Organist zu Weimar, Herr Johann Sebastian Bach, und der Arnstaedische Orgelmacher, Herr Johann Anton Weise, ihme keinen, ohngeachtet ihrer rigereusen *Examination* gefunden, und obschon dieses sein erstes Orgelwerck mit gewesen, so er verfertiget, sich doch von andern in solchen also *distingvi*ret, daß an seiner fernern Arbeit und *Capacite* auch kuenfftig hin nicht zu zweiffeln seyn wird. Dahero wir auch nicht

---

⁴⁴ Adlung M, Bd. 1, S. 218.
⁴⁵ Zitiert nach dem „Kirchen Buch der Christlichen Gemeinde zun Augustinern in Erfurdt. Angefangen ANNO 1626" betitelten und im Findbuch als „Zusammenstellung aller die Augustinergemeinde betr. interessanten Nachrichten über Vermögen, Bauten, Stiftungen, Pfarrer, Diakon usw., 1626–1798" bezeichneten Folianten, Archiv der Erfurter Predigergemeinde, *Augustinerkirche 671*, Bl. 121 v. Dieser Band ist eine Fundgrube zur älteren Musikgeschichte der Augustinerkirche.
⁴⁶ Dok I, Nr. 86.
⁴⁷ Abweichende Lesart der in Fußnote 48 genannten Abschrift.

anders thun koennen, als demselben nochmahlen vor seine Treu und Fleiß hertzlichen Danck zu sagen, zu seinen kuenfftigen Verrichtungen GOttes Gnade und Seegen anzuwuenschen, und bester maßen zu *recommendiren*; Welches zu Steur der Wahrheit wir mit unserer eigenhaendigen Unterschrifft und angehenckten Kirchen-Innsiegel hiermit bekraefftigen. Gegeben Erffurth, den ersten Monaths-Tag *Septembris*, im Jahr nach CHristi unsers Erloesers und Seeligmachers Geburt, Eintausend Siebenhundert und Sechzehen.[48]

Die Auslagen für die Probe sind in zeitlicher Nähe beglichen worden.

[1716,] 19. 7bris H M. büchnern zu bezahlung derer Herren *Visitatorum* der Neuen Orgel und den Orgelmacher zahlt. 18 Reichstaler oder 20 [Florinen] 12 [Groschen][49]

Adlung muß den Orgelbau während seiner Zeit als Schüler des in den Gebäuden des ehemaligen Augustinerklosters beheimateten Ratsgymnasiums verfolgt haben, das er von Ostern 1713 bis Ostern 1721 besuchte.[50] Im Zusammenhang mit seinen Überlegungen zur Plazierung führt er uns die Orgel vor Augen:

Es fragt sich hierbey: Ob es rathsam, einen Ort in der Orgel oefnen zu lassen, dadurch das Licht von der Abendseite in die Kirche falle und dahin etwan die Pauken zu stehen kommen koennten? Antwort: So war anfaenglich die Erfurtische evangelische Augustinerorgel gebauet, da auf beyden Seiten das Pfeifwerk des Pedals war, oben das Positiv, in der Mitte auf beyden Seiten das Hauptmanual, zwischen welchen zwey

---

[48] Es folgen die Namen der Inspektoren und Ältesten. Ich zitiere hier das im Kommentar zu Dok I, Nr. 86, auszugsweise mitgeteilte Attestat der Inspektoren aus dem „Churfuerstl. Mayntzisches Gnaedigstes PRIVILEGIUM, Wie auch Derer Cloester und Gemeinden ATTESTATA Wegen derer verfertigten neuen Orgel-Wercke / Ertheilet Johann Georg Schroetern / Buergern und privilegirten Orgelmachern zu Erffurth. Gedruckt Anno 1723.", S. 6–8, Staatsarchiv Gotha, *Gemeinschaftliches Hohenlohe-Archiv 1188*, S. 6–8 (nach der vom Archiv gestempelten Blattzählung 16v–17v). Die Akte betr. *die Orgelbauer 1716–1721* im Stadtarchiv Erfurt, *1-1/VIII Aa 40*, enthält eine zeitgenössische Abschrift, die, nach der mit Fußnote 47 markierten Abweichung zu schließen, nicht auf den Druck, sondern auf eine ältere Vorlage, möglicherweise sogar auf das Original zurückgeht, jedoch im Bereich der Fadenheftung nicht ohne Lücken einsehbar ist.

[49] Archiv der Erfurter Predigergemeinde, *Augustinerkirche 116 (Collectur-Rechnung Der Kirchen S. Johannis vulgo – Augustini Dom Michaelis. 1715 biß Jahr. 1716)*, S. 17. Die meisten Kollekturrechnungen des in Frage stehenden Zeitraumes fehlen. Unter Nr. 113 ist im Findbuch noch ein Rechnungsbuch des Zeitraumes 1705/06 bis 1715/16 unter den vorhandenen Archivalien verzeichnet, welches aber über die Dauer meiner Besuche 2020 bis 2023 nicht aufzufinden war.

[50] Laut der in der Vorrede von Johann Lorenz Albrecht zu Adlung M, Bd. 2, S. I–XX, auf den S. II–XIV wiedergegebenen Selbstbiographie Adlungs, speziell S. IV.

Theilen es offen war, daß da die Pauken sollten geschlagen werden. Auf beyden Enden der Orgel waren auch solche kleine Choere, darauf die Trompeter stehen sollten. Durch die mittlere Oefnung fiel das Licht durch, von dem hintern Fenster, durch die andern Choere aber nicht. [...] Es ist deswegen das dritte Clavier dahinein gesetzt worden, an welches man sonst wol nicht wuerde gedacht haben.[51]

Demnach hatte zuvor eine zweimanualige Orgel mit flankierenden Pedaltürmen vor dem Westgiebel gestanden. Adlungs Schilderung legt die Annahme nahe, daß das Ensemble aus Orgelgehäuse und Trompeterbalkonen im Zuge des Neubaus von 1713 bis 1716 übernommen und um ein zusätzliches Werk vermehrt worden ist. Der von ihm in einer Nachbemerkung zur Disposition selbst erst in die zweite Jahrhunderthälfte datierte Befund enthält mit 39 klingenden Stimmen zwei mehr als das kirchliche Zeugnis.

Die Orgel in der lutherischen Augustinerkirche in Erfurt hat 39 Stimmen.

Hauptwerk.
1. Trompete 8 Fuß.
2. Mixtur 6fach.
3. Oktave 2 –
4. Violdigamba 8 –
5. Quintatoen 16 –
6. Flöetetraversiere 8 –
7. Cymbel 3fach.
8. Gedackt 8 –
9. Oktave 4 –
10. Sesquialtera 2fach.
11. Gemshorn 8 –
12. Principal 8 –

Mittelclavier.
1. Vox humana 8 Fuß.
2. Siffloete 1 –
3. Nasat 3 –
4. Spitzfloete 4 –
5. Gedackt 8 –
6. Bordun 16 –
7. Quinta 1½ –
8. Waldfloete 2 –
9. Hohlfloete 4 –
10. Rohrfloete 8 –
11. Principal 8 –

Oberpositiv
1. Principal 4 Fuß
2. Oktave 2 –
3. Quintatoen 8 –
4. Floetetraversiere, v. Holz. 8 –
5. Flageolet 1 –
6. Scharp 4fach.
7. Gedackt 8 –
8. Dito 4 –
9. Sesquialtera 2fach.

Pedal.
1. Trompete 8 Fuß.
2. Cornet 4 –
3. Principal, von Zinn. 16 –
4. Posaune 16 –
5. Subbaß 16 –
6. Violone 16 –
7. Oktave 8 –
Hierbey sind noch:
2 Ventile.
1 Tremulant. Koppelpedal.
Sternglocken durch alle Toene.
Auch ist ein Glockenspiel darinnen angebracht, welches vom g bis $\bar{\bar{c}}$ gehet.

---

[51] Zitiert nach Adlung M, Bd. 2, S. 13f. Siehe auch Adlung, *Anleitung zu der musikalischen Gelahrtheit*, Erfurt 1758 (im folgenden: Adlung A), S. 510f.

Der Casselsche Sterzing hat das Werk angefangen, aber Herr Schroeter in Erfurt hats vollendet, und Hr. Hartung aus Schloßvippach hat 1753. vieles veraendert. Das Werk hat aber doch keine sonderliche Gravitaet.[52]

Adlungs Hinweis auf den Urheber ist vermutlich auf Johann Friedrich Stertzing (1681–1731) zu beziehen, der 1714 in Kassel zum Hoforgelbauer nominiert wurde.[53] Johann Georg Schröter (1683–1747) ging zunächst von 1701 bis 1708 bei Conrad Vockerodt in Berlstedt in die Lehre, arbeitete dann aber in der Werkstatt der Gebrüder Stertzing mit, die sich in Ohrdruf und Eisenach niedergelassen hatten.[54] Obwohl er schon seit 1712 in Erfurt eingebürgert war, finden wir erst im Attestat für die Orgel der Klosterhofskapelle in Alach vom 4. Juli 1715 den frühesten Nachweis einer selbständigen Arbeit.[55] Das Erfurter Projekt übernahm er in einem Stadium, in dem die Entscheidungen über die Größe und Gestalt bereits gefällt und möglicherweise schon grundlegende Elemente, an denen er gewiß selbst schon Anteil genommen hatte, gefertigt waren.

An anderen Stellen seiner Schriften teilt Adlung noch mit: „Die obgemeldete Augustinerorgel daselbst kostet, soviel ich weis, 1000 Rthlr."[56] Im „Mittelwerke" waren Pfeifen wegen Platzmangels über Kondukten verführt, „daß sie oben aus einandergehen".[57] Der Vox humana hat Schröter „unten eine enge Roehre gegeben, auf welcher ein Knopf gesetzt ist, von ziemlicher Weite, oben mit einem engen Ausgange; Diese Gestalt hat auch die zu Halle in der L. Fr. Kirche."[58] Auch zum Cymbelstern macht er präzise Angaben: „In der Lutherischen Augustinerkirche, it. in der Regler Orgel in Erfurt sind solche Glocken,

---

[52] Adlung M, Bd. 1, S. 218.
[53] Zu diesem Schluß war schon L. Edwards Butler (*Johann Christoph Bach und die von Georg Christoph Stertzing erbaute große Orgel der Georgenkirche in Eisenach*, BJ 2008, S. 229–269, speziell S. 232) gekommen.
[54] Abschrift des von Conrad Vockerodt am 12. Februar 1708 ausgestellten Gesellenbriefs für Johann Georg Schröter, Stadtarchiv Erfurt, *1-1/VIII Aa-40* (*Acta des Magistrats zu Erfurt, betr. die Orgelbauer. 1716–1721*), ohne Seiten- und Blattzählung. Schröters Verbindungen nach Ohrdruf gehen aus einer Erklärung seines Kontrahenten im Privilegienstreit Franz Volckland hervor: Er sei nach seiner Lehre bei Schröter „nach Ordorf gegangen und [habe] das Orgelmachen vollends recht begriffen bey einem Meister deßen Vater und Großvater Orgelmacher gewesen, und bey welchen Er Schroter selbsten gearbeitet", Stadtarchiv Erfurt, *1-1/XXI 2-29, Senats- und Stadtratsprotokolle 1720–1721*, 28. August 1721, S. 117.
[55] *Ihro Hochwuerd. Gnaden des Prælatens zu Erffurth Attestatum*, in: Privilegium (wie Fußnote 48), S. 5 (nach der vom Archiv gestempelten Blattzählung 16r).
[56] Adlung M, Bd. 2, S. 9.
[57] Adlung M, Bd. 1, S. 185.
[58] Adlung A, S. 477 f.

deren die groeßte $\bar{\bar{g}}$, die kleinere $\bar{h}$, die dritte $\bar{\bar{d}}$, die kleinste $\bar{\bar{\bar{g}}}$ hoeren laeßt. So findet mans auch in Alach".[59]

Nur zwei oder drei der Eingriffe, auf die sich Adlungs Bemerkung, Johann Michael Hartung (1702–1777) habe „vieles veraendert", bezieht, sind anhand seiner Angaben nachzuvollziehen. Die beiläufig erwähnte einfüßige Rohrflöte im Pedal,[60] ein Register, das Bach schon aus der Mühlhäuser Divi-Blasii-Kirche kannte, fehlt in der Übersicht bereits. Von der Traversflöte berichtet er: „Aber von Holz hat allhier zum Augustinern kuerzlich Hartung von Schloßvippach eine gemacht, welche sehr wohlfeil und doch ganz artig klingt."[61] Seine Tabelle weist diese Materialwahl im Oberpositiv aus. Auskünfte darüber, ob der gleichnamige Zug im Hauptwerk schon bauzeitlichen Ursprungs war oder ob spätere Erweiterungen die numerische Differenz erklären, die sich aus den 37 von den Inspektoren und den 39 von Adlung gezählten klingenden Stimmen ergibt, finden wir bei ihm nicht. Adlung hat das Register im Erfurter Stadt- und Landgebiet so oft aufgenommen, daß wir versucht sein könnten, es schon den ursprünglichen Konzeptionen zuzurechnen, hätte die Durchsicht der erhaltenen Verträge nicht das Gegenteil bewiesen.[62] In keinem Fall war von Schröter der Bau einer Traversflöte verlangt worden. Vielleicht deutet sich hier ein mit unserer Ausgangsfrage nach der Quinte bestehender Zusammenhang an, dem wir noch nachgehen werden.

August Gottfried Ritter (1811–1885), ein Schüler des Augustinerorganisten Andreas Ketschau (1798–1869), beschrieb die alte Orgel aus seiner Erinnerung. Er lobte die Auswahl der Hölzer, die Güte ihrer Verarbeitung und „die Wirkung der (vorstehenden) Bässe". Seine Kritik, die den Mensuren der Kanäle und Kanzellen, der Legierung und der Wandungsstärke der Metallpfeifen sowie ihrem an der Größe des Raumes gemessenen Ungenügen

---

[59] Adlung M, Bd. 1, S. 86. Vgl. mit Bd. 1, S. 196 f., wo er die Disposition der Orgel in der Alacher Dorfkirche wiedergibt.
[60] Adlung M, Bd. 1, S. 136: „Aber 1' ist im Pedale zuweilen zu finden, und giebt es gute Bauerfloeten, oder Bauerfloetbaß. (conf. §. 121.) So ist sie z. E. zun Reglern und Augustinern (evangelischer Seite) in Erfurt. Diese Rohrflöte 1' wird von etlichen Rohrschelle genennet, weil es eine helle Quinte in sich hat".
[61] Adlung A, S. 448.
[62] Stadtarchiv Erfurt, Vertrag mit den Gebrüdern Stertzing in Udestedt (*1-1/Xc122*), Verträge mit Schröter in Büßleben und Urbich (*1-1/Xc47*), Kerspleben und Töttleben (*1-1/Xc120*), Kleinbrembach (*1-1/Xc44*), Linderbach (*1-1/Xc78*), Walschleben (*1-1/Xc142*) und Walterseleben (*1-1/Xc147*). Das gilt auch noch für Schröters spätere Werke in Niedernissa (*1-1/Xc90*) und Niederzimmern (*1-1/Xc151*), die von Adlung nicht mehr beschrieben worden sind. E. Ziller, *Johann Heinrich Buttstädt (1666–1727)*, Halle 1934, gibt auf S. 23–26 den am 30. Dezember 1647 mit Ludwig Compenius geschlossenen Vertrag über den Neubau in der Predigerkirche wieder, der die von Adlung M, Bd. I, S. 224 f., genannte Traversflöte noch nicht enthält.

galt,⁶³ bekräftigt Adlungs abfällige Haltung, „Die weite Mensur klingt allezeit voeller, daher man sie zum Hauptwerke behaelt; widrigen Falls hat das Werk seine Gravitaet und *force* nicht, wie man in der Lutherischen Augustinerorgel zu *Erfurt* wahr nimmt."⁶⁴ Den Zwiespalt, in den er durch seine Bewertungen geraten war, versuchte Ritter aufzulösen, indem er das von Stertzing gelegte Fundament für die Mängel in Haftung nahm, um Schröter dem Attestat gemäß zu rehabilitieren.

Die Bälge, Windladen, Windkanäle, Registertrakturen und „inneren Strukturen" haben bei Ritter den Eindruck hinterlassen, unverändert erhalten geblieben zu sein. Vor diesem Hintergrund scheint seine Beobachtung, daß das Hauptwerk mit dem in Alach übereinstimmte und dem in der Hospitalkirche ähnelte – wo Adlung jeweils die Quinte und die Querflöte anführt⁶⁵ – den Zeugniswert der gleichfalls auf Schröter zurückgehenden Vergleichsobjekte zu stärken. Leider fehlen uns gerade hier die bauzeitlichen Quellen. Dafür liegt uns der Vertrag vor, der mit Schröter für einen Neubau in Kleinbrembach, einem ebenfalls zum Erfurter Gebiet gehörenden Dorf, zeitnah geschlossen wurde. Acht- und vierfüßiger Prästant sollten im Verhältnis 9:1, das inwendige Metall 2:1 legiert sein. Sub-, Posaunen- und Octavbaß waren aus Holz, Manualklaviaturen mit Elfenbein und Ebenholz belegt und „in langer Octava mit ihren Semitonijs" bis c^3, das Pedal aber ausdrücklich von C, D bis c^1 vorgesehen. Das Abkommen resultierte aus einer auf den 8. Dezember 1717 datierten Zusammenkunft, von der wir die Inspektoren, aus deren Kreis die organologischen Interessen der Auftraggeber vertreten wurden, nicht kennen. Gleichwohl wird deutlich, daß sich beide Parteien an der Konzeption orientierten, mit der sie in der Augustinerkirche ein Jahr zuvor erfolgreich waren. Die zweimanualige zwanzigstimmige Disposition war im von Adlung überlieferten Haupt- und Pedalwerk sowie Oberpositiv der Augustinerkirche fast gleichlautend enthalten, sie umfaßte im Hauptwerk darüber hinaus aber auch die dreifüßige Quinte, jedoch keine Querflöte.⁶⁶ Die Befragung weiterer Verträge mit Schröter bestätigt,⁶⁷ daß das Fehlen der Quinte in der Augustiner-

---

[63] A. G. Ritter, *Churfürstl. Mayntzisches Gnädigstes Privilegium* […], in: Urania. Musik-Zeitschrift für Orgelbau und Orgelspiel 34, hrsg. von A.W. Gottschalg, Erfurt 1877, S. 5–7.

[64] Adlung M, Bd. 1, S. 190.

[65] Ebenda, S. 196 und 221.

[66] „Dünge Brieff Zwischen der Christl. Gemeinde in Kleinen Brembach, u. Herrn Johann Georg Schrödtern Bürger und Orgelmacher in Erffurth, wegen Eines Neuen Orgelwercks" vom 8. Dezember 1717, Stadtarchiv Erfurt, *1-1/Xc 44 (Acta misc. betr. Kirche, Pfarrei u. Schule zu Klein-Brembach. 1657–1760)*, ohne Blatt- und Seitenzählung. Siehe auch Adlung M, Bd. 1, S. 246 f.

[67] Siehe Fußnote 62.

kirche singulär gewesen wäre. Das Kleinbrembacher Attestat, das am 17. August 1718 ausgestellt wurde, beruft sich auf die Untersuchung von Johann Gottfried Walther (1684–1748). Demnach hatte die Kirchenleitung an einem Berater aus Weimar festgehalten, obwohl in Erfurt mit Johann Heinrich Buttstädt (1666–1727) zumindest ein ausgewiesener Fachmann zur Verfügung stand.

VI. Johann Friedrich Agricola als Gewährsmann der Stilentwicklung

Wir wissen, daß Bach die von Johann Georg Fincke erbauten Orgeln der Johannis- und der Salvatorkirche in Gera geprüft hat.[68] Wahrscheinlich war er zuvor schon an den Planungen beteiligt gewesen.[69] Bislang übersehene Belege gestatten uns, das Profil zu erkennen. Wir finden sie in einer mehrseitigen Reinschrift von über einen unbestimmten Zeitraum gesammelten Daten zu Orgeln in der Dresdner Schloßkirche, der Berliner Nikolaikirche, der Nordhäuser Nikolai- und der Jakobikirche, der Frankenhäuser Ober- und Unterkirche, der Sangerhäuser Jakobikirche, der Sondershäuser Schloßkirche und der Trinitatiskirche, der Stollberger Martinikirche und der Schloßkapelle, in Oberdorla, Roßla, Uftrungen, Straßberg, Weyda, Lahm, Bernau und in der Geraer Johannis- und der Salvatorkirche. Fertigstellungen der Instrumente sind zwischen 1708 in der Dresdner Schloßkirche und 1742 in Uftrungen datiert. Die Blätter hängen einem Exemplar der von Carl Gottfried Meyer 1757 verlegten Dispositionssammlung an, das mit handschriftlichen Anmerkungen und Streichungen versehen ist.[70] Als Schreiber läßt sich Johann Friedrich Agricola (1720–1774) erkennen.[71] Der Bach-Schüler nutzte die Gelegenheit, in einer Besprechung auf das Erscheinen des Buches hinzuweisen, um eigene Vorlieben und bislang noch nicht veröffentlichte Konzeptionen zu empfeh-

---

[68] Dok II, Nr. 183 und 183a.

[69] Die von Maul (wie Fußnote 12) erwogenen vormaligen Kontakte Bachs nach Gera und die von B. Koska (*Notizen zu einigen frühen Thüringer Bachianern*, BJ 2022, S. 23–43, besonders S. 27–34) überdachte Beziehung zwischen Bach und Johann Abraham Heiler, der die Geraer Orgelbauten betreute, legen diese Annahme nahe.

[70] *Sammlung einiger Nachrichten von berühmten Orgel-Wercken in Teutschland mit vieler Mühe aufgesetzt von einem Liebhaber der Musik. Breslau, verlegts Carl Gottfried Meyer, 1757*; Exemplar: US-Wc, *ML594.A2.M3* (auf der Website der Bibliothek auch als Scan verfügbar).

[71] Zum Schriftvergleich diente mir die von P. Wollny, *An Unknown Collection of Organ Dispositions from Bach's Circle*, in: Studies in Baroque, Festschrift Ton Koopman, hrsg. von Albert Clement, Bonn 2014, S. 293–303, auf S. 303 abgebildete Quelle von der Hand Johann Friedrich Agricolas.

len.⁷² Seine Rüge, daß die „Duifloete" in Waltershausen „in der Sammlung einiger Nachrichten von beruehmten Orgelwerken, vielleicht aus Mißverstande Flûte Douce genennet wird",⁷³ findet unter seinen eigenhändigen Inskriptionen aber keine Entsprechung. Offenbar liegt uns nicht das – oder nicht das einzige – Handexemplar Agricolas vor. Sein Vermerk, der den Namen des amtierenden Petriorganisten in Berlin aktualisiert, „der ietzige Organist, ~~heisset Friedrich Rudolph Luedecke~~. von 1764 an, heißt: Karl Volkmar Bertuch aus Erfurth.",⁷⁴ enthält die jüngste Datierung seiner Aufzeichnungen. Über das im Anhang mitgeteilte Wissen wird er kaum früher verfügt haben. Er hätte es sonst schon in seiner Besprechung anwenden können. Es mutet eher an, als habe Agricola im Nachhinein nach Orten gesucht, an denen seine Normen, die er gar Angriffen ausgesetzt sah, tatsächlich einzulösen waren. Wir stoßen auf einen hohen Anteil von Zungenstimmen in den Manualen, darunter vorrangig die Trompete, auch in verschiedenen Lagen, fast immer die Vox humana, oft das Fagott, mehrmals die Oboe oder Schalmei, in der Regel die 16-füßigen gedeckten Labiale im Hauptwerk, eine Palette an Farben in der 8-Fuß-Lage, also neben Gedackt und Quintatön die Gambe, die Hohl-, Rohr-, Quer-, Spitzflöte oder das Gemshorn, dann die Terz, entweder im Cornett, in der Sesquialtera oder separat, denkbar auch in den vielfach besetzten Mixturen. Zwar folgen gerade die beiden Geraer Beispiele diesen Neigungen nur in einem ihrer geringen Größe angemessenen Grad, der Zusammenhang, in den sie gestellt sind, macht aber deutlich, daß sie doch demselben Ideal Genüge tun.

Agricolas Mitteilungen über die Orgel der Geraer Johanniskirche enthalten mit der Vox humana und den beiden Sternen schon die Register, die erst nach der Fertigstellung des Instruments nachgerüstet worden sind.⁷⁵

Gera.
(im Vogtlande)
in der St. Johanniskirche das:
I. *Hauptwerk.*
1) Principal   8 Fuß   Zinn.
2) Bordun   16. _   Metall
3) Quintatön   16   _   Holz
4) Gedackt   8   _   _
5) Spitzflöte   8   _   Met.

---

⁷² F. W. Marpurg, *Historisch-Kritische Beyträge zur Aufnahme der Musik*, Bd. 3, Sechstes Stück, Berlin 1758, S. 486–518. Ausgewertet von Q. Faulkner, *Die Registrierung der Orgelwerke J. S. Bachs*, BJ 1995, S. 7–30.
⁷³ Marpurg (wie Fußnote 72), S. 496.
⁷⁴ *Sammlung einiger Nachrichten*, Exemplar Agricola (wie Fußnote 70), S. 3.
⁷⁵ Maul (wie Fußnote 12), S. 102.

6)	Octave	4	_	⎫
7)	Quinte	3	_	⎪
8)	Sesquialtera	2	fach	⎬ Metall
9)	Octave	2	Fuß	⎪
10)	Cimbel	3	fach	⎭
11)	Mixtur	4	fach	
12)	Vox humana	8	Fuß.	

II. *Oberwerk.*

1)	Principal	4	Fuß	Zinn
2)	Gedackt	8	_	Metall. [Spaltenumbruch]
3)	Viola da Gamba	8	Fuß.	⎫
4)	Quintadena	8	_	⎪
5)	Spitzflöte	4	_	⎬ Metall.
6)	Nasat	3	_	⎪
7)	Octave	2	_	⎪
8)	Waldflöte	2	_	⎭
9)	Quinte	1½	_	
10)	Sifflöte	1	_	
11)	Mixtur	3	fach	

III. *Pedal.*

1)	Principal,	16	F.	im Gesicht
2)	Octave,	8	_	Holz
3)	Subbaß,	16	_	
4)	Posaune	16	_	
5)	Trompete	8	_	
6)	Cornett	2	_	

Nebenregister.
Tremulant.
2 Cimbelsterne,
Hierzu sind 6. Bälge.
Hr. Joh: Georg Fink aus Saalfeld hat dies Werk erbauet, im Jahre 1724.[76]

Die Vermutung, Bach habe auf die von Zacharias Hildebrandt in Sangerhausen erbaute Orgel Einfluß genommen,[77] gewinnt durch die Gleichklänge an Gewicht. Für die Bestimmung der ästhetischen Position ist bedeutsam, daß, wie in der Augustinerkirche auch, die Vox humana vorhanden ist, die Traversflöte aber noch fehlt. Die Zunge der Alten, mit der eine oberhalb des Basses liegende Choralmelodie der Beinarbeit überlassen wurde, hat sich in der Johanniskirche und in anderen thüringischen Orgeln des neuen Stils, die Bach

---

[76] *Sammlung einiger Nachrichten*, Exemplar Agricola (wie Fußnote 70), handschriftlicher Anhang.
[77] Vgl. Wolff/Zepf (wie Fußnote 17), S. 96–98.

nahestehen, nämlich in Arnstadt, Eisenach, in der Erfurter Augustinerkirche, in beiden großen Mühlhäuser Stadtkirchen, im Weimarer Schloß und im Entwurf für Berka, als Zwei- oder Vierfuß, gehalten. Wir finden sie auch unter Agricolas Mustern mehrmals.[78] Schäffer baute sie in Laucha und Weißensee hingegen nicht mehr. In der Geraer Salvatorkirche, wo uns bisher jeder Anhaltspunkt fehlte, zeigt Agricola, daß in bescheidenen Verhältnissen gerade die charakteristischsten Stimmen als entbehrlich galten.

Gera
Die Orgel in der Kirche zu St Salvator das:

I. *Hauptwerk.*
1) Principal 8 F. Zinn
2) Bordun 8 _ Holz
3) Quintatön 16 _ Metall
4) Octave 4 _ ⎫
5) Rohrflöte 4 _ ⎪
6) Quinta 3 _ ⎬ Metall
7) Octave 2 _ ⎪
8) Sesquialtera 2 fach ⎭
9) Cimbel 3 _
10) Mixtur 4 fach   Metall

II. *Oberwerk.*
1) Principal 4 F. Zinn
2) Gedackt 8 F. Holz
3) Quintatön 8 F. Met:
4) Flöte 4 _ Holz.
5) Nasat 3 _ ⎫
6) Octave 2 _ ⎬ Met:
7) Quinte 1½ _ ⎭
8) Mixtur 3 fach

III. *Pedal.*
1) Principal 16 F. Holz.
2) Octave 8 _ _
3) Posaune 16 _ Holz.
3 Bälge
auch von Hr. Fink erbauet.[79]

---

[78] Zu diesem Sachverhalt nehme man die Beobachtungen von R. Wilhelm („*Canto fermo in Pedal*" – *Zur Interpretation einer Spiel- und Registrieranweisung*, BJ 2022, S. 215–224) zur Kenntnis.

[79] *Sammlung einiger Nachrichten*, Exemplar Agricola (wie Fußnote 70), handschriftlicher Anhang.

Warum hat Agricola diese Kenntnisse nicht in seine redaktionellen Erweiterungen des von Adlung erfaßten, 1768 in der *Musica mechanica* postum gedruckten Materials einfließen, ja sogar dessen abweichende Disposition aus der Geraer Johanniskirche und die Stellen, an denen dieser auf Details zu sprechen kommt,[80] ohne Erwiderung passieren lassen? Eine denkbare Antwort ist, daß er sich, als Adlungs Manuskript durch seine Hände ging, nicht sicher war, ob seine eigenen Aufzeichnungen noch dem aktuellen Stand entsprachen. Nur einmal, wo Adlung den Autor des Kontraktes für die Johanneskirche nennt, aus dem er zitiert, „Bey der Orgel zu Gera §. 301. hatte Trost (**) jedes Registers Gewicht benennet, und endlich die Materie determinirt, die ihm zu reichen.", entgegnet Agricola, „(**) Trost hat diese Orgel nicht gebauet, sondern Fink aus Saalfeld. Es muß also dieses wol ein Schreibfehler seyn."[81] Soweit ich sehe, spricht nichts dagegen, daß Adlung tatsächlich der Entwurf von Heinrich Gottfried Trost († 1759) vorlag.[82] Eine Diskussion, ob dieser auch verwirklicht wurde, würde hier zu weit führen; sie soll einer speziellen Untersuchung vorbehalten bleiben.

Übrigens beweist der Stempelabdruck auf dem Innentitel von Agricolas Exemplar der *Sammlung*, „ZU ED: GRELL'S BÜCHEREI GEHÖRIG",[83] der den Direktor der Berliner Singakademie August Eduard Grell (1800–1886) als nachmaligen Besitzer ausweist, daß Teile von Agricolas Nachlaß am Ort ihrer Entstehung lange in Ehren gehalten wurden.[84]

---

[80] Adlung M, Bd. 1, S. 22, 84, 88, 102, 104, 123, 151, 153f., 156, 186 und 229f.; Bd. 2, S. 6 und 47.
[81] Adlung M, Bd. 2, S. 6.
[82] F. Friedrich (*Der Orgelbauer Heinrich Gottfried Trost, Leben – Werk – Leistung*, Leipzig 1989, S. 70f.), hat darauf hingewiesen, daß die von Adlung mitgeteilte Disposition aus der Geraer Johanniskirche einem Entwurf Trosts für die Altenburger Schloßkirche gleicht. Das Gedankenspiel, Adlung stehe für die ältere Situation, ist abzulehnen, weil es voraussetzen würde, daß der Umbau und Agricolas Erfassung in das relativ enge Zeitfenster zwischen die 1768 für gültig erachtete Darstellung und Agricolas Tod 1774 gefallen sei. Es ist auch nicht glaubhaft, daß dieser einen Rückbau der dreimanualigen, mit 42 Stimmen besetzten Orgel, zu einem Torso von 29 Stimmen für zwei Manualwerke unkommentiert gelassen hätte.
[83] *Sammlung einiger Nachrichten*, Exemplar Agricola (wie Fußnote 70).
[84] Vgl. die Handschrift *P 595*, Fasz. 5, die ebenfalls von Agricola geschrieben wurde und über Grell überliefert ist.

VII. Rekonstruktion der von Bach in Weißensee geprüften Orgel

Als Conrad Wilhelm Schäffer nach Weißensee berufen wurde, war Greutzschers Werk bereits mehr als hundert Jahre alt. Nicht allein Verschleiß, Schmutz und Beschädigungen haben zur Reform genötigt. An den strukturellen Änderungen erkennen wir, daß – wie um dieselbe Zeit in Sangerhausen auch – die Gelegenheit ergriffen wurde, den alten Orgeltyp aufzugeben. Was mag die fundamentale Erneuerung erzwungen haben, wenn die Registeranzahl nur unerheblich erweitert, ja, der Tonvorrat sogar verringert wurde? Die Diskussion um den Wert des Rückpositivs wird dabei nicht entscheidend gewesen sein.[85] Ein anderer Beweggrund ist bisher unterschätzt worden: Der Neubau des Hauptwerks mit Koppelventilen vermehrte die Wahlfreiheit erheblich, wenn er nicht sogar das ebenbürtige Plenumspiel im Pedal erst ermöglichte[86] – in Weißensee dann allerdings ohne das gekoppelte Cis, das in den Manualwerken fehlte.

Wir haben weit ausgeholt, um uns des Bestandes, der von Bach in Weißensee geprüft worden war, zu versichern. Fassen wir die Erkenntnisse und Schlüsse in einer Übersicht zusammen.

Hauptwerk, oberes Manual ($C, D–c^3$)
1 Principal 8'
2 Quintatön 16'
3 Gambe 8'
4 Traversflöte 8'
5 Gedackt 8'
6 Octave 4'
7 Spitzflöte 4'
8 Quinte 2⅔'
9 Sesquialter 2fach
10 Octave 2'
11 Mixtur 6fach
12 Zimbel 3fach

Brustpositiv, unteres Manual ($C, D–c^3$)
1 Principal 4'
2 Gedackt 8'
3 Quintatön 8'
4 Salicional 4'
5 Gedackt 4'
6 Octave 2'
7 Spitzflöte 2'
8 Sesquialter 2fach
9 Superoctave/Flageolet 1'
10 Mixtur 3- oder 4fach
11 Dulcian 8'

---

[85] Agricola, dessen kontroverse Position zu Adlungs abfälligen Urteilen über Rückpositive in Adlung M gelegentlich deutlich wird, beispielsweise in Bd. 1, S. 179 und Bd. 2, S. 8, nennt in der von Wollny (wie Fußnote 71), vorgestellten Quelle auf S. 302 f. die Autorität, auf die er sich beruft: „Der seel. alte Bach hielt viel davon."

[86] An Orgeln der Scheidt-Zeit, bei denen das Pedal fest mit dem Oberwerk verbunden war, wie Gress sie beschreibt (wie Fußnote 19, S. 71 und 75), ist das obligate Pedalspiel bereits möglich gewesen. An den von mir untersuchten Orgeln von Greutzscher finde ich aber keine Belege für diese Einrichtung, von der allerdings, sollte sie bereits Usus gewesen sein, nur im Fall ihres Fehlens Notiz genommen worden wäre. Zur Klärung dieser Frage besteht noch erheblicher Forschungsbedarf.

Pedalwerk (*C, Cis–c¹*)
1 Violon 16'
2 Subbaß 16'
3 Flöten-/Gambenbaß 16'
4 Principalbaß 8'
5 Posaunenbaß 16'

Sperrventil, Stern (1739), Tremulant,
Manualschiebekoppel, Pedalkoppel

VIII. Spezielle Vergleiche und allgemeine Schlüsse

Schäffer hat in Laucha mit seinem Attestat von Bach geworben. Kuhn war sogar in Weißensee, um das Werk selbst kennenzulernen. Weißensee galt Laucha als Pfand. Beide Hauptwerke stellten das Principal-Plenum mit dem gedeckten Sechzehnfuß, variable Farben der Äquallage, die vierfüßige Flöte und die terzhaltige Klangkrone bereit. Das zweite Manualwerk wiederholt diesen Aufbau überoktaviert, das Pedalwerk unteroktaviert. Diese Struktur finden wir in anderen Bach nahestehenden Orgeln, wie der in der Geraer Johanniskirche, genauso vor. Die für Laucha bestimmte Auswahl fällt mit ihren insgesamt 33 klingenden Stimmen ohne die Nebenzüge aber reicher aus als ihr Vorbild. Überdies lesen wir hier von der Trompete im Hauptwerk, vom sechzehnfüßigen Principal- und dem Fagottbaß im Pedal, vom Subbaß in der Zweiunddreißigfuß-Lage sowie der Vox humana im Nebenwerk – jener Stimme, die Agricola in seinen Registrieranweisungen[87] und Entwürfen[88] ausdrücklich gewürdigt hat. Vielleicht konnte das in Weißensee als Dulcian erfaßte Register diese Lücke schließen. Jedenfalls hätten Weißensee und Laucha Agricolas mutmaßlicher Verteidigung über seine Proben hinaus zum Vorteil gereicht.

Das hölzerne Gedackt im Lauchaer Hauptwerk folgt einer Materialwahl, die Bach schon in Mühlhausen bevorzugt hatte. Sein damaliges Argument für eine achtfüßige Gambe im Hauptwerk, „so da mit dem im Rück*positive* vorhandenem *Salicinal* 4 Fuß *admirabel concordiren* wirdt",[89] läßt sich auch für Laucha und Weißensee beanspruchen. Es verwundert nicht, daß Johann Christian Kluge, der Kritiker der von Bach und Gottfried Silbermann durchgeführten Probe der Hildebrandt-Orgel in der Naumburger Wenzelskirche,[90] in Laucha gerade am Holz des Gedackts und an der vierfüßigen Gambe – die

---

[87] Marpurg (wie Fußnote 72), S. 498 f. und 504.
[88] *Sammlung einiger Nachrichten*, Exemplar Agricola (wie Fußnote 70), handschriftlicher Anhang.
[89] Dok I, Nr. 83.
[90] Dok II, Nr. 551.

wohl dem 1816 in Weißensee als *Salicional* bezeichneten Streicher gleichkam – keinen Gefallen finden konnte.[91] Übrigens bestätigen Kluges Bemerkungen wie nebenbei, daß Schäffer in Laucha eine Fassung verwirklicht hat, die dem von Braun veröffentlichten Entwurf wenigstens in diesen Teilen entsprach. Während das Gemshorn, in Weißensee vierfüßig und als Spitzflöte ausgewiesen, in einer älteren Tradition steht, dürfte die Gambe erst von dem aus Schlesien stammenden Christoph Junge († 1687) in Mitteldeutschland eingeführt[92] und von seinen Schülern, zu denen auch Johann Friedrich Wender (1655–1729) gehörte,[93] verbreitet worden sein. Den Flauto traverso finden wir in der Junge-Schule aber nicht.[94] Von Johann Christoph Bach (1642–1703) war eine achtfüßige Traverse für die Eisenacher Georgenkirche vorgeschlagen, jedoch von Stertzing nicht realisiert worden.[95] Heinrich Gottfried Trost († 1759) entwarf sie 1733 für Altenburg achtfüßig, baute sie schließlich aber sechzehnfüßig, in der Baßlage aus Holz.[96] In Laucha war sie aus Metall vor-

---

[91] Braun (wie Fußnote 3), S. 28 und 31.

[92] A. Lobenstein, *Die Orgelbauer Berlt Hering († 1556), Ludwig Compenius († 1671) und Christoph Junge († 1687) in der Erfurter Kaufmannskirche*, in: Ars Organi 51/4 (Dezember 2003), S. 216–223, gibt auf S. 221 die Disposition aus dem 1682 mit Christoph Junge für die Sondershäuser Schloßkirche erhandelten Kontrakt wieder; siehe Staatsarchiv Rudolstadt, *Kanzlei Sondershausen Nr. 3364*, Bl. 4–6, wo bereits die Gambe genannt ist. Zu Junge, seinem Schüler Hanns Albrecht, deren Arbeit in der Erfurter Kaufmannskirche und Bezügen zur Bach-Familie siehe auch ders., *Raum und Klang, Musikalische Kunstwerke in der Erfurter Kaufmannskirche*, in: Jahrbuch für Erfurter Geschichte 17 (2022), S. 117–194, speziell S. 137 ff.; C. Kirchner, *Der mitteldeutsche Orgelbauer Christoph Junge*, in: Acta Organologica 29 (2006), S. 267–308, würdigt seinen Protagonisten umfassend.

[93] A. Lobenstein, *Historische Orgeln im Unstrut-Hainich-Kreis*, in: Die Sauer-Orgel in der Marienkirche zu Mühlhausen/Thüringen. Texte ihrer musikgeschichtlichen Einordnung – Überlegungen zu ihrer Restaurierung (Mühlhäuser Beiträge, Sonderheft 27), Mühlhausen 2016, S. 46–64, speziell S. 47 f., weist kurz auf diese Verbindung hin.

[94] M. Praetorius, *Syntagmatis Musici [...] Tomus Secundus De Organographia*, Wolfenbüttel 1619 (Reprint Kassel 1985), S. 138 f., hatte in die Quinte überblasende Querflöten, das oktavierende hölzerne Exemplar von Esaias Compenius auf Schloß Hessen, Vorläufer aus Metall und die gedeckte Form von David Beck in der Schloßkirche von Grüningen beschrieben. Ob der Mettenschüler Bach die nach Wolff/Zepf (wie Fußnote 17), S. 51, 1720 in der Hamburger Katharinenkirche erfaßte Stimme schon gehört haben konnte, bleibt noch offen. Man nehme auch die Ausführungen von Adlung M, Bd. 1, S. 94 f., zur Kenntnis.

[95] Butler (wie Fußnote 53), S. 242, 253 und 265.

[96] Friedrich, *Der Orgelbauer Heinrich Gottfried Trost* (wie Fußnote 82), S. 119 und 137.

gesehen. Der Weißenseer Befund von 1824 bestätigt Schäffers Materialwahl. Spätestens um die Mitte des 18. Jahrhunderts wird das Register in mitteldeutschen Orgeln allgemein beliebt gewesen sein. Ein beredter Nachweis fiel mir in Langewiesen, wo Bach 1706 an der Prüfung des Neubaus von Johann Albrecht († 1719) beteiligt gewesen war[97] und 1753 eine Modernisierung anstand, in die Hände.

Actum Langewiesen am 23 July. 1753.

Als in der Kirchen *orgel* alhier das *Trompet*en *Register* ganz unbrauchbar worden; Und dann das junge Volck alhier sich beqvemet ein freywilliges Geschenck zu einem andern *Register*, die *Flaute Traverse* genannt, abzugeben; als ist, bis auf hohe Genehmigung des Hochfürstlichen unter *consistorij* zu Gehrn, mit dem *orgel*macher Johann Nicolas Norden folgender *Accord* dieserhalben geschloßen worden, als
1. Verspricht der *orgel*macher Nord der Kirchen, ein gutes *traversen* mäsiges klingendes *Register* oder Stimme, an den alten orth, wo das *Trompet*en *Register* gestanden, zu verfertigen und herzustellen, also daß bey der *probe*, daran nichts untadelhafftiger funden werde.[98]

Der Gewinn der neuen Stimme wog den Verlust der Trompete demnach völlig auf. Uns gewährt der Vorgang wie nebenbei den Einblick in ein wichtiges Detail der vormaligen Anlage.[99]
Im Vertrag sind überdies die Modalitäten zur Herstellung eines neuen Stockes, zur Legierung und Materialbeschaffung sowie zur gestaffelten Zahlung von insgesamt neun Talern vereinbart. Die Passage, der Orgelbauer solle „das Pfeifenwerk, an ein noch besonderes bret anhengen, daß solches in hin und

---

[97] Dok II, Nr. 18.
[98] Thüringisches Staatsarchiv Rudolstadt, *Unterkonsistorium Gehren 325*, ohne Blatt- und Seitenzählung.
[99] Der Anschlag von Johannes Wagner vom 13. November 1794 und der mit ihm geschlossene Vertrag vom 12. Januar 1795, Thüringisches Staatsarchiv Rudolstadt, Unterkonsistorium Gehren 351 (Akte mit Vorgängen im Zeitraum von 1784 bis 1801), Bl. 33 r–34 r und Bl. 35 r–38 v (nach der gestempelten Blattzählung), sehen vor, die alten Windladen mit neun Stöcken und Schleifen im Hauptwerk, sechs im Positiv und fünf im Pedalwerk in den Umfängen C, $Cis-c^3/c^1$ beizubehalten. An vorhandenen Stimmen sind im Hauptwerk Quintadena 16', Principal 8', Gambe 8', Octave 4', Quinte 2 2/3', Octave 2', Terz 1 3/5', Mixtur 2', 4fach, im Positiv Gedackt 8', Gemshorn 8', Spitzflöte 4', Quinte 1 1/3', Mixtur 1', 4fach, und im Pedal der Violonbaß 16' genannt. Die Existenz der Manualtrompete dürfte den von Wolff/Zepf (wie Fußnote 17), S. 63 f., angenommenen Besatz eines Posaunenbasses durchaus stützen. Principalbaß, Subbaß und vierfüßiger Hohlflötenbaß sind zwar als Altbestand ebenso nicht belegt; stilistische Erwägungen sprechen allerdings nicht dagegen, auch sie schon dem Erbe zuzurechnen.

wieder gehen sich nicht verrücken kan", nehmen wir als Hinweis auf eine Anhängeleiste für hölzerne Körper zur Kenntnis. Spiegelt die als „Flöte" bezeichnete Stimme des Bach zugeschriebenen Entwurfs für die Kirche in Berka eine entsprechende Absicht wider?[100] Um es mit der von John Scott Whiteley auf diesen Ort bezogenen Formulierung verallgemeinernd zu sagen: diese Konzeptionen scheinen „geradezu mit den Sonaten im Sinn geschaffen worden zu sein".[101] Das mit *c1* endende, aus dem Altbestand übernommene Pedal in Weißensee, auf dem die Ausführung des Sonatenzyklus BWV 525–530 nicht möglich war, erhellt aber, daß hier ein ungebundener, universeller Stil repräsentiert ist.

Die besondere Beachtung der Achtfußlage in den Manualen, der Gebrauch von Flöten und Streichern sowie des Violonbasses und terzhaltigen Klangkronen sind als allgemeine Kennzeichen der thüringischen Orgel in der ersten Hälfte des 18. Jahrhunderts bereits herausgestellt worden.[102] Wir haben darüber hinaus an den Oktavspiegelungen der Werke, am Einsatz von Koppelventilen, am Umgang mit der über der Baßlage klingenden Solostimme im Pedalwerk, am Aufkommen der Vox humana und der Querflöte, an der Materialwahl und an anderen speziellen Elementen die Evolution des Orgelgedankens, an der Bach beteiligt war, erkennen und die Stilentwicklung verfolgen können.

IX. Nachbemerkung zum Aussagewert von Sachzeugnissen

Johann Effler d. J. (1634–1711) stellt in seinem 1678 verfaßten Bericht über die reparierte Orgel der Weimarer Schloßkirche mit der Bemerkung, „daß die Viola da Gamba, die der Herr Orgelmacher Schweizerpfeiffen nennt", sogar eine Nähe zur Querflöte her.[103] Die nominale Überlieferung allein ver-

---

[100] Dok II, Nr. 515. Hingegen vermutet P. Rubardt (*Zwei originale Orgeldispositionen J. S. Bachs*, in: Festschrift Heinrich Besseler zum 60. Geburtstag, Leipzig 1961, S. 495–503, speziell S. 501) eine Hohl- oder Rohrflöte. A. Lobenstein (*Gottfried Albin de Wette als Gewährsmann für Orgeldispositionen der Bach-Zeit im Weimarer Landgebiet*, BJ 2015, S. 273–304, speziell S. 293–295) erwähnt, daß die Gambe, die nicht im Entwurf enthalten war, später nachgerüstet wurde.

[101] J. S. Whiteley, *Historische Belege zur Registrierungspraxis in den Sechs Sonaten BWV 525–530. Eine Neubewertung*, BJ 2016, S. 11–43, speziell S. 38.

[102] Neben der bereits nachgewiesenen einschlägigen Literatur vermitteln F. Friedrich, *Der Orgelbauer Tobias Heinrich Gottfried Trost. Die Charakteristika seines Lebens und Schaffens*, in: Freiberger Studien 11 (wie Fußnote 1), S. 53–64, und ders., *Der Orgelbau in Thüringen* (wie Fußnote 5) diesbezügliche Überblicke.

[103] Zitiert nach der bei M. Maul, „*von den besten Musicanten den Herrn Bachen alhier [...] unter ihre Compagnie genommen". Neues zu Leben und Werk von Johann Eff-*

mag es nicht, verbindliche Klangvorstellungen zu vermitteln. Synästhetische Umschreibungen deuten ohnehin nur Verhältnisse an, in denen musikalische Sachverhalte zueinander stehen. Späte Kritik, wie sie von Adlung, Ritter, Krausse, Hartung und Damm geübt wurde, verrät mehr über die kunsttheoretisch bewegte Position, aus der sich der Rezipient mit dem Gegenstand in Beziehung setzt. Unsere Bewertung bedarf objektiver Größen. Ähnliches gilt für belastbare Aussagen zur absoluten Stimmtonhöhe und zu praktizierten Temperierungen, die sich nur im Zusammenspiel von theoretischen und empirischen Erkenntnissen treffen lassen. Sachzeugnisse sind inzwischen ein rares Gut und von unschätzbarem Wert. Wir finden sie in Altenburg, in Arnstadt, Naumburg und an anderen Orten.

Fragen wir noch einmal nach der alten Erfurter Orgel. Zuletzt befand sie sich „in äußerst schlechtem Zustande".[104] Die Erfassung von 1841 hebt hervor, „endlich ist ein schönes Orgelgehäuse vorhanden, welches nach dem Urtheile des Orgelbauers mindestens einen Werth von 1000 Reichstalern hat."[105] Im Zuge der Vorbereitungen für den Umbau der Kirche als Tagungsstätte des Unionsparlaments sind die Teile erst aus- und später noch mehrmals umgelagert worden, letztlich mit ungewissem Verbleib.[106] 1854 stellte Friedrich Wilhelm Holland einen Neubau (II/33) fertig. Die Auskunft, „Von der alten Orgel sind die besten Stimmen beibehalten, die übrigen sind neu", bleibt erst allgemein, wird dann doch speziell auf die Ansicht bezogen: „Den Prospekt bildet der Principal 16' der alten Orgel, welcher aber stumm ist."[107] 1938 realisierte die Ludwigsburger Firma Walcker & Cie. hier ihr Opus 2555. 54 klingende Stimmen stehen auf Taschen-, Kegel- und Schleifladen für drei Manuale und Pedal. Die Schleifladen der Chororgel sind Holland zuzuschreiben. Der überwiegende Anteil des Pfeifenwerks stammt aus der Ludwigs-

---

ler, in: Musik – Geschichte – Erfurt, Gedenkschrift für Helga Brück, hrsg. von M. Ludscheidt, Erfurt 2014 (Schriften der Bibliothek des Evangelischen Ministeriums Erfurt. 3.), S. 89–102, auf S. 95 gezeigten Seite des von Effler verfaßten Gutachtens vom 15. Januar 1678.

[104] Zitiert aus der Konzeptschrift des Presbyteriums der St. Johannis-Kirche, vulgo Augustiner-Kirche, adressiert an „Seine Majestät des Königs von Preußen in Berlin", datiert 31. Juli 1841, Stadtarchiv Erfurt, *1-1/10B 2-21 (Akten betr. bauliche Unterhaltung der St. Johannis- vulgo Augustinerkirche)*, Bd. 1 (1839–1850), Bd. 2 (1850–1853), hier Bd. 1, unpaginiert.

[105] Ebenda.

[106] Ebenda.

[107] C. F. G. Baake, *Disposition der von dem Orgelbaumeister F. W. Holland aus Schmiedefeld in der Augustiner Kirche zu Erfurt neu erbauten Orgel*, in: Urania oder Das unentbehrliche Buch der Orgel, Bd. 11, hrsg. von G. W. Körner, Erfurt 1854, S. 36 f.

burger Fertigung. Immerhin geht etwa ein Viertel des Bestands auf ältere Substanz zurück.[108] Greifen wir die Octave 4' im Hauptwerk heraus. Im sogenannten *Opus-Buch* der Werkstatt, wo die Übernahmen verzeichnet sind, heißt es zu dieser Stimme: „D–h' alt".[109] Wir finden die Pfeifen auf der Kanzelle zwischen *C*, *Cis* aus Zink und Orgelmetall mit gepreßten Labien im Diskantbereich. Ihre besonderen Merkmale, darunter die keilförmigen Kerne mit steilen Fasen ohne Dämme und Gegenfasen, verweisen sie in das 18. Jahrhundert, möglicherweise sogar früher. Die rückseitigen Lötspuren ehemaliger, inzwischen wieder entfernter Haften und die aufgeworfenen Labien geben zu erkennen, daß sie ursprünglich im Prospekt gestanden haben. Deshalb sind ihre ältesten Tonbezeichnungen nicht auf der Schauseite notiert worden. Die Zeichen „C" und „Dis" auf den gegenwärtig mit den Tasten für *Dis* und *Fis* verbundenen, aber entsprechend ihrer vierfüßigen Längen als *dis* und *fis* klingenden Pfeifen, die offenbar von derselben Hand stammen, reflektieren demnach ihre ursprüngliche Funktion. Das Längenverhältnis dieser Körper stimmt mit dem Weitenverhältnis überein, was bestätigt, daß sie auch ursprünglich im Intervall einer kleinen Terz zueinanderstanden. Aus dem Vergleich von Längen und Umfängen weiterer Körper läßt sich sogar die in Diskantrichtung zunehmende Verlaufsmensur folgern. Die als *e* und *f* klingenden Pfeifen fügen sich als ehemalige *Cis* und *D* diesem Gerüst. Daraus schließe ich, daß diese vier Pfeifen in einem offenen Vierfuß-Register mit Principalmensur im Prospekt standen und mit den Kanzellen für *C*, *Cis*, *D* und *Dis* verbunden waren. Der Oberpositivprospekt, der von Stertzing und Schröter übernommen worden sein könnte, kommt in Betracht. Die Füße der beiden größeren Pfeifen sind gleich lang, ebenso die der beiden kleineren, die aber gut zwei Zentimeter länger sind. Demnach werden sie in zwei symmetrisch gruppierten Feldern auf der *C*- und der *Cis*-Seite in Terzteilung gestanden und einen in Diskantrichtung ansteigenden Labiumverlauf gezeichnet haben. Das *Cis* wäre in Werken Schröters und der Familie Stertzing durchaus kein Einzelfall.[110] Warum ist dann gerade der Körper des ehemaligen *Cis* aus zwei verschieden legierten Platten – die hintere anscheinend mit einem höheren Bleianteil –

---

[108] Den Hinweis auf diesen Bestand verdanke ich Herrn Orgelbaumeister Jörg Dutschke, der die Orgel gepflegt hat.

[109] Ich nutze das vom Wirtschaftsarchiv Baden-Württemberg unter wabw.uni-hohenheim.de/walcker-digitalisate bereitgestellte Digitalisat, Bd. 36, S. 106–118, speziell S. 106 (Zugriff: 8. April 2023).

[110] Vgl. mit dem Umfang der Stertzing-Orgel in der Eisenacher Georgenkirche und dem Fragment einer Abschrift des Vertrages mit Johann Georg Schröter über einen Orgelneubau für die Heilig-Geist-Kirche in Kerspleben (wie Fußnote 62), in dem ausdrücklich das große Cis gefordert ist.

verlötet?[111] Wenn hier eine Beschädigung behoben werden mußte, weil das Metall an dieser Stelle vielleicht übermäßig korrodiert war, dann galt die Reparatur der Wiederherstellung des vormaligen Zustands. Allerdings sind Umwidmungen der Substanz immer mit strukturellen Eingriffen verbunden. Deshalb ist die Frage nach der absoluten Stimmtonhöhe der Barockorgel anhand der Meßdaten noch nicht abschließend zu beantworten.[112] Sie kann nicht höher als drei Halbtöne über dem heutigen Normativ (a^1 = 440 Hz) gelegen haben – abzüglich einer kleinen Differenz von etwa einem Viertelton, die durch die Stimmvorrichtungen bedingt ist.[113] Versuche müßten das Höchstmaß ergeben, um das sie inzwischen gekürzt worden sein könnten. Allerdings deuten die eng eingeriebenen Füße auf einen ehemals niedrigeren Winddruck hin. Wir merken, daß der Erfurter Bestand noch einiger Korrekturen bedürfte, bevor wir ihn als Bürgen akzeptieren könnten. Nicht allein natürliche Kräfte und künstlerische Motive verformen das Erbe. Der Klang ist die Materie der Musik, der dem Instrument die unablässige Beanspruchung abnötigt. Wollen wir uns der Entropie ergeben oder sie um der Inspirationsquellen willen im Reichtum der Vielfalt gestalten? Gegenstand der Analyse muß es meines Erachtens sein, eine genügende Menge an hinreichend genauen Daten zu sammeln, um – auch nach dem Verlust des Objektes – jederzeit den Nachbau einer authentischen Kopie zu gewähren. Für die langfristige Dokumentation sind bildgebende Verfahren, darunter Oszillogramm, Sonagramm und Intensitätsspektrum, und ihre verbale und numerische Deutung unerläßlich.

---

[111] In der Orgel der Walpurgiskirche von Großengottern, die 1711 von Heinrich Gottfried Trost gebaut wurde, gehörten unterschiedliche Legierungen für Vorder- und Rückseite der Prospektpfeifen zur bauzeitlichen Konzeption. Friedrich, *Der Orgelbauer Heinrich Gottfried Trost* (wie Fußnote 82), S. 150–156, gibt den Entwurf wieder.

[112] Metrische Maße für die mit „C" gekennzeichnete Pfeife: Umfang: 235 mm, Körperlänge ab Naht: 995 mm (Stimmvorrichtung unberücksichtigt), schräge Fußlänge: 197 mm, Fußöffnung: 8 mm (stark eingerieben), Labiumbreite: 55 mm, Oberlabiumhöhe: 89 mm, Unterlabiumhöhe: 29 mm, Aufschnitt: 15 mm; enger Kernspalt, neun Kernstiche, Seitenbärte. Gegenwärtige Stimmtonhöhe: a^1 = 445,6 Hz bei 22,6 °C. Ich erinnere bei dieser Gelegenheit daran, daß Pfeifenmaße zum Zweck des Nachbaus erfaßt werden. Das zeigt sich besonders deutlich an den von der Lötnaht bis zur Mündung vermessenen Körpern, deren Resonanz erst an der Unterkante des Oberlabiums erregt wird.

[113] Vgl. J. A. Silbermann, Anmerkungen einiger außer dem Elsaß stehenden Orgeln, davon ich viele gesehen, oder aus erhaltenen Nachrichten hier verzeichnet habe. Darunter keine silbermännische befindlich, D-Dl, *Mscr. Dresd. App. 3165*, Bd. 2, S. 83, hier die Notiz zur Stimmtonhöhe der Orgel in der Leipziger Nikolaikirche: „Cornetthon, wie Erfurt." Eingesehen in den digitalen Sammlungen der Bibliothek am 27. April 2023.

In Thüringen warten organologische Sachzeugnisse, seien es tönende oder tragende Elemente, seien sie umfassend oder rudimentär, nachweisbar oder nur wahrscheinlich mit Bach verbunden, auch in Bad Berka, Gotha, Großrettbach, Lehnstedt, im außerhalb der Landesgrenze liegenden Millingsdorf, in Oberweimar und Ohrdruf auf ihre Auswertung.

Abschriften von Werken J. S. Bachs aus dem Nachlaß von Philipp Spitta
Eine Wiederentdeckung in Moskau

Von Tatjana Schabalina (St. Petersburg)

Der Nachlaß des herausragenden Philologen und Autors der ersten grundlegenden Monographie zu Leben und Werk Johann Sebastian Bachs, Philipp Spitta (1841–1894), ist auch heute noch von großem wissenschaftlichem Interesse. Die Sammlung, die zahlreiche Abschriften und Originalausgaben von Bachs Werken sowie auch Kompositionen seiner Vorläufer und Zeitgenossen enthält, vermittelt einen umfassenden Eindruck von den vielfältigen Aktivitäten dieses Wissenschaftlers und erlaubt uns, die Entstehung von Spittas Bach-Biographie vom ersten Konzept bis zur Niederschrift nachzuverfolgen. Wenn man bedenkt, in welcher Zeit Spitta seine Studien unternahm – noch ganz ohne die Mittel, die der modernen Forschung zur Verfügung stehen –, ist die Bedeutung seiner Arbeit kaum zu überschätzen.

Heute wird eine eingehende Untersuchung seiner vollständigen Sammlung allerdings durch den Umstand erschwert, daß diese im Zweiten Weltkrieg über mehrere Länder verstreut wurde. Es ist bekannt, daß Spittas Bibliothek nach seinem Tod an die Hochschule für Musik in Berlin ging, an der er von 1875 bis 1894 als Professor für Musikgeschichte und Verwaltungsdirektor gewirkt hatte. Dort verblieb der Nachlaß viele Jahre, bis er 1943 nach Schloss Friedersdorf bei Lauban in Niederschlesien ausgelagert wurde, um ihn vor den Bombenangriffen der Alliierten zu schützen. 1988 entdeckte Christoph Wolff Teile der Sammlung in der Universitätsbibliothek von Łódź (Polen). Über diesen Fund berichtete er erstmals auf der Konferenz der Neuen Bachgesellschaft „Johann Sebastian Bach, Schaffenskonzeption – Werkidee – Textbezug" (1989); es folgten zwei wissenschaftliche Publikationen.[1] Der in Łódź aufgefundene Teil von Spittas Sammlung umfasst rund 4500 Einheiten, darunter Handschriften und Drucke aus dem 17. bis 19. Jahrhundert. In seinem Artikel von 1989 hält Wolff fest: „Da keine Aufzeichnungen über die genaue Zahl der Kisten und ihren jeweiligen Inhalt vorliegen, ist es unmöglich, eine auch nur ungefähre Vorstellung davon zu gewinnen, welcher Anteil des in Schloß Friedersdorf deponierten Gesamtbestandes nach Łódź gelangt ist. Die

---

[1] C. Wolff, *From Berlin to Łódź: The Spitta Collection Resurfaced,* in: Notes 46 (1989), S. 311–327 (im folgenden Wolff A); ders., *Schaffenskonzeption und Forschungsmethode: Anmerkungen zum Spitta-Nachlaß in Łódź,* in: BzBF 9/10 (1991), S. 95–103 (im folgenden Wolff B).

Universitätsbibliothek in Łódź erhielt vermutlich den Großteil des Materials aus der Berliner Hochschule für Musik".[2] Am Ende seines Beitrags präsentiert Wolff eine Liste der weiterhin verschollenen Handschriften aus der Spitta-Sammlung. Unter anderem nennt er das Kantaten-Fragment „Meine Seele soll Gott loben" BWV 223 (BWV[3] App C, S. 704), verschiedene Abschriften Bachscher Orgelchoräle und Bachs Exemplar der „Fiori musicali" (1635) von Girolamo Frescobaldi.[3] Eines der Manuskripte aus Spittas Sammlung – die Handschrift *Ms. 1491*, die neben Werken von Johann Christoph Bach und anderen Meistern eine von lediglich zwei bekannten Quellen von J. S. Bachs frühem Choralvorspiel „Der Tag, der ist so freudenreich" BWV 719 enthält – wurde auf Betreiben ihres privaten Besitzers Roderick A. Manson (Montreal) in den späten 1990er Jahren an die Hochschule für Musik in Berlin zurückgegeben.[4] Ein weiteres Dokument, Bachs letzte Quittung vom 2. Juli 1750, erwarb das Bach-Archiv Leipzig im Jahr 2014 auf einer Auktion der Swann Galleries in New York. Die Suche nach den übrigen Teilen von Spittas Nachlass ist weiterhin ein dringendes Desideratum. Wie David Schulenberg schreibt, „bestärkt die Entdeckung der Handschrift *Spitta Ms. 1491* unsere Hoffnung, daß weitere vermißte Spitta-Handschriften ebenfalls gerettet werden können, und erinnert uns daran, daß verloren geglaubte Kunstschätze und wissenschaftliche Materialien in der Tat gelegentlich wieder zugänglich werden."[5]

In diesem Beitrag möchte ich einen weiteren Teil der Sammlung Spitta vorstellen, der vor einiger Zeit in Moskau aufgetaucht ist. Vor etwa zehn Jahren erwarb der Inhaber des antiquarischen Salons und Museums „Klub der Hüter der Zeit" Alexey A. Bezmenov aus Moskauer Privatbesitz eine Reihe von Handschriften aus Spittas Nachlaß. Diese hatten anscheinend in der Nachkriegszeit ihren Weg in die russische Hauptstadt gefunden. Genauere Angaben zu ihrer Herkunft ließen sich nicht ermitteln. Ich danke Alexey Bezmenov für seine Erlaubnis, die Handschriften aus seinem Besitz im vorliegenden Beitrag vorzustellen.

Daß die Quellen aus dem Nachlaß von Philipp Spitta stammen, ist über jeden Zweifel erhaben. Jede Einheit enthält auf der Rückseite des Titelblatts einen rosafarbenen Papieraufkleber mit dem gedruckten Vermerk: „Aus dem Nachlass des Herrn Geheimen | Regierungsraths Prof. Dr. Spitta | L$^{\underline{a}}$ B. | No. 6639. | Unter-No." (hier folgt in jedem Exemplar eine handschriftlich eingetragene Zahl). Neben den Aufklebern findet sich jeweils ein runder Stempel: „KÖNIG-

---

[2] Siehe Wolff A, S. 314.
[3] Wolff B, S. 103.
[4] Siehe D. Schulenberg, *A Bach Manuscript Recovered: Berlin, Bibliothek der Hochschule der Künste, Spitta Ms. 1491*, Typoskript, 1998 (https://faculty.wagner.edu/david-schulenberg/files/2016/12/Spitta_MS_1491.pdf). Zu dieser Quelle siehe auch BJ 1997, S. 158–167 (C. Wolff).
[5] Schulenberg (wie Fußnote 4).

LICHE AKADEMIE D. KÜNSTE * HOCHSCHULE FÜR MUSIK * BERLIN."[6] Auf einigen Handschriften findet sich der eigenhändige Namenszug „Philipp Spitta". Dies bestätigt ein Vergleich mit Spittas Handschrift in anderen Dokumenten (im Bach-Archiv Leipzig aufbewahrte Briefe sowie Unterlagen in der Universitätsbibliothek in Łódź).[7] Andere Besitzvermerke oder Bibliotheksstempel beziehungsweise Notizen aus späterer Zeit sind nicht vorhanden. Eine der Handschriften geht zurück auf den Besitz des Leipziger Thomaskantors und Gewandhausdirigenten Johann Gottfried Schicht (1753–1823). Sie enthält zahlreiche handschriftliche Anmerkungen und Korrekturen von Schichts Hand (siehe weiter unten) und ist die älteste und mithin wertvollste Quelle im Moskauer Spitta-Bestand. Wolff nennt in seiner Liste der verschollenen Objekte die Handschrift *Ms. 1438*[8] – und eben diese Signatur findet sich hier wieder.

Es folgt eine detaillierte Beschreibung der einzelnen Quellen aus der Moskauer Sammlung.

I. L<u>a.</u> B. No. 6639. Unter-No. 1376

Die in Leder gebundene Handschrift (Format: 32,5 × 25,8 cm) umfaßt 35 Blätter mit Notenschrift sowie ein leeres Blatt am Schluß. Auf dem Vorderdeckel findet sich ein Etikett mit dem von Spitta geschriebenen Titel: „Joh. Seb. Bach | Cantate: ‚Herz u. Mund u. That u. Leben'". Es handelt sich um eine vollständige Partiturabschrift der Kantate BWV 147.

Die erste Seite enthält von der Hand eines unbekannten Kopisten den Titel „Herz und Mund u. That u. Leben | Festo Visitationis Mariae | von | J. S. Bach. | Partitur". Darunter findet sich von Spitta der Vermerk: „Copirt nach einer zuverlässigen neuern Abschrift, welche sich nebst dem Autograph auf der Königl. | Bibliothek zu Berlin befindet". Am Schluß steht das Kolophon: „ (aus der Haus'chen Sa͞mlung in | München copirt erhalten 18/5 850[)]". Es handelt sich um eine kalligraphische Kopie von der Hand eines professionellen Schreibers aus dem 19. Jahrhundert, die mit einigen wenigen, mit Bleistift eingetragenen Ergänzungen des Gesangstextes versehen ist.

Auf Seite 62 findet sich unmittelbar vor der Baß-Arie eine Eintragung Spittas: „Jedenfalls die Arie: ‚Laß mich der Rufer Stimmen hören' der ersten Bearbeitung, welcher nur ein anderer Text untergelegt ist. Die Umstellung der Stücke ist ganz ähnlich, wie sie bei der Cantate ‚Denn du wirst meine Seele' annehmen zu müßen glaubte". Diese Notiz bezieht sich offenbar auf die Änderung des Texts von Salomon Franck „Laß mich der Rufer Stimmen hören" aus

---

[6] Sämtliche Merkmale stimmen mit den von Wolff in seinen beiden Aufsätzen beschriebenen überein; siehe Wolff B, S. 96, und Wolff A, S. 315 f.
[7] Wolff A, S. 316.
[8] Siehe Wolff B, S. 103.

dessen Jahrgang *Evangelische Sonn- und Festtages-Andachten* (Weimar und Jena 1717) zu „Ich will von Jesu Wundern singen" (in BWV 147). Früher wurde angenommen, daß diese Arie zu der Weimarer Fassung der Kantate gehörte (BWV 147a).[9] Heute gilt diese Hypothese angezweifelt, da sie nicht durch den Quellenbefund bestätigt wird.[10]

II. L<u>a</u> B. No. 6639. Unter-No. 1384

Die in Leder gebundene Handschrift (Format: 32,5 × 25 cm) enthält 36 Blätter mit musikalischer Notation sowie ein leeres Blatt. Auf dem Vorderdeckel findet sich ein Etikett mit der von Spittas Hand stammenden Aufschrift: „Missa in C moll | von | J. Seb. Bach (?)". Spittas Besitzvermerk findet sich auf dem vorderen Vorsatzblatt. Das ebenfalls von Spitta notierte Fragezeichen belegt, daß er die Echtheit des Werkes anzweifelte.[11]
Heute wissen wir, daß die Messe zum größten Teil von Francesco Durante stammt (BWV Anh. 26), während es sich bei dem in g-Moll stehenden Satz „Christe eleison" tatsächlich um eine Komposition J. S. Bachs (BWV 242) handelt.[12] Es ist bemerkenswert, daß Spitta genau diesen Befund in seiner Biographie erwähnt: „In der genannten C moll-Messe ist das *Christe eleison* – ein kurzes aber sehr kunstreiches Duett über einen *Basso quasi ostinato* – seine eigne Arbeit."[13] Wie bei der vorstehend beschriebenen Quelle handelt es sich auch hier um eine kalligraphische Reinschrift von der Hand eines professionellen Kopisten, die vermutlich eigens für Spittas Forschungsarbeiten angefertigt wurde. Obwohl die Abschrift eindeutig in die zweite Hälfte des 19. Jahrhunderts gehört, sind die Notenlinien mit einem Rastral gezogen.

III. L<u>a</u> B. No. 6639. Unter-No. 1438

Der Band (Format: 31 × 23,5 cm) umfaßt 73 Blätter sowie ein separates Blatt mit Inhaltsverzeichnis. Auf der Innenseite des hinteren Deckels (untere Hälfte) findet sich ein weiteres Inhaltsverzeichnis. Der blaue Einband ist typisch für Handschriften aus dem 18. Jahrhundert.
Die Handschrift enthält Abschriften von Orgelchorälen von Johann Sebastian Bach, Johann Gottfried Walther, Georg Böhm und Gottfried August Homilius. Der eigenhändige Namenszug „Philipp Spitta" findet sich oben auf der Innenseite des vorderen Einbanddeckels, weiter unten steht die Nummer „3115" (diese wurde mit der gleichen Tinte wie der Besitzvermerk geschrieben und

---

[9] Spitta I, S. 565 und 813 f.; siehe auch BWV[2a], S. 150 f.
[10] Siehe BWV[3], S. 192.
[11] Spitta II, S. 510.
[12] Siehe BWV[2a], S. 245 f., 460 und 467. In BWV[3] ist diese Messe in Supplement 2 (S. 656) verzeichnet. Siehe auch Beißwenger, S. 157–161; BC I/4, S. 1218 f.; NBA II/2 Krit. Bericht (E. Platen/M. Helms, 1982), S. 164 f.
[13] Spitta I, S. 510.

geht anscheinend ebenfalls auf Spitta zurück). Die Titelseite enthält in der oberen rechten Ecke einen rosafarbenen Aufkleber mit einem Hinweis auf den Spitta-Nachlaß. Der von der Hand des Kopisten stammende Titel auf der ersten Seite lautet: „Sam̅lung | von varirten und fugirten | Chorælen. | vor 1 und 2 Claviere | und Pedal | von J. S. Bach", darunter die Bleistiftnotiz „Aus Schichts Besitz | 1136". Dies bezieht sich sicherlich auf Johann Gottfried Schicht, den ersten bekannten Besitzer der Handschrift. Auf dem Umschlag findet sich ein weiterer Besitzvermerk: „Poss. | Wilh. Gott-| schalg | 1845". Damit ist eine geschlossene Provenienzkette von Schicht bis Spitta etabliert. Bemerkenswerterweise liegen der Handschrift insgesamt fünf Briefe von Mitgliedern der Berliner Akademie der Schönen Künste aus dem Zeitraum August bis November 1836 bei, die die Vorstellung und Aufführung eines Werks des Berliner Kapellmeisters H. A. Praeger betreffen.[14] Ein Bezug zu der Handschrift läßt sich nicht erkennen.

Wie bereits erwähnt, führte Christoph Wolff die Quelle in seiner Liste der verschollenen Handschriften aus dem Spitta-Nachlaß auf: „J. S. Bach, *Variirte Choräle* (Abschrift, spätes 18. Jh., aus der Sammlung J. G. Schicht) – Sp. Hs. 1438".[15] Ihre Datierung auf das 18. Jahrhundert kann nunmehr anhand des Papier- und Wasserzeichenbefunds sowie schriftkundlicher Merkmale bestätigt werden.

Die Sammlung enthält Werke aus dem Dritten Teil der Clavier-Übung, den Schübler-Chorälen und der sogenannten „Kirnberger-Sammlung", daneben einige Stücke aus der Sammlung der achtzehn großen Choralbearbeitungen sowie den Beginn der Kanonischen Veränderungen über „Vom Himmel hoch, da komm ich her". An manchen Stellen in *Ms. 1438* berücksichtigte der Kopist die Abfolge der Werke in den Originalquellen, doch häufig fügte er Stücke aus anderen Sammlungen ein. Möglicherweise reflektiert die Ordnung des Inhalts die Vorstellungen Schichts. Mehrere Blätter der Handschrift fehlen (siehe die Fußnoten 17–21). Diese sind offenbar schon vor längerer Zeit abhandengekommen, wie sich aus vermutlich von Spitta stammenden Bleistiftnotizen ersehen läßt.

Im Kritischen Bericht NBA IV/4 ist die Handschrift unter den „nicht mehr zugänglichen Quellen" mit dem Sigel [D 1] erwähnt; dort heißt es: „Im Kriege verlorengegangen. Enthielt nach BG 40 aus dem 3. Teil der Klavierübung: BWV 675–684."[16] Diese Angabe können wir nunmehr dahingehend präzi-

---

[14] An der Korrespondenz beteiligten sich C. A. Rungenhagen, R. M. Schneider, A. W. Bach, J. Schadow und H. A. Praeger. Diese Briefe sind vor allem für die Geschichte der Berliner Akademie relevant.
[15] Wolff B, S. 103; siehe auch Wolff A, S. 326.
[16] NBA IV/4 Krit. Bericht (M. Teßmer, 1974), S. 25.

sieren, daß die Handschrift zudem BWV 669–674 und BWV 685–689 aus Clavier-Übung III enthielt, während BWV 682 und BWV 684 fehlten. Es folgt eine Aufstellung des Inhalts von *Ms. 1438*:

S. 2–3: Kyrie, Gott Vater in Ewigkeit BWV 669
S. 4–7: Christe, aller Welt Trost BWV 670
S. 8–11: Kyrie, Gott heiliger Geist BWV 671
S. 12: Kyrie, Gott Vater in Ewigkeit *alio modo* BWV 672
S. 13: Christe, aller Welt Trost BWV 673
S. 14–15: Kyrie, Gott heiliger Geist BWV 674
S. 15–18: Allein Gott in der Höh sei Ehr BWV 675
S. 19–27: Allein Gott in der Höh sei Ehr BWV 676
S. 27–28: Fughetta super Allein Gott in der Höh sei Ehr BWV 677
S. 28–35: Dies sind die heiligen zehn Gebot BWV 678
S. 36–37: Fughetta super Dies sind die heiligen zehn Gebot BWV 679
S. 38–41: Wir gläuben all an einen Gott BWV 680
S. 42: Fughetta super Wir gläuben all an einen Gott BWV 681
S. 43–45: Wer nur den lieben Gott lässt walten BWV 647
S. 45–47: Ach bleib bei uns, Herr Jesu Christ BWV 649
S. 48: Vater unser im Himmelreich *alio modo* BWV 683
S. 49–52: [Aus tiefer Not schrei ich zu dir] (Takte 5–54) BWV 686[17]
S. 53–55: Aus tiefer Not schrei ich zu dir *alio modo* BWV 687
S. 55–60: Jesus Christus, unser Heiland BWV 688
S. 61–64: Wo soll ich fliehen hin (Takte 1–85) BWV 694[18]
S. 65–66: [Ach Gott, vom Himmel sieh darein] BWV 741 (Takte 31–60)
S. 67–71: Christ lag in Todesbanden (+ Choral) BWV 695
S. 71–75: Wachet auf, ruft uns die Stimme BWV 645
S. 76: Christ, unser Herr, zum Jordan kam *alio modo* BWV 685
S. 77: Christum wir sollen loben schon BWV 696
S. 78: Gelobet seist du, Jesu Christ BWV 697
S. 79: Lob sei dem allmächtigen Gott BWV 704
S. 80–81: Vom Himmel hoch, da komm ich her BWV 701
S. 82: Das Jesulein soll doch mein Trost BWV 702 (Takte 1–16)[19]
S. 83–85: [Durch Adams Fall ist ganz verderbt] BWV 705 (Takte 12–93)
S. 85–87: Schmücke dich, o liebe Seele BWV 759 (von G. A. Homilius HoWV VIII.17)
S. 88–89: Ach Gott und Herr BWV 692/BWV3 App C, S. 705 (von J. G. Walther)
S. 90–91: Ach Gott und Herr BWV 693/BWV3 App C, S. 705 (von J. G. Walther)

[17] Am oberen Rand findet sich die Bleistiftnotiz: „NB Blatt 29 u. 30 fehlt"; darunter in grün: „Aus dieses Heft fehlt Anfang!"
[18] Der Schluß fehlt. Am unteren Rand findet sich die Notiz: „Die letzte 6 [Takte] fehlen" und am oberen Rand des nächsten Blattes der Bleistiftvermerk: „NB hier fehlen Blatt 40 u. 41."
[19] Die Handschrift enthält lediglich die erste Seite der Fughetta. Die folgenden beiden Blätter fehlen; zu Beginn des nächsten Blattes steht der Bleistiftvermerk: „NB fehlen Blatt 54 u. 55."

S. 92: Wer nur den lieben Gott lässt walten BWV 691
S. 93: Liebster Jesu, wir sind hier BWV 706
S. 94: Liebster Jesu, wir sind hier BWV 634
S. 94–95: Liebster Jesu, wir sind hier BWV 633
S. 95–96: Jesu, meine Freude BWV 610
S. 96–98: Herr Jesu Christ, dich zu uns wend BWV 709
S. 98–99: Vater unser im Himmelreich BWV 760/BWV³ App C, S. 707 (von G. Böhm)
S. 100–103: Vater unser im Himmelreich BWV 761/BWV³ App C, S. 707 (von G. Böhm)
S. 104–105: Ich hab mein Sach Gott heimgestellt (2 vierstimmige Choralsätze) BWV 708a, 708/BWV³ App A 12b, 12a
S. 105–107: Wir Christenleut haben jetzund Freud BWV 710
S. 108–110: Allein Gott in der Höh sei Ehr BWV 711
S. 111–114: Ich hab mein Sach Gott heimgestellt BWV 707 (Takte 1–126)
S. 115–117: In dich hab ich gehoffet, Herr BWV 712[20]
S. 118–122: Jesu, meine Freude (Fantasia) BWV 713
S. 123–130: Allein Gott in der Höh sei Ehr BWV 664b
S. 131–132: Kanonische Veränderungen über Vom Himmel hoch, da komm ich her (Anfang der ersten Variation, Takte 1–14) BWV 769a[21]
S. 133–134: [Wo soll ich fliehen hin] BWV 646 (Takte 13–33)
S. 134–136: Meine Seele erhebt den Herren BWV 648
S. 136–140: Kommst du nun, Jesu, vom Himmel herunter BWV 650
S. 141–144: Fuga super Jesus Christus, unser Heiland BWV 689
S. 145: Werkliste mit Hinweisen auf die Hefte 2–4.

Die folgende Seite ist rastriert, enthält aber keinen musikalischen Text. Auf dem hinteren Deckel findet sich eine weitere Liste mit zwanzig Stücken, die den Titel trägt: „Was noch von Bachs Choralvorspielen zurücke ist". Insgesamt enthält die Handschrift heute 53 Stücke auf 144 Seiten. Der Notentext weist zahlreiche Korrekturen von Schichts Hand auf, die teils mit rotbrauner, teils mit dunkelbrauner Tinte, teils mit Bleistift ausgeführt sind. Ein Vergleich mit Schichts Schriftzügen in anderen Handschriften (Autographe in den Sammlungen des Bach-Archivs Leipzig und der Staatsbibliothek zu Berlin) belegt die Übereinstimmung aller Merkmale. Die meisten Eintragungen betreffen Spielanweisungen, darunter die Zuordnung einzelner Noten oder längerer Passagen aus dem unteren an das obere System oder umgekehrt, der Zusatz von Akzidenzien, Hinweise auf die Verwendung des Pedals, Artikulationsbezeichnungen und anderes mehr. Manchmal ergänzte Schicht Angaben wie „Allegro moderato" oder „Sempre legato, e cantabile", die in den Vorlagen fehlen. Außerdem gibt es zahlreiche Korrekturen von Kopierfehlern; viele Bindebögen an Zeilenumbrüchen und innerhalb von

---

[20] Über dem Titel findet sich die Bleistiftnotiz: „NB. fehlt Blatt 72".
[21] Am Anfang des Folgeblattes steht die Bleistiftnotiz: „NB. fehlen die Blätter 82 bis 88."

Takten wurden ergänzt. Daneben finden sich Kreuze und andere Zeichen, die mit der gleichen rotbraunen Tinte ausgeführt sind. Auch in den Kopftiteln finden sich Änderungen: Zum Beispiel wurde am Anfang von „Kyrie, Gott heiliger Geist" BWV 671 die Angabe „in Basso" mit roter Tinte zu „nell Basso", und die Anweisung „Cum Organo pleno" zu „con Organo pieno" korrigiert (obwohl erstere dem Originaldruck von Clavier-Übung III entspricht). In der Abschrift von „Allein Gott in der Höh sei Ehr" BWV 675 findet sich der Zusatz „Il Canto fermo nella Parte di mezzo" (im Originaldruck heißt es „Canto fermo in Alto").

Am unteren Rand von S. 27 steht der Vermerk „Der Setzer 14 bis 21 erhalten".

Am Beginn von „Dies sind die heiligen zehn Gebot" BWV 678 findet sich in rotbrauner Tinte die Notiz „3. Heft. p. 8. No. 25" und unter dem Titel dieses Stücks wurde mit gleicher Tinte die Angabe „A due Manuali e Pedale. Il Canto fermo in Canone all' ottava" hinzugefügt. In mehreren Schübler-Chorälen finden sich ähnliche Anweisungen wie bei Stücken aus Clavier-Übung III, und an verschiedenen Stellen ist der cantus firmus in brauner Tinte mit dem Wort „Choral" markiert. Ungewöhnlich viele Korrekturen – darunter auch Artikulationsbögen – finden sich in „Schmücke dich, o liebe Seele" BWV 759 (HoWV VIII. 17). Da es sich durchweg um spielpraktische Anweisungen handelt, lassen sich Rückschlüsse auf die Nutzung der Quelle ziehen. „Ach Gott und Herr" BWV 692 (BWV³ App C, S. 705) enthält Hinweise wie „Canto fermo" und „In Canone all ottava". Auf der Seite mit „Wer nur den lieben Gott lässt walten" BWV 691 finden sich zahlreiche Korrekturen von Schichts Hand, sogar ein ganzer Takt wurde von ihm neugefaßt.

Es ist bemerkenswert, daß Schicht seine Korrekturen mittels Unterstreichung hervorhob und mit Anmerkungen wie „corretto S.", „Corr. S." und „Corr. S-t" versah. Am Anfang der Abschrift von „Liebster Jesu, wir sind hier" BWV 706 findet sich die folgende Notiz: „NB: Nun sind alle Piecen zum 2ten Hefte corrigirt. Schicht". Dies zeigt, daß er die Choräle für den Druck vorbereitete. In diesem Zusammenhang ist an Schichts Edition der Bachschen Motetten bei Breitkopf & Härtel zu denken (1802–1803),[22] außerdem an seine im selben Verlag erschienene vierbändige Ausgabe der „Choral-Vorspiele" (1803–1806). Die vorliegende Handschrift diente offenbar als Druckvorlage.

1. *J. S. Bachs Choral-Vorspiele für die Orgel mit einem und zwey Klavieren und Pedal*, [hrsg. von Johann Gottfried Schicht], Erstes Heft, [1803]
Inhalt: BWV 645, 648, 646, 647, 649, 650, 675, 676, 677, 680, 681, 704

---

[22] *Joh. Seb. Bach's Motetten in Partitur, Erster Heft enthaltend drey achtstimmige Motetten*, Leipzig [1802]; [...] *Zweites Heft enthaltend eine fünf- und zwei achtstimmige Motetten*, Leipzig [1803].

2. [...] Zweytes Heft, [1803]
Inhalt: BWV 692, 693, 691, 705, 759, 706, 634, 633, 711, 664b, 708a, 708, 707 mit Choral, 710, 697

3. [...] Dritter Heft, [1804]
Inhalt: BWV 678, 679, 682, 683, 769a/1, 769a/2, 701, 698

4. [...] Vierter Heft [1806]
Inhalt: BWV 699, 769a/5, 769a/3, 769a/4, 700, 748, 684, 614[23]

Es ist bemerkenswert, daß eine Reihe der Stücke erstmalig in dieser Ausgabe im Druck erschienen. Schichts Rolle als früher Herausgeber Bachscher Werke am Beginn des 19. Jahrhunderts ist von großer Bedeutung.

Ein Vergleich der Reihenfolge der Stücke in den Heften 1–4 der Ausgabe und in dem vorliegenden Manuskript aus dem Spitta-Nachlaß läßt auffällige Abweichungen erkennen. Einige Werke wurden nicht aufgenommen, und die Reihenfolge weicht in den meisten Fällen von der Vorlage ab. Auf Schicht zurückgehende Notizen in der Handschrift illustrieren die Umgruppierung für den Druck: So findet sich bei „Dies sind die heiligen zehn Gebot" BWV 678 der Vermerk „3. Heft. No. 25" und bei der folgenden „Fughetta super Dies sind die heiligen zehen Gebot" BWV 679 „3. Heft. No. 26". Die meisten Übereinstimmungen zwischen Handschrift und Druck finden sich bei Werken in den Heften 1 und 2. Hier können wir Serien von Stücken beobachten, die unmittelbar der Ordnung im Manuskript entsprechen. In Heft 1 sind dies BWV 647 und 649, sodann BWV 675–677 und schließlich BWV 680 und 681, in Heft 2 BWV 692–691 und sodann BWV 706, 634 und 633.

Die folgenden Notizen im Manuskript sind ebenfalls erhellend, weil sie mit dem Befund der Ausgabe korrespondieren: Bei „Kommst du nun, Jesu, vom Himmel herunter" BWV 650 schrieb Schicht mit Bleistift „1. Heft. p. 12. 13. 14". Bei BWV 675, 676 und 677 heißt es „No. 7. 1. Heft", „No. 8. 1. Heft" beziehungsweise „No. 9. 1. Heft".

Schichts Korrekturen des musikalischen Texts sind ebenfalls bemerkenswert. Hierzu einige ausgewählte Beispiele: In BWV 676 etwa ergänzte er in Takt 15 in der Baßstimme einen Bindebogen (der Bogen fehlt in Schichts Ausgabe und auch im Originaldruck, wobei die NBA diesen Bogen als Bestandteil der ersten Korrekturschicht übernimmt). Des weiteren wurde in Takt 32 in derselben Stimme der Ton h ausgestrichen und mit einem Tabulaturbuchstaben zu a korrigiert. In Takt 48 wurde in der Mittelstimme der Ton a^1 zu e^1 korrigiert (obwohl der Originaldruck hier ebenfalls a^1 liest). Im selben Stück trug der Kopist die Mittelstimme in den Takten 110–112 fehlerhaft ein; diese Passage

---

[23] Ich danke Markus Zepf (Leipzig) für die Bereitstellung einer Kopie und wertvolle Informationen über die Ausgabe und über Quellen aus dem Spitta-Nachlaß.

wurde von Schicht mittels Tabulaturbuchstaben korrigiert (seine Edition hingegen enthält an dieser Stelle die Lesart *ante correcturam*). Die Mehrzahl der Korrekturen fand jedoch Eingang in die Ausgabe. Zum Beispiel wurde die dem Originaldruck entnommene Spezifizierung „in Organo pleno con Pedale" in „Wir gläuben all an einen Gott" BWV 680 von Schicht zu „Con Organo pieno e Pedale" emendiert und erscheint in dieser Form auch im Druck. Die Mittelstimme ist im Originaldruck von Takt 5 bis zum ersten Schlag von Takt 8 mit aufwärts gerichteten Notenhälsen notiert; diese Form findet sich auch in der Handschrift. Schicht versah diese Passage mit abwärts gerichteten Hälsen und ließ sie auch so drucken.

An verschiedenen Stellen nahm sich Schicht die Freiheit, in Bachs Notentext Konjekturen anzubringen. So fügte er in BWV 680 in Takt 34 dem ersten h^1 ein ♭ hinzu und ergänzte beim nächsten Auftreten dieses Tons ein Auflösungszeichen. Der harmonische Zusammenhang schließt eine solche Änderung nicht aus, doch bietet der Originaldruck hierfür keinerlei Legitimation (spätere Ausgaben einschließlich der NBA folgen diesem Vorschlag nicht). In Takt 10 von BWV 681 notierte Schicht mit roter Tinte eine Variante der Mittelstimme mit 32stel-Noten entsprechend dem vorausgehenden und nachfolgenden Takt; diese Lesart findet sich ebenfalls nicht im Originaldruck. Beide Konjekturen fanden Eingang in Heft 1 seiner Ausgabe.

Es ist gegenwärtig nicht möglich, diesen genauen Lesartenvergleich für sämtliche Stücke in Schichts Ausgabe durchzuführen. So findet sich keines der Werke aus Heft 4 in *Ms. 1438*, obwohl die Handschrift Hinweise von Schichts Hand auf diesen Teil enthält: BWV 760 etwa ist mit der Notiz „4. Heft Nr. 37 p. 14" versehen, und das folgende Stück BWV 761 enthält eine ähnliche Notiz („4. Heft Nr. 38 p. 18–19"). Bemerkenswerterweise wurde Schichts Notiz zu BWV 696 („4. Heft. p. 27. N. 35") mit derselben Tinte ausgestrichen.

In NBA IV/4 wird das Verhältnis von Schichts Ausgabe zum Originaldruck von Clavier-Übung III wie folgt beschrieben: „Für diese Stücke hat mit größter Wahrscheinlichkeit der Originaldruck als Vorlage gedient. Da der Druck recht fehlerhaft ausgefallen ist und der Herausgeber J. G. Schicht gelegentlich kräftig in den Text eingegriffen hat, ist das nicht mehr mit Sicherheit feststellbar."[24] Nunmehr können wir mit Bestimmtheit sagen, daß Schicht tatsächlich den Originaldruck von Clavier-Übung III als Vorlage benutzte. Darüber hinaus wird deutlich, daß sein Notentext auf einem Exemplar ohne die – in der NBA als Korr I–III beschriebenen – Korrekturschichten beruht. Die Übereinstimmungen von Schichts Emendationen mit Bachs Korrekturschichten I und II zeigen seine Sorgfalt als Herausgeber,[25] während die zahlreichen Ab-

---

[24] NBA IV/4 Krit. Bericht (M. Teßmer, 1974), S. 26.
[25] Dies betrifft Korrekturen in BWV 669 (Takt 16), BWV 676 (Takt 15 und 61), BWV 678 (Takt 14 und 43), BWV 681 (Takt 7) und viele mehr.

weichungen von Lesarten in Korr I–III[26] sowie Sonderlesarten in *Ms. 1438*[27] belegen, daß seine Edition das Ergebnis unabhängiger Bemühungen ist. Auf einer der letzten Seiten der Handschrift schrieb Schicht eine Liste mit Titeln von Chorälen und deren Plazierung in den Heften 2–4. Während die Liste für das zweite Heft vollständig mit der tatsächlichen Reihenfolge übereinstimmt, weisen die Aufstellungen für die beiden Folgehefte gewichtige Abweichungen mit der Ausgabe auf. So fehlen die letzten vier Stücke in der Liste für Heft 3 in der Ausgabe. Und die Liste für Heft 4 enthält sogar zum größten Teil andere Titel als der Druck. Wenn wir bedenken, daß die vorliegende Handschrift keinerlei Stücke enthält, die in das 1806 erschienene Heft 4 aufgenommen wurden, ist zu vermuten, daß Schicht über einen längeren Zeitraum an der Edition gearbeitet hat und daß seine Präferenzen als Kompilator und Herausgeber sich im Laufe der Jahre wandelten.

Die wieder aufgetauchte Quelle ist somit zweifellos ein bedeutendes Zeugnis der Rezeptionsgeschichte von Bachs Orgelwerken im späten 18. und frühen 19. Jahrhundert. Zugleich bildet sie eine wertvolle Bereicherung unserer Kenntnis der musikalischen Nachlässe von Johann Gottfried Schicht und Philipp Spitta.

IV. L^{a.} B. No. 6639. Unter-No. 1443

Der Band enthält 54 Blätter (Format: 32,4 × 26 cm). Von dem auf dem Vorderdeckel aufgeklebten Etikett ist heute nur noch der untere Teil vorhanden; darauf läßt sich die von Spitta herrührende Beschriftung „[…] Instrumental-Compositionen" erkennen. Auf dem Vorsatzblatt findet sich – ebenfalls von Spittas Hand – eine Liste mit 17 Titeln.

Die Handschrift enthält Abschriften verschiedener Instrumentalwerke von J. S. Bach und anderen Komponisten (Clavier-, Orgel- und Ensemblemusik). Die kalligraphische Reinschrift wurde anscheinend in Spittas Auftrag angefertigt. Im Notentext finden sich zahlreiche detaillierte Annotationen von seiner Hand.

Die folgenden Werke und ihre Kopiervorlagen sind in der Quelle genannt:

S. 1–18: „1. Inventionen | für Violine und Cembalo, copirt nach dem auf der Königl. Bibl. zu Berlin befindlichen | Autographe" (von Spittas Hand). Am oberen rechten Rand findet sich die Bleistiftnotiz: „Forkels Definitionen der ‚Inventionen', S. 54, falsch! […]". Mittlerweile ist bekannt, daß diese vormals als BWV Anh. 173–176 geführten

---

[26] Zum Beispiel in BWV 669 (Takt 7), BWV 671 (Takt 54 und 58), BWV 672 (Takt 25), BWV 675 (Takt 13 und 16), BWV 676 (Takt 32), BWV 678 (Takt 9, 12, 50 und 56/57), BWV 686 (Takt 20, 45, 52 und 53), BWV 687 (Takt 25 und 73), BWV 688 (Takt 27), BWV 689 (Takt 17/18, 27/28 und 37).

[27] BWV 676 (Takt 48), BWV 679 (Takt 20 und 22), BWV 680 (Takt 34 und 69) und andere.

Inventionen für Violine und Basso continuo von Francesco Antonio Bonporti stammen. Im BWV[3] erhielten sie ihren Platz im „Supplement 2: Bachs Notenbibliothek". Offenbar diente als Vorlage für Spittas Abschrift die Berliner Quelle *P 270*, die 1723 entstand und handschriftliche Eintragungen J. S. Bachs enthält. Dies erklärt Spittas Notiz „copirt nach dem [...] Autographe".

S. 19–21: „2. Fuga a. 3. v. di J. S. Bach." Mit der folgenden Anmerkung von Spitta: „Nach einem neuen Manuscript aus [...] in Hamburg | (1830) an die Königl. Bibl. in Berlin gekommen. In einem Sammelbande Sign. | 287" (die obere Hälfte der Notiz ist beschnitten und daher nicht vollständig zu entziffern). Offenbar bezieht sie sich auf *P 287*. Es handelt sich um die Fuge in e-Moll BWV Anh. 93/BWV[3] App A 30. Der Titel mit der Zuschreibung an J. S. Bach stimmt genau mit dem in *P 287* überein. In der Berliner Quelle findet sich mit Bleistift die spätere Zuweisung „Kirnberger", die in Spittas Abschrift hingegen fehlt. Die Zuschreibung des Werks an J. S. Bach ist zweifelhaft.

S. 21–25: „3. Fuga a. 3. Voc. di J. S. Bach." Mit einer Notiz von Spitta: „Ebendaselbst das folgende Stück". Es handelt sich um die Fuge in G-Dur BWV Anh. 91/BWV[3] App A 32. Die Abschrift geht ebenfalls auf *P 287* zurück. Der Titel stimmt mit der Berliner Vorlage überein. Die Zuschreibung an J. S. Bach ist zweifelhaft.

S. 25–32: „4. FANTASIA clamat in G♮ | di | Johann Sebastian Bach." Mit einer Notiz von Spitta: „Alte Handschrift aus derselben Auction in dem Besitz der | Grafen Voss-Buch, von da an die K. Bibl. in Berlin gekommen. (derselbe Band 287)". Die Vorlage für diese Abschrift von BWV 571 ist eine ebenfalls in P 287 befindliche Abschrift von Johann Peter Kellner, deren Titel genau übernommen ist. Das Werk wurde in BWV[2a] aus dem Bestand der authentischen Werke ausgeschieden; BWV[3] akzeptiert es wieder als echt, weist jedoch auf die Ähnlichkeit des ersten Themas mit dem Präludium der ersten Suite aus Johann Kuhnaus *Neue Clavier-Übung* (1698) hin. In der vorliegenden Handschrift findet sich eine Notiz Spittas („Kuhnausches Thema, sonst ganz nach dem grossen Orgelstück aus g-moll von Buxtehude"), die für künftige Forschungen zur stilistischen Einordnung hilfreich sein könnte.

S. 32–43: „5. Fantasia in A moll." Mit einer Notiz von Spitta: „nach einer aus dem Fischhofschen Nachlaße kommenden Handschr. auf der K. Bibl. zu Berlin". Vorlage ist demnach die aus Joseph Fischhofs Besitz stammende Handschrift *P 318*. Bei dem Werk handelt es sich um die Orgel-Fantasie in a-Moll BWV 561/BWV[3] App B 40. Die Authentizität des Werks ist zweifelhaft.

S. 43–45: „6. Fuga ex A mol di J. S. Bach". Mit einer Notiz von Spitta: „(Aus dem Westphalschen Nachlaße auf der Königl. Bibl. zu Berlin, Sign. P 291, 34stes Stück)". Der Titel entspricht exakt der Vorlage. Es handelt sich um die Fuge in a-Moll BWV 958.

S. 46–48: „7. del Sig. Sebast. Bach." Mit einer Notiz von Spitta: „Nach einer Handschrift aus der Königl Bibl. in Berlin, Sign. P. 295". Die Authentizität des Werks ist zweifelhaft. Es handelt sich um Largo und Allegro in G-Dur BWV Anh. 111/BWV[3] App A 33.

S. 48–50: „8. [Ist von Heinichen. S. dessen Generalbaß p. 885 lt.]" Titel von Spitta. Es handelt sich um die Fantasie BWV Anh. 179/BWV[3] App C, S. 719.

S. 50–52: „9. Kleines Harmonisches Labyrinth." Die Zuschreibung an J. S. Bach ist zweifelhaft. Siehe BWV 591/BWV³ App B 45.

S. 53–56: „[10.] Jesu Juva. Praeludium in c m di Joh: Seb: Bach." Mit einem von Spitta beschrifteten separaten Titelblatt, darauf zusätzliche Annotationen: „(Die Bleifedercorrecturen von A. Dörffel nach der Handschrift im Buche des Andreas Bach)" (oben), „c. Joh. Ch. Schmidt. Hartz. p. t. org. 9 9br 1713. [Copie nach dem auf der Königl Bibl. zu Berlin befindlichen Manuscr. 4. Oct. 1871]" (unten); darunter von anderer Hand „Blatt 71ᵇ u. 72ᵃ". Titel und Anmerkungen belegen, daß es sich um eine Abschrift nach *P 222*, Fasz. 1 handelt (Präludium in c-Moll BWV 921). Auch im Notentext finden sich zahlreiche Eintragungen von Spittas Hand.

S. 57–64: „11. Allemande et Gigue d. J. Seb. Bach." Mit einem von Spitta beschrifteten separaten Titelblatt, darauf zusätzliche Annotationen über und unter dem Incipit: „nicht erschienen", „Aus Fischhoff's Nachlaß auf der Königl. Bibliothek zu Berlin". Die Zuschreibung an J. S. Bach ist zweifelhaft. Es handelt sich um die Allemande in c-Moll BWV 834 und die Gigue in f-Moll BWV 845 (BWV³ App A 18, 19). Spittas Notizen deuten auf eine Abschrift nach *P 314*.

S. 65–81: „12." Ohne Titel, aber mit einer Zuweisung an „Seb. Bach". Mit Notizen von Spitta: „Befindlich in einer zu Bach's Lebzeiten gemachten Handschrift mit Beglaubigung der Autorschaft durch Ph. E. Bach, auf der K. Bibl. zu Berlin"; darunter die Angabe: „gehört wohl zu den Violin-Inventionen". Es handelt sich um die nach *P 650* kopierte Partita in c-Moll BWV 997.

S. 83–87: „13. Trio a 2 Clav. u. Ped. v. J. S. Bach." Mit einer Notiz von Spitta: „(Fragment. Handschr. der Kngl. Bibl.)". Es handelt sich um das Orgel-Trio in c-Moll BWV 585, kopiert nach *P 289*, Fasz. 3.

S. 88–89: „14. Praeludium z. № 4. der Franz. Suiten, in einer Handschrift Sig. P. 289". Mit einer Notiz von Spitta: „Königl. Bibl. zu Berlin". Es handelt sich um das Präludium aus der Französischen Suite in Es-Dur BWV 815.3, kopiert nach *P 289*, Fasz. 3.

S. 89–94: „Fuge d. Sigl. Marcello."

S. 95–97: „15. Choral (Herzlich thut mich verlangen) für zwei Manuale und Pedal." Mit einer Notiz von Spitta: „[nach einem Mnscr. mittleren Alters aus der Rudorffschen Sammlung, welches Bachs Namen allerdings nicht trägt, wahrscheinlich jedoch ist es seine Composition]". Mit separatem Titelblatt. Es handelt sich um eine nach der Vorlage D-LEb, *Ms. R. 24* kopierte Komposition von Johann Peter Kellner; siehe BWV Anh. 47/BWV³ App C, S. 712.[28]

S. 99–101: „16. Dreistimmige Fuge (cis moll)." Mit einer Notiz von Spitta: „[nach einem Mnscr. mittleren Alters aus der Rudorffschen Sammlung, Bachs nicht genannt, aber seine Autorschaft bei diesem vorzüglichen Stücke wohl kaum anzuweifeln]". Es handelt sich um Johann Philipp Kirnbergers Fuge in cis-Moll.[29]

S. 103–106: „17. Fuga ex G dur del Sig. Giovann Bast. Bach." Mit einer Notiz von Spitta am Ende der Abschrift: „Nach einer Handschrift aus dem Nachlaße von F. W.

---

[28] Vgl. auch NBA IV/11 Krit. Bericht (P. Wollny, 2004), S. 220 f.

[29] Siehe R. Engelhardt, *Untersuchungen über Einflüsse Johann Sebastian Bachs auf das theoretische und praktische Wirken seines Schülers Johann Philipp Kirnberger*, Diss. Erlangen-Nürnberg [1974], S. 339 (Nr. 32). Ich danke Bernd Koska (Leipzig) für seine Hilfe bei der Identifizierung des Autors.

Rust jetzt (1872) im Besitze von Dr. W. Rust in Berlin." Es handelt sich um eine nach der Vorlage *D Gs Cod. Ms. 2020.21/2* (vormals D-Gb, *Ms. Esser 2*) angefertigte Abschrift der Orgelfuge in G-Dur BWV 577.

Insgesamt zeigt die hier besprochene Handschrift, wie Spitta sich – größtenteils nach Vorlagen aus dem Bestand der Staatsbibliothek zu Berlin – Abschriften anfertigen ließ und diese sorgfältig studierte; seine Aufmerksamkeit galt dabei auch Kompositionen, deren Echtheit angezweifelt wurde oder zu seiner Zeit nicht bestätigt war. Die vorstehend mitgeteilten Anmerkungen sind von historischem Wert und geben wertvolle Einblicke in Spittas Arbeitsweise.

Aus der Wiederentdeckung der hier präsentierten Handschriften ergeben sich neue Perspektiven für die Suche nach weiteren bisher verschollenen Teilen der Sammlung Spitta. Die Sichtung eines Auktionskatalogs von C. G. Boerner führt zu der Erkenntnis, daß einige Exemplare noch fehlen.[30] Nicht alle in den Aufsätzen von Christoph Wolff als verschollen verzeichneten Quellen sind bisher wieder aufgefunden worden. Sie würden gewiß weitere Aufschlüsse zur Quellenüberlieferung von Bachs Werken geben und die Forschungsarbeiten Philipp Spittas weiter erhellen, die die Grundlage für seine monumentale Studie zu Bachs Leben und Werk bildeten und bei denen es sich um Musikwissenschaft von höchstem Rang handelt.

Übersetzung: *Stephanie Wollny*

---

[30] Siehe C. G. Boerner, *Katalog einer kostbaren Autographen-Sammlung aus Wiener Privatbesitz. Wertvolle Autographen und Manuskripte aus dem Nachlass von Josef Joachim, Philipp Spitta, Hedwig von Holstein*, Leipzig 1908, S. 1 f.

Johann Christian Bachs Bücher. Ein Zufallsfund

Von Juliane Riepe (Halle/S.)

I. „Dis-moi ce que tu lis, et je te dirai ce que tu es"?

Das dem französischen Historiker Pierre de La Gorce zugeschriebene Diktum „Sage mir, was du liest, und ich sage dir, was du bist" gibt, so scheint es, eine elementare Erfahrung wieder: Die Bücher, mit denen sich jemand umgibt, können ein Spiegel dessen sein, womit sich eine Person gedanklich beschäftigt. Ihre Auswahl mag berufliche Schwerpunkte spiegeln, verweist aber vielleicht auch auf die persönlicheren Neigungen und Interessen, auf die Gedankenwelt dessen, der diese Bücher besitzt und – vielleicht – auch liest. Kein Wunder also, das insbesondere die biographische Forschung daran interessiert ist, etwas über die Buchbestände und Lektüregewohnheiten ihrer Untersuchungsobjekte zu erfahren – dies umso mehr, wenn es sich um historische Personen handelt, über deren private Gedankenwelt sich wenig sagen läßt, weil entsprechende Quellen rar sind oder fehlen. Hätten wir ein Verzeichnis des Inhalts von Händels Bücherschrank (seinen Bücherschränken?), dann ließe sich möglicherweise ein klein wenig mehr darüber sagen, worauf dieser, was Privates betrifft, so wenig mitteilungsfreudige Mann seine Gedanken und Interessen richtete, wenn er sich nicht gerade mit Musik beschäftigte.
Ein solcher Wunsch blieb jedoch bisher nicht nur, was Händel betrifft, unerfüllt. Von der großen Mehrheit der europäischen Komponisten des 18. Jahrhunderts (und früher) wissen wir nichts über die Bücher, die sie besaßen; bekannt sind weder Verzeichnisse noch mit einem Namenseintrag bezeichnete Exemplare aus ihrem Besitz.[1] Deutlich besser sind wir über die Gemälde-

---

[1] Ausnahmen sind etwa Johann Sebastian Bach (vgl. u. a. C. Wolff, *Die Bücher in J. S. Bachs Bibliothek*, in: Johann Sebastian Bach's personal copy of Abraham Calov's bible commentary. History, significance, perspectives, hrsg. von A. Clement, Amersfoort 2023, S. 71–80; R. Marquard, *Johann Sebastian Bach in seinen Büchern. Gedankengänge durch die Bibliothek des Leipziger Thomaskantors*, Altenburg 2023, und die dort genannte Literatur), Wolfgang Amadeus Mozart (*allzeit ein buch: Die Bibliothek Wolfgang Amadeus Mozarts*, hrsg. von U. Konrad und M. Staehelin, Weinheim 1991 [Ausstellungskataloge der Herzog August Bibliothek. 66.]) oder notorische Sammler wie Giambattista Martini (O. Mischiati, *Padre Martini e la sua biblioteca*, in: Collezionismo e storiografia musicale nel Settecento. La quadreria e la biblioteca di padre Martini, hrsg. von G. Degli Esposti, Bologna 1984, S. 127–142).

sammlungen einiger Komponisten dieser Zeit informiert.[2] Inwiefern die Daten, die uns hierzu vorliegen, tatsächlich Zugänge zur Lebens- und Geisteswelt, ja zur Persönlichkeit der Besitzer bieten, bleibt offen. Für Büchersammlungen gelten in dieser Hinsicht wohl ebenfalls starke Einschränkungen, wie vermutlich jeder Leser beim Blick auf die eigenen Bestände bestätigen wird. Die Motive, die Bücher in einen Haushalt wandern und sie dort verharren lassen (oder auch nicht), sind höchst unterschiedlich – es kann sich um Ererbtes, Geschenktes, Gekauftes, Gelesenes und Nichtgelesenes handeln, um beruflich angeschaffte Arbeitsmittel, die aktuell nützlich sind oder es einmal waren, um privat-individuell als interessant oder unterhaltsam Empfundenes, um das, was gerade alle lesen, um Exemplare, die man wegen ihres monetären oder emotionalen Wertes behält, weil sie dekorativ oder repräsentativ sind oder weil man noch keine Zeit hatte, sie endlich auszusortieren.[3] Wer zweihundertfünfzig oder dreihundert Jahre später einige wenige dieser Exemplare in die Hände bekommt, wird, wenn es an entsprechenden Einträgen oder anderen Quellen fehlt, schwerlich in der Lage sein, mehr als Hypothesen zu formulieren.

Dies gilt auch für den hier vorzustellenden Zufallsfund. Bei der Suche nach einem französischen Libretto des 17. Jahrhunderts schien sich in einem italienischen Antiquariat, das seine Bücher auch online anbot, das Gewünschte zu finden; das Textbuch war in einem Sammelband der um 1700 in Amsterdam

---

[2] Vgl. stellvertretend T. McGeary, *Handel as art collector: art, connoisseurship and taste in Hanoverian Britain*, in: Early Music 37 (2009), S. 533–574, und P. Barbieri, *John Ravenscroft and Bernardo Pasquini: The Art Collections and Instruments of two Musicians in Late-Baroque Rome*, in: Music in Art 36/1–2 (2011), S. 257–274, sowie die dort genannte Literatur. In dem *Verzeichniß des musikalischen Nachlasses des verstorbenen Capellmeisters Carl Philipp Emanuel Bach* werden neben Noten und Instrumenten zwar Musikerbildnisse genannt, aber keine Bücher (C. Wolff, *Bibliothek, Archiv und Museum im Nachlass von Carl Philipp Emanuel Bach*, in: Wissenschaft und Kultur in Bibliotheken, Museen und Archiven. Klaus-Dieter Lehmann zum 65. Geburtstag, hrsg. von B. Schneider-Kempf u. a., München 2005, S. 69–76); siehe auch CPEB:CW VIII/5 (P. Wollny, 2023). Ähnliches gilt für die Auktionsliste, die nach dem Tod von Carl Friedrich Abel erstellt wurde (S. Roe, *The Sale Catalogue of Carl Friedrich Abel (1787)*, in: Music and the Book Trade from the Sixteenth to the Twentieth Century, hrsg. von R. Myers u. a., London 2008, S. 105–143).

[3] Mozart besaß eine vierbändige deutsche Molière-Ausgabe, die ihm sein späterer Schwiegervater Fridolin Weber 1778 geschenkt hatte. Dem Nachlaßverzeichnis zufolge war bei Mozarts Tod nur noch einer der Bände vorhanden. Martin Staehelin kommentiert: „Wann Mozart die übrigen drei Bände der Ausgabe weggegeben oder verloren hat, ist unbekannt; es ist klar, daß unter dieser Voraussetzung alle Überlegungen, ob und, im positiven Fall, wo Mozart etwas aus Molières Stücken hätte übernehmen oder verwerten können, unsicher bleiben müssen"; siehe *allzeit ein buch* (wie Fußnote 1), S. 46.

und Den Haag veröffentlichten Reihe *Recueil des opera* enthalten. Angeboten und erworben wurden neun Bände. Sie alle tragen auf dem Titelblatt oder auf einer der ersten Seiten des Bandes den Namenseintrag des Vorbesitzers: Johann Christian Bach.

II. Die Bücher: Bibliographisches, Einbände

Die Reihe *Recueil des opera* enthält Textbücher zu musikdramatischen Werken, die ab den 1670er und bis in die 1710er Jahre in Paris aufgeführt wurden. Das vorliegende Exemplar umfaßt die Bände 2, 3, 4, 6, 7, 8, 9, 11 und 12. Es ist denkbar, daß Johann Christian Bach auch die fehlenden Bände 1, 5 und 10 besaß; daher wurden diese ebenfalls in die Aufstellung in Anhang I aufgenommen.

Die ursprünglich in Paris von Christophe Ballard veröffentlichten Libretti zu den bei Hofe aufgeführten Opern und Balletten wurden ab den 1680er Jahren in Amsterdam und Den Haag nachgedruckt. Die ersten vier Bände des *Recueil des opera, des balets, & des plus belles pieces en musique, qui ont été représentées depuis dix ou douze ans jusques à présent devant Sa Majesté Tres-Chrétienne* gab 1684 bis 1693 „Suivant la copie de Paris" der Amsterdamer Verleger Abraham Wolfgang heraus. Die Bände 5 bis 7 druckten die „Héretiers d'Antoine Schelte" und die Bände 8–11 verlegte Henri Schelte. Ein zwölfter Sammelband erschien 1718 bei Guillaume de Voys in Den Haag. Insbesondere die ersten drei Bände wurden von Abraham Wolfgang und Henri Schelte mehrfach nachgedruckt. So sind etwa Auflagen des ersten Bandes für die Jahre 1684, 1690 und 1712 nachgewiesen und des zweiten für 1687, 1690, 1698 und 1712. Henri Schelte, der 1702 ein Druckprivileg für Holland und Westfriesland erhielt[4] (aber schon 1701 einen Band der Reihe herausgebracht hatte), verwendete spätestens ab 1708 mitunter einen leicht abweichenden Bandtitel (*Recueil des opera representez par l'Academie Royale de Musique depuis son etablissement*). In der Anordnung der Stücke folgen die Sammelbände im Großen und Ganzen der Chronologie der Pariser Erstaufführungen. Die einzelnen Librettonachdrucke haben jeweils eigene Titelblätter und eine eigene Seitenzählung. Sie wurden auch separat verkauft (und sind in dieser Form in Bibliotheken und im antiquarischen Handel zu finden). Die *Recueil*-Bände sind mit Inhaltsverzeichnissen ausgestattet. Gleiche Bandnummern haben gleiche Inhalte; die einzelnen Libretti können

---

[4] I. H. van Eeghen, *De Amsterdamse boekhandel 1680–1725*, Bd. 4, Amsterdam 1967, S. 95. Jeweils ein Exemplar des Druckprivilegs für „het Recueil van alle Operaas, in acht deelen", ist in unserem Exemplar von Bd. 11 nach *Sémélé* und *Méléagre* eingebunden.

aber aus unterschiedlichen ‚Auflagen' stammen (dies betrifft in unserer Sammlung etwa Bd. 3). Dasselbe gilt auch für die *Recueil*-Bandfolgen; bei unseren Bänden stammt Bd. 2 aus der Henri Schelte-Ausgabe von 1712, Bd. 3 aus einer etwas älteren Schelte-Ausgabe (1708), Bd. 4 aus der Wolfgang-Ausgabe von 1693.

Bei den Büchern aus dem Besitz Bachs handelt es sich um neun auf gleiche Art gebundene Halbleder-Bände im Duodez-Format (ca. 14 × 8,5 cm). Der Rückenbezug besteht aus marmoriertem Kalbsleder. Er weist vier Bünde auf. Ober- und unterhalb der beiden unteren Bünde findet sich eine wellenförmig-florale goldgeprägte Zierleiste, ebenso oben und unten am Buchrücken und als Einrahmung des hellbraunen Titelschildchens, das seinerseits von einer schmalen goldenen Zierleiste umrahmt ist. Die Aufschrift lautet „THEAT. FRANC.", „THEATR. FRANC." beziehungsweise „THEATRE FRANC". Die Schnitte zeigen auf allen Seiten ein schwarzblau marmoriertes Muster. Als Bezugspapier wurde schlichtes braun-beige gestrichenes Papier mit kontrastierendem schwarzem Tupfenmuster verwendet.

Die neun Bändchen enthalten in Frankreich verfaßte Libretti zu ebenfalls in Frankreich erstaufgeführten Opern. Gedruckt wurden sie allerdings in den Niederlanden. Ob die Produkte der Amsterdamer Verleger Abraham Wolfgang sowie Antoine und Henri Schelte und des Den Haager Verlegers Guillaume de Voys außerhalb des Landes gebunden oder ungebunden vertrieben wurden, konnte ich nicht ermitteln.[5] Recherchiert man in online-Antiquariaten nach Einband-Fotos von Ausgaben dieser Verleger, erhält man den Eindruck, daß die meisten dieser Bücher nach französischer Art gebunden wurden (Ganzleder mit mehr oder minder reicher Goldprägung auf dem Buchrücken). Die neun Bändchen weichen von dieser Praxis ab. Zugleich lassen sich ihre Einbände keinem definierten Typus und keiner klar zu benennenden geographischen Herkunft zuordnen – sowohl niederländische als auch italienische und deutsche Einbände der Zeit weisen in ihrer Machart eine recht große Bandbreite auf (Pappe, Halbleder, Leder, in Deutschland und Italien nicht selten noch Pergament); zudem waren Buchbinder in der Lage, auch anders

---

[5] Vgl. zum thematischen Umkreis den Sammelband *Le Magasin de l'univers. The Dutch Republic as the centre of the European book trade. Papers presented at the International Colloquium, held at Wassenaar, 5–7 July 1990*, hrsg. von C. Berkvens-Stevelinck u. a., Leiden 1992, insbesondere die Beiträge von A. H. Laeven, *The Frankfurt and Leipzig book fairs and the history of the Dutch book trade in the Seventeenth and Eighteenth Centuries*, S. 185–197, und P. Raabe, *Die niederländischen Büchererwerbungen in der fürstlichen Bibliothek Wolfenbüttel im 17. und frühen 18. Jahrhundert*, S. 223–235 (die heutige Herzog August Bibliothek Wolfenbüttel besitzt mehrere Bände des *Recueil des opera*).

als landesüblich zu binden.[6] Da Bach die Bändchen mehr als ein halbes Jahrhundert nach dem Druck gekauft (oder geschenkt erhalten) hat, spricht ohnehin viel dafür, daß sie bereits gebunden waren, als sie in seinen Besitz übergingen. Darauf könnte auch der Zustand eines der Bände deuten.[7] Trifft dies zu, so würde ihr Einband keine Auskunft über Zeit und Ort des Erwerbs der Büchlein geben können.

Bach hatte spätestens ab den 1760er Jahren Kontakte nach Paris und war möglicherweise auch vor den Paris-Reisen im Zusammenhang mit dem Kompositionsauftrag für *Amadis* mehrmals in Frankreich.[8] Ab etwa Mitte August 1778 hielt er sich längere Zeit in Paris auf, um die Sänger kennenzulernen, die *Amadis* aufführen würden. Ein Jahr später, im August 1779, reiste er erneut nach Paris, um die Oper einzustudieren. Die Premiere fand am 14. Dezember statt; wie lange sich der Komponist danach noch in Paris aufhielt, wissen wir nicht.

In den Niederlanden war Bach bekannt und geschätzt; ein Großteil seiner Instrumentalwerke war dort im Handel erhältlich.[9] Im April 1769 konzertierte er in Amsterdam und möglicherweise in Gouda. Hier – wenn nicht in Paris, London oder andernorts – wäre es vielleicht am einfachsten gewesen, die Bände des *Recueil des opera* zu erwerben.

---

[6] Matthias Hageböck (Anna-Amalia-Bibliothek Weimar) und Jens Wehmann (Bibliothek der Stiftung Händel-Haus Halle) sei für Erläuterungen und Auskünfte herzlich gedankt.

[7] Der Rücken von Band 3 ist angebrochen. Dies war er offenbar bereits, als Bach ihn erhielt. Die Beschädigung des Einbandes hatte (und hat) nämlich zur Folge, dass sich das Buch, wenn man es aufschlägt, nicht beim Bandtitelblatt öffnet, sondern auf dessen Rückseite (beim Inhaltsverzeichnis). Blättert man einmal um, gelangt man zum Titelblatt des ersten Librettos im Band (*Amadis*). Hierhin hat Bach ausnahmsweise seinen Namenszug gesetzt. Dies könnte darauf deuten, dass das Buch und mit ihm die übrigen, gleich ausgestatteten Bändchen bereits gebunden waren, als sie in seine Hände kamen. Allerdings hat Bach in Band 9 ebenfalls nicht das Bandtitelblatt, sondern erst das Titelblatt des ersten Librettos im Band signiert. Bei diesem Band ist die Bindung nicht in der beschriebenen Weise beschädigt.

[8] Vgl. dazu M. Brenet, *Un fils du grand Bach à Paris*, in: Le Guide musical 48 (1902), S. 551–553 und 571–573; S. Roe, *The „Paris" Bach*, in: Bunte Blätter. Klaus Mecklenburg zum 23. Februar 2000, gesammelt von R. Elvers und A. Moirandat, Basel 2000, S. 247–254, und B. Wilcox, *Amadis de Gaule*, in: The Operas of Johann Christian Bach: An Introduction, hrsg. von J. B. Grant, Los Altos 2023, S. 143–160, hier S. 144. – Stephen Roe möchte ich für seine Hinweise und für den Austausch zum Thema herzlich danken.

[9] Hierzu und zum Folgenden R. Rasch, *Johann Christian Bach in Eighteenth-Century Dutch Newspaper Announcements*, in: Tijdschrift van de Koninklijke Vereniging voor Nederlandse Muziekgeschiedenis 50 (2000), S. 5–51, hier vor allem S. 11–13.

III. Die Nameneinträge als Hinweis auf den Zeitpunkt der Erwerbung

Der Namenszug Johann Christian Bachs befindet sich in den meisten der *Recueil*-Bände auf der Band-Titelseite (2, 4, 6, 7, 8, 11, 12), bei zweien auf der Titelseite des ersten Librettos (*Amadis* in Band 3; *Pomone* in Band 9). In keinem der Bändchen gibt es weitere handschriftliche Einträge.[10] Bach verwendete bei seinem Namenseintrag in den neun Büchlein die italienische Form „G[iovanni] C[ristiano] Bach". Sie erscheint durchweg im größten Teilbestand seiner Briefe, den Schreiben an Padre Martini (unabhängig vom Absendeort),[11] außerdem in vielen seiner Notenautographe, auch solchen, die in England entstanden.[12]

Trägt man Beispiele für Bachs Namenszug zusammen und ordnet sie chronologisch, wird sichtbar, daß sich dessen Form im Laufe der Zeit in charakteristischer Weise wandelt.[13] In Briefen und Kompositionen aus der zweiten Hälfte der 1750er Jahre verwendet Bach unterschiedliche Abkürzungen: „Giov: Christiano Bach", „Giov: Christ. Bach", „Giov: Chr: Bach", „Giov. C Bach", „G. C. Bach", recht häufig auch „G C Bach". Die Formen des „B" weichen leicht voneinander ab; charakteristisch ist in diesen Jahren aber (wie in Unterschriften seines Vaters) das im Nachnamen oberhalb des „c" ansetzende „h". Dieses Detail findet sich (soweit ich sehen konnte) ausnahmslos in allen Namenszügen bis 1759. In einem Brief vom 14. Juli 1759 aus Mailand an Padre Martini[14] taucht dann ein am unteren Bogen des „c" ansetzendes „h" auf. Mit einer Ausnahme[15] kehrt Bach augenscheinlich nicht mehr zu der früheren Schreibweise dieser Buchstabenverbindung zurück. Im Laufe des Jahres 1760 beginnt er in seinem Namenszug ein auffällig verschnörkeltes „B" zu verwenden, das bis mindestens 1763 prägend bleibt. In einem Eintrag

---

[10] In Band 2, *Proserpine*, S.18/19, finden sich Tintenflecken; hier war offenbar ein Zettel eingelegt. In drei Libretti wurde das Frontispiz herausgerissen (in Bd. 4 zu *Enèe et Lavinie*, in Bd. 6 zu *L'Europe galante*, in Bd. 7 zu *Venus et Adonis*).

[11] Vgl. A. Schnoebelen, *Padre Martini's Collection of Letters in the Civico Museo Bibliografico Musicale in Bologna. An annotated Index*, New York 1979.

[12] Roe, *The „Paris" Bach* (wie Fußnote 8), S. 252f.

[13] Vgl. Anhang II. Aus Raumgründen wurden hier nur einzelne Beispiele abgedruckt, auf weitere wird verwiesen. Ziel der Übersicht konnte es im vorliegenden Zusammenhang nicht sein, eine vollständige, sämtliche Quellen berücksichtigende Untersuchung zu Bachs Varianten seines Namenszugs vorzulegen. Die in Auswahl herangezogenen Quellen ergaben ein weitgehend konsistentes Bild.

[14] I-Bc, *Carteggio G. B. Martini, I.024.074*.

[15] Brief an Padre Martini, Mailand, 27. Dezember 1759 (I-Bc, *Carteggio G.B. Martini, I.024.077*).

in einem Stimmheft aus op. 3 (1765?) ist es verschwunden.[16] In der zweiten Hälfte der 1760er Jahre etabliert sich eine Variante, die Bach dann, soweit zu sehen ist, nicht mehr verändert: Die Buchstaben „G" und „C" schreibt er (wie gelegentlich schon früher) ohne Abkürzungspunkt und in einem Zug, so daß das „C" als „t" erscheint. Der Nachname ist kaum oder gar nicht abgesetzt; häufig findet sich ein nach dessen letztem Buchstaben beginnender Schnörkel unter dem gesamten Namenszug oder auch nur unter dem Nachnamen. Diese Schreibform ist bis mindestens Juli 1778 nachweisbar. Ihr entspricht auch der Namenszug in den *Recueil*-Bändchen, nur der Schnörkel unter dem Namen fehlt. Damit läßt sich wenn nicht der Erwerb, so doch Bachs Signatur in den Bänden auf die Zeit von etwa 1765 bis zu seinem Lebensende († 1.1.1782) datieren.

IV. Provenienzgang nach Bachs Tod

In welche Hände die neun Bändchen nach Bachs Tod gelangten (falls sie zu dieser Zeit noch in seinem Besitz waren), ist bislang weitgehend offen. In dem am 14. November 1781 aufgesetzten Testament vermachte der Komponist seiner Witwe Cecilia Grassi seinen gesamten Besitz.[17] Allerdings hinterließ er ihr auch beträchtliche Schulden.[18] Die ökonomische Notlage der Witwe war offenbar so groß, daß Königin Charlotte zwar nicht Bachs Schulden, aber doch die Beerdigungskosten übernahm und Cecilia Grassi eine jährliche Rente aussetzte.[19] Diese ließ im März und April 1782 in zwei Auktionen Tasteninstrumente ihres Mannes, Wertgegenstände, Zeichnungen und Musikalien,

---

[16] Vgl. S. Roe, *Johann Christian Bach and Cecilia Grassi: The Publication of Amadis de Gaule*, in: The Sons of Bach. Essays for Elias N. Kulukundis, hrsg. von P. Wollny und S. Roe, Ann Arbor 2016, S. 158–173, hier S. 173.

[17] Das Testament ist wiedergegeben in *The Collected Works of Johann Christian Bach, 1735–1782*, hrsg. von E. Warburton, Bd. 48/2: *Sources and Documents*, New York 1999, S. 583.

[18] Die Schulden waren angeblich derart beträchtlich, dass unmittelbar nach Bachs Tod Gläubiger in sein Wohnhaus eindrangen und die Behörden Wertsachen beschlagnahmten, darunter auch Objekte aus dem Besitz von Wilhelm Friedrich Ernst Bach (dem ältesten Sohn seines Bruders Johann Christoph Friedrich Bach), der seit 1778 bei seinem Onkel in London lebte, aber auf das Vorgefallene hin, weil ihm „längeres Verweilen in England überhaupt verleidet wurde", das Land verließ (Anon., *Wilhelm Friedrich Ernst Bach*, in: Neuer Nekrolog der Deutschen 23 (1845), Weimar 1847, S. 981–984, hier S. 982).

[19] *Court and Private Life in the Time of Queen Charlotte, being the Journals of Mrs Papendiek, Assistant Keeper of the Wardrobe and Reader to her Majesty*, hrsg. von V. Delves Broughton, London 1887, Bd. 1, S. 151–153.

aber auch „a select parcel of books" versteigern. Offenbar gab es einen Auktionskatalog, es hat sich jedoch kein Exemplar erhalten.[20] Im Verlauf des Jahres 1782 reiste Grassi in ihre italienische Heimat. Ob sie zunächst beabsichtigte, dort zu bleiben, oder ob sie England nur für eine begrenzte Zeit verlassen wollte, ist nicht bekannt.[21] Möglicherweise nahm sie einen Teil des verbliebenen Erbes ihres Mannes mit nach Italien – dort, wo die fraglichen neun Bändchen 240 Jahre später wieder zum Vorschein kamen.

Aus diesem Zeitraum ist bislang nicht mehr als eine Zwischenstation bekannt. Alle neun Bändchen sind mit einem Exlibris des Sammlers Bruno Brunelli Bonetti (1885–1958) versehen. Mit dem Namen des Paduaner Literatur- und Kulturhistorikers ist insbesondere eine Studie über die Theater Paduas[22] und vor allem eine bis heute maßgebliche Edition der Werke und Briefe Pietro Metastasios verbunden.[23] Die Theater- und Kulturgeschichte Italiens im 18. Jahrhundert war einer seiner Studienschwerpunkte. Daß Brunelli Bonetti nicht erkannt haben sollte, wer der Vorbesitzer der Libretti war, in die er sein Exlibris einklebte, ist daher schwer vorstellbar. Nach den Titeln seiner Schriften zu urteilen, scheint er sich jedoch mit Johann Christian Bach nicht beschäftigt zu haben.[24] Brunelli Bonetti legte testamentarisch fest, daß ein Teil seiner Sammlung zur Theatergeschichte Paduas sowie das Material für *I teatri di Padova* an das Museo Civico di Padova gehen sollte.[25] Seine umfangreiche Büchersammlung, die sowohl Drucke aus dem 17., 18. und 19. Jahrhundert als auch Schriften aus dem 19. und 20. Jahrhundert insbesondere zur Theatergeschichte umfaßte, wurde verkauft und ist in alle Winde zerstreut. Recherchiert man heute (2024) in Online-Antiquariaten, so werden mit seinem Exli-

---

[20] S. Roe, *Johann Christian Bach and Cecilia Grassi: Portrait of a Marriage*, in: The Sons of Bach (wie Fußnote 16), S. 134–157, hier S. 149–152.

[21] Spätestens ab 1786 hielt sie sich vermutlich wieder dauerhaft in London auf, wo sie 1791 starb; siehe Roe, *Johann Christian Bach and Cecilia Grassi* (wie Fußnote 16), S. 154 f.

[22] *I teatri di Padova. Dalle origini alla fine del secolo XIX*, Padua 1921, und *Appendici alla storia dei teatri di Padova. Il carteggio teatrale degli Obizzi*, 2 Bde., Padua 1952/53.

[23] *Tutte le opere di Pietro Metastasio*, 5 Bde., Mailand 1947–1954.

[24] Einen Überblick über die Biographie und die Schriften Brunelli Bonettis gibt P. Maggiolo, *Bruno Brunelli Bonetti. Notizie biografiche, bibliografiche, culturali*, in: Per Bruno Brunelli Bonetti. Atti della giornata per Bruno Brunelli Bonetti, 23 novembre 2018. Padova, Caffè Pedrocchi, Sala Rossini, hrsg. von A. Daniele, Padova 2019 (Atti, documenti e testi, n. s., 3), S. 29–46.

[25] Die Schriften befinden sich heute in der Biblioteca Civica di Padova; vgl. V. Cinzia Donvito und M. Magliani, *Il fondo Brunelli Bonetti di manifesti teatrali della Biblioteca Civica di Padova*, in: Per Bruno Brunelli Bonetti (wie Fußnote 24), S. 73–81, hier S. 73.

bris versehene Bücher aus den letzten vier Jahrhunderten in Italien, Großbritannien und Deutschland angeboten. Ein Bogen zurück zu den Vorbesitzern der *Recueil*-Bändchen läßt sich gegenwärtig nicht schlagen.

V. Überlegungen und Hypothesen

Die Form von J. C. Bachs Namenszug erlaubt, wie zu sehen war, eine chronologische Einordnung seiner Besitzvermerke in die zweite Hälfte der 1760er oder die 1770er Jahre. Dies, verbunden mit dem Inhalt der Bändchen, legt die Vermutung nahe, daß deren Erwerbung mit Bachs Kompositionsauftrag für *Amadis* (1778) und *Omphale* in Zusammenhang stand. So ließe sich auch Bachs Interesse an einer mehr als ein halbes Jahrhundert zuvor gedruckten Libretto-Sammlung erklären.

Tatsächlich waren die Libretti des *Recueil* zu der Zeit, als *Amadis* entstand, durchaus noch – oder wieder – aktuell. Der Rückgriff auf jahrzehntealte Kompositionen kann als Besonderheit der französischen Opernpraxis des 18. Jahrhunderts gelten. Speziell die Werke Jean-Bapiste Lullys identifizierte man mit dem französischen Königtum und dem „grand siècle" Frankreichs und übertrug ihnen die Funktion nationaler Symbole.[26] Lully und Philippe Quinault als sein wichtigster Librettist wurden zu Klassikern. Quinault behielt diese Wertschätzung sogar noch länger als Lully, dessen Werke bei Hofe und in der Académie Royale – mehr oder minder stark bearbeitet – bis in die 1770er Jahre aufgeführt wurden (*Persée* 1770, *Amadis* 1771, *Bellérophon* 1773, *Thésée* 1779).[27] In derselben Zeit wurden Neuvertonungen der klassischen Texte der *tragédie lyrique* in Auftrag gegeben. Christoph Willibald Gluck präsentierte im September 1777 seine *Armide*; das Libretto von Quinault hatte bereits Lully vertont. Das Vorhaben, auch den ebenfalls schon von Lully komponierten *Roland* Quinaults noch einmal in Musik zu setzen, gab Gluck auf, als er erfuhr, daß bereits Niccolò Piccini damit beauftragt worden war.[28] Piccinis Vertonung kam im Januar 1778 zur Aufführung und blieb auch in den folgenden Jahren auf dem Spielplan; das Textbuch Quinaults hatte Jean-François Marmontel bearbeitet. In der gleichen Konstellation folgte im

---

[26] H. Schneider, *Die Rezeption der Opern Lullys im Frankreich des Ancien Régime*, Tutzing 1982, S. 301 f.
[27] Ebenda, S. 84, 313 f. und 352–356.
[28] Daß sich die Sujets mehrerer Pariser Opern Glucks in französischen Libretti des 17. und frühen 18. Jahrhunderts spiegeln, ist unübersehbar: ein *Orphée* von Louis Lully war 1690 in Paris zur Aufführung gekommen, Jean-Baptiste Lullys *Alceste* 1674, Lullys *Armide* 1686, eine *Iphigénie en Tauride* von Henri Desmarets und André Campra 1704. Die Libretti zu allen vier Werken sind in den Bänden des *Recueil des opera* enthalten.

Februar 1780 *Atys* (das Libretto von Quinault ursprünglich von Lully vertont, die Neubearbeitung des Textes von Piccini in Musik gesetzt).[29] Im Oktober 1777 hatte der Impresario Anne-Pierre-Jacques de Vismes du Valgay für zwölf Jahre, beginnend im April 1778, eine Konzession für die Pariser *Opéra* erhalten.[30] Um sich von den finanziellen Defiziten zu befreien, erhöhte de Vismes die Zahl der Aufführungen deutlich. Außerdem knüpfte er an den Trend des Rückbezugs auf die französischen Klassiker an. Im Zusammenhang mit der Wiederaufführung von Lullys *Thésée* schrieb er im Februar 1779 im *Journal de Paris*:[31]

> En remettant à ce Spectacle l'Opéra de Thésée, je ne me suis pas dissimulé, qu'un ouvrage dont la musique a été composée en 1675, c'est-à-dire, il y a plus de cent ans, pouvoit ne pas produire aujourd'hui la même sensation qu'il avoit excité alors: mais en prenant l'Administration de l'Opéra, je me suis proposé ainsi qùe je l'ai annoncé par le Prologue des Trois Ages, de rapprocher les ouvrages les plus éloignés par la distance de l'époque de leurs compositions, & de donner par-là au Public en général les moyens de comparer & de juger plus précisément les progrès que cet Art a fait parmi nous, & à chacun en particulier la faculté de jouir du genre qu'il préfere.

Als erste Oper der Saison plante de Vismes ursprünglich eine von André-Ernest-Modeste Grétry zu vertonende *Andromaque* auf der Basis von Jean Racines gleichnamigem Stück. Allerdings gab die Comédie Française die Rechte an Racines Werk nicht frei; de Vismes mußte auf das Projekt also zunächst verzichten und brachte stattdessen *Les trois âges de l'opéra* zur Aufführung, eine Art Potpourri zum Ruhme der ‚klassischen' französischen Oper, bestehend aus Einzelsätzen aus Werken u.a. von Lully, Rameau, Rebel, Gluck und Grétry. Zum Programm der folgenden Monate gehörten weitere Werke der großen französischen Opern-Vergangenheit, darunter Lullys *Thésée*, *Vertumne et Pomone* aus *Les élémens* von Destouches, Rameaus

---

[29] B. James, *The Musical World of Marie-Antoinette. Opera and Ballet in 18th Century Paris and Versailles*, Jefferson/North Carolina 2021, S. 51.

[30] James, *The Musical World of Marie-Antoinette* (wie Fußnote 29), S. 100–104; vgl. auch A. Dratwicki, *1778–1779: The Académie Royale in turmoil*, in: Johann Christian Bach. Amadis de Gaule, hrsg. von A. Dratwicki, Venedig 2012 [Beiheft zur Einspielung durch Solamente Naturali Bratislava/Musica Florea Prag 2012], S. 65–69.

[31] A.-P.-J. de Vismes, *Aux Auteurs du Journal*, in: Journal de Paris, Nr. 46 vom 15. Februar 1779, S. 183. In ähnlicher Formulierung war in den *Mémoires secrets pour servir à l'histoire de la République des Lettres en France*, hrsg. von M.-F. de Pidansat de Mairobert, Bd. 13, London 1784, S. 287, im gleichen Zusammenhang zu lesen: „L'objet de cette reprise est de mettre & de rapprocher sous les yeux du public les termes les plus éloignés des compositions musicales de notre théâtre".

Castor et Pollux und *Pygmalion*, außerdem noch einmal Glucks *Armide* und Piccinis *Roland*. François-Joseph Gossec erhielt den Auftrag, Quinaults *Thésée* neu zu vertonen; die Oper lag offenbar 1778 bereits vor, wurde aber erst 1782 aufgeführt. Im Oktober 1780 erklang in der Académie Royale eine weitere Quinault-Bearbeitung, der von François-André Danican Philidor vertonte *Persée*.

Bachs *Amadis* auf ein von Alphonse-Marie-Denis de Vismes, einem Bruder des Impresarios, bearbeitetes Textbuch gehört in diese Folge von insgesamt sechs Neuvertonungen von Quinault-Libretti, die von 1777 bis 1780 für die Académie Royale entstanden beziehungsweise dort aufgeführt wurden.[32] Ob Bach über de Vismes Konzept informiert war, läßt sich nicht sagen; es scheint aber plausibel, daß der Impresario dem Komponisten seine Strategie erläuterte, als er ihm den Kompositionsauftrag zukommen ließ. Die Pariser Tendenz zu einer erneuten Beschäftigung mit den Textbüchern Quinaults und generell mit den ‚Klassikern' des 17. Jahrhunderts konnte Bach bereits 1777/78 beobachten. Es ist denkbar, daß er in diesem Zusammenhang die Sammelausgabe mit Libretti des 17. und frühen 18. Jahrhunderts erwarb – sie enthält nicht nur Quinaults *Amadis* (Bd. 3), dessen Bearbeitung er zu vertonen hatte, und *Omphale* (Bd. 8), für deren Vertonung Bach ebenfalls einen Auftrag erhielt,[33] sondern auch *Armide* (Bd. 3), *Thésée* (Bd. 1), *Atys* (Bd. 1), *Roland* (Bd. 3) und *Persée* (Bd. 2), Vorlagen zu Neuvertonungen, die in jenen Jahren entstanden. Daß Bach Grund hatte, sich einen Überblick über dieses Repertoire zu verschaffen, gilt umso mehr, wenn zutrifft, was im November 1779 in *L'esprit des journaux* zu lesen war.[34] Demnach hätte Bach die Wahl des von ihm zu vertonenden Librettos selbst getroffen.

---

[32] Zu Bachs *Amadis* vgl. *Johann Christian Bach. Amadis de Gaule* (wie Fußnote 30); „Amadis de Gaule" (1779) de Johann Christian Bach, Philippe Quinault et Saint-Alphonse. Livret, études et commentaires, hrsg. von J. Duron, Wavre 2011, und jüngst Wilcox, *Amadis de Gaule* (wie Fußnote 8).

[33] Brenet, *Un fils du grand Bach à Paris*, S. 573. Einem von Brenet zitierten Dokument aus dem Archiv der Pariser Opéra zufolge stammte das Textbuch ebenfalls von Alphonse de Vismes. Daß es sich abermals um eine Bearbeitung handelte, ist nicht mehr als eine (plausible) Vermutung; die wahrscheinliche Vorlage wäre das – in Bd. 8 des *Recueil* enthaltene – Libretto von Antoine Houdar de La Motte, vertont von André Cardinal Destouches (Paris 1701) und Jean-Baptiste Cardonne (Paris 1769). Laut dem von Brenet zitierten Dokument hätte Bach mit der Vertonung begonnen, sie aber vor seinem Tod nicht mehr abschließen können.

[34] *L'esprit des journaux, françois et étrangers*, Bd. 11, November 1779, S. 282; zitiert bereits bei M. Traversier, *L'Amadis de Gaule de Johann Christian Bach: un pari perdu?*, in: „Amadis de Gaule" (wie Fußnote 32), S. 39–59, hier S. 52.

OPÉRA
Mr. Bach, maître de musique de la reine & de la famille royale d'Angleterre, est arrivé à Paris, au mois d'août dernier. Il apporte l'opéra *d'Amadis de Gaule*, de Quinault, qu'il a mis en musique d'après son propre choix & du consentement de l'administration de l'académie royale de musique. Le poëme a été arrangé; & il est coupé de la maniere la plus propre à faire briller les talens de cet habile compositeur. M. Bach est logé à l'hôtel de Bretagne, rue Croix-des-petits champs.

Hat Bach die *Recueil*-Bändchen erworben, um aus dieser Librettosammlung die Textgrundlage für seinen ersten Pariser Opernauftrag auszuwählen? Mehr als eine Hypothese läßt sich an dieser Stelle nicht formulieren. Auch wenn hier zum ersten Mal Bücher aus Bachs Bibliothek greifbar sind – den Wunsch, in Erfahrung zu bringen, „ce qu'était Bach", erfüllen sie uns bestenfalls ein winziges Stückchen weit.

Anhang I
Die Bände und ihr Inhalt

AAS = Amsterdam, Antoine Schelte
AHAS = Amsterdam, Héretiers d'Antoine Schelte
AHS = Amsterdam, Henri Schelte
LHGdV = La Haye, Guillaume de Voys
SlCiaP = Amsterdam, „Suivant la Copie imprimée, A PARIS"

Bd. 1[35]
RECUEIL DES OPERA, DES Balets, & des plus belles Pieces en Musique, qui ont été représentées depuis dix ou douze ans jusques à présent devant Sa Majesté Tres-Chrétienne
TOME PREMIER. Suivant la Copie de Paris
Amsterdam, Abraham Wolfgang, 1684 [oder spätere Ausgabe]

Les festes de l'amour et de Bacchus
Psyché
Cadmus et Hermione
Alceste ou Le triomphe d'Alcide
Thésée
Atys

Bd. 2
RECUEIL DES OPERA, REPRESENTEZ PAR L'ACADEMIE ROYALE DE MUSIQUE. TOME SECOND.
Amsterdam, Henri Schelte, 1712

---

[35] Fehlende Bände erscheinen hier eingerückt.

Johann Christian Bachs Bücher. Ein Zufallsfund 171

Isis	[AHS 1702]
Bellerophon	[AHS 1702]
Proserpine	[AHS 1701]
Le triomphe de l'amour	[AHS 1702]
Persée	[AHS 1707]
Phaeton	[AHS 1712]

Bd. 3
RECUEIL DES OPERA, REPRÉSENTEZ Par L'ACADEMIE ROYALE DE MUSIQUE.
TOME TROISIÈME
Amsterdam, Henri Schelte, 1708

Amadis	[AHS 1701]
Roland	[LHGdV 1714]
Armide	[AHS, o. J.]
Temple de la Paix	[o.O. 1697]
Ballet de la jeunesse	[AHS 1697]
Acis et Galatée	[AAS 1695]
Achille et Polixene	[AHS 1701]

Bd. 4
RECUEIL DES OPERA, DES Ballets, & des plus-belles Piéces en Musique, qui ont été représentées depuis dix ou douze ans jusques à présent devant sa Majesté tres-Chrétienne.
TOME QUATRIÈME. Suivant la Copie de Paris
Amsterdam, Abraham Wolfgang, 1693

Zephire et Flore	[SlCiaP 1688]
Palais de Flore	[SlCiaP 1689]
Thétis et Pelée	[AHS 1702]
Orphée	[AHS 1702]
Énée et Lavinie	[AHS 1702]
Coronis	[SlCiaP 1692]
Astrée	[SlCiaP 1692]

Bd. 5
RECUEIL DES OPERA, DES Ballets, & des plus-belles Piéces en Musique, qui ont été représentées dépuis dix ou douze ans jusques à présent devant sa Majesté tres-Chrestienne, TOME CINQUIEME. Suivant la Copie de Paris
Amsterdam, Chez les Héretiers d'Antoine Schelte, 1700 [oder andere Ausgabe]

Alcide
Didon
Medée
Circe

   Cephale et Procris
   Teagene et Cariclée
   Jason

Bd. 6
RECUEIL DES OPERA, DES Ballets, & des plus-belles Piéces en Musique, qui ont été représentées depuis dix ou douze ans jusques à présent devant sa Majesté tres-Chrétienne.
TOME SIXIEME. Suivant la Copie de Paris
Amsterdam, Héretiers d'Antoine Schelte, 1700

Ballet des amours de Momus	[AAS 1696]
Ballet des [quatre] saisons	[AAS 1696]
Aricie	[AHAS 1699]
L'Europe galante	[AHAS 1699]
Ballet de Villeneuve Saint-George	[AHAS 1699]
Ariane et Bachus	[AHAS 1699]
La naissance de Venus	[AAS 1697]

Bd. 7
RECUEIL DES OPERA, DES Ballets, & des plus-belles Piéces en Musique, qui ont été représentées depuis dix ou douze ans jusques à présent devant sa Majesté tres-Chrestienne.
TOME SEPTIEME. Suivant la Copie de Paris
Amsterdam, Héretiers d'Antoine Schelte, 1700

Meduse	[AHAS 1699]
Venus et Adonis	[AHAS 1699]
Issé	[AHS 1699]
Le triomphe de la raison sur l'amour	[AHS 1699]
Apollon et Daphne	[AHAS 1699]
Intermedes de musique [...] pour la comedie de Mirtil et Melicerte	[AHS 1699]
Le carneval	[AHAS 1699]
Amadis de Grece	[AHAS 1699]
Le carneval de Venise	[AHAS 1699]

Bd. 8
RECUEIL DES OPERA Représentez Par L'ACADEMIE ROYALE DE MUSIQUE Depuis son Etablissement
TOME HUITIEME
Amsterdam, Henri Schelte, 1712

Marthesie	[AHS 1700]
Les festes galantes	[AHS 1701]
Le triomphe des arts	[AHS 1701]

Johann Christian Bachs Bücher. Ein Zufallsfund 173

  Hesione   [AHS 1702]
  Arethuse   [AHS 1702]
  Scylla   [AHS 1702]
  Omphale   [AHS 1702]

Bd. 9
RECUEIL DES OPERA Représentez Par L'ACADEMIE ROYALE DE MUSIQUE, Depuis son Etablissement.
TOME NEUVIÈME
Amsterdam, Henri Schelte, 1706

  Pomone. Pastorale   [AHS 1705]
  Les peines et les plaisirs de l'amour   [AHS 1705]
  L'idylle sur la paix   [AHS 1705]
  Canente   [AHS 1705]
  Medus   [AHS 1705]
  Fragments de Mr. de Lully   [ASH 1705]
  Les muses   [AHS 1705]
  Le carnevale et la folie   [AHS 1705]

Bd. 10
Recueil des opera représentez par l'Academie Royale de Musique, depuis son etablissement.
Tome dixiéme
Amsterdam, Henri Schelte, 1708 [oder andere Ausgabe]

  Tancrede
  Ulysse
  Iphigénie en Tauride
  Télémaque
  Alcine
  Philomele
  Alcione
  Cassandre

Bd. 11
RECUEIL DES OPERA, Représentez Par L'ACADEMIE ROYALE DE MUSIQUE Depuis son Etablissement
TOME ONZIÉME
Amsterdam, Henri Schelte, 1712

  Polixene et Pirrhus   [AHS 1707]
  Bradamante   [AHS 1709]
  Hippodamie   [AHS 1709]
  Sémélé   [AHS 1711]
  Méléagre   [AHS 1711]

Diomede [AHS 1712]
Les festes venitiennes [AHS 1711]
Manto la fée [AHS 1712]

Bd. 12
RECUEIL DES OPERA, REPRESENTEZ Par L'ACADEMIE ROYALE DE MUSIQUE, Depuis son Etablissement. TOME DOUZIÈME.
La Haye, Guillaume de Voys, 1718

Idomenée [LHGdV 1715]
Les amours de Venus [LHGdV 1716]
Callirhoé [LHGdV 1716]
Medée et Jason [LHGdV 1716]
Telephé [LHGdV 1717]
Theonoé [LHGdV 1717]

Anhang II
Johann Christian Bach – Schreibweisen des Namenszuges

- Schreibweise ca. 1755 – 1759: Das „h" des Nachnamens setzt oben am vorhergehenden „c" an.

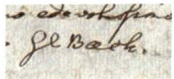

Milano, 24.6.1757 (I-Bc, Carteggio G. B. Martini, I.024.060)[36]

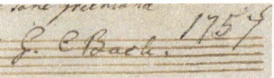

Invitatorio (1757), Warb E 6:1 (D-Hs ND VI 540 [1], Nr. 2)

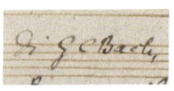

Tantum ergo (1757), Warb E 25 (D-Hs ND VI 540 [3], Nr. 9)

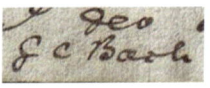

Milano, 29.10.1758 (I-Bc, Carteggio G. B. Martini, I.024.071)

Weitere Beispiele (Auswahl):
Lectio I *Parce mihi* (1757), Warb E 7 (D-Hs ND VI 540 [2], Nr. 11)
Miserere (1757), Warb E 10 (D-Hs ND VI 540 [3], Nr. 10)

---

[36] Die Briefe aus dem Carteggio Martini sind online einsehbar unter http://www.bibliotecamusica.it/cmbm/scripts/lettere/search.asp, die meisten der hier erwähnten Notenautographe unter https://www.bach-digital.de.

I-Bc, Carteggio G. B. Martini, I.024.057 (18.1.1757), I.024.070 (8.10.1757), I.024.065 (16.11.1757), I.024.069 (1.7.1758)

– Schreibweise ab etwa 1759: Das „h" des Nachnamens setzt beim oberen Bogen dieses Buchstabens, gelegentlich aber auch links unten an.

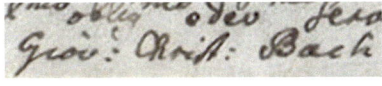
Milano, 14.7.1759
(I-Bc, Carteggio G. B. Martini, I.024.074)

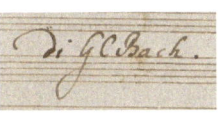
Domine (1760), Warb E 14 (D-Hs ND VI 540 [2], Nr. 5)

Weitere Beispiele (Auswahl):
Tantum ergo (1759) Warb E 26 (D-Hs ND VI 540 [2], Nr. 7)
Laudate pueri (1760), Warb E 19 (D-Hs ND VI 540 [3], Nr. 12)
I-Bc, Carteggio G. B. Martini, I.024.075 (7.8.1759) und I.024.076 (18.12.1759), Vertrag mit dem Turiner Opernhaus (Mai 1760); vgl. M. R. Butler, *The Misadventures of Arta??? (Turin 1760). J. C. Bach's First Italian Opera from Production to Performance*, in: Revaluing Theatrical Heritage: Selected Papers from Kortijk, Belgium, January 2013, Leuvers 2015, S. 89–104, hier S. 96.

– Schreibweise etwa 1760 bis 1763: auffallend verschnörkeltes „B"

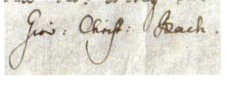
Milano, 17.6.1760 (I-Bc, Carteggio G. B. Martini, I.024.078)

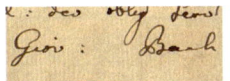
London, 1.7.1763 (I-Bc Carteggio G. B. Martini, I.024.083)

Weitere Beispiele (Auswahl):
I-Bc, Carteggio G. B. Martini, I.024.080 (14.2.1761), I.024.081 (22.2.1761), I.024.082 (10.4.1762)

– Schreibweise ab der zweiten Hälfte der 1760er Jahre (spätestens ab 1768 und mindestens bis 1778): Die Initialen der Vornamen „G" und „C" werden ohne Punkt in einem Zug geschrieben, so daß das „C" (wie gelegentlich schon früher) als „l" erscheint; der Nachname ist kaum oder gar nicht abgesetzt; mehrfach findet sich ein nach dem „h" des Nachnamens beginnender Schnörkel unter dem gesamten Namen oder unter dem Nachnamen.

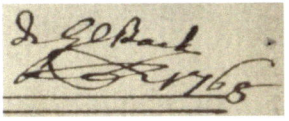
Konzert für Flöte in D (1768), WarB C 79 (P 393)

176   Juliane Riepe

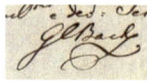 London, 15.9.1773 (I-Bc Carteggio G. B. Martini, I.024.084)

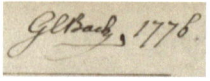 *Cefalo e Procri* (1776), Warb G 19 (US-Wc ML96.B185)

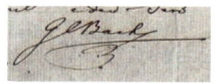 London, 28.7.1778 (I-Bc Carteggio G. B. Martini, I.024.086)

Weitere Beispiele (Auswahl):
Sonata a PianoForte e Viola da Gamba, ca. 1765-1772 (Warb B 6b), Titelblatt abgedruckt in Thomas Fritzsch, *Johann Christian Bachs Kompositionen für Viola da gamba – Eine Spurensuche*, in: The Sons of Bach. Essays for Elias N. Kulukundis, hrsg. von P. Wollny und S. Roe, Ann Arbor 2016, S. 119–133, hier S. 127
Brief vom 26.9.1770 an einen unbekannten Adressaten, abgedruckt in Roe, *The „Paris" Bach*, in: Bunte Blätter. Klaus Mecklenburg zum 23. Februar 2000, gesammelt von R. Elvers und A. Moirandat, Basel 2000, S. 247–254, hier S. 248
I-Bc, Carteggio G. B. Martini, I.024.085 (21.5.1776)

Namenszug in den *Recueil*-Bändchen

KLEINE BEITRÄGE

Kleine Bach-Studien (I)

I. Arnstadt 1705: „Zippel-Fagottist" und kein Ende

Johann Sebastian Bachs spitzzüngiges Epitheton „Zippel-Fagottist" für den Schüler Johann Heinrich Geyersbach und dessen brachiale Attacke auf den spätabends in weiblicher Begleitung den Arnstädter Marktplatz querenden Organisten scheinen durch die Gleichsetzung des mundartlichen „Zippel" mit Zwiebel und die daraus abgeleitete skatologische Verdächtigung tiefer Töne des Holzblasinstruments endgültig geklärt.[1] Dem gewünschten Abschluß steht allerdings eine andere Deutungsmöglichkeit im Wege, die die von Geyersbach zur Rechtfertigung seines Angriffs ins Feld geführte „Beschimpfung" seines Instruments gleichermaßen nahelegt. Hier ist an die anhaltische Kleinstadt Zörbig zu erinnern, die sich seit langem den Spottnamen „Zippel-Zerbst" gefallen lassen muß. Zedlers Universal-Lexikon[2] bietet dafür drei verschiedene Begründungen an: Eine landwirtschaftliche – Zwiebelanbau im Umland von Zörbig –, eine geographische – Zörbigs Lage im äußersten Zipfel des Markgrafentums Meißen – sowie eine auf die Rangordnung bezügliche – Zörbig als Nebenresidenz und zeitweiliger Witwensitz[3] des bis Ende der 1730er Jahre bestehenden Herzogtums Sachsen-Merseburg. Nur die letztgenannte Version liefert eine Begründung für die Bezeichnung „Zippel-Zerbst" als „Klein-Zerbst". Im Blick auf das von Bach verunglimpfte Musikinstrument könnte sich hier ein weites Feld öffnen, auf dem negativ besetzte Attribute von „armselig" und „unzureichend" bis zu „gernegroß" angesiedelt wären. Aber vielleicht fehlte es dem von dem Schüler Geyersbach gespielten Instrument lediglich an Größe und Tonqualität für einen profunden Continuo-Baß?[4]

---

[1] Vgl. NBA I/41 Krit. Bericht (A. Glöckner, 2000), S. 19.
[2] Bd. 63 (1750) Sp. 82 f.
[3] Am 19. August 1735 starb in Zörbig die verwitwete Herzogin Hedwig Eleonora von Sachsen-Merseburg. Der auf diesen Trauerfall bezügliche Kantatentext „Schließt die Gruft! Ihr Trauerglocken" wurde ehedem irrtümlich mit Johann Sebastian Bach in Beziehung gesetzt (BWV Anh. 16). Vgl. BJ 1959, S. 169 (H.-J. Schulze).
[4] Herrn Dr. Alfred M. M. Dekker (Utrecht) danke ich für seine Hinweise auf mittelhochdeutsche Ausdrücke wie „zippeltritt" für trippelnde, schwankende Gangart sowie „zipfen" für trippeln.

II. Köthen 1717/23:
Verschwundene Dokumente zu einem Lautenclavier

In seinem umstrittenen, gleichwohl noch immer grundlegenden Beitrag über die Köthener Hofkapelle[5] hat Rudolf Bunge (1836–1907) neben manchen recht vagen Hinweisen auch viele präzise Angaben geliefert. Die Frage ist, ob zu letzteren auch die folgende Mitteilung zu zählen ist:

> Dennoch versuchte Bach seine Spielgelegenheit zu erweitern, indem er ein neues Instrument, das Lautenklavicymbel ersann, welches er nach seiner Angabe für den Preis von 60 Talern von einem Cöthener Tischlermeister anfertigen ließ. Die Rechnung habe ich in meiner Jugend noch im Cöthenschen Archive gesehen und das Instrument selbst im Schloßinventar aufgezählt gefunden.[6]

Die von Bunge wohl nicht lange nach 1850 noch eingesehenen Unterlagen sind heute nicht mehr nachweisbar. In den erhaltenen Kammerrechnungen konnte bisher kein Beleg ermittelt werden. Ob der Herr Capellmeister die Rechnung gegengezeichnet oder deren Richtigkeit anderweitig bestätigt hat, wissen wir nicht. Die Erwähnung des Schloßinventars weist auf eine Erwerbung für den Hof, so daß angenommen werden muß, Fürst Leopold habe die Rechnung aus seiner Schatulle bezahlt. Die Schatullrechnungen nebst deren Belegen sind wohl spätestens bei der Zusammenführung der Anhaltischen Archive in der zweiten Hälfte des 19. Jahrhunderts kassiert worden. Daß Bach das besondere Tasteninstrument „ersonnen" habe, ist eine bloße Annahme Bunges; in Wirklichkeit kannte Bach ein solches Instrument schon aus seiner Weimarer Zeit, denn am 6. Mai 1715 wurden dort aus der „Particulier Cammer der jüngeren Linie" 41 fl. (Gulden) und 3 gr (Groschen) für ein „Lautenwerk" an „Herrn Bachen in Jena" (Johann Nikolaus Bach, 1669–1753) gezahlt.[7] Zutreffen könnte insofern der von Bunge genannte Preis von 60 Talern. Den Namen des Köthener Tischlermeisters läßt Bunge unerwähnt; es könnte sich um jenen „Armbrust" handeln, der am 6. Mai 1719 für einige Holzarbeiten – unter anderem zur Ergänzung des im selben Jahr aus Berlin gelieferten Cembalos – eine Zahlung erhielt.[8] „Meister Hans Caspar Arm-

---

[5] R. Bunge, *Johann Sebastian Bachs Kapelle zu Cöthen und deren nachgelassene Instrumente*, BJ 1905, S. 14–47.
[6] Ebenda, S. 29.
[7] R. Jauernig, *Johann Sebastian Bach in Weimar. Neue Forschungsergebnisse aus Weimarer Quellen*, in: Johann Sebastian Bach in Thüringen. Festgabe zum Gedenkjahr 1950, Weimar 1950, S. 49–105, hier S. 99, Fußnote 14.
[8] M. Hübner, *Neues zu Johann Sebastian Bachs Reisen nach Karlsbad*, BJ 2006, S. 93–107, hier S. 10, Fußnote 43.

brüste", „ein Tischer", war aus St. Goar/Rh. nach Köthen gekommen und hatte hier am 1. Oktober 1698 das Bürgerrecht erworben.[9]

III. Johann Sebastian Bachs Thomaner – eine Jahrhundertaufgabe?

Zu den Wunschvorstellungen der Bach-Forschung gehört eine möglichst vollständige Dokumentation aller Alumnen, die unter der Ägide Bachs das ehrwürdige Gebäude am Leipziger Thomaskirchhof bewohnt haben. Zu den wünschenswerten Angaben zählen neben Herkunft und sozialem Stand der Eltern die Zeit des Schulbesuchs, gegebenenfalls der Übergang an eine Universität sowie insbesondere der später ausgeübte Beruf. In diesem Sinne hatte bereits Bernhard Friedrich Richter im ersten Jahrzehnt des 20. Jahrhunderts viel Material zusammengetragen,[10] und die 1907 veröffentlichte Übersicht in der Folgezeit weiter ausgebaut.[11] Im zweiten Jahrzehnt des 21. Jahrhunderts hat Bernd Koska im Rahmen eines Forschungsauftrags den Stafettenstab übernommen und Richters Zusammenstellung um zahlreiche weitere Daten und Fakten ergänzt.[12] Daß noch immer viele Lücken zu schließen bleiben, ergibt sich aus der Zusammensetzung des Materials. Die nachstehenden Bemerkungen wollen daher nichts anderes als einen neuen Denkanstoß bewirken, der zur Fortsetzung des bereits Geleisteten anregt. Die Angaben beschränken sich nach Möglichkeit auf das neu Ermittelte, wiederholen also nur begrenzt das bei Koska schon Mitgeteilte.

Große, Johann Gottfried (Richter Nr. 8; Koska, S. 221)
*25.12.1702 Wurzen
Vater: Benjamin Große, Schul-College
Anmerkung: Nach dem frühem Tod des Genannten (24.10.1724 Leipzig) ließ die verwitwete Mutter auf dem Leipziger Johannisfriedhof ein Ehrenmal errichten, dessen umfangreiche Inschrift fast einem Nachruf gleichkommt.
Literatur: Heinrich Heinlein, *Der Friedhof zu Leipzig in seiner jetzigen Gestalt oder Vollständige Sammlung aller Inschriften auf den ältesten und neuesten Denkmälern daselbst,* Leipzig 1844, S. 132 f.

---

[9] R. Schulze, *Verzeichnis der neuen Bürger der Stadt Köthen von 1630–1729,* Köthen 1926, S. 74.
[10] B. F. Richter, *Stadtpfeifer und Alumnen der Thomasschule in Leipzig zu Bachs Zeit,* BJ 1907, S. 32–78, insbesondere S. 66–77.
[11] Handschriftliche Aufzeichnungen im Archiv des Thomanerchors Leipzig.
[12] B. Koska, *Die Alumnen der Thomasschule 1710–1760,* in: ders., Bachs Thomaner als Kantoren in Mitteldeutschland, Beeskow 2018, S. 213–264.

Mahn, Adam Ephraim (Richter Nr. 23; Koska, S. 224)
† 4. 1. 1759
Literatur: *Curiosa Saxonica* 1759, S. 47.

Guffer, Johann Gottfried (Richter Nr. 72; Koska, S. 230)
* 20. 6. 1709 Berga, † 23. 3. 1742 Dresden
Literatur: *Curiosa Saxonica* 1750, S. 196.

Crell, Immanuel (Richter Nr. 77; Koska, S. 232)
Universität Leipzig Wintersemester 1737
† 3. 8. 1742 „an Blutstützung"
Literatur: *Curiosa Saxonica* 1742, S. 288.

Hebenstreit, Johann Samuel (Richter Nr. 82; Koska, S. 233)
* 4. 8. 1713 Kleinjena
Vater: Johann Christian Hebenstreit, Pfarrer
Literatur: Dok I, S. 66; *Pfarrerbuch der Kirchenprovinz Sachsen* IV (2006), S. 9.
Anmerkung: Die Mutter starb fünf Tage nach der Geburt des Kindes. Verwandtschaftliche Beziehungen zu Pantaleon Hebe(n)streit (1668–1750, zuletzt Konzertmeister Dresden) sind wahrscheinlich, bedürfen aber noch der Verifizierung.

Barsien, Johann Friedrich (Richter Nr. 199; Koska, S. 251)
* 16. 4. 1723 Saalfeld, † 9. 5. 1767 Salè/Marokko
Diplomat, Korrespondent, zuletzt dänischer Kriegsrat und Konsul in Marokko.
Literatur: Johann Christoph Gottsched, *Briefwechsel*, Bd. 15: *Oktober 1749 bis Mai 1750*, Berlin 2001, S. 637 f.; *C. F. Gellerts Briefwechsel*, Bd. II (1755–1759), Berlin 1997, S. 383.
Anmerkung: Die Familie Barisien (auch: Parisien; Pseudonym?) geht vermutlich auf Hugenotten zurück.

IV. Leipzig, 26.(?) März 1748: Bachs Ultimatum –
eine Fälschung?

Ohne nähere Angaben über Herkunft und Vorbesitzer gelangten 1968 zwei Schriftstücke an das Glinka-Museum in Moskau, je eines mit Zuschreibung an Georg Friedrich Händel und Johann Sebastian Bach. Ein 2007 von Tatjana Schabalina vorgelegter Beitrag[13] widmet sich der Frage nach der Echtheit der beiden Dokumente und möchte beiden die Authentizität absprechen – dem „Händel"-Brief schon wegen des für diesen Komponisten unüblichen Gebrauchs der deutschen Sprache, dem „Bach"-Brief aus eher inneren Gründen.

---

[13] T. Schabalina, *Zur Echtheit von zwei Briefen aus dem Glinka-Museum in Moskau*, BJ 2007, S. 179–196.

Hinsichtlich des letztgenannten Schreibens moniert sie 1. den Verzicht auf jegliche Konventionen bezüglich der Einrichtung eines „ordentlichen" Briefes, 2. die mangelnde Stabilität im Gebrauch der deutschen Kurrentschrift, 3. Fehler in Orthographie und Grammatik[14] sowie 4. Abweichungen von Bachs Ausdrucksweise in schriftlichen Äußerungen.

Zu Kritikpunkt 1 ist anzuführen, daß es sich nicht um einen förmlichen Brief handelt, sondern um einen für einen „Herrn Martius" bestimmten Zettel mit einer letzten Mahnung, der Forderung, binnen fünf Tagen eine Sache mit dem „Clavecin" in Ordnung zu bringen, wobei nicht ersichtlich ist, ob es sich lediglich um die Rückgabe eines geliehenen Instruments handelt oder aber um die Reparatur einer vom Entleiher verursachten Beschädigung. Die Punkte 2 und 3 ließen sich nur kommentieren, wenn feststünde, ob es sich bei dem vorhandenen Blatt um ein Original handelt oder aber um die Abschrift nach einer verschollenen Vorlage. In Ermangelung von geeignetem Vergleichsmaterial kann derzeit nicht sicher gesagt werden, ob die Schrift noch in das 18. Jahrhundert gehört oder aber in die Zeit um oder nach 1800. Im Blick auf Punkt 4 bleibt zu erwägen, daß der Thomaskantor sich nicht die Mühe gemacht haben wird, eine solche Mahnung selbst zu formulieren und niederzuschreiben, sondern daß er es mit einer mündlichen Anweisung bewenden ließ und der Text von dem bisher unbekannten Verfasser nach bestem Wissen und Gewissen zu Papier gebracht worden sein wird. Ob der unbekannte Verfasser in Bachs Familienkreis zu suchen ist oder aber unter seinen Schülern und anderweitigen Helfern und ob es sich gegebenenfalls um eine Person aus dem außerdeutschen Sprachraum handelt, ist derzeit nicht zu entscheiden. Zur Herkunft des „Bach"-Dokuments läßt sich soviel sagen, daß ein beigegebenes Etikett, den Schriftzügen nach wohl aus der Mitte des 19. Jahrhunderts, die Zuschreibung an *Johan Sebastian Bach* der Rubrik *Kompositor*en zuordnet. Das russische Wort Kompositor (hier in lateinischer Schrift) in Verbindung mit dem deutschen Suffix -en weist auf das Sprachgemisch von Rußlanddeutschen. Über deren Schicksal und den Verbleib der übrigen Sammlung kann man nicht einmal spekulieren.

Für die Echtheit des 1748 datierten Textes sprechen drei Feststellungen: Daß der Thomaskantor neben „Clavieren" (Clavichorden) auch „Clavecins" (Cembali, Spinette) als Leihinstrumente bereithielt, daß er Privatgeschäfte der angedeuteten Art nur mit seinem Namen, aber stets ohne Titel unterschrieb, und daß ein Kandidat namens Martius tatsächlich in seinem Umfeld nachweisbar ist. Entgegen früheren Vermutungen[15] handelt es sich um Johann Christoph

---

[14] Als Beispiel angeführt sei „das Geduld". „Geduld" wird allerdings oft ohne Artikel gebraucht, etwa in der „Geduld"-Arie der Matthäus-Passion. Auch der sogenannte Hofbescheid gehört hierher, der Antragstellern oftmals Geduld anrät.

[15] Dok III, S. 627.

Gottfried Martius (Merz; * 19. 1. 1726 in Gräfenhainichen, † 1. 6. 1777 in Berlin), der am 3. 6. 1746 die Universität Wittenberg bezogen hatte und am 1. 8. 1747 zur Universität Leipzig gewechselt war. In Leipzig machte er sich durch großzügiges Übergehen von Rückgabeverpflichtungen nicht eben Freunde.[16] Später wurde er Lehrer am Gymnasium zum Grauen Kloster in Berlin. Sein Vorgesetzter, Anton Friedrich Büsching (1724–1793), reiste mehrfach nach Rußland. Ob dies etwas mit der Überlieferung des „Bach"-Dokuments von 1748 zu tun haben könnte, bleibe dahingestellt.

Hans-Joachim Schulze (Leipzig)

---

[16] M. Maul, *Ein neues Dokument zu Bachs Instrumentenverleih*, BJ 2009, S. 226–231, hier S. 228.

„Gottes Zeit ist die allerbeste Zeit" – Anmerkungen zu einer unbeachteten Quelle für den Eingangschor von Bachs Actus tragicus

Johann Sebastian Bachs Begräbniskantate „Gottes Zeit ist die allerbeste Zeit" BWV 106, auch bekannt unter ihrem lateinischen Namen Actus tragicus, ist nicht nur eines der bemerkenswertesten Vokalwerke des Komponisten, sondern auch eines, das mit zahlreichen Fragen umgeben ist. Die frühesten Quellen stammen aus der Zeit nach Bachs Tod und so läßt sich die Entstehungszeit nur anhand stilistischer Kriterien ermitteln. Wenngleich sich die Forschung weitgehend einig ist, daß es sich aufgrund der Textkompilation, des Fehlens von Elementen der modernen Kantate (Rezitativ, Ritornellform), sowie der Verwendung der klassischen Permutationsfuge um eine frühe Komposition Bachs handelt, die aus der Zeit um 1707/08 stammt, haben sich für den genauen Entstehungsanlaß mehrere Hypothesen herauskristallisiert, von denen keine sich auf externe Quellen (wie etwa Textdrucke oder Leichenpredigten) stützen kann. Am ehesten überzeugt die Überlegung, daß Bach das Werk zur Trauerfeier für seinen Onkel Tobias Lämmerhirt[1] († 10. August 1707) komponiert hat, oder – wie ich selbst vorgeschlagen habe – die Vermutung, daß er es anläßlich der Beerdigung des Mühlhausener Bürgermeisters Adolph Strecker schrieb († 13. September 1708).[2] Für diese zweite Hypothese spricht unter anderem, daß Bach in seiner Mühlhausener Zeit (1707/08) vor allem Werke für öffentliche Anlässe komponiert hat und daß sich somit die Beerdigungsmusik für einen Bürgermeister nahtlos in Bachs Amtsprofil einfügt.[3]

Eine lange Zeit unbeantwortete Frage war die der Herkunft des Textes für die Kantate. Wie in den frühen Formen der Kantate des 17. Jahrhunderts üblich, wurden einzelne Verse aus mehreren biblischen Büchern kombiniert. Der so geschaffene Text verbindet die Vorbereitung auf das eigene Sterben mit der Bitte an Jesus, bald zu kommen und die gläubige Seele zu erlösen. Der Text kulminiert in dem vertrauensvollen Zitat aus Psalm 31,6 „In deine Hände befehle ich meinen Geist, du hast mich erlöst", dem schließlich der Baß, als *Vox Christi*, mit der Zusage antwortet: „Heute wirst du mit mir im Paradies

---

[1] A. Pirro, *Bach, Sein Leben und seine Werke*, Berlin 1919, S. 70; sowie H. Lämmerhirt, *Bachs Mutter und seine Sippe*, BJ 1925, S. 117–121.

[2] M. Rathey, *Zur Datierung einiger Vokalwerke Bachs in den Jahren 1707 und 1708*, BJ 2006, S. 65–92.

[3] Siehe dazu auch M. Rathey, *Bach in the World: Music, Society, and Representation in Bach's Cantatas*, Oxford 2023, S. 49–63.

sein" (Lukas 23, 43). Im Bach-Jahr 1985 konnte Renate Steiger schließlich zeigen, daß die Textzusammenstellung auf der *Christlichen Betschule* von Johann Olearius basiert, einem Gebetbuch, das 1668 in Leipzig erschienen war.[4] Olearius' *Christliche Betschule* gehört, wie auch der Text des Actus tragicus selbst, zur Tradition der lutherischen *ars moriendi*, die den Glaubenden eine Anleitung bieten sollte, sich auf ihren eigenen Tod vorzubereiten und so ein gottgefälliges Leben zu führen.[5] Luther selbst hatte diese Praxis aus der mittelalterlichen Tradition übernommen und dann im Sinne seiner eigenen Theologie umgedeutet. Wie Martin Petzoldt herausgestellt hat, geht es „dabei nicht um eine Umdeutung des Todes, sondern um ein unvermitteltes Nebeneinander: Hier ist der Tod, eine unverrückbare Tatsache, und da ist Gott als einzige Hoffnung."[6]

Während Steigers Identifizierung der Textquelle einen wichtigen Schritt in der Interpretation der Kantate darstellte, der viele Fragen der Textzusammenstellung beantwortete, fehlt für den bekannten Eröffnungssatz „Gottes Zeit ist die allerbeste Zeit" bei Olearius eine direkte Vorlage; auch ist der Satz nicht (wie zahlreiche andere Sätze im Actus tragicus) biblischen Ursprungs. Wie Martin Petzoldt gezeigt hat, haben die Worte des Eingangssatzes klare biblische Grundlagen, sei es durch thematische Anklänge oder direktes Zitat:[7]

Gottes Zeit ist die allerbeste Zeit.	Vgl. Psalm 31,16
In ihm leben, weben und sind wir, solange er will.	Apostelgeschichte 17,28
In ihm sterben wir zur rechten Zeit, wenn er will.	Offenbarung 14,13 b

Auch theologisch fügt sich der Anfang in das Denken lutherischer Glaubenslehre des späten siebzehnten und frühen achtzehnten Jahrhunderts ein. Der Gedanke von Zeit und Ewigkeit ist etwa das Thema einer einflußreichen Predigtsammlung des Leipziger Superintendenten Martin Geier, die erstmals 1670 veröffentlicht, dann aber in den folgenden Jahrzehnten immer wieder neu aufgelegt wurde. Selbst während Bachs Leipziger Amtszeit hatte der Leipziger

---

[4] Der erstmals 1985 erschienene Aufsatz wurde in überarbeiteter Fassung in einen Sammelband mit Beiträgen Steigers aufgenommen: R. Steiger, *Gnadengegenwart. Johann Sebastian Bach im Kontext lutherischer Orthodoxie und Frömmigkeit*, Stuttgart/Bad Cannstatt 2002 (Doctrina et Pietas. Zwischen Reformation und Aufklärung. Texte und Untersuchungen, Abteilung II, Bd. 2), S. 227–239.

[5] Zur lutherischen *ars moriendi* siehe A. Reinis, *Reforming the Art of Dying. The ars moriendi in the German Reformation (1519–1528)*, Aldershot 2007, vor allem S. 47–75.

[6] M. Petzoldt, *Bach Kommentar III: Fest- und Kasualkantaten. Passionen*, Stuttgart und Kassel 2018, S. 521.

[7] Ebenda, S. 519.

Superintendent Salomon Deyling eine Neuausgabe initiiert, die 1738 erschienen ist.[8] Auch Bach selbst besaß eine Ausgabe von Geiers Predigten, wie sein Nachlaßverzeichnis belegt.[9] Wenn sich somit der Eingangssatz in die lutherische Theologie des frühen 18. Jahrhunderts einfügt, hinterließ das Fehlen einer unmittelbaren Textquelle doch eine philologische Leerstelle. Da Forscher wie Steiger und Petzoldt angenommen hatten, daß Bach selbst die Texte für den *Actus tragicus* in der gegenwärtigen Form arrangiert hatte, lag es nahe, den Komponisten auch als Urheber der Eingangsworte zu sehen.

Renate Steiger hatte ihren Fund bei einer Durchsicht der umfangreichen geistlichen Andachtsliteratur der Frühen Neuzeit gemacht. Jeder, der mit dieser Literatur vertraut ist, weiß aus eigener Erfahrung, daß dieses Textkorpus sehr umfangreich ist und daß die oft mehr als tausend Seiten umfassenden Bände noch viele bisher unbeachtete Details enthalten. Eines dieser unbeachteten Details begegnet uns in dem Buch *Hundert Evangelische Todes-Gedancken/ Das ist: Vorbereitung eines Christlichen Lebens zum Seligen Sterben/ Aus den Sonn- und Festtäglichen Evangelien und Episteln abgefasset* von David von Schweinitz (siehe Abbildungen 1 und 2).

David von Schweinitz (1600–1667) war einer der einflußreichsten Erbauungsschriftsteller seiner Zeit.[10] Seine „Kleine Bibel", eine Zusammenfassung der Kapitel der Bibel, wurde 1647 erstmals gedruckt und nicht nur häufig wieder aufgelegt, sondern später auch in Ausgaben der Bibel übernommen. Schweinitz' Verse waren so bekannt, daß noch Thomas Mann sie in seinem Roman *Doktor Faustus* erwähnte.[11] Ähnlich weit verbreitet waren seine *Evangelischen Todes-Gedancken*, in denen der Autor die Sonn- und Festtäglichen Evangelien und Episteln jeweils im Hinblick auf ihre Bedeutung für die Vorbereitung auf das eigene Sterben interpretierte. Das Buch erschien zwischen

---

[8] *D. Martin Geiers* [...] *Zeit und Ewigkeit: oder geistreiche Betrachtungen über die ordentlichen Sonntags-Evangelien* [...] *nebst einer Vorrede von Herrn D. Salomon Deyling*, Leipzig 1738.

[9] Siehe Dok II, Nr. 627 (S. 495); siehe auch R. A. Leaver, *Bachs theologische Bibliothek: eine kritische Bibliographie, mit einem Beitrag von Christoph Trautmann*, Neuhausen-Stuttgart 1983 (Beiträge zur theologischen Bachforschung. 1.), S. 119.

[10] Eine ausführliche Biographie von D. von Schweinitz findet sich bei J. Wallmann, *Schlesische Erbauungsliteratur des 17. Jahrhunderts. Die Schriften des Liegnitzschen Landeshauptmanns David von Schweinitz*, in: Pietismus und Orthodoxie. Gesammelte Aufsätze III, Tübingen 2010, S. 144–190.

[11] Vgl. R. Wimmer und S. Stachorski, *Doktor Faustus. Kommentar*, Frankfurt am Main 2007 (Thomas Mann. Große kommentierte Frankfurter Ausgabe. 10/2.), S. 194.

1664 und 1750 in mindestens neun Auflagen sowie in Übersetzungen ins Französische und Schwedische.[12]

In seiner Vorrede schreibt Schweinitz von der „Andacht der seligen Sterbe-Kunst",

dass wir bedencken in allen Dingen, und in allen Sachen, dass wir einmal gewiß sterben müssen. Und wenn wir dieses wissen, ferner erwegen: Ey! Wenn es itzt diese Stunde, diesen Augenblick, geschehe? Wie wärdest du fahren? Denn diese Gedancken (wir der Psalmist redet) werden euch lehren, dass ihr werdet klug werden, das ist, vor Sünden und Aergernissen hüten, und Gott vor Augen haben.[13]

Auch wenn Schweinitz sich selbst in der Nähe der *ars moriendi* sieht, weist der Kirchenhistoriker Johannes Wallmann darauf hin, daß es sich bei den *Todes-Gedancken* nicht um ein Trostbuch handelt, wie es für die lutherische *ars moriendi* üblich war, „sondern eher [um] eine protestantische Auslegung des ‚Memento mori', der vom Mönchtum verfochtenen Maxime ‚Gedencke, daß du sterben mußt'. Sie wollen Anweisung zum rechten christlichen Leben geben, sollen anhalten, sich nicht an das weltliche Leben zu verlieren, sondern das diesseitige Leben als Reise zum Ziel des ewigen Lebens zu führen."[14]

Wie die „Kleine Bibel" richten sich auch die *Todes-Gedancken* an Kinder, und entsprechend sind die knappen Andachten didaktisch angelegt. Jede der Betrachtungen beginnt mit einem zusammenfassenden Satz (im Druck durch etwas dickere Buchstaben hervorgehoben) und endet mit einem Sonett, das den Kern nochmals poetisch fokussiert.

Dem Thema des Buches entsprechend stehen Zeit und Ewigkeit im Mittelpunkt der meisten der 100 Betrachtungen. Dies gilt auch für das Fest Mariä Reinigung, dessen Evangelientext das „Nunc dimittis" (Lobgesang des Simeon) enthält, das auch im Actus tragicus eine zentrale Rolle spielt. Der einleitende Satz der Betrachtung für das Fest Mariä Reinigung ist identisch mit dem Anfang von Bachs Kantate:

Gottes Zeit ist die allerbeste Zeit. In ihm leben/ weben und sind wir/ so lange er will/ in ihm sterben wir zu rechter Zeit/ wenn er will.[15]

---

[12] Zur Druckgeschichte siehe Wallmann (wie Fußnote 10), S. 180, Fußnote 90, sowie M. Chinca, *Meditating Death in Medieval and Early Modern Devotional Writing from Bonaventure to Luther*, Oxford 2020, S. 261.

[13] D. von Schweinitz, *Hundert Evangelische Todes-Gedancken*, Breslau 1709, Vorrede, fol. b 7 v. Ich zitiere hier aus der Ausgabe von 1709, da sie der angenommen Entstehungszeit des *Actus tragicus* am nächsten liegt. Die textlichen Unterschiede zwischen den Ausgaben sind minimal und für unseren Zusammenhang irrelevant.

[14] Wallmann (wie Fußnote 10), S. 180 f.

[15] Schweinitz (wie Fußnote 13), S. 249.

Es kann kein Zweifel daran bestehen, daß sich der Beginn von Bachs Kantate auf diesen Text von Schweinitz stützt (siehe Abbildung 3). Der Kompilator der Textvorlage hat die Abfolge der biblischen Verse aus der *Betschule* von Olearius übernommen und diese dann mit dem einleitenden Satz aus den *Todes-Gedancken* kombiniert. Die weite Verbreitung beider Bücher läßt es plausibel erscheinen, daß die Zusammenstellung von einem der Theologen, mit denen Bach in Mühlhausen zusammengearbeitet hat, vorgenommen wurde. Die theologische Verbindung was durchaus naheliegend. Der Text von Bachs Actus tragicus mündet in Luthers poetische Vertonung des „Nunc dimittis" („Mit Fried und Freud ich fahr dahin"), die vom Alt im Dialog mit der Stimme Jesu gesungen wird, die verspricht „Heute wirst du mit mir im Paradies sein". Der biblische Text des „Nunc dimittis" aus dem zweiten Kapitel des Lukas-Evangeliums war als Evangeliumstext für das Fest Mariä Reinigung vorgegeben und stand entsprechend im Mittelpunkt von Schweinitz' Betrachtung für diesen Tag.

Während die Andacht den Text für den Eingangssatz der Kantate lieferte, zeigt ein Vergleich des Actus tragicus mit Schweinitz' Text auch deutliche theologische Unterschiede. Auch wenn der Actus tragicus den Alten und Neuen Bund kontrastiert, und damit implizit die Verurteilung durch das Gesetz und die Vergebung durch den Neuen Bund in Christus thematisiert, spielen doch das Jüngste Gericht und die Sündhaftigkeit des Menschen in Bachs Kantate keine Rolle. Ganz anders in von Schweinitz' Betrachtung – bereits nach dem einleitenden Satz fährt er fort:

Denn siehe! Wir sind alle/ wie der alte Simeon. Menschen; solche Menschen/ welchen gesetzt ist einmahl zu sterben/ und darnach das Gerichte. Und zwar/ wie Gott sein Gnaden-Gerichte hält mit dem frommen gottfürchtigen Menschen Simeon. Und den Seinen. Die auf den Trost Israel CHristum JEsum hoffen/ auf ihn sich verlassen [...] Also hergegen ist die sterbliche Menschheit erschrecklich den Gottlosen. So wohl in ihrem Tode/ als am Jüngsten Gerichte.[16]

Während von Schweinitz zur Buße aufruft, ist der Text von Bachs Kantate primär auf den Trost ausgerichtet, der in der göttlichen Zusage „Heute wirst du mit mir im Paradies sein" zum Ausdruck kommt. Wie Wallmann bereits festgestellt hatte: Die *Todes-Gedancken* sind „kein Trostbuch".[17] Das bedeutet allerdings nicht, daß der Gedanke des Trostes bei von Schweinitz gänzlich fehlt. Später ruft auch er Jesus als den Tröster in der Stunde des Todes an:

---
[16] Ebenda, S. 249 f.
[17] Wallmann (wie Fußnote 10), S. 180.

O himmlischer Tröster/ sprich mir zu in meiner letzten Todes-Stunde/ und laß mir deine tröstliche Antwort/ auf mein durch dich/ im Nahmen JEsu Christi zu GOtt meinen himmlischen Vater/ erregetes und bewegetes gläubiges Seufftzen/ kund werden: ich solle/ wie Simeon/ den Tod nicht sehen/ ich hätte denn zuvor den Christ des HErrn gesehen.[18]

Allerdings kehrt Schweinitz nach tröstlichen Ausblicken wie diesen rasch wieder zum Gedanken des Gerichts zurück. Das Sonnett, das zusammenfassend die Betrachtung abschließt, hat somit auch eine andere Zielrichtung als die, die wir im Text zu Bachs Kantate finden, die mit einem Lob des dreieinigen Gottes schließt. Schweinitz dagegen setzt den Schwerpunkt auf die Reinigung von der Sünde:

> Sonnet.
> Maria nimmt die Zeit der Reinigung in acht/
> Und opffert andern gleich/ was im Gesetz geschrieben/
> Wo aber ist bey dir so mancher Tag geblieben
> Die Reinigung im Geist? Wer hat das Opffer bracht/
> Das heilig/ lebendig/ GOtt wohlgefällig macht/
> Der Tauben Aehnlichkeit/ from[m]' Einfalt/ reines Lieben/
> Des Simeonis Dienst/ sein Glaub und Andacht üben?
> Bedenck es noch/ eh' du entkräfftet und verschmacht
> Von hinnen scheiden must; Laß JEsu Blut-Vergiessen
> Dein Hertze machen rein/ erblick Ihn/ als dein Licht/
> Wenn du durchs finstre Thal zuletzt wirst wandern müssen/
> Streck aus den Glaubens-Arm/ halt Ihn und laß Ihn nicht/
> So wirst du starck im Geist/ ob alt und schwach von Jahren/
> Aus diesem Marter-Hauß zum Fried im Friede fahren.[19]

Der Text ist für das Verständnis von Bachs Actus tragicus nicht nur deshalb von Bedeutung, weil er die Herkunft des Textes für den Eingangssatz klärt, sondern auch, weil der Vergleich mit der Betrachtung in den *Todes-Gedancken* das theologische Profil von Bachs Kantate deutlicher hervorbringt, der es gerade nicht um Gericht und Gesetz geht, sondern um Trost und eine persönliche Beziehung zu Jesus. Dies kommt vor allem im Mittelsatz zum Ausdruck („Es ist der alte Bund"), in dem die Sopranstimme Jesus um sein baldiges Kommen anfleht und schließlich in gläubiger Ektase in den Ruf „Ja, komm, Herr Jesu" ausbricht, den Bach unbegleitet und mit einem ekstatischen Melisma setzt.

---

[18] Schweinitz (wie Fußnote 13), S. 253.
[19] Ebenda, S. 259.

Es muß unbeantwortet bleiben, wer die Texte für Bachs Kantate zusammengestellt hat. Aufgrund der sehr weiten Verbreitung von Johann Olearius' *Christlicher Betschule* wie auch von Schweinitz' *Sterbens-Gedancken* kommen sowohl zeitgenössische Theologen als auch Bach selbst in Frage. Allerdings zeigt der hier vorgestellte Fund, daß der Kompilator der Worte für den Actus tragicus tatsächlich nur vorhandene Verse aus Andachtsbüchern, der Bibel und dem Gesangbuch zusammengestellt und keine eigenen Texte eingefügt hat.

Markus Rathey (New Haven/Connecticut)

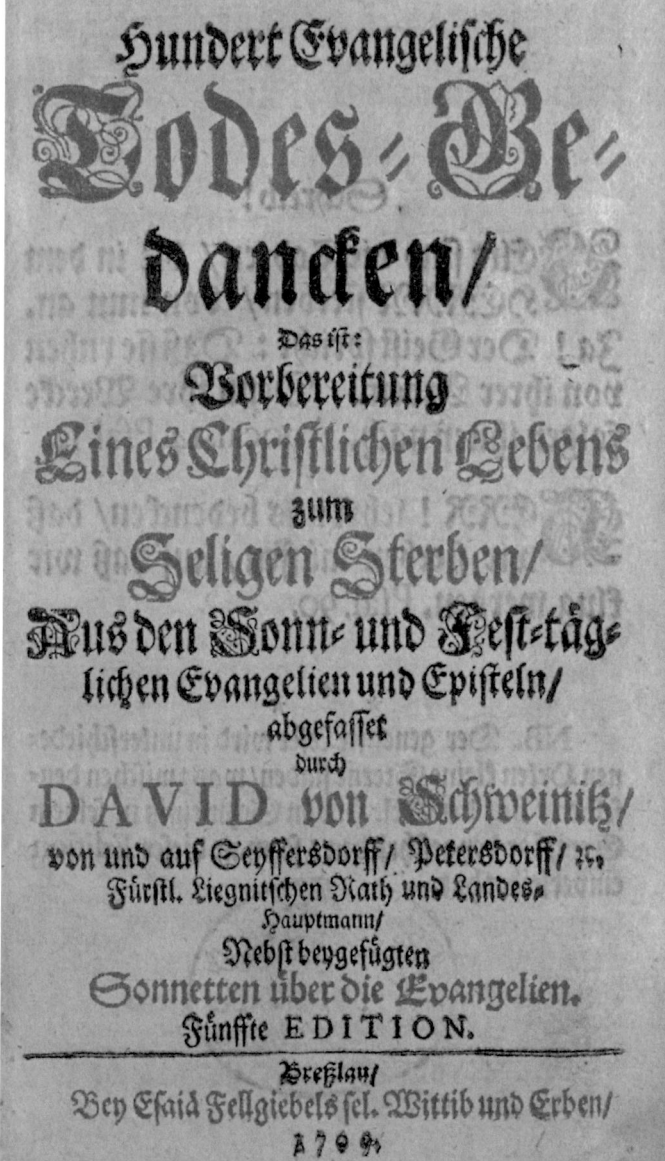

Hundert Evangelische Todes-Bedancken/
Das ist:
Vorbereitung Eines Christlichen Lebens zum Seligen Sterben/
Aus den Sonn- und Fest-täglichen Evangelien und Episteln/
abgefasset
durch
DAVID von Schweinitz/
von und auf Seyffersdorff/ Petersdorff/ ꝛc.
Fürstl. Liegnitschen Rath und Landes-Hauptmann/
Nebst beygefügten
Sonnetten über die Evangelien.
Fünffte EDITION.

Breßlau/
Bey Esaiä Fellgiebels sel. Wittib und Erben/
1709.

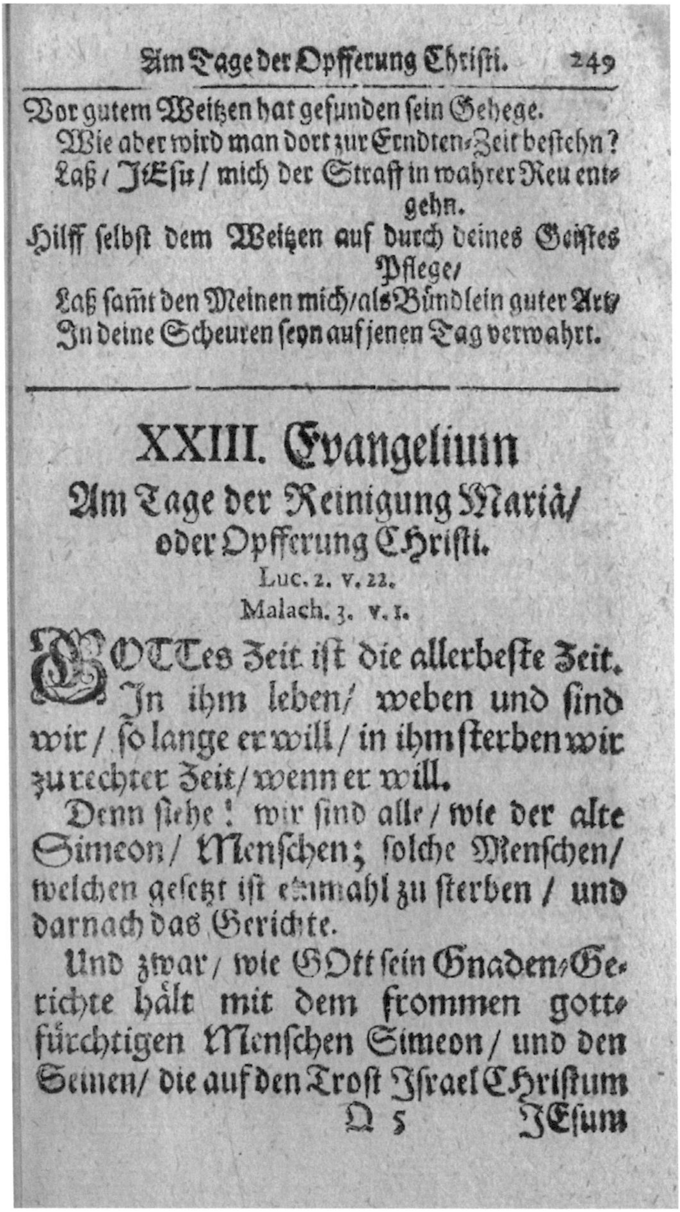

Am Tage der Opfferung Christi. 249

Vor gutem Weitzen hat gefunden sein Gehege.
Wie aber wird man dort zur Erndten-Zeit bestehn?
Laß/ JEsu/ mich der Straff in wahrer Reu ent-
gehn.
Hilff selbst dem Weitzen auf durch deines Geistes
Pflege/
Laß samt den Meinen mich/als Bündlein guter Art/
In deine Scheuren seyn auf jenen Tag verwahrt.

XXIII. Evangelium
Am Tage der Reinigung Mariä/ oder Opfferung Christi.
Luc. 2. v. 22.
Malach. 3. v. 1.

GOTTes Zeit ist die allerbeste Zeit. In ihm leben/ weben und sind wir/ so lange er will/ in ihm sterben wir zu rechter Zeit/ wenn er will.

Denn siehe! wir sind alle/ wie der alte Simeon/ Menschen; solche Menschen/ welchen gesetzt ist einmahl zu sterben / und darnach das Gerichte.

Und zwar/ wie GOtt sein Gnaden-Ge-richte hält mit dem frommen gott-fürchtigen Menschen Simeon/ und den Seinen/ die auf den Trost Israel Christum

Q 5 JEsum

Abbildungen 1–2:
David von Schweinitz, *Hundert Evangelische Todes-Gedancken* […], Breslau 1709, Titelseite und S. 249
(Exemplar der Universitätsbibliothek Rostock, Signatur: *Fm-3160*)

Johann Sebastian Bach und der „Französische Jahrgang" von Georg Philipp Telemann

Im Zusammenhang mit seiner Einspielung von Bachs erstem Leipziger Kantatenjahrgang bat Hans-Christoph Rademann mich um eine Stellungnahme zu seiner Frage, ob der abschließende Choral der am 2. Januar 1724 (Sonntag nach Neujahr) erstmals aufgeführten Kantate „Schau, lieber Gott, wie meine Feind" BWV 153 mit seiner von Bachs üblichen Modellen abweichenden harmonisch und satztechnisch schlichten Faktur auf eine fremde Vorlage zurückgehen könnte.

Es lag nahe, zunächst die einschlägigen Parallelfälle zu betrachten: Die Schlußchoräle der Kantaten „Wer weiß, wie nahe mir mein Ende" BWV 27 und „Gott fähret auf mit Jauchzen" BWV 43 basieren auf Sätzen von Johann Rosenmüller (1617–1684) beziehungsweise Christoph Peter (1626–1669), die Bach – ebenso wie die Vorlagen zu den einzeln überlieferten Choralsätzen BWV 367 und BWV 433 – dem *Neu-Leipziger Gesangbuch* von Gottfried Vopelius (1682) entnahm.[1] Der Choralsatz der Kantate „Liebster Gott, wenn werd ich sterben" BWV 8 wiederum stammt aus dem 1713 erschienenen zweiten Teil der *Musicalischen Kirch- und Hauß-Ergötzlichkeit* des Leipziger Nikolai-Organisten Daniel Vetter.[2]

Bezüglich BWV 153 führte die Suche in den beiden genannten und weiteren ähnlichen Liedersammlungen jedoch zu keinem positiven Ergebnis. Da BWV 8 für eine Aufführung am 24. September 1724 (16. Sonntag nach Trinitatis) entstanden ist, während BWV 43 und 27 für Darbietungen am 30. Mai 1726 (Himmelfahrt) beziehungsweise am 6. Oktober 1726 (16. Sonntag nach Trinitatis) bestimmt waren, wäre denkbar, daß Bach erst 1724 auf die *Musicalische Kirch- und Hauß-Ergötzlichkeit* gestoßen ist und das *Neu-Leipziger Gesangbuch* möglicherweise erst 1726 zur Kenntnis genommen hat. Das überaus hektische erste Leipziger Jahr mag ihm für die Durchsicht alter Drucke ohnehin kaum Zeit gelassen haben.

Schließlich wurde ich an ganz anderer Stelle fündig. Der Satz „Drum will ich, weil ich lebe noch" BWV 153/9 basiert – wie die folgende Gegenüberstellung

---

[1] Erste Nachweise in einer von S.W. Dehn signierten Miszelle in *Cäcilia* 23 (1844), S. 183–186 (BWV 27) und bei E. Platen, *Zur Echtheit einiger Choralsätze Bachs*, BJ 1975, S. 50–62 (BWV 43, 367, 433); siehe auch NBA I/23 Krit. Bericht (H. Osthoff, 1984), S. 67 f. und 195–198.

[2] Erstmals nachgewiesen bei Spitta II, S. 263 f.; siehe auch NBA I/23 Krit. Bericht, S. 67 f. und 194.

zeigt – zur Hälfte auf dem Eingangssatz von Georg Philipp Telemanns Kantate „Ach Gott, wie manches Herzeleid" TVWV 1:19.

1) TVWV 1:19

2) BWV 153/9

Von kleineren Varianten in der Führung der Mittelstimmen sowie unbedeutenden rhythmischen und notationstechnischen Differenzen abgesehen sind die ersten acht Takte (Zeile 1 und 2) der beiden Sätze identisch. Daß die beiden Stücke in den Takten 9–16 (Zeile 3 und 4) so stark voneinander abweichen, ist durch die von Telemann und Bach verwendeten unterschiedlichen Melodiefassungen bedingt – Telemann folgte im wesentlichen der in Thüringen verbreiteten Version, während Bach auf die in Kursachsen übliche Variante zurückgriff.[3] Eine unveränderte Übernahme der Harmonisierung von

---

[3] Vgl. J. Zahn, *Die Melodien der deutschen evangelischen Kirchenlieder*, Bd. 1, Gütersloh 1889 (Reprint Hildesheim 1963), S. 150 (Nr. 533a und b). Leider lassen sich

Zeile 3 und 4 war somit nicht möglich; dennoch fällt auf, daß Bach sich an den Stil Telemanns auch in der zweiten Hälfte des Choralsatzes anlehnte.

Die vorstehend aufgedeckte musikalische Beziehung regt dazu an, einige weiterführende Überlegungen zu Johann Sebastian Bachs Telemann-Rezeption anzustellen. Telemanns auf den Sonntag Jubilate gerichtete Kantate „Ach Gott, wie manches Herzeleid" TVWV 1:19 entstand im Rahmen des sogenannten Französischen Jahrgangs.[4] Diesen Zyklus auf Dichtungen des Hamburger Theologen Erdmann Neumeister (*Geistliche Poesien mit untermischten Biblischen Sprüchen und Choralen*) komponierte Telemann im Kirchenjahr 1714/15 – nach neuesten Forschungen von Marc-Roderich Pfau möglicherweise sogar bereits 1713/14[5] – für den Eisenacher Hof, wobei er laut Wolf Hobohm bei der musikalischen Gestaltung der einzelnen Werke „hinsichtlich Formen, Harmonik, Melodik, Instrumentation in phantasievoller Vielfalt Merkmale französischer Vokal- (Bühnen- und Kirchen-)musik" integrierte.[6]

Bach, der laut dem Zeugnis seines Sohnes Carl Philipp Emanuel in seiner frühen Weimarer Zeit besonders enge freundschaftliche Verbindungen zu Telemann pflegte,[7] scheint bereits im Jahr 1714 mit den in diesem Jahrgang entwickelten musikalischen Prinzipien vertraut gewesen zu sein; seine eigene auf Neumeisters „Geistlichen Poesien" basierende Weimarer Adventskantate „Nun komm der Heiden Heiland" BWV 61 (Erstaufführung am 2. Dezember 1714) wirkt jedenfalls in ihrem französisierenden Idiom wie die exem-

---

bei dieser Bearbeitung keine Aufschlüsse zu Bachs Vorgehensweise gewinnen, da die autographe Partitur von BWV 153 verschollen ist; die einzige greifbare Originalquelle ist der Stimmensatz der Erstaufführung (*St 79*).

[4] Der Französische Jahrgang enthält für den 3. Advent eine weitere Kantate, die mit einer schlichten vierstimmigen Bearbeitung des Chorals „Ach Gott, wie manches Herzeleid" beginnt (TVWV 1:18). Dieser Satz ähnelt dem in TVWV 1:19 enthaltenen, eine signifikante Abweichung der Baß-Linie (Takt 3) zeigt jedoch, daß Bach TVWV 1:19 als Vorlage benutzte.

[5] Siehe M.-R. Pfau, *Neue Textdruckfunde zu Telemanns geistlicher Vokalmusik*, in: Mitteilungsblatt der Internationalen Telemann-Gesellschaft e.V., Nr. 33 (Dezember 2019), Magdeburg 2020, S. 17–24.

[6] W. Hobohm, *Telemann als Kantatenkomponist*, in: „Nun bringt ein polnisch Lied die gantze Welt zum springen". Telemann und Andere in der Musiklandschaft Sachsens und Polens, Sinzig 1998 (Arolser Beiträge zur Musikforschung. 6.), S. 29–52, speziell S. 38. Zu Telemanns Französischem Jahrgang siehe auch U. Poetzsch-Seban, *Die Kirchenmusik von Georg Philipp Telemann und Erdmann Neumeister. Zur Geschichte der protestantischen Kirchenkantate in der ersten Hälfte des 18. Jahrhunderts*, Beeskow 2006 (Schriften zur mitteldeutschen Musikgeschichte. 13.), S. 155–180.

[7] Dok III, Nr. 803.

plarische Umsetzung derselben kompositionstechnischen Herausforderungen, die Telemann sich im Französischen Jahrgang gestellt hatte. Es wäre denkbar, daß Telemann – etwa bei der dokumentarisch belegten Begegnung anläßlich der Taufe von Carl Philipp Emanuel am 10. März 1714[8] – mit seinem soeben zum Konzertmeister ernannten Kollegen die Möglichkeiten einer Integration französischer Stilelemente in die sonst eher an italienischen Modellen orientierte deutsche geistliche Figuralmusik diskutiert und diesem den anderweitig noch nicht verfügbaren Text zugänglich gemacht hat.[9] Da Bachs Beförderung in der Hierarchie der Weimarer Hofkapelle mit der Aufgabe verknüpft war, „monatlich neüe Stücke" aufzuführen – gemeint sind Kantaten für den Hofgottesdienst –,[10] dürfte die Auseinandersetzung mit kompositionstechnischen Fragen zur Kirchenmusik für ihn ohnehin von großer Aktualität gewesen sein.

Die Dichtungen des Französischen Jahrgangs begleiteten Bach auch in der Folgezeit: Anfang Juni 1718 setzte er – offenbar während seines ersten Aufenthalts im Gefolge von Fürst Leopold von Anhalt-Köthen in Karlsbad – einen Teil von Neumeisters Libretto zum ersten Pfingsttag in Musik (BWV 59).[11] Fünf Jahre später verwendete er die Dichtung zum 4. Sonntag nach Trinitatis in seiner für eine Aufführung am 20. Juni 1723 komponierten Kantate „Ein ungefärbt Gemüte" BWV 24. Und schließlich zog er einen weiteren

---

[8] Dok II, Nr. 67.
[9] Siehe mein Vorwort zur Faksimileausgabe *Johann Sebastian Bach. „Nun komm der Heiden Heiland" BWV 61. Faksimile der autographen Partitur*, Laaber 2000 (Meisterwerke der Musik im Faksimile. 3.), S. VIII f. Vielleicht hat man sich die Entstehungsumstände der Parallelvertonungen ähnlich vorzustellen wie den freundschaftlichen Wettstreit zwischen Telemann und Carl Heinrich Graun bei ihrer Komposition von Carl Wilhelm Ramlers „Der Tod Jesu" (1754/55); vgl. die ausführlichen Darstellungen zur Werkgeschichte des Oratoriums „Der Tod Jesu" im Vorwort des betreffenden Bandes der Telemann-Auswahlausgabe: *Der Tod Jesu. Oratorium nach Worten von Karl Wilhelm Ramler TVWV 5:6. Betrachtung der neunten Stunde am Todestage Jesu. Oratorium nach Worten von Joachim Johann Daniel Zimmermann TVWV 5:5*, hrsg. von W. Hobohm, Kassel 2006 (Georg Philipp Telemann. Musikalische Werke. 31.).
[10] Dok II, Nr. 66.
[11] Siehe P. Wollny, Überlegungen zu einigen Köthener Vokalwerken J. S. Bachs, BJ 2020, S. 63–102, speziell S. 68–74. Die in diesem Beitrag vermutete Entstehungszeit von BWV 59 konnte inzwischen anhand der Identifizierung des in der autographen Partitur (*P 161*) aufgefundenen Wasserzeichens (Weiß 53) bestätigt werden. Alan Dergal-Rautenberg (Staatsbibliothek zu Berlin), dem ich für seinen freundlichen Hinweis dankbar bin, erkannte, daß es sich bei dem in Bach-Handschriften singulär auftretenden Zeichen um das Allianzwappen von Baden und Sachsen-Lauenburg handelt, das auf die Papiermühle von Schlackenwerth (Ostrov nad Ohří, Tschechien) nahe Karlsbad deutet.

Text für seine zum 30. Dezember 1725 geschaffene Kantate „Gottlob! nun geht das Jahr zu Ende" BWV 28 (Sonntag nach Weihnachten) heran. Für die langjährige Präsenz von Neumeisters Dichtungen in Bachs Schaffen findet sich eine Parallele in den von ihm ebenfalls bis in die Zeit um 1725/26 verwendeten älteren Textjahrgängen von Georg Christian Lehms (*Gott-gefälliges Kirchen-Opffer*, Darmstadt 1711) und Salomon Franck (*Evangelisches Andachts-Opffer*, Weimar 1715). Dieser Befund führte Hans-Joachim Schulze zu der plausiblen Vermutung, daß Bach gedruckte Exemplare dieser Jahrgänge „aus Weimar über Köthen mit nach Leipzig gebracht haben muß".[12] Die vorstehend aufgedeckte Konkordanz liefert nun erstmals einen konkreten Beleg dafür, daß er nicht nur Neumeisters *Geistliche Poesien mit untermischten Biblischen Sprüchen und Choralen* kannte, sondern auch die zugehörigen Kompositionen Telemanns.

Da Bach in seinen ersten beiden Leipziger Amtsjahren offenbar ausschließlich eigene, großenteils neu komponierte Werke aufführte, ist anzunehmen, daß er Telemanns Kantatenzyklus – entweder ganz oder in Auszügen – bereits vor seiner Ernennung zum Thomaskantor besaß. Die in BWV 61 beobachtete stilistische Affinität zu den im Französischen Jahrgang realisierten musikalischen Prinzipien nährt die Vermutung, daß Bach bereits 1714 Abschriften von Telemanns Vertonungen erhalten hat. Sollte diese Überlegung zutreffen, dann wäre wohl davon auszugehen, daß einzelne Werke aus dem Jahrgang oder aber eine größere Serie unter der Leitung des Konzertmeisters Bach in der Weimarer Schloßkapelle dargeboten wurden. Hieraus wäre möglicherweise auch eine Erklärung für den bislang rätselhaft leeren Aufführungskalender des Jahres 1717 abzuleiten. In diesem Jahr könnten – zusätzlich zu oder anstelle von Kompositionen auf die 1717 veröffentlichten *Evangelischen Sonn- und Festtages-Andachten* des Weimarer Hofpoeten Salomon Franck – Aufführungen von Stücken aus dem Französischen Jahrgang stattgefunden haben.[13] Umso stimmiger wäre dann, daß Bach im Juni 1718 – also in zeitlicher Nähe – für seine nicht vollendete Pfingstkantate BWV 59 erneut auf einen Text aus Neumeisters *Geistlichen Poesien* zurückgriff.

Weitere Spuren des Französischen Jahrgangs in Bachs Aufführungsrepertoire finden sich in folgenden Quellen:

– Telemanns Kantate „Ach Gott, wie manches Herzeleid" TVWV 1:19, der Bach die Vorlage für den Schlußchoral von BWV 153 entnahm, liegt in einer um 1732 in Leipzig entstandenen Abschrift von der Hand des Tho-

---

[12] H.-J. Schulze, *Texte und Textdichter*, in: Die Welt der Bach-Kantaten, hrsg. von C. Wolff und T. Koopman, Bd. 3, Stuttgart 1999, S. 109–125, speziell S. 120.
[13] Vgl. Dürr St 2, S. 65.

masalumnen Johann Gottlob Haupt vor (DK-Kk, *mu 9408.1981*), die unter Bachs Augen entstanden sein muß.[14]
- Das auf der sogenannten Kleinen Passion von Carl Heinrich Graun basierende Passions-Pasticcio „Wer ist der, so von Edom kömmt" BWV3 1167, das 1750 in der Leipziger Thomaskirche als Passionsmusik gedient haben könnte,[15] verwendet als Exordium den einleitenden Satzkomplex und den Schlußchoral der gleichnamigen Kantate TVWV 1:1585 auf den Sonntag Palmarum.[16]
- Die Pasticcio-Motette „Jauchzet dem Herrn alle Welt" BWV Anh. 160 schließt mit einem Chorsatz aus Telemanns Weihnachtskantate „Lobt Gott, ihr Christen, allzugleich" TVWV 1:1066. Ob das hinsichtlich seiner Überlieferung und Autorschaft problematische Werk allerdings tatsächlich mit Bach zu tun hat, ist nicht gewiß. Die früheste greifbare Quelle, eine um 1770 entstandene Abschrift des Leipziger Studenten Johann Christoph Farlau (*P 37*, Fasz. 1) weist eine Zuschreibung an Bach auf, während ein

---

[14] Siehe BJ 2016, S. 92, 94–96 und 112 (P. Wollny); sowie BWV³, S. 651. Der Verwendungszweck dieser Partitur ist nicht sicher zu bestimmen. Falls Bach – wie oben vermutet – Abschriften des Französischen Jahrgangs schon seit längerer Zeit besaß, könnte sie eine beschädigte oder abhandengekommene Quelle ersetzt haben; alternativ wäre denkbar, daß sie gemäß dem von Johann Elias Bach in einem Brief vom 28. 1. 1741 (Dok II, Nr. 484) geschilderten Prozedere zur Weitergabe an einen seiner Kollegen angefertigt wurde. – Ob die von Breitkopf als eine Komposition J. S. Bachs angebotene, in Wirklichkeit aber Telemanns Französischem Jahrgang zugehörige Kantate „Herr Christ, der ein'ge Gottessohn" TVWV 1:732 (siehe *Verzeichniß Musicalischer Werke*, Leipzig 1761, S. 20) ebenfalls mit dem Aufführungsrepertoire des Thomaskantors zusammenhing, läßt sich nicht klären, da Breitkopfs Stammhandschrift nicht erhalten ist; vgl. BWV Anh. 156 und BJ 1951/52, S. 42 (A. Dürr).

[15] Dem Leipziger Historiker Johann Cornelius Maximilian Poppe (1804–1877) lag noch ein gedrucktes Textheft für die Musikaufführung in der Karfreitagsvesper des Jahres 1750 vor; es trug den Titel: „Andächtige Erinnerungen des leidenden Jesu, wie die Geschichte desselben von denen Evangelisten beschrieben und am Charfreitage vor und nach der Nachmittagspredigt in der Kirche zu St. Thomä abgesungen wird". Siehe H.-J. Schulze, *Johann Sebastian Bachs Passionsvertonungen*, in: Johann Sebastian Bach. Matthäus-Passion BWV 244. Vorträge der Sommerakademie J. S. Bach 1985, hrsg. von U. Prinz, Stuttgart 1990, S. 24–49, speziell S. 47. Die Titelformulierung des verschollenen Drucks würde zu einem Passions-Oratorium wie „Wer ist der, so von Edom kömmt" gut passen.

[16] Siehe J. W. Grubbs, *Ein Passions-Pasticcio des 18. Jahrhunderts*, BJ 1965, S. 10–42; sowie Carl Heinrich Graun u. a., *Passions-Pasticcio „Wer ist der, so von Edom kömmt"*, hrsg. von A. Glöckner und P. Wollny, Leipzig 1997 (Denkmäler Mitteldeutscher Barockmusik. 1.).

heute verschollener Stimmensatz im Besitz der Thomasschule den Schlußsatz als ein „additamentum von Harrer" bezeichnete.[17]

– Erwähnenswert erscheint zudem, daß Wilhelm Friedemann Bach, der entsprechende Notenmaterialien aus dem Nachlaß seines Vaters übernommen haben könnte, um die Mitte der 1750er Jahre in Halle mindestens vier Werke aus Telemanns Französischem Jahrgang aufführte.[18]

Sucht man speziell nach Indizien für Bachs künstlerische Rezeption des Französischen Jahrgangs, wäre zu erwägen, ob sich in den Kantaten für die Weihnachts- und Epiphanias-Zeit 1723/24 mit ihren zuweilen gehäuft auftretenden Chorälen formale Anregungen aus Neumeisters *Geistlichen Poesien mit untermischten Biblischen Sprüchen und Choralen* bemerkbar machen (BWV 40 zum 2. Weihnachtstag und BWV 64 zum 3. Weihnachtstag enthalten – wie BWV 153 – jeweils drei Choräle, und BWV 190 zu Neujahr, BWV 65 zu Epiphanias sowie BWV 154 zum 1. Sonntag nach Epiphanias jeweils zwei). Auch in ihrer bunten Mischung unterschiedlicher Stilarten und Satztypen ähneln die genannten Kompositionen den entsprechenden Werken Telemanns. Abschließend sei noch bemerkt, daß Bachs Telemann-Entlehnung BWV 153/9 im Gegensatz zu den beiden anderen Chorälen aus BWV 153 in den von Carl Friedrich Fasch (1762) und Friedrich Wilhelm Birnstiel (1765 und 1769) angelegten frühen Sammlungen von Bach-Chorälen fehlt.[19] Der Erstdruck

---

[17] Zu der komplexen Zuschreibungsgeschichte des Werks siehe K. Hofmann, *Zur Echtheit der Motette „Jauchzet dem Herrn, alle Welt" BWV Anh. 160*, in: Bachiana et alia Musicologica. Festschrift Alfred Dürr, hrsg. von W. Rehm, Kassel 1983, S. 126–140; dort wird der Schreiber von *P 37, Fasz. 1* allerdings – dem damaligen Forschungsstand entsprechend – noch als Bachs Schwiegersohn J. C. Altnickol benannt. Zu Farlau und seinen Abschriften Bachscher Werke siehe BJ 2002, S. 36–47 (P. Wollny).

[18] Im einzelnen handelt es sich um folgende durch Textdrucke belegte Werke: 1) „Nun komm der Heiden Heiland" TVWV 1:1175 (1. Advent); D-HAu, *Pon. Yb 3424n QK*; 2) „Stern aus Jacob, Licht der Heiden" TVWV 1:1398 (Epiphanias); D-HAu, *Pon. Yb 3424h QK*; 3) „Wir liegen, großer Gott, vor dir" TVWV 1:1668 (22. Sonntag nach Trinitatis); D-HAu, *Pon. Yb 3424m QK*; 4) „Wertes Zion sei getrost" TVWV 1:1606 (23. Sonntag nach Trinitatis 1756); D-HAu, *Pon. QK an Zb 6495*. Vgl. W. Braun, *Material zu Wilhelm Friedemann Bachs Kantatenaufführungen in Halle (1746–1764)*, Mf 18 (1965), 267–276, speziell S. 270–274; sowie H.-J. Schulze, *Ein „Drama per Musica" als Kirchenmusik. Zu Wilhelm Friedemann Bachs Aufführungen der Huldigungskantate BWV 205a*, BJ 1975, S. 133–140.

[19] Siehe H.-J. Schulze, *„Vierstimmige Choraele, aus den Kirchen Stücken des Herrn J. S. Bachs zusammen getragen". Eine Handschrift Carl Friedrich Faschs in der Bibliothek der Sing-Akademie zu Berlin*, in: Jahrbuch SIM 2003, S. 9–30, speziell S. 17 f.; sowie NBA III/2.2 Krit. Bericht (F. Rempp, 1996), S. 19.

erfolgte erst im dritten Band der von C. P. E. Bach herausgegebenen und bei Breitkopf verlegten Sammlung „Johann Sebastian Bachs vierstimmige Choralgesänge" (1786).[20] Sollte der wahre Urheber des Satzes bis in die 1760er Jahre hinein noch bekannt gewesen sein?

Peter Wollny (Leipzig)

---

[20] Siehe NBA III/2.2 Krit. Bericht, S. 50.

Zeit- und familiengeschichtliche Überlegungen zu Anna Magdalena Bach und ihren Clavier-Büchlein

Hans-Joachim Schulze in Verehrung gewidmet

„Wer war diese Frau, die durch die beiden Klavierbücher, die Bach für sie angelegt hat, in aller Welt bekannt geworden ist?"[1] Diese Frage stellte Georg von Dadelsen 1988 im Nachwort der Faksimileausgabe des zweiten Clavier-Büchleins von 1725. Neue Erkenntnisse[2] über die Ehefrau von Johann Sebastian Bach lassen es angebracht erscheinen, sich ihr erneut zu widmen, sowie Einordnungen und Bewertungen ihrer beiden Clavier-Büchlein (*P 224* und *P 225*) zu überdenken.

Auf den Vorderdeckel von *P 225* sind neben einer Jahreszahl auch die Initialen der Besitzerin eingeprägt („A M B 1725"), die wahrscheinlich von Carl Philipp Emanuel Bach zu „Anna Magdal Bach" ausgeschrieben wurden.[3] Im Innendeckel von *P 224* hingegen notierte Bachs Frau eigenhändig „Clavier-Büchlein vor Anna Magdalena Bachin ANNO 1722".[4] Von *P 224* sind rund zwei Drittel der Blätter verlorengegangen. Nach der ersten bekannten Beschreibung von 1894 haben sich auch die vorhandenen Blätter aus dem Einband gelöst. Einige Seiten wurden von Johann Sebastian Bach mit den Ziffern 4 bis 9 paginiert. Höchstwahrscheinlich begann mit ihnen das Büchlein. Auf sie schrieb er die Suite in d-Moll BWV 812. Der erste Satz und Teile des zweiten fehlen. Von ihrem Umfang hätten sie auf die nicht vorhandenen Seiten mit der Paginierung 1 bis 3 gepaßt.[5] Auf der Vorderseite des ersten Blattes könnten verschiedene Informationen gestanden haben. Da diese fehlen, stellen sich etliche Fragen: Warum und von wem wurde dieses Büchlein angelegt? War es vielleicht – ein Jahr nach der Hochzeit – ein be-

---

[1] *Johann Sebastian Bach. Klavierbüchlein für Anna Magdalena Bach. 1725*. Faksimiledruck der Originalhandschrift hrsg. von G. von Dadelsen, Kassel 1988, Nachwort, S. 5.

[2] Siehe E. Spree, *Die verwitwete Frau Capellmeisterin Bach. Studie über die Verteilung des Nachlasses von Johann Sebastian Bach*, Altenburg 2019 (im folgenden Spree A); ders., *Die Frau Capellmeisterin Anna Magdalena Bach. Ein Zeitbild*, Altenburg 2021 (im folgenden Spree B).

[3] NBA V/4 Krit. Bericht (G. von Dadelsen, 1957), S. 40 f.

[4] Vgl. auch den Besitzvermerk von A. M. Bach in dem Buch „Betrachtungen über das gantze Leiden Christi" (D-LEb, *Rara I, 2*); siehe hierzu auch BJ 1997, S. 151–153 (H.-J. Schulze) sowie M. Hübner, *Anna Magdalena Bach. Ein Leben in Dokumenten und Bildern*, Leipzig 2005, S. 43 und 75.

[5] NBA V/4 Krit. Bericht, S. 7 ff.

sonders sorgfältig gestaltetes Geschenk J. S. Bachs an seine geliebte Frau, wie oft behauptet wird? Dagegen spricht Einiges. Den Eintrag der erwähnten Suite nahm Bach nicht besonders sorgfältig vor. So machte er sich vorab keine größeren Gedanken über die Raumaufteilung. Am Ende des zweiten Satzes fehlte ihm der Platz für die letzten Takte, den er vorher leicht hätte einsparen können; schließlich schrieb er die Noten so eng, daß sie nur schwer zu lesen sind. Beim ersten Menuett fügte er unter die drei Systeme ein weiteres, deutlich engeres ein, um den Satz auf dieser Seite beenden zu können. Die Gigue zeichnet sich durch einen sehr flüchtigen Schreibstil aus. Auch der Umstand, daß Bach auf die Innenseite des Buchdeckels, direkt unter dem von A. M. Bach geschriebenen Titel, Notizen zu drei Büchern machte, deutet darauf hin, daß es sich hier nicht um ein Geschenk handelte, das besonders wertgeschätzt wurde.

Vielfach wird die Meinung vertreten, daß Bach die in *P 224* eingetragenen Stücke seiner Ehefrau zueignete. Die Glaubwürdigkeit dieser These wird aber durch die fehlende Widmung geschwächt. Daß sie auf den fehlenden Seiten gestanden haben könnte, ist eine Spekulation, die nicht zu belegen ist. Eine Abschrift der in *P 224* enthaltenen Suiten fertigte später Bachs Schüler und Schwiegersohn Johann Christoph Altnickol an.[6] Ein Hinweis, daß die Werke seiner Schwiegermutter gewidmet waren, fehlt jedoch auch bei ihm.[7]

Warum wurde dieses Büchlein angelegt? Da eine Erklärung nicht überliefert ist, könnten tiefergehende Untersuchungen der Lebensverhältnisse Anna Magdalena Bachs Hinweise auf eine Antwort geben. Sehr häufig ist die Ansicht anzutreffen, daß sie als Ehefrau verpflichtet war, für den Ehemann und die Kinder das Essen zu kochen, die notwendigen Einkäufe zu erledigen, die Wohnung sauberzuhalten, die Wäsche zu waschen. Unter solchen Umständen hätte eine intensivere Beschäftigung mit der Musik für sie lediglich ein Vergnügen in der kaum vorhandenen Mußezeit gewesen sein können. Eine solche Vorstellung ihrer Aufgaben entspricht aber nicht den Lebensverhältnissen einer Frau ihres Standes. Für die Familie Bach war es selbstverständlich, Dienstpersonal zu haben. Die Annahme, die „Frau Capellmeisterin"[8]

---

[6] NBA V/8 Krit. Bericht (A. Dürr, 1982), S. 21–23, sowie BJ 1970, S. 46 ff. (A. Dürr). Altnikols Abschrift enthält auch die – in *P 224* fehlende – Suite E-Dur BWV 817; die sechs Werke (BWV 812–817) sind auch als die Französischen Suiten bekannt.

[7] Widmungshinweise fehlen auch bei allen anderen Abschriften, die aus dem 18. Jahrhundert bekannt sind. (NBA V/4 Krit. Bericht, S. 8 ff.; NBA V/8 Krit. Bericht, S. 16 ff.). Auch bei den zwei Partiten, mit denen Bach das 1725 begonnene Büchlein eröffnete, findet sich keine Widmung. Sie wurden später „In Verlegung des Autoris" gedruckt – Partita III BWV 827 zunächst als Einzeldruck (1727) und vier Jahre später gemeinsam mit Partita VI BWV 830 in Clavier-Übung I. Eine Widmung an die Ehefrau fehlt auch hier.

[8] Dok I, Nr. 93; Dok III, S. 622; Dok V, Nr. C 650 b; siehe auch Spree B, S. 175 ff.

hätte die genannten Aufgaben selber ausgeführt, würde unterstellen, daß ihr Mann sie wie eine Magd behandelte. Eine Frau ihres Standes konnte sich jedoch mit Recht weigern, „wenn ihr der Mann solche Dinge zu muthet, die einer Magd anständiger sind".[9] In der Thomasschulordnung von 1723 wird über die Wohnung des Kantors mitgeteilt, daß sie groß genug für „Weib, Kinder und Gesinde"[10] sei. Es sei darauf hingewiesen, daß das Wort „Gesinde" nicht eine, sondern mehrere Personen bezeichnet. Unter „Gesinde" verstand man „diejenigen Personen beyderley Geschlechts",[11] die „zu Diensten oder Arbeit im Haus gehalten werden, in einer Wohnung beysammen bleiben, und in des Hausherrn Lohn und Brot stehen."[12] Es gibt mehrere Hinweise, daß im Bachschen Haushalt etliche Personen als Dienstpersonal angestellt waren, wovon mindestens eine Magd auch bei der Familie wohnte. Ihre Kinder ließ A. M. Bach durch Ammen ernähren,[13] später wurden sie von Hauslehrern unterrichtet.[14] Das Hauswesen der Familie Bach war so gut organisiert, daß die Versorgung der Kinder und die Haushaltsführung auch bei mehrwöchiger Abwesenheit der Eltern gewährleistet waren.[15]

Dienstpersonal war notwendig, damit Anna Magdalena sich ihren eigentlichen Aufgaben als „Haus-Mutter" widmen konnte. In Zedlers *Universal Lexicon* heißt es zu diesem Begriff:

Haus-Mutter, ist die Gehülffin des Haus-Vaters, folglich die andere Haupt-Person einer Haus-Wirthschafft, ohne welche selbige nicht leicht in guter Ordnung angestellet und geführet werden mag. In Anbetrachtung der ehelichen Gesellschafft ist sie als Ehe-Frau und Mutter anzusehen, in Absicht der Herrschafft und Haushaltung aber, als die Frau vom Hause und Befehlshaberin zu achten.[16]

Zur Hauswirtschaft der Familie Bach gehörten nicht nur die Kinder und das Dienstpersonal, sondern auch Verwandte und Privatschüler, die gemeinsam in der über 200 Quadratmeter großen Dienstwohnung lebten.[17] Eine der

---

[9] Zedler, Bd. 12, Sp. 914.
[10] *Die Thomasschule Leipzig zur Zeit Johann Sebastian Bachs. Ordnungen und Gesetze 1634. 1723. 1733*, hrsg. von H.-J. Schulze, Leipzig 1987, S. 23 f. (Ordnung 1723), siehe auch die Ordnung von 1634, Cap. III./24.
[11] Zedler, Bd. 10 (1735), Sp. 1282.
[12] G. S. Corvinus, *Nutzbares, galantes und curioses Frauenzimmer-Lexicon*, Frankfurt etc. 1739, Sp. 574.
[13] Spree B, S. 81 ff., und Spree A, S. 187.
[14] Dok I, Nr. 49K und Nr. 73.
[15] Dok II, Nr. 184, 199, 259 und 318; siehe auch Spree B, S. 82 ff.
[16] Zedler, Bd. 12 (1735), Sp. 907.
[17] Zur Größe der Wohnung und den darin lebenden Personen siehe Spree B, S. 48 f.; Dok II, Nr. 126K, 496 und 602; Dok III, S. 250; Dok V, Nr. B 53 b; BJ 2016, S. 79

Aufgaben A. M. Bachs bestand darin, das Dienstpersonal anzuleiten und zu beaufsichtigen, wozu entsprechende Kenntnisse notwendig waren.[18] Vor allem stand sie mit ihrem Ehemann einem Hauswesen vor,[19] in dem mit Musik der Lebensunterhalt verdient wurde. Kopisten waren anzuweisen, Aufführungen zu organisieren. So war Anna Magdalena Bach zum Beispiel in der Lage, eine Kantatenaufführung vorzubereiten. Sonst hätte der Leipziger Rat nach dem Tod ihres Mannes nicht die Ratswechselkantate bei ihr bestellt.[20] In diesem Haushalt wurde geübt und geprobt; Privatschüler und die eigenen Kinder waren zu unterrichten.[21] Der Gedanke an einer Hausmusik, bei der es nur um die Freude am Musizieren geht, ist hier fehl am Platze. Beim Unterrichten ist die Erziehung zur Selbstkritik ein Schlüssel zum Erfolg. Das bringt es mit sich, daß nicht nur das eigene Musizieren, sondern auch das gemeinsame musikalische Wirken kritisch betrachtet wird. Ein Genießen steht dabei einer kritischen Beobachtung des musikalischen Tuns – Voraussetzung für das Erhalten und der Verbesserung der Leistungsfähigkeit – entgegen. Bach dürfte es als seine pädagogische Pflicht angesehen haben, seine Schüler auf ihr Verbesserungspotential aufmerksam zu machen.

Im Haushalt der Familie Bach gab es einen Instrumentenverleih und -verkauf.[22] Hier wurde außerdem ein Musikalienhandel betrieben, wofür das Anfertigen von Kopien notwendig war. In all diesen geschäftlichen Bereichen kann die Mitwirkung von Anna Magdalena Bach nachgewiesen werden. Sie war bei Abwesenheit ihres Mannes, für die notwendigen Abläufe verantwortlich.[23]

Ein Zusammenwirken der Ehepartner in geschäftlichen Bereichen war typisch für diese Zeit. Die Historikerin Heide Wunder prägte für dieses Geschäfts-

---

(P. Wollny); Spree A, S. 181 f.; O. Kaemmel, *Die Geschichte des Leipziger Schulwesens vom Anfange des 13. bis gegen die Mitte des 19. Jahrhunderts (1214–1846)*, Leipzig 1909, S. 351; siehe auch R. van Dülmen, *Kultur und Alltag in der Frühen Neuzeit*, Bd. 1 (*Das Haus und seine Menschen, 16. bis 18. Jahrhundert*), München 1999, S. 12 ff.

[18] Siehe Zedler, Bd. 12, Sp. 907; F. P. Florinus, *Oeconomus prudens et legalis oder Allgemeiner Kluger und Rechts-verständiger Haus-Vatter, Erstes Buch*, Nürnberg 1750, S. 14; D. C. Leporin, *Gründliche Untersuchung der Ursachen, die das weibliche Geschlecht vom Studiren abhalten*, Berlin 1742 (Reprint Hildesheim 1975), Vorwort § 87 und S. 209.

[19] Traditionell war die Zusammenarbeit von Ehepaaren in der Frühen Neuzeit patriarchalisch geprägt. Die Ehefrau hatte sich ihrem Mann unterzuordnen, doch ergänzten sich beide gegenseitig bei der Erfüllung der Aufgaben (Zedler, Bd. 12, Sp. 903 und 912 ff.; siehe auch van Dülmen, wie Fußnote 17, S. 38 ff.).

[20] Dok II, Nr. 264K; siehe auch Spree B, S. 122 ff.

[21] BJ 2019, S. 13 ff. (B. Koska); Spree B, S. 91 ff.

[22] Spree A, S. 120.

[23] Spree B, S. 114 ff. und 120.

modell den Begriff „Arbeitspaar"; für die Frühe Neuzeit kann dies an vielen Beispielen belegt werden.[24] Für die gemeinsame Leitung eines Hauswesens waren spezielle Kenntnisse und Fähigkeiten notwendig, die dann auch die notwendige Autorität verliehen. In einem Ratgeber von 1750 ist zu lesen:

Es schaffet auch autoritas Patris & Matris-familias in einer Haushaltung grosen Nutz, und wird erfordert. […] In Summa, es gehet in einer solchen Haushaltung, wann nicht ihre Eltern selbsten täglich mit grosser Hülff und Gaben hinten und vorn da und vorhanden sind, alles zu Grund und zu Boden.[25]

Anna Magdalena war in einem Haushalt aufgewachsen, in dem ebenfalls mit Musik der Lebensunterhalt verdient wurde. Ihr Vater und ihr Bruder waren Hoftrompeter.[26] Sie erhielt eine musikalische Ausbildung und wurde Sängerin am Köthener Hof. Auch in ihrer Leipziger Zeit ab 1723 war sie als Sängerin aktiv und trat vor Publikum auf.[27] 1730 schrieb ihr Ehemann, daß sie „gar einen sauberen *Soprano* singet".[28] Dabei nutzte er nicht die Vergangenheitsform.

Hohes sängerisches Können ist aber nur mit regelmäßigem Üben zu erlangen und zu erhalten. Das gilt in besonderem Maße für Anna Magdalena Bach. Zwischen 1723 und 1730 brachte sie sieben Kinder zur Welt. Jede Schwangerschaft und jede Geburt bringen Veränderungen des Körpers mit sich, der ja das Instrument der Künstlerin ist. Sie mußte also in besonderem Maße Zeit darauf verwenden, diese zu erkennen und darauf zu reagieren. Ohne die Aussicht auf regelmäßige Auftritte vor Publikum ist es schwerlich vorstellbar, daß sie für ein so zeitaufwendiges Üben die nötige Motivation aufgebracht hätte. Die Räume in der Wohnung waren für solche Auftritte kaum geeignet. Selbst im größten Zimmer betrug die Entfernung von Wand zu Wand weniger als 6 Meter und kein Raum war größer als 30 Quadratmeter.[29] Einige Kompositionen Bachs geben Hinweise, in welchem Rahmen Anna Magdalena auch in Leipzig vor Publikum auftrat: Huldigungen, Ehrungen, Hochzeiten. So schreibt Hans-Joachim Schulze über die Kantate BWV 210:

---

[24] H. Wunder, *Er ist die Sonn', sie ist der Mond": Frauen in der Frühen Neuzeit*, München 1992, S. 261 ff.; siehe auch T. Schmotz, *Die Leipziger Professorenfamilien im 17. und 18. Jahrhundert. Eine Studie über Herkunft, Vernetzung und Alltagsleben*, Leipzig 2012, S. 72 ff.; sowie *Carl Friedrich Zelters Darstellungen seines Lebens*, hrsg. von W. Schottländer, Weimar 1931, S. 24 f. und 256.
[25] Florinus (wie Fußnote 18), S. 14.
[26] Hübner (wie Fußnote 4), S. 25 f.
[27] Spree B, S. 63 ff.
[28] Dok I, Nr. 23.
[29] Spree B, S. 48 f.

Die anspruchsvolle zehnsätzige Kantate [...] für Sopransolo und Instrumente, die in wenigstens fünf Fassungen für unterschiedliche Gelegenheiten – Hochzeitsfeiern, Geburtstage, Huldigungen – existiert haben muß, demnach ein gern dargebotenes Favoritstück war, dürfte gleichfalls mit der Gesangskunst Anna Magdalenas zu tun haben. Aufschlußreich sind bei dieser Komposition die Verschiedenartigkeit der Arien, die der Sängerin ein hohes Maß an Charakterisierungskunst abverlangen, die Ausdehnung des Werkes mit fast einer Dreiviertelstunde Aufführungsdauer sowie der geforderte Stimmumfang von zwei Oktaven, wobei im Mittelteil der ersten Arie am Ende einer schnellen Passage das dreigestrichene cis als Spitzenton erreicht wird. In Ermangelung anderer Nachrichten über die stimmlichen Fertigkeiten Anna Magdalenas bilden Rückschlüsse dieser Art einen willkommenen Ersatz.[30]

Durch solche – in der Regel bezahlte – Auftritte wirkte sie mit, die Familieneinkünfte zu vergrößern. Dies belegen Quittungen aus den Jahren 1724, 1725 und 1729.[31] Die Annahme, ihre sängerischen Fähigkeiten wären bei anderen Gelegenheiten ungenutzt geblieben, würde dem Ehepaar wirtschaftliches Unvermögen unterstellen.

A. M. Bach besaß also sehr wichtige Voraussetzungen, um einem Hauswesen vorzustehen, in dem Musik eine essentielle Bedeutung hatte. Während ihrer Ehe lernte sie nicht nur durch Erfahrungen dazu, sondern arbeitete auch – wie ihre Aktivitäten als Sängerin belegen – an der Erweiterung ihrer Kenntnisse und Fähigkeiten.

Mit den Bildungsmöglichkeiten einer Frau beschäftigte sich in besonderer Weise Dorothea Christiana Erxleben (1715–1762). Ihre *Gründliche Untersuchung der Ursachen, die das weibliche Geschlecht vom Studiren abhalten* veröffentlichte sie unter ihrem Geburtsnamen Leporin. Geboren in Quedlinburg, erhielt sie bei ihrem Vater Dr. Christian Polycarp Leporin (1689–1747) eine theoretische und praktische medizinische Ausbildung, die sie autodidaktisch stetig vervollkommnete. Nach seinem Tod 1747 führte sie seine Praxis in alleiniger Verantwortung weiter. 1742 heiratete sie den verwitweten Pfarrer Johann Christian Erxleben, der fünf Kinder in die Ehe mitbrachte. In den darauffolgenden Jahren gebar sie vier Kinder. 1754 promovierte sie an der Universität Halle zum Doktor der Medizin.[32]

Christian Polycarp Leporin betont im Vorwort des genannten Buches: „Studia machen weise, Weißheit gehöret zum regieren; wer nicht weise ist, wie kann er sein Haus klüglich regieren."[33] Seine Tochter macht an vielen Beispielen deutlich, daß die Weiterbildung der Ehefrau für das Familien- und Geschäfts-

---

[30] Schulze Bach-Facetten, S. 145.
[31] Dok II, Nr. 184, 199 und 259.
[32] B. Meixner, *Dr. Dorothea Christiana Erxleben, ein ganz normales Ausnahme-Leben*, Halle 2009, S. 27 ff.
[33] Leporin (wie Fußnote 18), Vorwort § 88 (unpaginiert).

leben große Vorteile brachte. Auf den Einwand, daß es auch Ehemänner geben könnte, die ungebildete Frauen bevorzugen, entgegnet sie: „Wie wenn wir höreten, daß einige Männer glauben, es würde ihnen gut seyn, wenn sie eine Fraue hätten, die nicht sehen könte, wollen wir deßwegen das Frauenzimmer bereden ihnen selbst die Augen auszustechen, damit sie diesen thörigten Menschen gefallen mögten?"[34] Für ihre Ehe konnte sie feststellen, „daß es sich in der Gesellschaft eines vernünftigen Ehegatten noch vergnügter studiren lasse".[35]

Die Unterstützung des Mannes war bei solchen Aktivitäten der Ehefrau nicht ungewöhnlich. Theresa Schmotz führt in ihrer Dissertation über Leipziger Professorenfamilien des 17. und 18. Jahrhunderts etliche Beispiele aus Ehen von Leipziger Professoren an. Zusammenfassend schreibt sie: „Die Professoren hatten meist das Wissen und die Fähigkeiten, die ihren Gattinnen in jungen Jahren beigebracht worden waren, erheblich zu erweitern, doch viele dieser Frauen zeigten sich letztlich sehr interessiert, dem Ehemann bei seiner wissenschaftlichen Arbeit zu assistieren."[36]

Vor diesem Hintergrund wird deutlich, zu welchem Zweck das „Clavier-Büchlein vor Anna Magdalena Bachin ANNO 1722" (*P 224*) angelegt wurde. Es war ein Studienwerk, das der Weiterentwicklung der musikalischen Fähigkeiten ihrer Besitzerin diente und ihr auch für die Führung ihres Hauswesens nützlich war. Damit sind die beschriebenen Einwände, die gegen ein sorgfältig gestaltetes Liebesgeschenk ihres Ehemannes sprechen, nicht mehr von Belang. Er unterstützte und förderte die Ausbildung seiner Ehefrau. Dies wird durch weitere Beobachtungen bestätigt. Im Anschluß an die Suite in d-Moll BWV 812 fehlen einige Blätter. Das (vermutlich) nächste von Bach eingetragene Werk war die Suite in c-Moll (BWV 813). Die Schrift läßt deutlich erkennen, daß es einen zeitlichen Abstand gab. Die Schriftstärke ist anders und viele Noten wirken wie skizziert. Unterbrechungen sind auch im weiteren Verlauf zu bemerken.[37] Die Stücke (BWV 814–816) wurden also nach Bedarf notiert. Es ist nicht bekannt, ob Anna Magdalena daran arbeitete, die Suiten möglichst perfekt zu spielen oder ob es sich eher um Übematerial handelte. Offensichtlich aber war die Suite BWV 813 für die angestrebten Ziele nicht zu schwer. Sonst wäre nicht zu erklären, warum ihr Ehemann immer wieder neue Stücke mit ähnlichem Schwierigkeitsgrad eintrug. Das wird im Clavier-Büchlein von 1725 fortgesetzt. Johann Sebastian Bach begann es mit der Partita in a-Moll

---

[34] Ebenda, S. 108.
[35] D. C. Erxleben, *Academische Abhandlung von der gar zu geschwinden und angenehmen, aber deswegen öfters unsichern Heilung der Krankheiten*, Halle 1755, S. 130.
[36] Schmotz (wie Fußnote 24), S. 47, 72 und 130 ff.
[37] Siehe auch NBA V/4 Krit. Bericht, S. 9.

BWV 827 und steigerte den Schwierigkeitsgrad mit dem Eintrag der Partita in e-Moll BWV 830.

Es ist nicht bekannt, wie Anna Magdalena diese Studien betrieb und ob vielleicht weitere Clavier-Büchlein verlorengingen.[38] In *P 225* gibt es dann aber einen ‚Bruch'.[39] Nach der Partita BWV 830 folgen kleine leichte Instrumental- und Gesangsstücke, die aber durchaus über ein großes Ausdruckspotential verfügen. Sie wurden bis in die 1740er Jahre eingetragen, in den meisten Fällen von A. M. Bach selbst.[40] Im Vorwort der 1903 erschienen Erstausgabe findet sich folgende Erklärung: „Im Anfang überwiegen die technischen Übungsstücke. Später scheint Bach auf das Vergnügen der Spielerin mehr Rücksicht genommen zu haben".[41] Inzwischen gibt es viele Forschungsergebnisse, die damals noch nicht vorlagen. Eine Grundhaltung ist aber auch heute noch anzutreffen: Die Anfängerstücke hätten eher dem Niveau von Anna Magdalena entsprochen und sie habe diese für sich oder auch ihrer Familie zur Freude gespielt. Das würde aber bedeuten, daß ihr Ehemann jahrelang ihre Möglichkeiten ignorierte und fortfuhr, Literatur einzutragen, die sie vollkommen überforderte. Auch wirkt die Vorstellung, die „Frau Capellmeisterin" und ehemalige Hofsängerin habe solche Anfängerstücke kopiert, um sie den Mitgliedern ihres Hauswesens vorzutragen, geradezu despektierlich.

Warum trug sie aber diese besagten kleinen Stücke ein, wenn sie es nicht zu ihrem „Vergnügen" tat? Einen Hinweis liefert erneut Christian Polycarp Leporin im Vorwort des bereits angeführten Buches seiner Tochter: „Die Hist. Lit. ist reich an Exempeln, da gelehrte Mütter selbst ihre Kinder informiret, und sie weit gebracht haben; gewiß dieses Geschäffte bringet einen grössern Seegen, als andere weibliche Verrichtungen".[42] Diese Auffassung vertrat auch seine Tochter. In der Ausbildung ihrer Kinder sah sie eine ihrer vorrangigen Aufgaben.[43] Ihr ältester Sohn, der später in Göttingen als Professor wirkte und Vorlesungen über naturwissenschaftliche, chemische, physikalische und veterinärmedizinische Themen hielt, berichtet, daß sie ihn auch in den Anfängen der Naturwissenschaften unterrichtete.[44]

So ist es naheliegend, daß die kleinen Werke in *P 225* der musikalischen Ausbildung ihrer Kinder dienten. Das wird durch Forschungsergebnisse von Peter

---

[38] Die Partiten I, II, IV und V (BWV 825, 826, 828 und 829) wurden zwischen 1726 und 1730 gedruckt und wären in dieser Form für ein Studium verfügbar gewesen.
[39] Siehe auch BJ 1906, S. 136.
[40] Dadelsen (wie Fußnote 1), Nachwort, S. 7 ff.
[41] J. S. Bach, *Notenbüchlein für Anna Magdalena Bach (1725)*, hrsg. von R. Batka, München 1903, S. 2.
[42] Leporin (wie Fußnote 18), Vorwort § 93 (unpaginiert).
[43] Erxleben (wie Fußnote 35), S. 130.
[44] Meixner (wie Fußnote 32), S. 12 und 15.

Wollny bestätigt.⁴⁵ Ihm gelang der Nachweis, daß zwei der besagten Werke von Bernhard Dietrich Ludewig (1707–1740)⁴⁶ in das Büchlein eingetragen wurden. In einem Zeugnis vom 4. März 1737 bestätigte Bach, daß Ludewig von ihm Unterricht erhalten und auch bei verschiedenen Aufführungen mitgewirkt habe. Außerdem habe Bach ihm seine Kinder „zu treüfleißiger Information" anvertraut.⁴⁷ Hier wird eine Verbindung zwischen einem Hauslehrer der Bachschen Kinder und Einträgen in *P 225* deutlich. A. M. Bach war mit ihrer Qualifikation ebenfalls dafür prädestiniert, ihren Kindern Unterricht zu erteilen, und zu diesem Zweck dürfte auch sie das Büchlein genutzt haben. Dies zeigen auch Einträge ihrer Kinder und Ergänzungen ihres Mannes.⁴⁸ Die pädagogische Verwendung wird durch einen von ihr mit „Einige Reguln vom General Baß" überschriebenen Eintrag bestätigt.⁴⁹

Die Einträge der kleinen Stücke nach den beiden Partiten (BWV 827 und 830) sind zeitlich ungeordnet. Es wurden Seiten übersprungen, die Werke stammten von verschiedenen Komponisten. Da stärkere Gebrauchsspuren fehlen,⁵⁰ ist davon auszugehen, daß sich die Schüler die betreffenden Stücke kopierten, um sie zu üben. Ob es die Kinder als Privileg empfanden, Einträge in das Büchlein vorzunehmen oder es dabei Widerstände gab, wird wohl nicht mehr zu ergründen sein. An dieser Stelle soll auch nicht auf die Besonderheiten dieser kleinen Kompositionen und den Umgang mit ihnen eingegangen werden. Hingewiesen sei aber darauf, daß die Annahme, die Texte der dort eingetragenen Vokalwerke würden die seelischen Empfindungen der Eheleute Bach wiedergeben, eine romantische Fantasie ist. Die Arie „Willst du dein Herz mir schenken, so fang es heimlich an" wurde weder von Anna Magdalena noch von Johann Sebastian Bach eingetragen, sondern von einem unbekannten Schreiber.⁵¹ Die Texte eignen sich aber sehr gut, um im Unterricht zu vermitteln, daß der Ablauf der dazugehörenden Melodie in besonderer Weise gestaltet werden muß, um bei den Zuhörern die gewünschten Affekte hervorzurufen. Dies variiert bei den einzelnen Strophen, und dafür muß der Lernende entsprechende Techniken erarbeiten.

Unterricht für Schüler, die nicht zur Familie gehörten, wurde im Hause Bach nicht nur von Johann Sebastian erteilt. So berichtet Christoph Nichelmann, daß er nicht nur vom Thomaskantor Stunden erhalten habe, sondern „auch noch besonders Anweisung von dessen ältestem Hrn. Sohne, Wilh. Friedemann

---

[45] BJ 2002, S. 33 ff.
[46] Dok V, S. 415.
[47] Dok I, Nr. 73.
[48] BJ 1979, S. 50 (H.-J. Schulze).
[49] Dadelsen (wie Fußnote 1), S. 124 ff.
[50] NBA V/4 Krit. Bericht, S. 67.
[51] Dadelsen (wie Fußnote 1), S. 124 ff. und Nachwort, S. 6 ff.

Bach im Clavierspielen".[52] Wie bereits ausgeführt, trug Anna Magdalena als Geschäftspartnerin ihres Mannes auch dazu bei, die Einkünfte der Familie zu vergrößern. Es wäre naheliegend, daß sie nicht nur ihre eigenen Kinder in die Grundlagen einer aktiven Beschäftigung mit Musik einführte, sondern auch anderen Anfängern bezahlten Unterricht erteilte. Die Frage, von wem die Initiative für das Anlegen dieser beiden Clavier-Büchlein ausging, kann nicht beantwortet werden. Vielleicht war es Johann Sebastian. Es ist aber auch denkbar, daß Anna Magdalena die leeren Büchlein erwarb und ihren Mann bat, ihr Studienwerke einzutragen. Sie war nachweislich eine aktive Frau, und deshalb sollte diese Möglichkeit nicht grundsätzlich ausgeschlossen werden. Der bereits erwähnte Eintrag „Clavier-Büchlein vor Anna Magdalena Bachin ANNO 1722" in *P 224* stammt jedenfalls von ihrer Hand und nicht von seiner.

Viele bisherige Thesen über die Nutzung dieser beiden Clavier-Büchlein sind maßgeblich durch Vorstellungen beeinflußt, die auf einem Ehemodell beruhen,[53] das für die Bach-Zeit nicht typisch war. So wurde Anna Magdalena Bach zu einer Frau, die völlig im Schatten ihres Mannes stand und in der Hausarbeit aufging. Damit hätte sie schon zeitlich keine Möglichkeit gehabt, sich in größerem Maße mit Anderem zu beschäftigen; stattdessen hätte sie sich an den kleinen Dingen des Lebens erfreut, wie dem Menuett in G-Dur BWV Anh. 114,[54] das sie sich und ihren Lieben vorspielte. Wie vorstehend dargelegt, werden bei einer solchen Sichtweise aber Forschungsergebnisse zu Haushaltungen in der Frühen Neuzeit außer Acht gelassen,[55] die Ausbildung von Anna Magdalena Bach und ihre Fähigkeiten ignoriert und die Lebensweise einer Frau ihres Standes nicht berücksichtigt. Es ist an der Zeit, diese auf einem Ehemodell des ausgehenden 19. und der ersten Hälfte des 20. Jahrhunderts aufbauenden Thesen kritisch zu überdenken.

Eberhard Spree (Leipzig)

---

[52] Dok III, Nr. 674.
[53] Siehe etwa E. Rulffes, *Die Erfindung der Hausfrau. Geschichte einer Entwertung*, Hamburg 2022, S. 12 f.
[54] Wie H.-J. Schulze herausfand, wurde dieses Werk von Christian Petzold komponiert (siehe BJ 1979, S. 50 ff.).
[55] Siehe zum Beispiel Wunder (wie Fußnote 24) sowie van Dülmen (wie Fußnote 17).

„… bis auf Wiederruffen eingestellet … wornach Er sich seines Orts zu achten hatte"
Neue Dokumente zur Landestrauer 1727/28

Am 5. September 1727, „früh Morgens gegen Zwey Uhr",[1] verstarb Christiane Eberhardine von Brandenburg-Bayreuth im Alter von 55 Jahren in Pretzsch an der Elbe. Sie wurde zwei Tage später in der dortigen Stadtkirche beigesetzt. Weder ihr Ehemann Friedrich August I. noch ihr Sohn erschienen zu ihrer Beerdigung. Anläßlich ihres Absterbens verordnete das Leipziger Konsistorium gleich am 7. September, daß

das Orgelschlagen und sonsten alle andere Saÿten- und Freuden-Spiele, auch das Figural-Singen in allen Kirchen, bey Hochzeiten und Kindtaufen, und andern Zusammenkünften, desgleichen bey Leichen Begängnißen und auf denen Gaßen von Schülern vor denen Thüren, so wohl alle Üppigkeit und Hoffarth in Kleidung und das Cranztragen, bis auf weitere Verordnung verbothen, und gänzlich eingestellet werde.[2]

Mit dieser Verordnung war die figurale Kirchenmusik verboten und natürlich auch den Leipziger Collegia jegliches Musizieren bis auf weiteres untersagt. Bach wurde deshalb am 8. September in die Ratsstube zitiert, wo man ihm folgende Verordnung eröffnete:

Geschahe in der RathStube dem *Cantori* Andeutung, daß das Orgel Schlagen, auch *Figural*-Singen, in allen Kirchen, bey Hoch-Zeiten, Kindtauffen, und andern Zusammen Künfften, desgleichen bey Leichenbegängnüßen und auf denen Gaßen, von Schülern, vor denen Thüren, bis auf Wiederruffen eingestellet seyn solte, wornach Er sich seines Orts zu achten hatte.[3]

In einer weiteren Verordnung wurde noch einmal explizit hervorgehoben, es solle das „*figurir*en in denen Kirchen, bey Hochzeiten, Kind-Täuffen und an-

---

[1] D-Dla, *10024* (*Ihrer Majestät, der Königin von Pohlen und Kurfürstin zu Sachsen am 5. September 1727 erfolgtes Absterben und was deshalb der Trauer halber verordnet*), Geheimer Rat (Geheimes Archiv), *Loc. 04388/16*, fol. 3 r.

[2] D-LEka, Archiv 436, (*Trauer-Feiern beym Absterben der sächsischen Könige, 1656/ 1711/1727/1733/1745*), unpaginiert. Siehe auch Spitta II, S. 789 (die Verordnung für den 7. September ist dort nur teilweise wiedergegeben).

[3] D-LEsa, *Tit. XLVII, Nr. 3a* (*ACTA die Land Trauer betreffend. Vol I.*), fol. 409v; sowie gleichlautend in D-LEsa, *Tit. XLVII Nr. 3 b* (*ACTA die Land Trauer betr. de anno 1733 sq. Vol: II*), fol. 155v. Zitiert nach der zweitgenannten Quelle.

dern Zusammenkünfften; Ingleichen das *figurir*en beym Leichen-Begängnüßen und auf denen Gaßen von | Schülern für denen Kirch-Thüren, so wohl alle Uppigkeit und Hoffart in Kleidungen, auch das Kräntztragen bis auf fernere Anordnung verbothen seyn und gäntzlich eingestellet werden".[4]
Zwei Tage darauf, am 10. September 1727, wandte sich der Thomasschulrektor Johann Heinrich Ernesti auch im Namen Bachs, des Konrektors und der übrigen Praeceptores der Schola Thomana mit folgender Supplik an den Leipziger Rat:

HochEdelgebohrne, *Magnifici*, Veste
Hochgelahrte und Hochweise,
Insonders Hochgeehrteste *Patroni*

Es ist auf Befehl eines HochEdlen Raths, durch den Herrn Vorsteher dieser Schule angedeutet worden, daß sich die *Alumni* des gewöhnlichen *Current*-Gehens bey gegenwärtiger Land-Trauer enthalten sollten. Gleichwie ich nun allen gebührenden *Respect* gegen die Verordnungen E. HochEdl. Raths bezeuge; also nehme mir gleichwohl, mit dero gütigster Erlaubniß, die Freyheit, einige dabey entstehende *dubia*, Eu. HochEdelgebohrnen *Magnificenti*en, und Herrlichk: zu hochgeneigter Uberlegung gehorsamst anheim zustellen. Denn 1) ist in der von denen Cantzeln verlesenen Abkündigungen nur das *Figurir*en dem Schülern, nicht aber das *Choral*-Singen auf denen Gaßen einzustellen befohlen, auch 2) solches ehedem bey andern hohen Trauer-Fällen niemahls unterlaßen worden. Nechst dem würde | 3) denen ohnedem sehr bedürfftigen *alumnis* ihr nothwendiger Unterhalt, weil mittler Zeit wenig in die Büchsen möchte *colligir*et werden, zurück bleiben, auch 4) von denenjenigen Wohlthätern, vor deren Häusern bey dem *Current*-Umgange, wegen einiger darauf hafftenden *Legatorum* still gestanden werden muß, in Auszahlung derer *interessen* Schwierigkeit gemacht werden. Dafern auch solches Aussetzen des gedachten Singens 5) auff die instehenden 2 gewohnlichen Umgänge zu Michaelis und Weyhnachten zu *extendir*en wäre, so würde nicht nur denen Schülern, sondern auch denen *Praeceptoribus*, welche ihren Antheil von uhralten Zeiten her daran haben, vornehmlich dem *Conrectori* und *Cantori*, deren *recreation* vor die das gantze Jahr hindurch bey dem ersten und andern Chor in denen zweyen Haupt-Kirchen beym Sontags-Gottesdienste über sich habende mühsame *Inspection*, von obgedachten Umgängen *dependir*et, ein großes entgehen. Dieses wollen Ihro HochEdelgeb. *Magnificentien* und Herrlichkeiten zu Hochgeneigter *deliberation* nehmen, und unser armen *Alumnos*, nach dero hohen und väterlichen Liebe gegen diese Schule, zu *soulagiez* geruhen. Vor welche hohe Gewogenheit wir iederzeit verharren

Leipzig den 10. *Sept*:   Eu. Hochedlgeb. *Magnificenz* und Herrlichkeiten
1727
gehorsamster

---

[4] D-LEsa, *Tit. XLVII, Nr. 3 a* (*ACTA die Land Trauer betreffend. Vol I.*), fol. 407 r+v.

Kleine Beiträge

Re. schrifftl. Verordnung[6]

M. Joh. Heinrich Ernesti [...][5]
zu der Schule zu St. Thomas gehörig.

Drei Tage später, am 13. September, kam postwendend die knappe Antwort des Rates:

Demnach Ihro Königl. Mayt. in Pohlen und Chf. Dl. zu Sachsen *etc. etc.* Unser allergnädigster Herr *etc.* untern 6. dieses Monaths *Septembris* daß das *Figural* Singen, in allen Kirchen, bey Hochzeiten und Kindtaufen, auch andern Zusammenkünfften, des gleichen bey Leichenbegängnüßen und auf denen Gassen von Schülern vor denen Thüren bis auf weitere Verordnung eingestellet werden solle, allergnädigst anbefohlen; Als ist sich hiernach gebürend zu achten. *Sign.* Leipzig den 9 *Sept.* 1727

Ist nach des *nuncii jurati* Johann Georg Lorenzens *relation* Herrn *M.* Ernesti als *Rectorn* der Schule zu *St. Thomæ* selbst auf der *Thomas Schule insinuir*et
Leipzigk den 13 *Sept.* 1727
Joh. Zachar. Trefurth
Act. jur.[7]

Die Folge war, daß vornehmlich Bach, der Rektor Johann Heinrich Ernesti und der Konrektor Johann Christian Hebenstreit auf ihren Einnahmeanteil aus den Kantoreiumgängen fortan zu verzichten hatten. Damit waren auch jene Akzidenzien gemeint, deren Verlust Bach in seinem Brief vom 28. Oktober 1730 an seinen Schulfreund Georg Erdmann in Danzig beklagte.[8] Knapp zweieinhalb Jahre später, am 9. Februar 1733, wurde anläßlich des Ablebens von Kurfürst Friedrich August I. und der deswegen verordneten Landestrauer vom Konsistorium abermals ein Verbot der „*Current*-Umgange" angeordnet.[9] Wiederum folgten daraus Einnahmeverluste für Rektor, Konrektor und Kantor. Am 7. Oktober 1727 kam vom Dresdner Hof bezüglich der Landestrauer die folgende, in gedruckter Form verbreitete Anweisung:

---

[5] Zusatz nicht lesbar.
[6] Wie Fußnote 4, fol. 412 r+v.
[7] Ebenda, fol. 413 r.
[8] Dok I, Nr. 23.
[9] Wie Fußnote 2, unpaginiert. Es wurde nahezu gleichlautend verfügt, daß das „Orgelschlagen und sonsten alle andere Saiten- und Freuden-Spiele, auch das Figural-Singen, in allen Kirchen, bey Hochzeiten, Kind Tauffen, und andern Zusammenkünften, des gleichen bey Begräbnißen und auf denen Gaßen von Schülern vor denen Thüren, so wohl alle Uppigkeit und Hoffarth in Kleidung, und das Crantztragen, bis auf weitere Verordnung, verbothen, und gäntzlich eingestellet werden möge."

Hierüber

Soll auch noch auff ergangenen allergnädigsten Befehl anbey bekandt gemachet werden, daß, obwohl Ihre Königliche Majestät in Pohlen und Chur-Fürstliche Durchlauchtigkeit zu Sachsen, etc. Unser allergnädigster Herr, wie Sie wegen des ietzt beklagten Ihnen so nahen hohen Trauer-Falls am Neundten dieses Monaths, mit Dero gantzen Hofstadt, die tieffe Trauer durchgehens angeleget, also auch, zu Bezeugung der vor Dero hertzlich-geliebten Gemahlin Majestät, auch nach Ihrem Tode, | beständig tragenden Hochachtung durch Haltung *solenner*, in dergleichen Fällen gewöhnlichen *Exequien*, Leichen-*Conducte*, und was dem anhängig, Ihrer Majestät den gebührenden Ehren-Dienst durch das gantze Land erweisen zu lassen, gesonnen gewesen, Sie doch, nachdem sichs ereignet, daß Ihre Majestät vor Dero Ableben alle dergleichen *Ceremoni*en verboten, und, daß solche eingestellet werden möchten, ausdrücklich verlanget, Ihre Majestät letzten Willen auch darinnen zu erfüllen, sich nicht entbrechen möge, sondern es dergestalt nur | bey obgedachter Anlegung der tieffen Trauer bewenden zu lassen, Sich entschlossen.[10]

Ob Bachs Aufführung der Trauerode zehn Tage später im Einklang mit dieser Verordnung stand, sei dahingestellt. Dem letzten Willen der Kurfürstin entsprach sie offensichtlich nicht.

Angesichts solcher Restriktionen wandte sich auch Johann Gottlieb Görner am 22. Oktober 1727 mit folgender Supplik an Kurfürst Friedrich August I.:

Allergnädigster Herr

Eu. *Königl. Majestät* und Churfürstl. Durchl. geruhen allergnädigst Ihnen in tieffster Unterthänigkeit vortragen zu laßen, wie ich einige Jahre her mit einigen *Studiosis* allhier auf der *Universitæt* Leipzig zu mehren Auffnehmen der *Music* wöchentlich ein *Collegium Musicum* und zwar außer der Meßzeit einen Tag, in derselben aber 2. mahl, abends von 8. bis 10. Uhr gehalten, wodurch nicht alleine die von Schulen kommende *Studiosi* dasjenige was sie vormahls in *Musicis* erlernet, dem Lande zum besten, vollends *perfectioni*ret, sondern auch besonders zur Meßzeit | sich denen frembden *exhibir*et, und beförderung als *Cantores* und *Organisten* beÿ dieser Gelegenheit gefunden. Ob nun wohl Eu: *Königl. Majst.* und Churfürstl. Durchl. auf den höchstschmerzlichen Hintritt dero Allerdurchl. Gemahlin, unser Allergnädigsten Frauen, daß alle so wohl Kirchen als *Theatral Music* wehrender Trauer *cessir*en solle, allergnädigst anbefohlen; So hoffe doch, daß oben angeführtes *Collegium Musicum*, welches lediglich *exercitium* vor die *Studiosi* ist, darunter nicht begriffen seÿn werde, allermaßen auch dergleichen *exercitium* beÿ den ehemahligen höchstseeligen absterben dero durchlauchtigster Frau Mutter Hoheit | zu halten, erlaubet gewesen. Es ergehet dannenhero an *Ew: Königl. Maj.* und Churfürstl. Durchl. mein allerunterthänigstes gehorsamstes bitten, allergnedigst zu erlauben, daß ermeldtes *Exercitium Musicum* auch iezo fortgesetzt werden dürffe, ich verharre dargegen in allerunterthänigsten *devotion* *Eu. Königl Majs.* und Churfürstl Durchl.

Meines allergnädigsten Könige Churfürstens und Herrns

---

[10] Wie Fußnote 4, fol. 416r–417r.

allerunterthänigst
gehorsamster
Johann Gottlieb Görner
Collegii Musici Director
und *Organist* beÿ der
Nicolai Kirche
Leipzig
den 22. *October*
1727.[11]

Die Antwort des Kurfürsten ließ nicht lange auf sich warten. In seinem Schreiben vom 27. Oktober 1727 heißt es unter anderem:

der Organist bey der Kirchen zu *St. Nicolai* in Leipzig, daß ihm bey ieziger Landt Trauer das vor der selben gehaltene wöchentliche *Collegium Musicum* fortzusetzen verstattet werden möchte, unterthänigst ansuchet, und bittet, das zeiget die inlage mit mehrern.
Nun Wir dann solches, gestallten dingen nach, iedoch auf die maaße, bewilligt, daß hierbey alles nur zur Übung und in der stille geschehe, auch außer denen vormahligen ordentlichen *Membris*, sonst niemand | darzu gelaßen werde.[12]

Die Proben hätten unter Ausschluß der Öffentlichkeit und in aller Stille zu erfolgen. Diese Einschränkung zeigt indes eines: Es wurde in den Collegia musica demnach auch regulär geprobt und nicht nur – wie zuweilen angenommen – „prima vista" (also aus dem Stegreif) musiziert. Außerdem gab es eine klare Differenzierung zwischen den ordentlichen Mitgliedern des Collegium musicum und Zuhörern aus der Öffentlichkeit, also Nichtmitgliedern. Auch Georg Balthasar Schott, Bachs Vorgänger als Leiter des zweiten Leipziger Collegium musicum, war mit einem offenbar ähnlich formulierten Bittgesuch an den Kurfürsten herangetreten. Am 15. Dezember 1727 erging an Ihn folgender Bescheid:

auf des organisten an der Neuen Kirche alhier, George Balthasar Schottens, allerunterthänigstes *Suppliciren*, wegen Verstattung, daß er sein *Collegium musicum* bey itziger Landtrauer fortstellen dürffe, allergnädigst *rescribi*ret, das ist aus der copeylg. Beyfüge zusehen.
Darauf begehren, im Nahmen höchstgedachter Ihro. Königl. Maj., wir hier mit an dieselben, sie wollen aufsicht haben, damit die allergnä- | digste bewilligung in keine Wege überschritten werden möge.[13]

---
[11] Wie Fußnote 2, unpaginiert.
[12] Ebenda.
[13] Ebenda. Schotts Bittgesuch ist der Akte nicht beigefügt.

Ungeachtet der verfügten Landestrauer wurde den beiden Leipziger Collegia musica somit ein eingeschränktes Musizieren eingeräumt. Man bezog sich hierbei auf eine Verfügung, die anläßlich des am 1. Juli 1717 erfolgten Todes der Mutter August des Starken, Anna Sophia von Dänemark, am 28. August 1717 erlassen worden war. Zwei Tage zuvor hatte das Leipziger Konsistorium zunächst an den Dresdner Hof folgendes Schreiben verfaßt:

Zur HochEdl. Landes Regierung
Allerdurchlauchtigste Kön. Mait. und Churf. Dl. haben wegen höchstseeligsten Absterbens Dero Königl. Frau Mutter Hoheit, daß alles *Musicir*en in denen Kirchen, Häusern und auf denen Gaßen bis auf Dero fernere besondere Verordnung in Ruhe gestanden werden solle, in hohen Gnaden verordnet. Nun sich dann aber ereignet, daß bey hiesiger Stadt von einigen *Studiosis* zwey *Collegia* und *Exercitia Musica* und zwar von iedem *Collegio* die Woche einmahl in Bürger Häusern öffentl. gehalten werden, die zwar einige Wochen her eingestellet gewesen, aniezo aber wiederum vorgenommen werden wollen, welches, da es in zwo öffentlichen Cafee-Häusern geschiehet, uns zu gestatten bedencklich geschienen, dahero wir es auch denen Wirthen, in deren *Logiament*ern solche gehalten werden, untersaget, Weil aber von ihnen so wohl als denen *Studiosis* nun deren gestattung bey uns angesuchet und zum behuf | von ihnen angeführet wird, daß solches bloße *exercitia musica* und diesfalls kein Verbot an die *Universität* ergangen war wären, die sie in Stuben hielten und damit nicht auf die Gaße können, welches sich auch in der that also befindet, Als haben E. Kön. Majt. und Churfürstl. Dl. wir solches hiermit allerunterthänigst berichten und wie sich der Verstattung halber zu verhalten, um dero allergnädigste *resolution* bitten sollen, zu allergehorsamsten treusten diensten iederzeit pflichtschuldigst bereit zu geflißen verbleiben.
Signatum Leipzigk, den 26. *Augusti* 1717
E. Kön. Mait. und Churfürstl. Dl.
allerunterthänigste
gehorsamste
Consistorium[14]

Zwei Tage darauf, am 28. August 1717, erteilte die Landesregierung folgende Genehmigung:

Liebe getreue, Uns ist euer allerunterthänigster Bericht vom 26.ten *Augusti* lezthin, darinnen ihr, ob denen *Studiosis* in der Stadt bey euch, ihre *Collegia* und *Exercitia Musica* zu halten, bey ieziger Landes-Trauer verstattet werden solle, allergehorsamst angefraget habet, gebührend vorgetragen und verlesen worden; Nun wir denn, wenn es sich euerm Anziehen gemäs verhält, daß sie damit nicht aus denen Häusern und auf die Gaßen kommen, sothane *Collegia Musica* auch blos zu Erlernung und *Exercir*ung der *Music*, gewiße Tage in der Stille gehalten werden, die Fortsetzung dererselben,

---
[14] Wie Fußnote 4, fol. 395 r+v (Konzeptschrift).

auf diese Maaße geschehen laßen, und verstatten können; Also ist hiermit Unser Begehren, ihr wollet, was deshalber nöthig, behörig verfügen, zugleich aber auch, damit hierunter kein *Excess* vorgehen möge, darauff scharffe Uffsicht halten laßen. Mochtens euch nicht bergen, Und ge- | schicht daran Unsere Meynung. *Datum* Dreßden, 28.ten *Augusti, Anno* 1717.[15]

1727, zehn Jahre später, wurde anläßlich des Todes der Kurfürstin Christiane Eberhardine und der daran anschließenden Trauerzeit mithin ähnlich verfahren. Insofern bestand eine Kontinuität hinsichtlich der Verfügungen.
Eine erste Lockerung der Landestrauerverordnung erfolgte bereits am 19. November 1727. Sie betraf allein das Musizieren in der Kirche, wie aus der Verfügung des Konsistoriums hervorgeht.

Darauf begehren im Nahmen höchstgedachter Ihr. *König. Majt.* Wir hiermit an denselben, sie wollen, daß in der Kirche, keinesweges aber beÿ der *Procession*, ingleichen dem *Prandio*, zum Tanzen, oder sonsten, eine stille *Music*, | sonderlich mit Hinweglaßung der Trompeten und Paucken auch Waldhörner, dabeÿ *adhibir*et werden möge, Verfügung thun.[16]

Somit war es fortan erlaubt, unter Weglassung von Trompeten und Pauken oder Hörnern eine „stille Music" aufzuführen. Unter Bezugnahme auf diese neue Verordnung und die damit verknüpfte Einschränkung konnte eine eher klein besetzte Figuralmusik durchaus dargeboten werden. Wie Bach die neue Verordnung in der Praxis umgesetzt hat, wissen wir nicht. Kantatenaufführungen aus dieser Zeit sind bislang nicht nachgewiesen worden. Die am 1. Weihnachtstag und zum Neujahrsfest traditionell mit Trompeten, Pauken oder Hörnern besetzten Festmusiken durften jedenfalls nicht aufgeführt werden. Vielleicht erklangen vorübergehend klein besetzte Figuralstücke, wie sie Bach für den zweiten und dritten Weihnachtstag oder auch für den Sonntag nach Weihnachten komponiert hat, oder auch fremde Werke wie Kantaten aus Telemanns „Sicilianischem Jahrgang". Diesbezüglich wären einige der in Frage kommenden Quellen noch einmal auf Indizien zu prüfen, die für eine Aufführung im Zeitraum vom 19. November bis zum Jahreswechsel 1727/28 sprechen könnten.
Um den Jahreswechsel weilte Bach in Köthen. Näheres zu diesem Aufenthalt ist nicht bekannt.[17] Für den 5. Januar 1728 findet sich in den diesbezüglichen Cammer-Rechnungen folgender Eintrag:

---

[15] Ebenda, fol. 396 r+v (Reinschrift).
[16] Wie Fußnote 2, unpaginiert.
[17] Vgl. Dok II, Nr. 241.

Dem Leipziger *Cantori* Bachen zur abfert: *N* 404. 24 [thlr.]

Traditionsgemäß wurden am Hof von Fürst Leopold am 1. Januar zwei Neujahrsmusiken dargeboten – ein geistliches und ein weltliches Werk. Bachs Gastspielhonorar von 24 Talern bezieht sich demzufolge auf zwei musizierte Kompositionen. Sofern zur Jahreswende 1727/28 in den Leipziger Hauptkirchen tatsächlich figuraliter musiziert wurde, hätte Bach hierfür den *Cantor famulus* beauftragen müssen.

Am 2. Januar 1728 verfügte das Kurfürstliche Oberhofmarschallamt zu Dresden, daß die Musizierbeschränkungen zum Epiphanias-Fest 1728 „in Städten, Flecken und Dörffern" aufzuheben seien.[18] Zwei Tage darauf, am 4. Januar 1728, erfolgte die entsprechende Weisung auch von Seiten des Leipziger Konsistoriums:

daß bis zu fernern Befehl das Orgel schlagen, und sonsten alle andre Seiten und Freüden Spiele, auch das *Figural* Singen in allen Kirchen | bey Hochzeiten, Kind Tauffen, und andern Zusammenkünften, des gleichen bey leichen Begängnüßen, und auf denen Gaßen von denen Schülern vor den Thüren, wie auch das Cranztragen verbothen und gänzlich eingestellet werden sollen, das ist denselben erinnerlich.
Nachdem aber höchstgedachte Sr. *Königl. Majestæt* nunmehro allergnädigst entschloßen haben, die nur besagter maßen eingestellte *Music* und was dem anhängig, auf nächstkünfftiges *Festum Epiphan:* als den 6.ten dieses, und fernerhin, sowohl in denen Kirchen als außer denenselben hinwiederum gebrauchen zu laßen, auch des wegen an Uns anderweit gemeßenen allergnädigsten Befehl ertheilet.[19]

Damit war der Weg frei für die uneingeschränkte Aufführung von Musik jedweder Art. Bis dahin hatten sich aus den allumfassenden Verboten und Verfügungen weitreichende Einschränkungen und finanzielle Einbußen ergeben – für die Thomasalumnen, die Praeceptoren der Schola Thomana, die Stadtpfeifer, Kunstgeiger und Türmer und letztlich für die gesamte Bevölkerung.

In den Wochen zuvor gab es immerhin erste vorsichtige Lockerungen. Ab 19. November 1727 durfte in den Kirchen wieder musiziert werden – wenn auch unter den schon genannten Auflagen. Selbst die „ordentlichen Miglieder" der Collegia Musica konnten wieder proben und somit ihr „Exercitium Musicum" fortsetzen – allerdings in „aller Stille" und unter Ausschluß der Öffentlichkeit.

Andreas Glöckner (Leipzig)

---

[18] D-Dla, *10006 Oberhofmarschallamt, C, Nr. 26*, fol. 103 r+v.
[19] Wie Fußnote 2, unpaginiert.

Ein neuer Fund zu Sterbedatum und -ort von Hans Bach [54]

Der von Johann Sebastian Bach entworfene „Ursprung der musicalisch-Bachischen Familie"[1] berichtet, daß der Stammvater der Familie, Veit Bach, sich im 16. Jahrhundert im thüringischen Wechmar niedergelassen habe. Dies macht seither all jene Träger des Namens Bach, die sich zu dieser Zeit im Umkreis des Ortes nachweisen lassen, für die Bach-Forschung zu potenziell interessanten Figuren. Aufmerksamkeit erweckt in diesem Zusammenhang die Person des Hans Bach [54].[2] Da sich dieser Name im Thüringer Raum im 16. Jahrhundert recht häufig findet, ist die korrekte Zuordnung von Quellen und Namensnennungen mitunter schwierig. Der im folgenden gemeinte Hans Bach [54] ist von Hans (Johannes) Bach [2], dem im „Ursprung" erwähnten, 1626 in Wechmar verstorbenen möglichen Sohn Veit Bachs ebenso zu unterscheiden wie von Hans Bach, dem 1615 im württembergischen Nürtingen verstorbenen Spielmann, dessen Zugehörigkeit zur Wechmarer Linie der Bach-Familie strittig ist.[3] Hans Bach [54] ist im „Ursprung" nicht erwähnt, wird aber allgemein als die erste in Wechmar nachweisbare Person mit Namen Bach angesehen. Seit Philipp Spitta gilt als biographischer Anhaltspunkt für seine Lebenszeit das Jahr 1561,[4] das auf einen Eintrag im Handelsbuch von Wechmar zurückzuführen ist.[5] Diese Datierung konnte in jüngster Zeit von Knut Kreuch aus Einträgen in Steuerlisten und Erbbüchern um weitere Jahresangaben ergänzt werden, die von 1552 bis in die 1570er Jahre reichen.[6] Ein

---

[1] Dok I, Nr. 184.
[2] Die Numerierung folgt C. Wolff, der die Zählung des „Ursprungs" übernimmt und für die dort nicht erwähnten Personen fortführt, siehe *Die Musikerfamilie Bach*, in: Die Bach-Familie, hrsg. von C. Wolff, W. Emery, E. E. Helm. E. Warburton, E. S. Derr, Stuttgart 1993, S. 11–37, hier S. 11.
[3] Zur Unterscheidung dieser beiden Namensträger siehe W. Wolffheim, *Hans Bach, der Spielmann*, BJ 1910, S. 70–85.
[4] Spitta I, S. 6.
[5] Die von K. H. Frickel (*Genealogie der Musikerfamilie Bach. Daten – Fakten – Hypothesen*, Niederwerrn 1994, S. 193) angegebenen Lebensdaten 1504–1564 sind nicht belegt und werden daher im folgenden nicht berücksichtigt.
[6] Siehe K. Kreuch, *Es klappert die Mühle und es musiziert Vitus Bach. Neues aus Wechmar, dem Stammort der größten Musikerdynastie aller Zeiten*, in: „Der Anfang zur Musik …" – Bach im Gothaer Land, hrsg. von K. Kreuch und A. Krünes, Gotha 2021, S. 13–64, hier S. 16–19.

Eintrag im Erbregister der Grafschaft Gleichen, der für das Jahr 1580 nicht mehr Hans Bach [54], sondern seine Witwe als Steuerpflichtige nennt, führte Kreuch schließlich zu der Schlußfolgerung, daß dieser 1579 oder 1580 gestorben sein müsse.[7] Diese bislang indirekt erschlossene Datierung des Todesjahres vermag der hier vorgestellte Fund nun zu belegen. Im Rahmen des Projektes „Forschungsportal BACH"[8] erfolgte eine Durchsicht der Kirchenbücher von St. Michaelis in Ohrdruf, die einen unerwarteten Fund zu Tage förderte. Im Sterberegister 1565–1768 findet sich für das Jahr 1579 unter der Nummer 48 der Eintrag: „Hanß Bach Vonn wechmar Leprosus Ist verschieden den 3 Maij" (siehe auch die Abbildung).[9] Der Zusatz „Vonn wechmar" und die zeitliche Übereinstimmung mit dem von Kreuch angenommenen Sterbezeitraum lassen annehmen, daß es sich bei dem hier Eingetragenen um Hans Bach [54] handelt.[10]

Hans Bach ist also nicht in Wechmar, sondern in Ohrdruf verstorben. Die Anmerkung „Leprosus" (Aussätziger) erlaubt die Vermutung, daß Hans Bach seinen Wohnort aus Krankheitsgründen verlassen mußte und sich in der Zeit vor seinem Lebensende in oder bei Ohrdruf aufhielt. Hier existierte außerhalb der Stadtmauern ein Leprosorium, in dem Bach aufgrund einer ansteckenden Krankheit Aufnahme gefunden haben könnte. Eine Anfrage im Stadtarchiv Ohrdruf ergab, daß die dortigen Aktenbestände zum Leprosorium erst Mitte der 1580er Jahre einsetzen und daher keine weiteren Erkenntnisse zu erwarten sind.

Der vorgestellte Fund wirft zwar kein neues Licht auf die Frage, ob der Wechmarer Hans Bach [54] tatsächlich mit der Musikerfamilie Bach in Verbindung stand; er bringt jedoch ein Stück Klarheit in die Lebensdaten des frühesten in Wechmar nachgewiesenen Trägers des Namens Bach. Zudem wird deutlich, daß bei Untersuchungen zur Wechmarer Bach-Familie im 16. und 17. Jahrhundert auch die umliegenden Orte mit den dort überlieferten

---

[7] Ebenda, S. 19.

[8] Das seit 2023 im Akademienprogramm der Union der Akademien der Wissenschaften in Mainz geförderte und vom Bach-Archiv Leipzig gemeinsam mit der Sächsischen Akademie der Wissenschaften zu Leipzig durchgeführte Projekt „Forschungsportal BACH. Innovative Dokumentation der Lebens- und Wirkungsgeschichte der Musikerfamilie Bach von den Anfängen bis 1810. Feldforschung – Online-Edition – Digitales Archiv" erschließt die erhaltenen biographischen Dokumente der Musikerfamilie Bach vom späten 16. bis ins frühe 19. Jahrhundert.

[9] Kirchenbibliothek St. Michaelis Ohrdruf, *Sterberegister 1565–1768*, fol. 49r (Nr. 48).

[10] T. Friedrich (*Der Stammbaum des Ohrdrufer Zweigs der Familie von Johann Sebastian Bach*, in: Jahresbericht des Gräflich Gleichenschen Gymnasiums zu Ohrdruf, Ohrdruf 1899, S. 17–20, hier S. 18) erwähnt zwar den Eintrag, allerdings irrtümlich als „Hans Bach von Erfurt".

Dokumenten berücksichtigt werden sollten. Ähnlich wie der Heiratseintrag der Margareta Bach, die bei ihrer Trauung in Ohrdruf im Jahr 1564 mit dem Zusatz „von Wechmar" gekennzeichnet wird,[11] zeigt auch der Fund zu Hans Bachs Tod, daß Ohrdruf Teil der Lebenswelt der Wechmarer Bach-Familie(n) war und zwischen den beiden Orten enge Verbindungen bestanden.

Sophie Weber (Leipzig)

---

[11] Kirchenbibliothek St. Michaelis Ohrdruf (D-OHR), Trauregister 1563–1808, fol. 4r (Nr. 5); siehe Kreuch (wie Fußnote 6), S. 20.

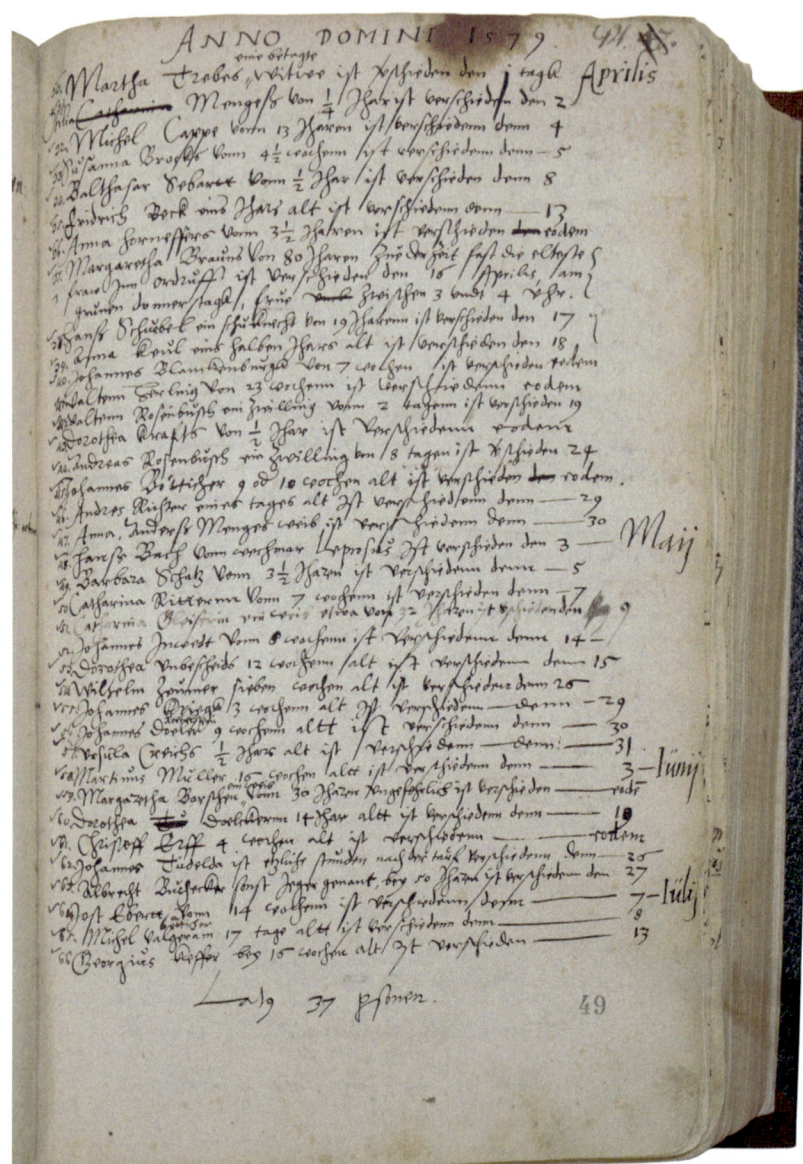

Abbildung:
Kirchenbibliothek St. Michaelis Ohrdruf, *Sterberegister 1565–1768*, fol. 49 r.

Wilhelm Friedemann und Carl Philipp Emanuel Bachs Bewerbungen um die Anwartschaft auf die Organisten-Stelle am Merseburger Dom

Das Jahr 1746 gilt in Wilhelm Friedemann Bachs Biographie als ein Wendepunkt: Am 16. April kündigte er seine Stelle als Organist an der Dresdner Sophienkirche, die er seit 1733 innehatte; am gleichen Tag unterschrieb er seinen Dienstvertrag als Organist und Musikdirektor an der Marktkirche in Halle und spielte dort am Pfingstsonntag (29. Mai) zum ersten Mal im Gottesdienst.[1] Zwei neuentdeckte Bewerbungsschreiben aus dem Hauptstaatsarchiv Dresden zeigen, daß Wilhelm Friedemann Bach im Februar und April 1746 den Versuch unternommen hatte, für sich und seinen nächstjüngeren Bruder die Anwartschaft auf die Domorganisten-Stelle in Merseburg zu sichern.[2] Die beiden Schreiben sind jeweils großformatige, gefaltete Bogen mit den Maßen 41×34 cm beziehungsweise 42×34 cm und auf der ersten, zweiten und vierten Seite beschrieben. Das Papier weist kein Wasserzeichen auf. Beide Schreiben sind inhaltlich identisch und wurden von einem namentlich nicht bekannten Kopisten in Dresden angefertigt (siehe auch Abbildungen 1 und 2). Das erste Bewerbungsschreiben mit der eigenhändigen Unterschrift Wilhelm Friedemann Bachs ist auf den 18. Februar 1746 datiert, das zweite, auf den 14. April 1746 datierte wurde ebenfalls von W. F. Bach signiert, diesmal im Namen seines Bruders. In beiden Briefen steht jeweils auf der ersten Seite in der rechten oberen Ecke das von fremder Hand vermerkte Empfangsdatum: 21. Februar 1746 und 16. April 1746.[3] Die Briefe haben folgenden Wortlaut (Abweichungen in der Ausfertigung von 14. April in eckigen Klammern):

AllerDurchleüchtigster Großmächtigster KÖNIG,
Allergnädigster Herr!
Eu. Königl. Majt: werden Sich in allergnädigsten Andencken seÿn laßen, welchermaßen Allerhöchst Dieselbe dem vormahls beÿ des lezt verstorbenen Herrn Herzogs von Merseburg Hochfürstl. Durchl. in Diensten gestandenen *Concert*-Meister, Förstern, die Antwartschafft auf den *Organis*ten-Dienst in der Dom-Kirche zu Merseburg, allermil-

---
[1] Siehe M. Falck, *Wilhelm Friedemann Bach. Sein Leben und seine Werke*, Leipzig 1913, ²1919 (Reprint Lindau 1956), S. 21–27.
[2] Die beiden Bewerbungsschreiben befinden sich in der Akte *Die Domkirche zu Merseburg und die Ersetzung des Organistendienstes bei selbiger, 1741* im Sächsischen Hauptstaatsarchiv Dresden (im folgenden: SHStA), *10025 Geheimes Konsilium, Rep. A 24a II, Nr. 0681*, fol. 6 und 9 sowie 14–15.
[3] SHStA, *10025 Geheimes Konsilium, Rep. A 24a II, Nr. 0681*, fol. 6v, 14v.

dest *conferiret* haben. Da nun aber besagter Förster seit kurzen Todes verfahren, folglich beÿ künfftigen Ableben des dermahligen betagten Dom-*Organist*ens, Römhilds, gedachte *Station* offen, und mit einen andern tüchtigen *Subjecto* zu versehen seÿn wird; Alß ersuche hiermit Eu. Königl. Majt: allerunterthänigst, Allerhöchst Dieselben geruhen, mir die anderweitige Anwartschafft auf gedachten *Organist*en-Dienst zu Merseburg aus Dero Königlichen [Königl.] Gnade allergnädigst angedeÿhen zu laßen, und mich darinn sowie vormahls Förstern allerhuldreichst zu *confirmir*en. Ich verharre in tieffster *Devotion*,
Eu. Königl. Majt:
Allerunterthänigster Knecht
Wilhelm Friedemann Bach. [Carl Philipp Emanuel Bach.]

Dreßden den 18 Febr: 1746 [Dreßden den 14. April 1746.]

Im Text werden drei Personen erwähnt: Bei dem „Herzog von Merseburg" handelt es sich um Heinrich von Sachsen-Merseburg (1661–1738), mit dem „Concert-Meister" ist Christoph Förster (1693–1745) gemeint, und bei dem „betagten Dom-Organisten" handelt es sich um Johann Theodor Roemhildt (1684–1756). Mit seinem ersten Brief bewarb Wilhelm Friedemann Bach sich um die „Anwartschafft auf gedachten Organisten-Dienst zu Merseburg", die mit dem kurz zuvor erfolgten Tod von Christoph Förster vakant geworden war.

Die Instanz der Anwartschaft war Teil des lokalspezifischen Auswahlsystems für die Organisten des Merseburger Doms. Im Unterschied zu anderen Städten, in denen die Wahl eines Nachfolgers erst nach dem Tod oder der Entlassung des vormaligen Stelleninhabers stattfand, wurde in Merseburg der Nachfolger bereits zu Lebzeiten des amtierenden Domorganisten bestimmt, wenn dieser ein hohes Alter erreicht hatte. Dieser designierte Nachfolger wurde in der Regel vom Konsistorium Merseburg gewählt und vom kursächsischen Geheimrat in Dresden bestätigt. Er erhielt einen „Expectanz-Schein"[4] und kam damit in den Besitz der sogenannten Anwartschaft, mit der er bei einer eintretenden Vakanz unmittelbar die Stelle übernehmen konnte.[5] Ob eine solche besondere Tradition in Merseburg schon früher bestand, ist nach

---
[4] In einigen Dokumenten auch als „Expectanz-Decret" bezeichnet.
[5] Die Geschichte der Anwartschaft des Merseburger Domorganisten läßt sich mithilfe der beiden Akten rekonstruieren: SHStA, *Die Domkirche zu Merseburg und die Ersetzung des Organistendienstes bei selbiger, 1741* (siehe Fußnote 2) und *Gesuch um Erteilung der Anwartschaft auf den Organistendienst in der Domkirche zu Merseburg, 1740–1785*, aufbewahrt in Landesarchiv Sachsen-Anhalt, Abteilung Magdeburg Standort Wernigerode (im folgenden: LASA Wernigerode), *A 29c, Nr. 93*. Die beiden Akten enthalten unter anderem die Bewerbungs- und Empfehlungsschreiben der Kandidaten, die Sitzungsprotokolle, die Korrespondenzen zwischen dem Konsistorium Merseburg und dem Dresdner Hof sowie Berichte über Expectanz-Scheine.

derzeitigem Quellenstand nicht festzustellen. Wie sich jedoch aus den Akten erschließen läßt, hatte mit hoher Wahrscheinlichkeit Johann Theodor Roemhildt als erster die Anwartschaft inne.[6] Als Roemhildt 1731 die Stelle als Hofkapellmeister in Merseburg antrat, war der kinderlose Herzog Heinrich bereits 70 Jahre alt. Es war mithin absehbar, daß die Hofkapelle mit seinem Tod aufgelöst würde. Um sich für diesen Fall abzusichern, beantragte Roemhildt die Anwartschaft auf die Organisten-Stelle am Dom und erhielt dann auch den erbetenen Expektanzschein. Nach dem Tod des Domorganisten Georg Friedrich Kauffmann (1679–1735) konnte Roemhildt aufgrund seiner Anwartschaft direkt als Domorganist tätig werden. Er bekleidete diese Dienststelle bis zu seinem Tod im Jahr 1756.

Die herzogliche Linie Sachsen-Merseburg erlosch im Jahr 1738. Die Hofhaltung in Merseburg wurde aufgelöst und das Territorium fiel an das Kurfürstentum Sachsen zurück. Die Auflösung der Hofkapelle betraf nicht nur den Kapellmeister Roemhildt, sondern auch den Konzertmeister Christoph Förster, der ab Mitte 1739 auf der Suche nach einer neuen Anstellung war.[7] Förster nahm zunächst Kontakt zum Hof des Fürsten von Schwarzburg-Sondershausen auf. 1739 und 1740 widmete er der Fürstenfamilie drei Festkantaten, eine Serenade und eine Trauerkantate. Doch seine Bemühungen führten nicht zu einer dauerhaften Anstellung in Sondershausen.[8] Es ist denkbar, daß Förster bereits in seiner Merseburger Zeit von Roemhildts Anwartschaft wußte. Am 8. August 1740 schickte er sein Bewerbungsschreiben an den Dresdner Hof, um sich „die Anwarttschafft auf den Organisten-Dienst bey der Stiffts- und Dom-Kirche in Merseburg" zu sichern.[9] Försters Bewerbungsschreiben wurde am 18. Juli 1741 über den sächsischen Kabinettsminister Graf Christian von

---

[6] Das entsprechende Dokument von Roemhildt ist vermutlich verschollen, aber in einem von Johann Elias Seydel, einem Schüler Roemhildts, verfaßten Bewerbungsschreiben aus dem Jahr 1760 findet sich der Satz: „und eine solche Expectanz wie der leztere, bey Lebzeiten bemeldten Capell-Meisters Römhilds darauf erhalten, vor mir haben möchte, […]." Hieraus ist eine Anwartschaft Roemhildts deutlich zu erkennen. Siehe LASA Wernigerode, *A 29 c, Nr. 93*, fol. 25 v.

[7] Nach der Auflösung der Merseburger Hofkapelle erhielten Förster und andere ehemalige Merseburger Hofmusiker bis Mitte Mai 1739 finanzielle Unterstützung aus der Dresdener Hofkasse. Vgl. W. Steude, *Bausteine zu einer Geschichte der Sachsen-Merseburgischen Hofmusik (1653–1738)*, in: *Musik der Macht – Macht der Musik: Die Musik an den sächsisch-albertinischen Herzogshöfen Weißenfels, Zeitz und Merseburg. Bericht über das Wissenschaftliche Symposion anlässlich der 4. Mitteldeutschen Heinrich-Schütz-Tage Weißenfels 2001*, hrsg. von J. Riepe, Schneverdingen 2003, S. 99–101.

[8] Siehe M. Maul, *The Court of Sondershausen*, in: Music at German Courts: Changing Artistic Priorities, hrsg. von S. Owens, B. M. Reul und J. B. Stockigt, Woodbridge 2011, S. 287–303, speziell S. 296.

[9] LASA Wernigerode, *A 29 c, Nr. 93*, fol. 2.

Loß (1697–1770) an das Merseburger Konsistorium übermittelt.[10] Ob Förster den Grafen persönlich kannte, ist aus den vorliegenden Quellen nicht ersichtlich, aber mit Unterstützung des Grafen konnte die Bewerbung beim Merseburger Konsistorium eingereicht werden. Zur Prüfung dieser Bewerbung fand am 31. August 1741 eine Sitzung in Merseburg statt, an der der Merseburger Domdechant Christian Wilhelm von Burkersroda (1719–1767), der Domherr und Senior Carl Melchior Bose (1681–1741), der Superintendent Johann August Neuber, der Hof-, Justiz- und Kammer- sowie Konsistorialrat Wilhelm Ernst von Zech (1690–1753) und der Assessor Johann Quodvultdeus Bürger (1680–1742) teilnahmen. Im Unterschied zu Roemhildt war Förster der erste Anwartschaftsbewerber nach dem Ende der Merseburger Herzogszeit. Aus diesem Grund führten die genannten Domherren in der Sitzung eine ernste und ausführliche Diskussion: Zunächst bestätigten sie, daß zum aktuellen Zeitpunkt kein Anwärter auf die Domorganisten-Stelle in Merseburg existierte; anschließend wurde der Wahlablauf für einen neuen Kandidaten – Vorauswahl in Merseburg und Genehmigung durch den Dresdner Hof – nach der kursächsischen Prozeßordnung beschlossen. Schließlich wurde der Bewerber von den Merseburger Domherren akzeptiert.[11] Das Protokoll dieser Sitzung wurde am 3. Oktober 1741 nach Dresden gesandt,[12] und am 27. Januar 1742 wurde die Genehmigung für die Ausstellung eines Expektanzscheins für Förster von dem kursächsischen Vizekammerpräsidenten Johann Christian von Hennicke (1681–1752) unterschrieben und nach Merseburg geschickt.[13] Am 23. Februar 1742 wurde das vom Merseburger Konsistorium ausgestellte Dokument Förster ausgehändigt.[14]

---

[10] Graf Christian von Loß war ab 1730 Oberkonsistorialpräsident im kursächsischen Geheimrat und wurde 1741 als Gesandter nach Bayern geschickt. Vgl. J. Matzke, Artikel *Christian von Loß*, in: Sächsische Biografie, hrsg. vom Institut für Sächsische Geschichte und Volkskunde (https://saebi.isgv.de/biografie/2724; Zugriff 11.3.2024). Vor seiner Abreise nach Bayern hatte von Loß am 18. Juli 1741 in Dresden seinen Brief zusammen mit dem Bewerbungsschreiben Försters nach Merseburg geschickt; siehe LASA Wernigerode, *A 29 c, Nr. 93*, fol. 1; sowie die Abschrift in SHStA, *10025 Geheimes Konsilium, Rep. A 24 a II, Nr. 0681*, fol. 1.

[11] Siehe Sitzungsprotokoll, in LASA Wernigerode, *A 29 c, Nr. 93*, fol. 3–4.

[12] SHStA, *10025 Geheimes Konsilium, Rep. A 24 a II, Nr. 0681*, fol. 2–3.

[13] LASA Wernigerode, *A 29 c, Nr. 93*, fol. 5. Eine Abschrift ist erhalten in SHStA, *10025 Geheimes Konsilium, Rep. A 24 a II, Nr. 0681*, fol. 5.

[14] Siehe LASA Wernigerode, *A 29 c, Nr. 93*, fol. 6 r. In diesem Dokument berichtet der Merseburger Domdechant C. W. von Burkersroda, dass der Expectanzschein für Förster nach der Genehmigung des kursächsischen Geheimrats am 14. Februar 1742 vom Merseburger Konsistorium ausgefertigt wurde. In der unteren linken Ecke dieser Seite vermerkte der Aktuarius des Merseburger Konsistoriums Johann Christian Cuno: „d. 23. Febr. 1742. hat Christoph Förster diesen Schein abgeholt".

Förster hielt sich vermutlich aus diesem Grund ab 1742 in Merseburg auf. Parallel knüpfte er Verbindungen an den Rudolstädter Hof, und am 26. August 1742 spielte er als Gastmusiker bei den Geburtstagfeierlichkeiten von Fürst Friedrich Anton von Schwarzburg-Rudolstadt.[15] Am 3. Mai 1743 erhielt er dort den Titel eines Vizekapellmeisters.[16] Dessen ungeachtet verblieb er zumindest bis zum Sommer 1745 noch in Merseburg.[17] Am 13. Juli 1745 schrieb Förster an das Merseburger Konsistorium, um auf seine bevorstehende Übersiedlung nach Rudolstadt hinzuweisen; zugleich bat er darum, die ihm erteilte Anwartschaft auf die Domorganisten-Stelle behalten zu dürfen.[18] In der zweiten Hälfte des Jahres 1745 ließ er sich in Rudolstadt nieder, starb dort aber bereits am 6. Dezember.[19]

Die Nachricht von Försters Tod muß binnen kurzer Zeit nach Merseburg, Leipzig und Dresden gelangt sein. Wahrscheinlich war der Merseburger Stadtorganist Johann Gebhard Gneust (1701–1781) einer der ersten, der davon erfuhr. Er schickte am 7. Februar 1746 seine Bewerbung an das Konsistorium Merseburg und erwähnt in seinem Schreiben, daß er der „Notist" der Merseburger Hofkapelle gewesen sei und 1732 als Organist an der Merseburger Stadtkirche St. Maximi zu wirken begonnen habe.[20] Am 18. Februar 1746 fand in Merseburg eine Sitzung statt, an der der Domdechant Christian Wilhelm von Burkersroda und der Superintendant George Christian Wagner teilnahmen. Laut des Sitzungsprotokolls wurde Gneusts Bewerbung angenommen und ihm die Anwartschaft zugeteilt.[21]

Zur gleichen Zeit erfuhr Wilhelm Friedemann Bach in Dresden von Försters Tod und sandte am 18. Februar 1746 ebenfalls eine Bewerbung an den Dresdner Hof. Doch wie konnte er davon erfahren haben? Es gibt zwei Möglichkeiten: Zum einen könnte Johann Sebastian Bach seinem Sohn davon erzählt haben. Seit dem Beginn seiner Leipziger Zeit hatte Bach häufig Kontakt zu den Musikern in Merseburg. So sandte er um 1725 seinen ältesten Sohn zum Violinunterricht bei dem Merseburger Konzertdirektor Johann Gottlieb Graun (1703–1771) dorthin.[22] Laut den Geschäftsbüchern von Breitkopf lieferte Johann Sebastian Bach im Februar 1735 ein „Carmen nach Merßeburg", das

---

[15] U. Omonsky, *Musik am Rudolstädter Hof. Die Entwicklung der Hofkapelle vom 17. Jahrhundert bis zum Beginn des 20. Jahrhunderts*, Rudolstadt 1997, S. 39.
[16] Ebenda, S. 40.
[17] In dem Dokument vom 26. 5. 1745 findet sich der Hinweis, daß der „Vice-Capellmeister Christoph Förster […] sich bis anhero in Merseburg aufgehalten" habe; vgl. ebenda, S. 41.
[18] LASA Wernigerode, *A 29 c, Nr. 93*, fol. 7.
[19] Omonsky (wie Fußnote 15), S. 41.
[20] LASA Wernigerode, *A 29 c, Nr. 93*, fol. 9–10.
[21] Ebenda, fol. 11–12.
[22] Dok III, Nr. 950.

möglicherweise für die Hochzeit seines ehemaligen Bassisten Johann Christoph Samuel Lipsius (1695–1749) bestimmt war.[23] Im selben Jahr schrieb Bach für den Musiker Johann Daniel Müller einen Empfehlungsbrief an den Merseburger Kapellmeister Roemhildt.[24] Außerdem wirkte mit dem Konrektor des Domgymnasiums, Balthasar Hoffmann (1697–1789), ein persönlicher Bekannter Bachs in Merseburg; und sein Leipziger Förderer Johann Florens Rivinus (1681–1755), Professor an der Juristischen Fakultät der Universität Leipzig, war zugleich Domherr in Merseburg.[25] Marc-Roderich Pfau konnte nachweisen, daß Hoffmann, der ab 1724 in Leipzig studiert hatte und 1731 nach Merseburg gegangen war, in den 1730er Jahren bei zwei Besuchen Exemplare der gedruckten Texthefte des Weihnachts-Oratoriums und zu vier von Bach aufgeführten Kantaten erworben und in seine Textsammlung integriert hat.[26] Zum anderen besteht die Möglichkeit, daß Wilhelm Friedemann Bach von Förster schon früher über die Anwartschaft informiert worden war. Förster verfaßte sein Bewerbungsschreiben 1740 in Dresden,[27] er muß sich also seinerzeit dort aufgehalten haben. Denkbar wäre also, daß er damals mit W. F. Bach zusammentraf. Dies würde erklären, warum W. F. Bach 1746 seine Bewerbung – wie Förster – direkt an den Dresdner Hof sandte. Allerdings weilte Försters Fürsprecher Graf von Loß 1746 nicht mehr in Dresden.[28] Im Gegensatz zu Försters Bewerbung wurde W. F. Bachs Schreiben nicht an das Merseburger Konsistorium übermittelt, weshalb er bei der Wahl nicht als Kandidat berücksichtigt wurde. Am 8. März wurde dem Hof das Protokoll der Merseburger Sitzung zugestellt, in der über Gneusts Bewerbung beraten worden war.[29] Am 14. April bestätigte der Vizekammerpräsident Johann Christian von

---

[23] Vgl. Dok II, Nr. 362; sowie H.-J. Schulze, *Bemerkungen zu einigen Kantatentexten Johann Sebastians Bachs*, BJ 1959, S. 168–170, speziell S. 169.
[24] Dok V, Nr. C 757a.
[25] Johann Florens Rivinus übernahm am 7. September 1735 die Patenschaft bei der Taufe von Johann Christian, Bachs jüngstem Sohn. Sein jüngerer Halbbruder Andreas Florens Rivinus war Taufpate von Bachs Sohn Ernestus Andreas im Jahr 1725. Nach dem Tod von J. S. Bach fand seine Witwe Unterstützung bei August Florens Rivinus, einem Sohn von Johann Florens. Siehe P. Wollny, *Neuerkenntnisse zu einigen Bach-Kopisten der 1740er Jahre*, BJ 2023, S. 49–112, speziell S. 58–64.
[26] M.-R. Pfau, *Ein unbekanntes Leipziger Kantatentextheft aus dem Jahr 1735 – Neues zum Thema Bach und Stölzel*, BJ 2008, S. 99–122, speziell S. 99–101.
[27] Siehe LASA Wernigerode, A 29c, Nr. 93, fol. 2v.
[28] Graf Christian von Loß war ab dem Sommer 1745 als kursächsischer Wahlbotschafter in Frankfurt tätig, und in den folgenden drei Jahren übernahm er den sächsischen Gesandtschaftsposten in Wien; vgl. Matzke (wie Fußnote 10).
[29] SHStA, *10025 Geheimes Konsilium, Rep. A 24a II, Nr. 0681*, fol. 7–8.

Hennicke Gneusts Anwartschaft[30]; der entsprechende Expektanzschein wurde am 18. Mai ausgestellt.[31] Von Gneusts Bewerbung und der in Merseburg abgehaltenen Sitzung dürfte W. F. Bach nicht gewußt haben. Etwa zur gleichen Zeit wurde die Organistenstelle an der Marktkirche in Halle vakant, nachdem der dortige Organist Gottfried Kirchhoff (1685–1746) am 21. Januar verstorben war. W. F. Bach bewarb sich auch auf diese Stelle. Wohl in der ersten Hälfte des Monats April 1746 erhielt er eine Zusage aus Halle und mußte sich nun für seine nächste Lebensstation entscheiden – entweder er verharrte auf der Dresdner Stelle und wartete weiterhin auf die Anwartschaft in Merseburg, oder er ging nach Halle. Er wählte die zweite Option und unterschrieb am 16. April die Bestallungsurkunde für das Hallenser Organistenamt. Am gleichen Tag reichte er beim Rat der Stadt Dresden sein Entlassungsgesuch ein, in dem er Johann Christoph Altnickol, einem Schüler von J. S. Bach und künftigen Ehemann der Bach-Tochter Elisabeth Juliane Friderike, als seinen Nachfolger an der Sophienkirche empfahl.[32] Außerdem sandte er am 14. April das zweite Schreiben an den Dresdner Hof, um die von ihm selbst nun nicht mehr benötigte Anwartschaft auf die Merseburger Domorganisten-Stelle für seinen Bruder Carl Philipp Emanuel Bach zu erbitten. In beiden Fällen wird deutlich, daß W. F. Bach – möglicherweise auf Wunsch seines Vaters – sich für das berufliche Fortkommen seiner Familie engagierte. Obwohl C. P. E. Bach zu dieser Zeit als Cembalist in der Berliner Hofkapelle tätig war, konnte er sich – ebenso wie Roemhildt und Gneust – um die Anwartschaft bewerben. Wie die Geschichte ausging, zeigt ein Vermerk auf der ersten Seite des zweiten Bewerbungsschreibens: „dieses *Memorial* ist nach bereits ergangener *Resolution* erstl[ich] eingegangen".[33] Vermutlich hatte W. F. Bach bei der Ausstellung des zweiten Bewerbungsschreibens noch keine Auskunft über die Anwartschaft erhalten. Im Mai 1746 begann er seinen Dienst an der Marktkirche in Halle, den er bis zu seiner Kündigung am 12. Mai 1764 versah. Ob W. F. Bach in seiner Hallenser Zeit das nahegelegene Merseburg besuchte, ist nicht bekannt. Nach Roemhildts

---

[30] LASA Wernigerode, *A 29c, Nr. 93*, fol. 13; Abschrift in SHStA, *10025 Geheimes Konsilium, Rep. A 24a II, Nr. 0681*, fol. 13.
[31] Vgl. LASA Wernigerode, *A 29c, Nr. 93*, fol. 14r. In der linken unteren Ecke dieser Seite vermerkte Christian Friedrich Cuno, der Adjunkt des Merseburger Konsistoriums: „den 18. May 1746. ist dieses Expect: Decret, Johann Gebhard Gneusten von mir zugestellet worden".
[32] Dok II, Nr. 543.
[33] SHStA, *10025 Geheimes Konsilium, Rep. A 24a II, Nr. 0681*, fol. 14r. Der Vermerk findet sich auf dieser Seite in der unteren linken Ecke.

Tod am 26. Oktober 1756[34] trat Gneust im November dessen Nachfolge an[35] und übte dieses Amt bis zu seinem Tod am 10. Juli 1781 aus.[36]
Die beiden Schreiben im Hauptstaatsarchiv Dresden bereichern nicht nur die Geschichte der Merseburger Dommusik, sie ergänzen zugleich auch sie die Biographien der beiden ältesten Bach-Söhne um ein bemerkenswertes Detail.

Bo-Yuan Wang (Leipzig)

---

[34] LASA Wernigerode, *A 29c, Nr. 93*, fol. 16r.
[35] Ebenda, fol. 18 und 19.
[36] Ebenda, fol. 127r.

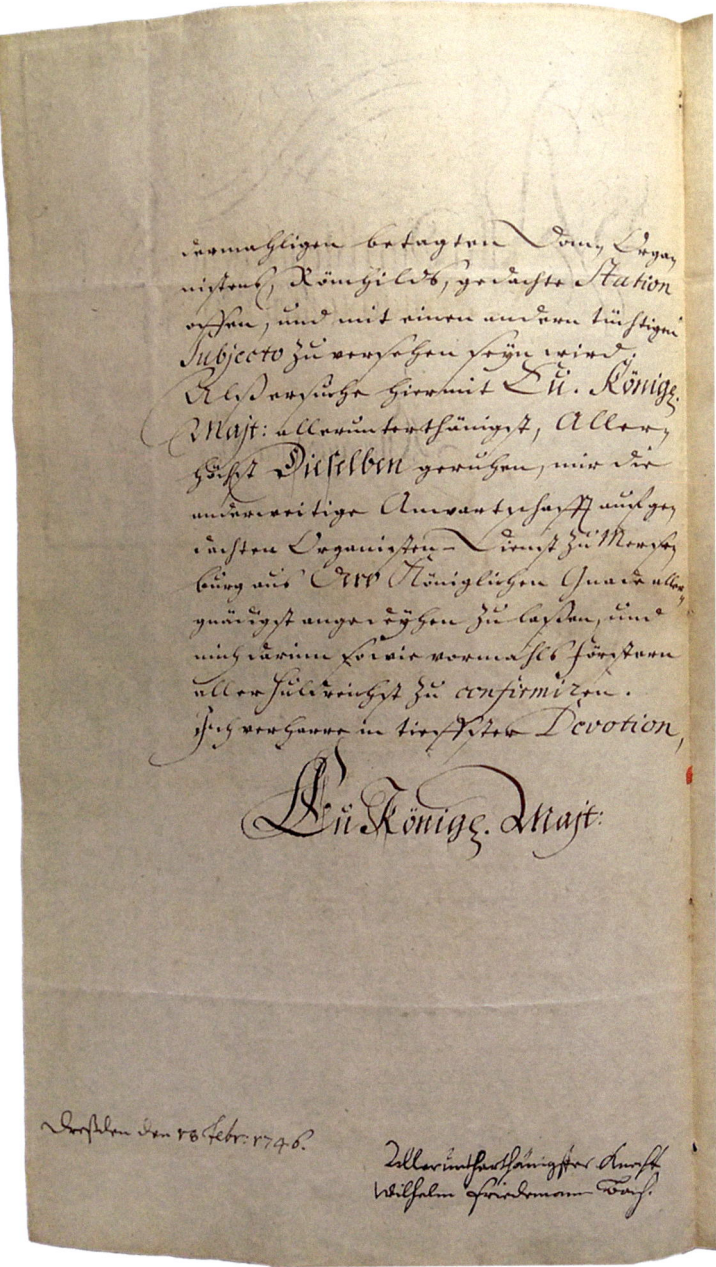

Abbildung 1

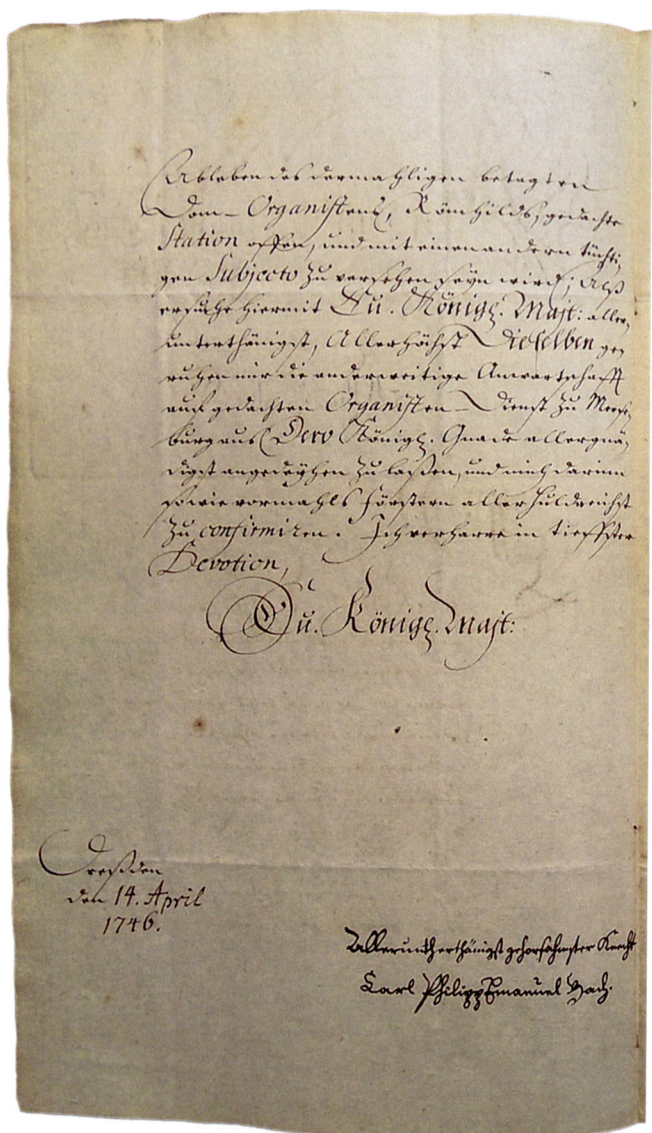

Abbildung 2

Abbildungen 1 und 2
Sächsisches Hauptstaatsarchiv Dresden, *10025 Geheimes Konsilium,
Rep. A 24 a II, Nr. 0681 (Die Domkirche zu Merseburg und die Ersetzung des
Organistendienstes bei selbiger, 1741* im folgenden: SHStA), fol. 6 v und 14 v.

Biographische Nachträge zu den namentlich bekannten Musikern des Markgrafen Christian Ludwig von Brandenburg[1]

Johann Christoph Emmerling, der sich wohl bereits seit 1698 im Dienst des Markgrafen Christian Ludwig von Brandenburg (1677–1734) befand,[2] wird als führender Musiker der markgräflichen Hofmusik angesehen. In der Funktion eines Kammerfouriers hatte er sich auch außermusikalischen Aufgaben zu widmen. Er stammte mutmaßlich aus Eisleben, beherrschte die Viola da gamba und das Clavier und betätigte sich zudem als Komponist.[3] Seit 1957 werden seine Lebensdaten mit „ca. 1660–1737" angegeben.[4] Obwohl es trotz intensiver Nachforschungen nicht gelang, einen Berliner Sterbeeintrag ausfindig zu machen, ließ sich doch anhand der genannten Lebensdaten ein Taufeintrag ermitteln, der seine Herkunft bestätigt. Demnach wurde J. C. Emmerling am 2. Dezember 1660 in Eisleben getauft.[5] Seine Eltern, der gräflich mansfeldische Konsistorial- und Kanzlei-Sekretär Johann Christoph Emmerling und Dorothea Sophia geb. Zöllner, hatten sich 1657 dort vermählt.[6] In Berliner Kirchenbüchern ließen sich nur wenige Einträge ausmachen, die Emmerling betreffen: 1723 schloß er mit Sophia Elisabeth Scharnos (auch Scharno/Scharnau), der Tochter eines damals bereits verstorbenen Kauf- und Handelsmanns, den Bund der Ehe.[7] Aus dieser Verbindung ging offenbar nur eine Tochter hervor.[8]
Diese Tochter, Dorothea Juliana Sophia Emmerling, ehelichte 1741 als 15jährige Johann Gotthilf Jänichen (auch Jaenichen/Jänicke), der dem Markgrafen

---

[1] Der folgende Beitrag liefert Ergänzungen zu R.-S. Pegah, *„und Fama hat dich auserkoren". Eine Studie zur Musikpflege am Hof von Markgraf Christian Ludwig von Brandenburg*, BJ 2017, S. 109–137. Die genealogischen Informationen stützen sich im wesentlichen auf bislang unbekannte Berliner Kirchenbucheinträge, die im Rahmen von Recherchen zu einem Dissertationsprojekt über das Bratschenkonzert in Berlin und Potsdam abfielen (Untersuchungszeitraum: 1740–1825).
[2] Siehe Emmerlings Eingabe vom 28.9.1734 in D-Bga, *BPH, Rep. 35, Nr. 399*, Bl. 48v.
[3] Walther L, S. 224.
[4] MGG, Bd. 6 (1957), Sp. 598–602, speziell Sp. 601.
[5] ≈2.12.1660 (Kirchenbuch St. Andreas, Eisleben).
[6] ⚭27.4.1657 (Kirchenbuch St. Andreas, Eisleben).
[7] ⚭26.8.1723 (Traubuch Dorotheenstädtische Kirche, Berlin).
[8] Dorothea Juliana Sophia: ≈13.3.1726 (Taufbuch St. Petri, Berlin) (Pate: Markgraf Christian Ludwig).

Christian Ludwig vormals als Sekretär gedient hatte[9] und sich zum Zeitpunkt der Trauung in gleicher Funktion bei Markgraf Carl Friedrich Albrecht von Brandenburg-Schwedt (1705–1762) befand.[10] Auch Jänichen hatte sich als Komponist einen Namen gemacht. Sein Geburtstag war bereits bekannt.[11] Nun ließ sich auch der Tag seiner Bestattung ermitteln.[12] Seit 1957 war auch ein gewisser Garcke namentlich bekannt, von dem man annahm, daß er sich für Markgraf Christian Ludwig als Notenkopist verdingte.[13] Diese Annahme gründete auf einem Akteneintrag, auf den sich auch Pegah bezog.[14] Den genannten Garcke identifizierte Pegah als den Küchenschreiber Johann Christian Garcke. Sein Name kam bereits in einem 1725 in Berlin erschienenen Druck vor, der den Titel trägt: *Arithmetische Freuden-Bezeigung, Uber das erlebte Jubel-Jahr Der Christlich-Lutherschen Kirchen […] von Johann Philipp Heydemann, Einem Liebhaber der Rechen-Kunst in Alten Stettin, Aufgelöset auf vieler Verlangen Von Johann Christian Garcke, Küchen-Schreiber bey Sr. Königl. Hoheit Printz Christian Ludwig Printz in Preussen, und Marggraf zu Brandenburg. etc. etc.*[15]
Auch wenn Garckes Trau-Matrikel nicht mehr vorhanden ist, läßt sich seine Trauung im Namensregister von St. Petri zu Berlin im Jahr 1731 noch nachweisen.[16] Garckes Sterbeeintrag konnte ebenfalls in St. Petri lokalisiert werden.[17] Sein Sterbealter wurde hier mit 69 Jahren angegeben, er dürfte also um 1682 geboren worden sein.

Bei dem zweiten der sechs Musiker, die 1734 im Zusammenhang des Gesuchs um Erstattung von Unkosten für Trauerkleidung aktenkundig wurden, handelt es sich um jenen Kottowsky (auch Kottoffsky/Kottofsky/Kottowski/ Kotowsky/Kotofsky/Kodowsky/Kodofski/Kodoffsky/Kudowsky/Kudoffsky/Gottoffski/Codoffsky), den Johann Gottfried Walther als „berühmte[n] Fagottist[en]" im Dienst des Markgrafen Christian Ludwig in sein Lexikon aufnahm.[18] Daß dieser Musiker aus dem Magdeburgischen gebürtig sei, teilte Walther ebenfalls mit.

---

[9] Pegah konnte ihn dort bereits Ende März 1729 nachweisen; siehe Pegah (wie Fußnote 1), S. 119 (siehe auch Fußnote 65, Nr. 6).
[10] ⊗ 15.6.1741 (Traubuch Dorotheenstädtische Kirche, Berlin). Siehe auch den Brief des Kronprinzen Friedrich vom 11.11.1735, zitiert bei Pegah (wie Fußnote 1), S. 120.
[11] * 23.11.1701 (Kirchenbuch St. Marien, Halle an der Saale).
[12] ☐ 23.12.1741 (Sterbebuch St. Marien, Berlin). Daß Jänichen also ledig in Berlin verstorben sei (Pegah, wie Fußnote 1, S. 119f.), ist damit zu revidieren.
[13] MGG (wie Fußnote 4), Sp. 602.
[14] Pegah (wie Fußnote 1), S. 119f.
[15] Exemplar in D-Gs, *DD2004 A 240*.
[16] ⊗ 1731 (Namensregister der Trauungen von St. Petri, Berlin).
[17] † 14.1.1751/☐ 17.1.1751 (Sterbebuch St. Petri, Berlin).
[18] Walther L, S. 349.

In den Berliner Kirchenbüchern ließen sich zahlreiche Einträge zur Person aufspüren, die nun auch seinen Vornamen ans Licht bringen. Sebastian Kottowsky ist in Berlin erstmals durch seinen Traueintrag von 1718 als Hautboist im Regiment des Markgrafen Christian Ludwig belegt.[19] Seine Gattin war Eva Maria Döbbert (auch Doebbert/Debbert/Döbert/Debert) (1697–1778[20]), die Tochter eines Tischlers und Schwester des späteren königlich preußischen Kammermusikers und Oboisten Joachim Wilhelm Döbbert (1705–1781[21]) sowie des späteren markgräflich bayreuthischen Kammermusikers Christian Friedrich Döbbert (1700–1767). Diese Verbindung war offenbar mit vielen Kindern gesegnet.[22] Im Taufeintrag von 1724 wird Kottowsky erstmals als „Cammer Musicant" des Markgrafen bezeichnet. Seit den frühen 1730er Jahren stand er als Kammermusiker offenbar zugleich der Königin Sophie Dorothea (1687–1757) zur Verfügung,[23] in deren Dienst er nach dem Tod des Markgrafen verblieb.[24] Auch soll er vor 1740 der Rheinsberger Hofkapelle des Kronprinzen Friedrich (1712–1786) angehört haben.[25] Nach dessen Regierungsantritt war Kottowsky kurzzeitig Mitglied der neu errichteten königlichen Hofkapelle. Für die acht Monate von Oktober 1740 bis Mai 1741 erhielt er jeweils 8 Reichstaler und 8 Groschen, was einem Quartalsgehalt von 25 Reichstalern beziehungsweise einem Jahresgehalt von 100 Reichstalern ent-

---

[19] ∞[1]2.2.1718 (Kirchenbuch Garnison, Berlin).

[20] ≈[1]8.12.1697 (Taufbuch St. Marien, Berlin); †21.9.1778/⊏24.9.1778 (Sterbebuch St. Petri, Berlin).

[21] ≈3.8.1705 (Taufbuch St. Marien, Berlin); †8.8.1781/⊏11.8.1781 (Sterbebuch St. Petri, Berlin).

[22] Folgende Taufen konnten ermittelt werden: 1. Christian Ludwig und 2. Carl Sebastian: ≈8.8.1718 (Paten von 1.: [J. C.] Emmerling und [Peter?] Glösch; Paten von 2.: [?] Linike und [?] Richter); 3. Friedrich Sebastian: ≈28.7.1719 (Pate: [?] Wiedemann); 4. Carl Ludwig: ≈24.10.1721; 5. Helena Maria: ≈21.1.1724 (Pate: [?] „Horneburg, Cammer Musicant bey der Königin Maj:"); 6. Dorothea Loysa: ≈19.2.1726 (Pate: [?] Wiedemann); 7. Georg Wilhelm: ≈21.5.1728 (Pate: [?] Graun); 8. Sophia Wilhelmina: ≈14.7.1730 (Paten: Königin, Kronprinz und Kronprinzessin [= Wilhelmine von Preußen?]); 9. Johann Christian: ≈1.8.1732; 10. Friedrich Christian: ≈16.1.1735 (Paten: Kronprinz und Kronprinzessin, jeweils vertreten); 11. Friederica Maria: ≈28.3.1738; 12. Heinrich August: ≈19.10.1740 (1.–3. im Kirchenbuch Garnison, Berlin; 4. und 5. im Taufbuch St. Nikolai, Berlin; 6.–12. im Taufbuch St. Petri, Berlin).

[23] In den Taufeinträgen von 1730 und 1732 ist Kottowsky jeweils als königlicher *und* markgräflicher Kammermusiker aufgeführt (siehe auch Fußnote 65, Nr. 7).

[24] Siehe den Taufeintrag von 1735: Zu diesem Zeitpunkt ist Kottowsky als Kammermusikus der Königin dokumentiert.

[25] M. Oleskiewicz, *The Court of Brandenburg-Prussia*, in: Music at German Courts, 1715–1760. Changing Artistic Priorities, hrsg. von S. Owens, B. M. Reul und J. B. Stockigt, Woodbridge 2011, S. 84 und 88.

sprach.[26] Besoldet wurde er vermutlich bis Ende Mai 1742, denn im ersten erhaltenen Kapell-Etat von 1742/43 wird er als „cessat", also „entfällt" angezeigt.[27] Seinem Sterbeeintrag zufolge erlag er Anfang Mai 1742 im Alter von 48 Jahren (mithin *um 1694) einer auszehrenden Brustkrankheit.[28] Bis zuletzt stand er im Dienst der Königinmutter.

Damit ist auch endgültig geklärt, daß es sich bei dem von April 1750[29] bis Ende Mai 1760[30] als Flötist in der königlichen Hofkapelle wirkenden Kottowsky nur um Georg Wilhelm Kottowsky handeln kann, den 1728 in Berlin geborenen Sohn Sebastian Kottowskys.[31] G. W. Kottowsky starb übrigens im Jahr 1790 in Dessau.[32]

Für die bei Pegah erwähnte zwischenzeitliche Anstellung (Sebastian) Kottowskys in der Hofkapelle von Braunschweig-Lüneburg-Wolfenbüttel von Mitte Juni 1724 bis Ende September 1728[33] lassen sich in den Berliner Kirchenbucheinträgen keinerlei Hinweise finden. Könnte es sich in Braunschweig/Wolfenbüttel womöglich um einen weiteren Musiker desselben Namens handeln?

Über den Musiker Hagen war, abgesehen von seinem Nachnamen, bisher nichts bekannt. Kirchenbucheinträge fördern auch hier Neues zutage. Die Trauung von Nicolaus (auch Nicolas) Hagen (auch Haagen/Hage) mit Anna Winkelmann dürfte vor 1721 erfolgt sein. Für diese Verbindung sind neun Taufen belegt.[34] Im Taufeintrag von 1725 ist Hagen zum ersten Mal als „Hoboiste" erfaßt. Zweieinhalb Jahre später kann er erstmals als „Cammer Musi-

---

[26] D-Bga, *I. HA GR, Rep. 36, Nr. 372*, S. 60 (Hofstaatsetat von Trinitatis 1740 bis Trinitatis 1741).

[27] D-Bga, *I. HA GR, Rep. 36, Nr. 2435*, S. 6 f. (Kapell-Etat von Trinitatis 1742 bis Trinitatis 1743).

[28] †1.5.1742/□3.5.1742 (Sterbebuch St. Petri, Berlin).

[29] D-Bga, *I. HA GR, Rep. 36, Nr. 2447*, S. 6 (Kapell-Etat von Trinitatis 1749 bis Trinitatis 1750).

[30] D-Bga, *I. HA GR, Rep. 36, Nr. 2464*, S. 6 (Kapell-Etat von Trinitatis 1759 bis Trinitatis 1760): „Nota[:] Hält sich in London auf, und wird sein Tractament bis zu seiner Retour bey der Casse asserviret".

[31] Nach J. N. Forkel, *Musikalischer Almanach für Deutschland auf das Jahr 1782*, Leipzig 1781, S. 104 f., galt als G. W. Kottowskys Geburtstag bisher fälschlich der 16.5.1735.

[32] †3.12.1790/□6.12.1790 (Sterbebuch St. Marien, Dessau).

[33] Pegah (wie Fußnote 1), S. 121 f.

[34] 1. Maria Loysa: ≈5.7.1721; 2. Loysa Charlotta: ≈13.12.1722; 3. Johann Georg: ≈4.4.1725; 4. Carl Friedrich: ≈19.10.1727; 5. Johann Heinrich: ≈11.10.1728; 6. Anna Loysa: ≈29.4.1731; 7. Maria Charlotta: ≈26.2.1733; 8. Johann Christoph: ≈11.5.1735; 9. Johann: ≈24.3.1737 (1.–3. im Taufbuch St. Petri, Berlin; 4.–9. im Taufbuch St. Marien, Berlin).

c[ant]" des Markgrafen Christian Ludwig nachgewiesen werden. Er starb 1742 in Berlin.[35]
Von seiner Witwe Anna Hagen geb. Winkelmann (um 1691–1775[36]), die ihren Gatten um mehr als 33 Jahre überlebte, ist im Brandenburgischen Landeshauptarchiv in Potsdam ein Testament aus dem Jahr 1763 überliefert.[37] Dem Umschlagtitel (er trägt einen Registrierungsvermerk vom 1. Dezember 1887) – der Informationen des Recognitationsscheins wiedergibt, der im Original wohl nicht mehr existiert – ist zu entnehmen, daß Nicolaus Hagen zuletzt im Dienst der Königinmutter gestanden hat.

Daß es sich bei dem Musiker Kühlthau (auch Kühltau/Kühldau/Külto) tatsächlich um jenen Samuel Kühlthau handelt, den Friedrich Wilhelm Marpurg (1718–1795) und Johann Adam Hiller (1728–1804) als späteren königlichen Kammermusiker und Fagottisten aufführen,[38] kann nun ebenfalls untermauert werden.

Pegah wies bereits darauf hin, daß ein „S. Kühlthau" von Trinitatis 1752 bis Trinitatis 1753 als Gehaltsempfänger der Königinmutter jährlich 40 Reichstaler (10 Reichstaler pro Quartal) bezog.[39] Zum 1. Juni 1752 (= Trinitatis 1752) wurde dieser Musiker zudem mit einem Jahresgehalt von 120 Reichstalern in der königlichen Hofkapelle angestellt.[40] Noch Ende Mai 1767 ist er dort als „Bassoniste" nachgewiesen.[41] Sein Ableben ist durch einen Sterbeeintrag dokumentiert. Als Name des verstorbenen Musikus wurde allerdings „Joh. Philipp Kühldau" festgehalten.[42] Sein Sterbealter ist mit 79 Jahren angegeben, er dürfte also um 1688 das Licht der Welt erblickt haben. Da Samuel

---

[35] ▢ 12.5.1742 (Sterbebuch St. Nikolai, Berlin). Hier wurde kein Sterbealter angegeben.
[36] † 14.9.1775/▢ 17.9.1775 (Sterbebuch St. Nikolai, Berlin).
[37] D-POTblh, *Rep. 4A Testamente, Nr. 6557*.
[38] F. W. Marpurg, *Historisch-Kritische Beyträge zur Aufnahme der Musik*, Bd. 1, 1. Stück (1754), S. 77, und J. A. Hiller, *Wöchentliche Nachrichten und Anmerkungen die Musik betreffend*, Bd. 1, 10. Stück (2.9.1766), S. 79.
[39] Pegah (wie Fußnote 1), S. 123 f., bzw. D-Bga, *BPH, Rep. 46 N, Nr. 20a* (Quittung Nr. 84). In diesem Zusammenhang fiel auf, daß der Domorganist Gottlieb Hayne (um 1684–1756) und Johann Caspar Richter (* um 1688; ▢ 13.8.1756 [Sterbebuch Neue Kirche, Berlin]) von der Königinmutter ebenfalls ein Gehalt bezogen. (Richter dürfte mit jenem Musiker übereinstimmen, den Marpurg als Johann *Friedrich* Richter erfaßte, siehe F. W. Marpurg, *Historisch-Kritische Beyträge zur Aufnahme der Musik*, Bd. 1, 2. Stück [1754], S. 159).
[40] D-Bga, *I. HA GR, Rep. 36, Nr. 2452*, S. 7 (Kapell-Etat von Trinitatis 1752 bis Trinitatis 1753).
[41] D-Bga, *I. HA GR, Rep. 36, Nr. 2471*, S. 8 (Kapell-Etat von Trinitatis 1766 bis Trinitatis 1767).
[42] † 22.4.1767 (Sterbebuch Garnison, Berlin).

Kühlthau aus dem uckermärkischen Schwedt stammen soll,[43] ergab sich ein weiterer Anhaltspunkt. Und tatsächlich ließ sich ein Taufeintrag in Schwedt auffinden, der einen *Samuel* Kühlthau als Täufling benennt.[44] Die Vornamen im Berliner Sterbeeintrag sind demnach fehlerhaft. Das hohe Lebensalter spricht dafür, daß der markgräfliche Kammermusiker und der spätere königliche Kammermusiker identisch sind. Weitere in Frage kommende Personen des Namens ließen sich nicht ermitteln.

Wer sich mit den Musikern der Hofkapelle des preußischen Kronprinzen Friedrich beschäftigt, wird unweigerlich auf einen Violinisten namens Emis (auch Emiss/Emiß/Ehmes/Ehms/Ems) stoßen. Dieser Emis soll zuvor im Dienst des Markgrafen Christian Ludwig gestanden haben. Die entsprechenden Kirchenbucheinträge bestätigen dies und geben weitere Informationen zu seiner Person preis.

Den frühesten Hinweis liefert wiederum das Namensregister der Trauungen von St. Petri. Bei dem Jahr 1731 erscheint die Trauung eines Johann Dietrich Emis.[45] Da die betreffende Trau-Matrikel jedoch nicht mehr vorhanden ist, wäre die Information damit erschöpft. Doch glücklicherweise liegt auch eine Proklamation zur Trauung vor, die sich im Traubuch von St. Nikolai erhalten hat. So ist zu erfahren, daß es sich bei Johann Dietrich Emis um einen Kammermusiker des Markgrafen Christian Ludwig handelte. Emis vermählte sich 1731 mit Catharina Margaretha Kriegesmann, der hinterbliebenen Tochter eines Kunstmalers namens Gottfried Matthias Kriegesmann.[46] Für diese Verbindung sind in den 1730er Jahren drei Taufen dokumentiert.[47] Im Taufeintrag von 1735 ist Emis bereits als Kammermusiker des Kronprinzen ausgewiesen. Schon Ende 1734 muß er in dessen Dienst getreten sein.[48] Die folgenden Jahre bis zum Thronwechsel 1740 dürfte Emis größtenteils in Rheinsberg verbracht haben, wo Friedrich ab 1736 residierte. Dort könnten weitere Kinder des Ehepaars Emis getauft worden sein – Kirchenbücher sind für diese Zeit allerdings nicht überliefert.

---

[43] Marpurg (wie Fußnote 38).
[44] ≈ 4. 11. 1688 (Kirchenbuch St. Katharinen, Schwedt an der Oder). Als Eltern wurden Johann Andreas Kühltau und Magdalena geb. Jänicke notiert.
[45] ⚭ 1731 (Namensregister der Trauungen von St. Petri, Berlin).
[46] ⚭ 1731 (Traubuch St. Nikolai, Berlin, 1724–1746, S. 92).
[47] 1. Christiana Charlotta: ≈ 30. 9. 1731 (Paten: Markgraf Christian Ludwig und „Cammer Secretarius" [J. G.] Jänichen); 2. Sophia Amalia: ≈ 3. 4. 1733 (Pate: „Cammer Musicus" [S.] Kühlthau); 3. Johann Friedrich: ≈ 16. 3. 1735 (alle im Taufbuch St. Nikolai, Berlin).
[48] Siehe Pegah (wie Fußnote 1), S. 124, bzw. Oleskiewicz (wie Fußnote 25), S. 87 f.

Nach dem Regierungsantritt Friedrichs II. fand Emis als Kammermusiker und Violinist Aufnahme in die königliche Hofkapelle. In den Besoldungslisten ist er erstmals 1740/41 greifbar.[49] Für die 1740er Jahre liegen Nachweise von zwei weiteren Taufen von Emis-Kindern vor.[50] Emis' Gattin Catharina Margaretha geb. Kriegesmann starb 1745 im Alter von 41 Jahren (* um 1704) während der Entbindung des jüngsten Sohnes.[51]

Bisher nahm man an, daß Emis' Tod um das Jahr 1764 erfolgte.[52] Zur Untermauerung dieser Annahme zog Pegah eine Aussage in den 1778 in Berlin anonym erschienenen, Johann Friedrich Ludwig Borchmann (1725–1800) zugeschriebenen *Briefe*[n], *zur Erinnerung an merkwürdige Zeiten, und rühmliche Personen, aus dem wichtigen Zeitlaufe, von 1740, bis 1778* heran, wonach der königliche Kammermusiker und Violinist Iwan Böhm (auch Böhme) und Emis etwa zeitgleich verstorben sein sollen. Für Böhm nannte Pegah die Lebensdaten 1713–1764.[53]

Diese Beweisführung ist nun in mehrfacher Hinsicht korrekturbedürftig: Zum einen hatte Ellen Exner in ihrer Dissertation[54] schon 2010 darauf aufmerksam gemacht, daß Emis' Position im Besoldungsetat der königlichen Hofkapelle von 1748/49 nur noch als „vacat" erscheint.[55] Er schied also Ende Mai 1748 ohne weitere Information aus dem Kapelldienst aus. Zum anderen ließ sich in den Besoldungsetats ein Anhaltspunkt für Böhms tatsächliches Ableben finden, der wie folgt lautet: „Dem Rußen Iwan Böhme vom 1ten Jun: 1758 bis

---

[49] D-Bga, *I. HA GR, Rep. 36, Nr. 372*, S. 57 (Hofstaatsetat von Trinitatis 1740 bis Trinitatis 1741). Für die acht Monate von Oktober 1740 bis Mai 1741 erhielt er jeweils 33 Reichstaler und 8 Groschen (das entspricht 100 Reichstalern im Quartal bzw. 400 Reichstalern im Jahr). Siehe auch D-Bga, *I. HA GR, Rep. 36, Nr. 2435*, S. 4 (Kapell-Etat von Trinitatis 1742 bis Trinitatis 1743).

[50] 4. Georg Christoph Ludwig: ≈25.3.1743; 5. Peter Martin: ≈22.8.1745 (beide im Taufbuch St. Petri, Berlin). Von den Vornamen des Vaters wurden hier jeweils nur die Initialen „J. D." aufgenommen. Als „Königl: Cammer Musicus" ist Emis allerdings eindeutig identifiziert.

[51] †22.8.1745/⌐23.8.1745 (Sterbebuch St. Petri, Berlin).

[52] Siehe C. von Ledebur, *Tonkünstler-Lexicon Berlin's von den ältesten Zeiten bis auf die Gegenwart*, Berlin 1861, S. 129.

[53] Pegah (wie Fußnote 1), S. 126. Ledebur gab Böhms Lebensdaten mit 1723–1764 an; siehe Ledebur (wie Fußnote 52), S. 66. Zur Biographie Böhms siehe auch F. W. Marpurg, *Historisch-Kritische Beyträge zur Aufnahme der Musik*, Bd. 1, 6. Stück (1755), S. 547.

[54] E. E. Exner, *The Forging of a Golden Age: King Frederick the Great and Music for Berlin, 1732 to 1756*, Diss. Harvard University, Cambridge (Massachusetts) 2010.

[55] Ebenda, S. 131. Siehe auch D-Bga, *I. HA GR, Rep. 36, Nr. 2445*, S. 7 (Kapell-Etat von Trinitatis 1748 bis Trinitatis 1749).

ult. Nov: 1758 cessat, ist gestorben [...]".[56] Ein Sterbeeintrag war für ihn ebenfalls beizubringen.[57] Auch Emis' Sterbeeintrag konnte inzwischen ermittelt werden.[58] Damit ist nun erwiesen, daß die Todesdaten von Emis und Böhm in Wahrheit um mehr als zehneinhalb Jahre differieren.

Dank Curt Sachs' früher Forschungen[59] waren schon einige Informationen über Johann Gottfried Ellinger aus der Zeit nach dem Ableben des Markgrafen ans Licht gekommen, etwa, daß er sich seit 1738 als Adjunkt beim Organisten der Jerusalemer Kirche, Johann Peter Lehmann (um 1709–1772[60]), befand. Als dieser sein Amt 1741 zugunsten der lukrativer dotierten Organistenstelle von St. Nikolai aufgab,[61] bemühte sich Ellinger darum, Lehmanns Nachfolger zu werden. Dies wurde aus formalen Gründen abgelehnt, so daß Ellinger sich anderweitig umsehen mußte. Von 1744 bis zu seinem Tod bekleidete er das Amt des Organisten an der St. Georgenkirche.[62]

Die Dokumente der oben genannten Vorgänge konnte Pegah in den Kirchenakten im Landesarchiv Berlin aufspüren. In einem Bewerbungsschreiben vom 7. Juni 1738 gab Ellinger an, schon seit 1714/15 im Dienst des Markgrafen Christian Ludwig gestanden zu haben.[63]

Kirchenbucheinträge geben weiteren Aufschluß. In erster Ehe war Ellinger seit Anfang 1720 mit Margaretha Elisabeth Tieme (auch Thieme/Dieme), der Tochter eines verstorbenen Stadtmusikus in Burg (bei Magdeburg?) namens Joachim Christian Tieme, verheiratet.[64] Sieben Kindstaufen können für diese Verbindung nachgewiesen werden.[65] Während Ellinger im Traueintrag und im

---

[56] D-Bga, *I. HA GR, Rep. 36, Nr. 2462*, S. 4 (Kapell-Etat von Trinitatis 1758 bis Trinitatis 1759).

[57] †9.12.1758/☐13.12.1758 (Sterbebuch Parochialkirche, Berlin). Böhm starb mit 36 Jahren, wurde also um 1722 (oder 1723) geboren.

[58] ☐28.3.1748 (Sterbebuch St. Marien, Berlin); siehe auch Sterbebuch St. Nikolai, Berlin. Keiner der beiden Einträge gibt Auskunft über das Alter des Verstorbenen.

[59] C. Sachs, *Musikgeschichte der Stadt Berlin bis zum Jahre 1800. Stadtpfeifer, Kantoren und Organisten an den Kirchen städtischen Patronats nebst Beiträgen zur allgemeinen Musikgeschichte Berlins*, Berlin 1908.

[60] †15.12.1772/☐20.12.1772 (Sterbebuch St. Nikolai, Berlin).

[61] Pegah mißverstand Lehmanns Abgang als seinen Todesfall, siehe Pegah (wie Fußnote 1), S. 128.

[62] Sachs (wie Fußnote 59), S. 190, 209 f.

[63] Pegah (wie Fußnote 1), S. 127.

[64] ∞ 14.1.1720 (Traubuch St. Nikolai, Berlin).

[65] 1. Johann Christian: ≈16.1.1720 (Paten: Kantor J. Ditmar und Organist A. Lutherot); 2. Friedrich Wilhelm: ≈29.10.1721; 3. Sophia Dorothea Sabina: ≈2.3.1723 (Pate: Organist A. Lutherot); 4. Sophia Elisabeth: ≈16.3.1725; 5. Johann Friedrich Wilhelm: ≈10.10.1726; 6. Anna Eleonora Loysa: ≈8.4.1729 (Pate: „Cammer S[e]cret." [J. G.] Jänichen); 7. Johann Christian Ludwig: ≈22.6.1731 (Paten: „Cammer

ersten Taufeintrag als „Cammer Musicant" des Markgrafen Christian Ludwig bezeichnet wird, erfassen ihn die Taufeinträge von 1721, 1723,[66] 1725 und 1731 als „Hoboist[e]" beziehungsweise „Hautboist[e]", die anderen als „Musicus" oder „Cammer Musicus" des Markgrafen.

Nach dem Tod seiner Gattin († 1732[67]) ging Ellinger 1733 mit Maria Loysa Voigt (um 1717–1770[68]), der Tochter eines Kauf- und Handelsmanns, noch einmal eine Ehe ein,[69] der mindestens neun weitere Kinder entsprangen.[70] Ellinger verstarb Ende November 1764 im Alter von 77 Jahren (* um 1687).[71]

Von folgenden, ebenfalls in Pegahs Artikel erwähnten Personen ließen sich die Lebensdaten durch Berliner Kirchenbucheinträge präzisieren:

1. Christiane Elisabeth Simonetti verwitwete Ernst geb. Döbricht (1690 bis 1763[72]), berühmte Sängerin und Gattin des ehemaligen herzoglich braunschweigischen Konzertmeisters Johann Wilhelm Simonetti (1690–1776),
2. Johann David Athenstädt (um 1700–1739[73]), zeitweise Hautboist im Regiment des Markgrafen Christian Ludwig,
3. Justus Bernhard Gottfried Wiedemann (um 1682–1741[74]), königlicher Kammermusiker und Violinist in den Regierungszeiten von Friedrich I. (1657–1713) und Friedrich Wilhelm I. (1688–1740), und

---

Secretair" [J. G.] Jänichen und [S.] Kottowsky, „Cammer Musicus bey Ihro Königl. Majestätin"; 1.–3. im Taufbuch St. Nikolai, Berlin; 4.–7. im Taufbuch St. Marien, Berlin).

[66] Hier (wohl irrtümlich): „Hoboist bey Marggraff Albertus" (= Albrecht Friedrich von Brandenburg-Schwedt?).
[67] ⊏ 9.10.1732 (Sterbebuch St. Marien, Berlin).
[68] ⊏ 16.3.1770 (Sterbebuch Dreifaltigkeitkirche, Berlin).
[69] ⊙ 28.7.1733 (Traubuch St. Nikolai, Berlin).
[70] 8. Catharina Loysa: ≈ 14.5.1734; 9. Johann Georg Philipp: ≈ 14.6.1736; 10. Johann Gottfried Wilhelm: ≈ 17.10.1737; 11. Johann Christian Philipp: ≈ 29.9.1739; 12. Johann Gottlieb Friedrich: ≈ 25.3.1741; 13. Dorothea Sophia Christiana: ≈ 23.5. 1743; 14. Maria Dorothea Charlotta: ≈ 20.6.1745; 15. Johann Carl Friedrich: ≈ 28.5.1747; 16. Anna Friederica Juliana: ≈ 20.7.1749 (8.–12. im Taufbuch St. Nikolai, Berlin; 13.–16. im Taufbuch Jerusalemer Kirche, Berlin).
[71] ⊏ 30.11.1764 (Sterbebuch St. Nikolai, Berlin).
[72] * 27.4.1690 in Weißenfels (M. Maul, *Barockoper in Leipzig (1693–1720)*, Freiburg 2009 [Freiburger Beiträge zur Musikgeschichte. 12.], S. 1105ff.); † 22.9.1763/ ⊏ 24.9.1763 (Sterbebuch St. Petri, Berlin).
[73] ⊏ 14.1.1739 (Sterbebuch Jerusalemer Kirche, Berlin). Der Eintrag lautet: „Davied Anton Arnstädt [!], ein Hautboist, Vom Kalcksteinschen Rgt:, alt 39 Jahr an der Schwindsucht, hinterl. Fr. u. 2 Kinder". Athenstädts Todestag gibt Sachs (wie Fußnote 59), S. 78 f., als den 11.1.1739 an.
[74] ⊏ 25.7.1741 (Sterbebuch Parochialkirche, Berlin).

4. Peter Glösch (um 1686–1750[75]), königlicher Kammermusiker und Oboist in den Regierungszeiten von Friedrich I., Friedrich Wilhelm I. und Friedrich II.[76]

Es bleibt zu wünschen, daß durch diese Neuerkenntnisse weitere Forschungen angeregt werden, die sich der markgräflichen und königlichen Hofmusik in den preußischen Residenzstädten während der ersten Hälfte des 18. Jahrhunderts widmen.

Abschließend noch eine Anmerkung zu Christian Friedrich Döbbert: Nicht nur sein Tauf- und sein Bestattungsdatum ließen sich nun erstmals präzise bestimmen,[77] in Bayreuth hat sich auch eine um 1747 entstandene Pastellzeichnung des schwedischen Malers Alexander Roslin (1718–1793) erhalten, die den Traversisten Döbbert abbilden soll.[78]

Phillip Schmidt (Leipzig)

---

[75] ⌑27.11.1750 (Sterbebuch Jerusalemer Kirche, Berlin).
[76] Obwohl Glösch nach 1740 der königlichen Hofkapelle Friedrichs II. angehört haben soll (Pegah, wie Fußnote 1, S. 132), taucht er in den Kapell-Etats nicht auf. Allerdings erhielt er für die Ausbildung von Hautboisten Vergütungen aus der königlichen Schatulle, siehe ebenda (speziell Fußnote 107).
[77] ≈11.2.1700 (Taufbuch St. Marien, Berlin), hier: „Töppert"; ⌑5.9.1767 (Kirchenbuch Hofgemeinde, Bayreuth).
[78] Bayerische Schlösserverwaltung, Neues Schloß Bayreuth, *Inv.-Nr. BayNS.G0032*. Das Porträt ist etwa in S. Henze-Döhring, *Markgräfin Wilhelmine und die Bayreuther Hofmusik*, Bamberg 2009, S. 30, abgedruckt.

Anmerkungen zum Beitrag von Andrew Talle, *Viola pomposa und Violoncello piccolo im Schaffen von J. S. Bach* (BJ 2023, S. 11–48)

Mit Freude und großer Erwartung habe ich im Mitteilungsblatt Nr. 93 der NBG | Bach-Magazin Nr. 42 (Herbst/Winter 2023/24) die Ankündigung der Inhalte des BJ 2023 mit dem obengenannten Eröffnungsbeitrag gelesen. Endlich gibt es neue Perspektiven für eine echte wissenschaftliche Auseinandersetzung zu einem vielumstrittenen, bis heute nicht befriedigend und wissenschaftlich redlich gelösten Thema, dachte ich. Das BJ als Veröffentlichung der NBG als ausgewiesenes Publikationsorgan für neue Forschungsergebnisse, wird jedoch nicht nur von Bach-Spezialisten gelesen, zitiert und verbreitet. Ein intensives Studium dieses Beitrages löst nach gründlicher Prüfung eine Reihe von Feststellungen, Zweifeln und Fragen aus, die hier näher erläutert sind:

1. Talle kann – nach den Forschungen von W. Neumann, A. Dürr, A. Glöckner, H.-J. Schulze, B. Koska, M. Maul u. a. (sowie meinen Zusammenfassungen in: *J. S. Bachs Instrumentarium*, Stuttgart 2005) – keine neuen, relevanten Quellen zum Violoncello piccolo bzw. zum Leben und Wirken von Carl Gotthelf Gerlach nachweisen, bevor dieser mit Bachs Unterstützung 1729 Organist und Musikdirektor der Neuen Kirche in Leipzig wird, auch zeitweise das Bachische Collegium Musicum leitet (1737–1739 und etwa von 1742–1747).

2. Daß Gerlach der ausführende Musiker für die Partien des Violoncello piccolo, insbesondere in den Jahren 1724/25, gewesen sein könnte, ist zwar denkbar, es gibt aber bislang keinerlei Quellenbelege dafür. Gerlach ist namentlich als Spieler von Violino I concertato und Viola d'amore in Riemers Leipziger Stadtchronik im Sitzplan der *Tabvla Mucicorvm* von 1746.47.48. genannt.

3. Wo sich Gerlach nach seiner Zeit als Thomaner (1716–1723) bis zu seiner Immatrikulation an der Universität Leipzig (30.4.1727) aufhält und tätig ist, wissen wir mangels Quellen nicht. Folglich wird jede weitere Aussage für diesen Zeitraum notwendigerweise zu einer Hypothese. H.-J. Schulze verifiziert Gerlach als Schreiber und dessen Mitwirkung (um 1724) beim Ausschreiben der Originalstimmen (*St 152*) zur Ouvertüre in C-Dur für BWV 1066 (Bach-Überlieferung, 1984, S. 121 ff.).

4. Bis heute ist quellenmäßig nicht zweifelsfrei nachgewiesen, daß Gerlach Schüler von J. S. Bach war. W. Neumann deutet im BJ 1960 (S. 11) den Sachverhalt vorsichtig an: „und war als Leipziger Student offenbar Bachs Schüler geworden". Schulze formuliert: „Ob Gerlach als Schüler Bachs gelten kann, ist ungewiß" (BJ 2018, S. 31). Talle bestätigt diese Aussage in Fußnote 42 und fährt fort: „anscheinend aber hielt er weiterhin Kontakt zur Thomasschule".

5. In der tabellarischen Aufstellung der Werke Bachs mit Besetzung eines Violoncello piccolo (S. 14 f.) wird bei Talle vereinzelt bei der Überlieferung nicht eindeutig zugeordnet, aus welcher Quelle die Notierung stammt, nicht konsequent zwischen Notation und Klang unterschieden (BWV 6/3 und BWV 41/4).

6. Falsche Umfangsangaben finden sich für BWV 68/2: angegeben ist *D–b'*, in Takt 20 steht ein C. Für BWV 175/4: angegeben ist *Fis–g'*, in Takt 109 steht ein *a'* (beide auf S. 15).

7. Vielleicht war Wunschdenken (angeregt durch die vielen Incipits im Breitkopf-Katalog von 1761 und 1762) der Hintergrund für die Hypothese, Gerlach sei der Spieler gewesen. Sie wird sprachlich durch über 30 affirmative Formulierungen folgender Art unterstrichen (S. 22, 39–47, in deutscher Übersetzung): „höchstwahrscheinlich; möglicherweise; anscheinend; wahrscheinlich; sicherlich; wohl nach; würde ich vermuten; gute Gründe anzunehmen; vermutlich; offenbar; Bach war der Meinung; dies scheinen; dürfte; wohl auch; könnten; ist es möglich". Wenn Schulze und ich als Spieler der Partie des Violoncello piccolo den Stadtpfeifer Christian Rother oder den Bach-Schüler Georg Gottfried Wagner angeben, so ist dies mit entsprechenden Dokumenten belegt, die den in Frage stehenden Zeitraum des zweiten Leipziger Jahrganges betreffen.

8. Darf ich daran erinnern, daß J. S. Bach das Adjektiv *piccolo* zur Kennzeichnung einer Kleinform eines Instrumentes auch beim Flauto und Violino verwendet, zum Teil sogar in demselben Zeitraum wie beim Violoncello piccolo, im Choralkantaten-Jahrgang 1724/25. Beim *Flauto piccolo* in drei Kantaten (BWV 8, 96 und 103). Der *Violino piccolo* ist in vier Werken besetzt, erstmals in BWV 1046 (1721), in BWV 140 (1731), in BWV 96 (Wiederaufführung 1734 statt Flauto piccolo) und in BWV 102 (Wiederaufführung um 1737). Diese und viele andere Beispiele zeigen, wie pragmatisch Bach bei Besetzungen handeln muß, je nachdem, welche Instrumentalisten gerade verfügbar sind.

9. Talle subsumiert in Fußnote 9 (S. 13) meinen Band *Johann Sebastian Bachs Instrumentarium* unter neun Literaturangaben, in denen vermutet werde, daß es sich bei der Viola pomposa „in Wirklichkeit um das ähnlich beschriebene und von Bach tatsächlich eingesetzte Violoncello piccolo" handle. Dieser Gleichsetzung widerspreche ich energisch in den Punkten 13 und 14 meiner *Alten und neuen Hypothesen zum Violoncello piccolo* auf S. 600 der zitierten Literatur. Punkt 14 berichtet vom Nachtstudio II beim 53. Bachfest der NBG in Marburg am 29. 6. 1978, also vor 46 Jahren! Dort erfolgte die Wiedergabe der Tenor-Arie BWV 41/4 als Klangvergleich auf drei verschiedenen barocken Streichinstrumenten, einem viersaitigen Violoncello, einer fünfsaitigen Viola pomposa und einem fünfsaitigen Violoncello piccolo. Die klanglich sehr

unterschiedlichen Ergebnisse fielen eindeutig zugunsten des Violoncello piccolo in der Stimmung C – G – d – a – e' aus.

10. Zum Thema Violoncello piccolo fehlt eine aktuellere, echte wissenschaftliche Auseinandersetzung, ein Dialog, sei es mit meinen *14 alten und neuen Hypothesen zum Violoncello piccolo* (siehe oben unter 1., S. 596–600), seien es instrumentenbauliche und aufführungspraktische Versuche, zum Beispiel von Dimitry Badiarov, der 2004/05 ein „Violoncello da spalla" in Zusammenarbeit mit Sigiswald Kuijken nachbaute (mir ist bislang nur der Begriff „Viola da spalla" begegnet). Dimitry Badiarov publizierte einen ausführlichen, bebilderten Artikel: *The Violoncello, Viola da Spalla and Viola Pomposa in Theory and Practice*, in: The Galpin Society Journal 60 (2007), S. 121–145. Beim Musikfest Stuttgart 2017 spielte am 4. 9. der russisch-ungarische Geiger und Bratscher Sergey Malov (* 1983 in St. Petersburg) die beiden Suiten BWV 1011 und BWV 1012 mit Barockbogen auf einem fünfsaitigen „Violoncello da Spalla". Es ist faszinierend, zum einen hört man einen sensiblen, hervorragenden Musiker, zum anderen ist man von der Klangfülle dieses Instruments überrascht – das es nur auf einigen barocken italienischen Abbildungen gibt.

Ulrich Prinz (Esslingen)

Besprechung

Meinolf Brüser, *Wenn Bach trauert. Die Motetten Johann Sebastian Bachs neu verstanden*, Bärenreiter-Verlag Kassel/Basel 2023, 267 Seiten; Abbildungen und Notenbeispiele

Anders als die Kantaten und Passionen Johann Sebastian Bachs hatten die unter seinem Namen überlieferten Motetten seit ihrer Entstehung einen dauerhaften Platz im Musikleben. 1802 veröffentlichte Johann Gottfried Schicht bei Breitkopf & Härtel in Leipzig ein erstes Heft mit Motetten Bachs, darin „Singet dem Herrn ein neues Lied" BWV 225, „Fürchte dich nicht" BWV 228 und „Ich lasse dich nicht" BWV Anh. 159. Im Jahr 1803 folgte ein zweites Heft mit „Komm, Jesu, komm" BWV 229, „Jesu, meine Freude" BWV 227 und „Der Geist hilft unsrer Schwachheit auf" BWV 226.[1] Zu den verwendeten Quellen machte Schicht keine Angaben. 1818 edierte Johann Friedrich Samuel Döring die vierstimmige Motette „Jauchzet dem Herrn, alle Welt" BWV Anh. 160,[2] und zwei Jahre später erschien bei Breitkopf & Härtel eine Ausgabe von „Lobet den Herrn, alle Heiden" BWV 230[3]; ein Herausgeber ist nicht genannt, doch wurde auch hier der 1810 zum Leipziger Thomaskantor berufene Schicht vermutet. Bach galt damals als Komponist anspruchsvoller Tastenmusik, die Vokalwerke standen wegen der als schwer verständlich empfundenen Texte in geringerem Ansehen. Vermutlich aus diesem Grund hatte Schicht in den Vokaltext der Motetten eingegriffen; Franz Wüllner monierte im Vorwort seines 1892 erschienenen Motetten-Bandes in der BG „eine große Anzahl theils durch Zufall oder Nachlässigkeit entstandener, theils willkürlicher Veränderungen".[4] Ungeachtet dieses Mankos war diese erste Publikation Bachscher Vokalwerke eine Pioniertat.

Mit zunehmender Kenntnis der Werke und ihrer Quellen änderten sich Zuschreibungen und Datierungen. Der 1836 in Berlin gestorbene Bach-Sammler Georg Poelchau zum Beispiel schrieb die Motette „Ich lasse dich nicht"

---

[1] *Joh. Seb. Bach's Motetten in Partitur*, hrsg. von J. G. Schicht, Teil 1, Leipzig 1802; Teil 2, Leipzig 1803.

[2] *Jauchzet dem Herrn, alle Welt. Acht Stimmige Motette von J. S. Bach*, hrsg. von J. F. S. Döring, Leipzig [1818].

[3] *Der 117te Psalm für vier Singstimmen in Musik gesetzt von Joh. Sebastian Bach. Nach J. S. Bachs Original-Handschrift*, Leipzig [1821].

[4] BG 39 (F. Wüllner, 1892), S. XV f.

BWV Anh. 159 dem in Eisenach wirkenden Johann Christoph Bach zu, und auch Konrad Ameln schied das Werk 1965 als zweifelhaft aus NBA III/1 aus. Echtheitsdiskussionen führten in den folgenden Jahrzehnten in der Bach-Forschung aber zu einem veränderten Bild, so daß Frieder Rempp die Motette 2002 in NBA III/3 gemeinsam mit „Jauchzet dem Herrn, alle Welt" BWV Anh. 160 und „Choralsätzen und Liedern zweifelhafter Echtheit" edierte. Die 2022 erschienene jüngste Auflage des Bach-Werke-Verzeichnisses (BWV^3) führt „Ich lasse dich nicht" unter der Werknummer 1165 und beendet damit (zumindest vorläufig) die Diskussion um die Echtheit.

In Bezug auf Fragen zu den Anlässen der Entstehung und Aufführung der Motetten ist die Diskussion allerdings weiterhin nicht abgeschlossen, zumal Bach seine Partituren und Aufführungsstimmen nur selten eindeutig bezeichnet hat. Er notierte lediglich in der Kopfzeile der Partitur zu „Der Geist hilft unsrer Schwachheit auf" BWV 226: „Bey Beerdigung des seel. Hn. Prof: und Rectoris Ernesti" (P 36). Da sich mit Ausnahme von BWV 230 und BWV Anh. 160 alle Texte mit dem Themenbereich Sterben und Tod beschäftigen, gelangte Bernhard Friedrich Richter im BJ 1912 zu der Überzeugung, daß die Motetten als repräsentative Auftragswerke für Leipziger Honoratioren entstanden sein müssen.[5] Allerdings halten seine mit Begeisterung für die Sache vorgetragenen Argumente nur selten einer kritischen Überprüfung stand, wie Klaus Hofmanns Buch über die Motetten aus dem Jahr 2003 hinreichend belegt.[6] In den vergangenen Jahrzehnten konnten dank der Identifizierung von Schreibern der erhaltenen Stimmen und Partitur-Abschriften zwar einige Motetten präziser bestimmt und datiert werden, dennoch ist die Frage nach dem jeweiligen Anlaß ein Desiderat. Diese wenigen Anmerkungen mögen deutlich machen, daß sich die Bach-Forschung seit 1802 redlich darum bemüht hat, auf verschiedenen Wegen Licht ins Dunkel der Motetten-Überlieferung zu bringen.

Dieses Ziel verfolgt – mit anderen Ansätzen – Meinolf Brüser in dem hier zu besprechenden Buch *Wenn Bach trauert. Bachs Motetten neu verstanden*, das aus seiner 2021 an der Humboldt-Universität zu Berlin eingereichten Dissertation im Fach Musikwissenschaft hervorgegangen ist. Brüser ist sowohl examinierter Jurist als auch Kirchenmusiker und verbindet auf den 200 Textseiten seine unterschiedlichen Arbeitsbereiche in klarer Sprache und konziser Syntax. Einleitend führt er den Leser in seine Überlegungen und analytischen Methoden ein, schreibt in angenehmem Tonfall als Musiker, ohne dabei seine Erfahrungen als Ensemble- und Chorleiter belehrend in den Vordergrund zu stellen. Das sorgfältig formulierte Buch ist gut lektoriert, daher fallen im ersten

---

[5] B. F. Richter, *Über die Motetten Seb. Bachs*, BJ 1912, S. 1–32.
[6] K. Hofmann, *Johann Sebastian Bach. Die Motetten*, Kassel 2003.

Exkurs (S. 97–114) die gehäufte Verwechslung von „das" und „daß" sowie das vermehrt benutzte Füllwort „auch" (S. 103/4) umso mehr auf.
Brüser beschränkt sich auf die sechs (beziehungsweise sieben) von Schicht edierten Motetten. Daß damit die kurze, mit verschiedenen Instrumentierungen überlieferte Motette „O Jesu Christ, meins Lebens Licht" BWV 118 durchs Raster fällt, finde ich bedauerlich.[7] Jeder Motette widmet der Autor ein eigenes Kapitel, in dem er zunächst eine knappe Übersicht der Quellen und eine Zusammenfassung der wesentlichen Positionen der Bach-Forschung seit Philipp Spitta liefert. Es folgen seine Analyse sowie eigene Lösungsansätze für die vermuteten Anlässe. Seine Werkanalysen berücksichtigen formale, strukturelle und satztechnische Gesichtspunkte und weisen auf manch bedenkenswertes Detail hin. Proportionen und Strukturverläufe stellt Brüser gerne in Diagrammen dar, deren Sinn sich mir bei der Lektüre des erläuternden Textes aber nicht immer auf Anhieb erschlossen hat. Deutlich hilfreicher waren die annotierten Notenbeispiele.
Schon im Titel seines Buches macht Brüser deutlich, daß er sich den Motetten nicht als bestellten Trauermusiken nähert, sondern davon ausgeht, daß sie aus persönlichen Beweggründen entstanden. Es ist sein erklärtes Ziel, nicht bei der analytischen Bestandsaufnahme stehenzubleiben, sondern die hinter dem Notentext stehende Motivation zu erkunden, um „die spezifischen Techniken bei Trauermusiken, das musikalische Vorgehen, die Textauswahl und -zusammenstellung" zu verstehen (S. 14). Für dieses hochgesteckte Ziel bedient er sich des in der Rechtswissenschaft üblichen indiziellen Beweises (S. 17). Der Leser erfährt den Unterschied zwischen Beweisringen und Beweisketten, in denen nämlich Indizien, die auf die Haupttatsache hinweisen, „ihrerseits erst durch Indizien bewiesen werden" müssen (S. 17). In der Summe entstehen lesenswerte „Biogramme" der Motetten, denen ich aber – dies sei vorweggenommen – nicht in allen Punkten zustimmen kann.
Um seine Hypothese (denn um nichts anderes handelt es sich hier) der persönlichen Trauerbewältigung Bachs zu beweisen, hat der Autor zunächst nach Todesfällen in Bachs Umfeld Ausschau gehalten und anschließend Indizien im Vokaltext und der Musik zusammengetragen, die seine Vermutung stützen können. Wichtige Hilfe leisten ihm dabei Bachs Signatur mit den Tonbuchstaben „B-A-C-H" samt deren kontrapunktischer Variation (siehe etwa S. 126–131) sowie die „stille Signatur" in Form einer gematrischen Verschlüsselung, also die Übertragung von Buchstaben in ihr Zahlenäquivalent (S. 14). Wie schon für Friedrich Smend scheint es auch für Meinolf Brüser selbstverständlich zu sein, daß Bach das lateinische Alphabet (mit C = K und

---

[7] Vgl. hierzu F. Krummacher, *Bachs Vokalmusik als Problem der Analyse*, in: Bachfest-Symposium Marburg, S. 97–126.

I = J) einfach durchnumerierte, so daß A = 1 und Z = 24 ist.[8] Eine Diskussion anderer Möglichkeiten der Chiffrierung findet nicht statt. Auf diese Weise ergibt die Addition der numerischen Werte von BACH bekanntlich die Zahl 14, jene von J. S. BACH die Zahl 43. Diese Werte samt ihrer Umkehrung bilden die Basis seiner Überlegungen, ergänzt um die „potenzierte Bach-Zahl" 77, deren Quersumme wiederum 14 ergibt (S. 124).

Mit Hilfe dieser Verschlüsselungen begibt sich Brüser auf die Suche nach eindeutigen Indizien, die seine vermuteten Anlässe zur Entstehung der Motetten bestätigen und untermauern sollen. Die Ergebnisse lesen sich zwar schlüssig und lassen sich bisweilen auch nachvollziehen, doch vermag die eloquente und wortgewandte Darstellung meine Zweifel an der Beweiskraft der angewandten Zahlensymbolik nicht zu zerstreuen. Im Gegenteil, es finden sich an verschiedenen Stellen des Buches Hinweise, daß meine Vorbehalte gegenüber der Hypothese, Bach habe das Alphabet für seine Kompositionen einfach durchnumeriert, nicht unbegründet sind. So läßt der Autor auf Seite 95 leichte Bedenken an der vermuteten Eindeutigkeit der von Bach benutzten Chiffrierung erkennen und es fragt sich, ob – sofern diese von Brüser aufgespürten Zahlen tatsächlich von Bach intendiert waren –, seine Schlußfolgerungen aus den stets mehrdeutigen Zahlensymbolen tatsächlich zutreffen. Die hieraus entstehenden Probleme zeigen sich einige Seiten später, in Anmerkung 14 zu Seite 158 im Zusammenhang mit einer Chiffrierung des Namens „Ernesti": Im modernen Alphabet (mit C und K sowie I und J) hat der Name „Ernesti" das Äquivalent 90, im lateinischen hingegen 86. Als Basis für einen indiziellen Beweis, mit dessen Hilfe Brüser eine Zuschreibung als „mit sehr großer Wahrscheinlichkeit" vollzieht und damit zum Quasi-Faktum erhebt, finde ich das Verfahren problematisch, weil ihm etwas Willkürliches anhaftet und es letztlich ohne faktische Substanz bleibt.

Als erste der sechs Motetten untersucht Brüser „Singet dem Herrn" BWV 225. Ausführlich widmet er sich auf rund 70 Textseiten seinen Untersuchungsmethoden und erkennt in dem Werk Bachs persönliche Trauermusik auf den im Mai 1726 gestorbenen Thomas-Alumnen Heinrich Ludwig Zornitius (S. 45–114). Im Rahmen der Beweisführung kommt er auf den Eintrag im Ratsleichenbuch der Stadt Leipzig zu sprechen, den er auf Seite 88 im Faksimile zeigt, dessen Übertragung aber Lesefehler enthält. Die Abkürzung „Alumns" ist nicht als „Alumms", sondern „Alumnus" zu lesen, die übliche Abkürzung des latinisierten Nachnamens ist als „Zornitius" zu übertragen und nicht als „Zornitiq". Am Ende der ersten Zeile ist die Altersangabe „21 Jahre"

---

[8] F. Smend, *Johann Sebastian Bach bei seinem Namen gerufen. Eine Noteninschrift und ihre Deutung*, Kassel 1950, wiederabgedruckt in F. Smend, *Bach-Studien. Gesammelte Reden und Aufsätze*, hrsg. von C. Wolff, Kassel 1969, S. 176–194, hier S. 187–191.

und nicht „21 J" zu lesen (was eine Lappalie ist), am Ende der zweiten Zeile heißt es nicht „in Schlesien" sondern „aus Schlesien" (was keine Lappalie mehr ist). Beim Todesdatum am Ende der letzten Zeile wäre die Angabe „st. ☉" nicht mit „[ge]st.[orben] ☉", sondern besser mit „starb Sonntag" zu übertragen gewesen. Eine solche punktuelle Häufung von Irrtümern bleibt in dem Band zwar die Ausnahme, erzeugt an vergleichbaren Stellen aber Mißtrauen ob der Qualität der angeführten Argumente.

Brüsers Interpretation der von ihm aufgezeigten Textbezüge dieser Motette, etwa Bachs Kombination des ersten Verses aus Psalm 149 („Singet dem Herrn ein neues Lied") mit der Choralstrophe „Wie sich ein Vater erbarmet über seine jungen Kindlein klein", finde ich überzeugend. Sehr weit hergeholt erscheint mir aber die ausführlich dargestellte Hypothese eines Austauschens der Stimmhefte für den zweiten Vers in Satz 2 (S. 62), die auf einer Notiz Bachs am Ende von fol. 7v in der Partitur beruht („Der 2 Vers. ist wie der erste, nur daß die Chöre ümwechseln, und das 1ste Chor den Choral, das 2dere die Aria singe. etc.").[9] Diese Notiz wurde von dem erfahrenen Hauptkopisten Johann Andreas Kuhnau beim Ausschreiben der Stimmen (*St 122*) nicht befolgt, zugleich scheint sie ihn aber zu mehreren (nachträglich korrigierten) Schreibfehlern veranlaßt zu haben. Hierauf aufbauend entwickelt Brüser ausführlich seine Theorie, daß Bach die Motette gemeinsam mit den Thomanern in einer internen Feier zum Gedächtnis des aus Schlesien gebürtigen Heinrich Ludwig Zornitz aufführte, um diesen würdig aus dem Kreis der Alumnen zu verabschieden. Daß die in zwei Chöre eingeteilten Alumnen nun für die Wiederholung des zweiten Satzes die Chorstimmen austauschten und für den dritten Vers wieder zurücktauschten, ist aufgrund von Bachs Notiz als Gedankenspiel durchaus nachvollziehbar, wenngleich ich es aufführungspraktisch für einen Irrweg halte. Nicht mehr nachvollziehbar erscheint mir aber, den Stimmentausch aufgrund der wortreich vorgetragenen „indiziellen Beweise" als „mit an Sicherheit grenzender Wahrscheinlichkeit" bewiesen darzustellen (S. 93). Auch wenn diese Art von Beweisführung in den Rechtswissenschaften gebräuchlich sein mag, überschreitet Brüser meines Erachtens hier deutlich die Grenzen des musikwissenschaftlich Tolerierbaren.

In der Motette „Fürchte dich nicht" BWV 228 erkennt der Autor anhand von Textbezügen und kompositorischen Details eine Trauermusik für Bachs im Juli 1720 gestorbene Ehefrau Maria Barbara (S. 122). Zwar sind inhaltliche Verbindungen zur gleichnamigen Motette Johann Christoph Bachs in Eisenach nachvollziehbar (S. 126), doch weshalb die Spannungen zwischen Fürst Leopold von Anhalt-Köthen und seiner Mutter Gisela Agnes eine Aufführung der Motette 1720 nur in der Köthener Schloßkirche erlaubt haben sollen (S. 128), bedarf eines Belegs. Die Familie Bach gehörte zur lutherischen Agnuskirche

---

[9] *P 36*, Faszikel 2, fol. 7v, Fußzeile.

und könnte (zumindest zeitweise) im heutigen Pfarrhaus neben der Kirche gewohnt haben,[10] weshalb ich die Agnuskirche für eine solche Aufführung nicht grundsätzlich ausschließen würde.

Die Motette „Ich lasse dich nicht" BWV Anh. 159 (BWV³ 1165) brachte Peter Wollny im BJ 1998 mit der Arnstädter Bach-Familie in Verbindung.[11] Brüser geht nun davon aus (S. 145), daß sie als Trauermusik für Bachs im Februar und März 1713 in Weimar gestorbene Zwillinge Maria Sophia und Johann Christoph entstanden sei (die auf Seite 149 angesprochene Mutter von Johann Sebastian Bachs Schwiegervater Johann Michael Bach war übrigens nicht die Großmutter der Zwillinge, sondern deren Urgroßmutter). Brüsers Zuschreibung basiert indiziell auf der siebten Wiederholung der Worte „Ich lasse dich nicht" in Takt 77, da die Quersumme des Takts die Bach-Zahl 14 ergibt und die Motette nach 77 Takten und einer großen Kadenz ein Unisono erreicht (S. 147). Weshalb uns Bach, sollte er die Texte für diese Motette tatsächlich selbst zusammengestellt haben, damit Einblicke in sein persönliches Denken und Handeln gewährt (S. 151), bleibt mir, wie manch anderes Detail in diesen Betrachtungen, rätselhaft.

Der Vollständigkeit halber sei an dieser Stelle erwähnt, daß Brüser die Motette „Komm, Jesu, komm" BWV 229 aufgrund fehlender „Bach-Signaturen" und wegen ihrer Bezüge zu einer Motette von Bachs Amtsvorgänger Johann Schelle (nämlich einer Aria über denselben Text, die 1684 zum Begräbnis des Thomasschulrektors Jacob Thomasius entstanden war) als Trauermusik zum Tod von Bachs Schulkollegen Carl Friedrich Petzold am 30. Mai 1731 erkennen will, während „Jesu, meine Freude" BWV 227 als eine Trauermusik für den am 24. Oktober 1724 gestorbenen Thomaner Johann Gottfried Große entstanden sein soll. Durch „indizielle Beweise" verleiht Brüser seinen Spekulationen eine quasi-faktische Qualität, dank derer er in den Zusammenfassungen der Kapitel den selbstbewußten Untertitel „Bachs Motetten neu verstanden" ebenso einzulösen vermeint wie er glaubt, seiner Prämisse gerecht zu werden, hinter den Notentext zu blicken. Obwohl seine Überlegungen zu den Anlässen der Motetten, nicht zuletzt dank seines eloquenten Schreibstils, in Teilen nachvollziehbar sind, bleiben mir aufgrund der willkürlich anmutenden Beweisführung innerhalb seines ‚ahnungsvollen Umhertastens' starke Zweifel.

Abschließend stellt sich die Frage nach einem Fazit. *Wenn Bach trauert* liefert gute analytische Studien zu Johann Sebastian Bachs Motetten, die detail- und kenntnisreich geschrieben sind und neben klugen Beobachtungen auch bedenkenswerte Ansätze bieten. Die indiziellen Beweise und Beweisketten

---

[10] M. Maul, *Rolle contra Räder. Einblicke in den Himmelfahrtsgottesdienst der Agnuskirche im Jahr 1718*, in: CBH 13 (2006), S. 147–162.

[11] P. Wollny, *Alte Bach-Funde*, BJ 1998, S. 137–148, hier S. 147.

ersetzen aber keine Fakten. Daher bleibt meine Skepsis gegenüber den Ton- und Zahlenchiffren vor allem dort bestehen, wo indizielle Beweisketten krampfhaft eine Vermutung belegen sollen (etwa S. 113 oder S. 124), die letztlich aber Spekulation bleibt. Dieser Einwände ungeachtet bieten die mit Leidenschaft für die Sache und kriminalistischem Spürsinn geschilderten Hypothesen faszinierende Lektüre. Ob sie tatsächlich dazu angetan sind, Bachs Motetten neu zu verstehen, muß jeder Leser für sich selbst entscheiden.

Markus Zepf (Leipzig)

NEUE BACHGESELLSCHAFT E.V., SITZ LEIPZIG
Mitglieder der leitenden Gremien

VORSTAND
Prof. Dr. Dr. h.c. Christfried Brödel – Dresden
Vorsitzender
KMD Roderich Kreile – Dresden
Stellvertretender Vorsitzender
Emanuel Scobel – Leipzig
Geschäftsführendes Vorstandsmitglied
Dr. Philipp Adlung – Arnstadt
Stellvertretendes Geschäftsführendes Vorstandsmitglied
Prof. Dr. Michael Maul – Leipzig
Beisitzer
Antje Wissemann – Eutin
Beisitzer

DIREKTORIUM
Dr. Ursula Adamski-Störmer – Veitsbronn
Hansjörg Albrecht – München
Dr. Andreas Bomba – Frankfurt/M.
Ingeborg Danz – Frechen
Christoph Drescher – Erfurt
Dr. Jörg Hansen – Eisenach
Prof. Anne Kohler – Detmold
Prof. Dr. Ulrich Konrad – Würzburg
Susanne Langner – Berlin
Václav Luks – Prag
Prof. Rudolf Lutz – St. Gallen
Nick Pfefferkorn – Leipzig
Prof. Hans-Christoph Rademann – Stuttgart
Thomaskantor Prof. Andreas Reize – Leipzig
Superintendent i. R. Wolfgang Robscheit – Eisenach
Pfarrerin Britta Taddiken – Leipzig
UMD Prof. David Timm – Leipzig
Julia Sophie Wagner – Leipzig
Prof. Gerhard Weinberger – München
Prof. Dr. Dr. h. c. Peter Wollny – Leipzig

EHRENMITGLIEDER
Gilles Cantagrel – Vaucresson
KMD Prof. Hartwig Eschenburg – Rostock
Dr. Dirk Hewig – München
Elmar von Kolson – Wechmar
KMD Prof. D. Dr. h. c. mult. Helmuth Rilling – Stuttgart
Michael Rosenthal – Leipzig
Dr. Peter Roy – Korbach und Leipzig
Prof. Dr. Hans-Joachim Schulze – Leipzig
Prof. Dr. Dr. h. c. mult. Christoph Wolff – Cambridge, MA

Mitglieder der Neuen Bachgesellschaft e.V. erhalten neben anderen Vergünstigungen das Bach-Jahrbuch als regelmäßige Mitgliedsgabe. Der jährliche Mitgliedsbeitrag beträgt nach dem Stand vom 1. Januar 2018:

Einzelmitglieder	€ 50,–
Ehepaare	€ 60,–
Schüler/Studenten	€ 25,–
Korporativmitglieder	€ 50,–

Beitrittserklärungen – formlos mit Angaben zur Person oder auf einer Kopie des untenstehenden Formulars – richten Sie bitte an die Geschäftsstelle der Neuen Bachgesellschaft, Postfach 10 07 27, D-04007 Leipzig (Hausadresse: Burgstraße 1 – 5, Haus der Kirche, D-04109 Leipzig, Telefon 03 41-9 60 14 63, E-Mail: info@neue-bachgesellschaft.de).

Mitglieder der Neuen Bachgesellschaft können zurückliegende Jahrgänge des Bach-Jahrbuchs (soweit vorrätig) zu einem Sonderpreis erwerben. Anfragen richten Sie bitte an die Geschäftsstelle.

Beitrittserklärung

Ich/Wir möchte/n Mitglied/er der NBG werden:

Vor- und Zuname: _____

Geburtsdatum: _____

Beruf: _____

Straße: _____

PLZ – Ort: _____

Telefon: _____

Gleichzeitig zahle/n ich/wir € _____

als ersten Jahresbeitrag sowie € _____

als Spende auf das Konto Nr. 67227908 bei der Postbank Leipzig (BLZ 860 100 90) ein.

IBAN: DE08 8601 0090 0067 2279 08

BIC: PBNKDEFF

Einzugsermächtigung

Ich/Wir erkläre/n mich/uns damit einverstanden, daß mein/unser Mitgliedsbeitrag von meinem/unserem Konto bei der

_____
(Bank/Sparkasse)

IBAN _____

BIC _____

bis zum schriftlichen Widerruf abgebucht wird.

_____ _____ _____
Ort, Datum   Unterschrift   Datum/Unterschrift